제3판

창업과 경영

김희오 | 윤상환 | 김정수 | 정용태 | 신현우

PnC publishing and culture
피앤씨미디어

머리말

글로벌 금융위기와 연이어 발생한 유럽발 재정위기로 인하여 세계경제가 매우 어려운 상황에 직면해 있다. 어려운 국면을 타개하기 위하여 미국을 비롯한 세계 각국에서 유동성공급과 재정확대 등 여러 방안들을 제시하여 최근 가시적인 성과가 일부 나타나고 있으나 대다수의 국가에서는 아직까지 많은 시간이 소요될 것으로 보인다.

개방경제 체제인 우리나라 역시 경제 위기의 영향에서 벗어나지 못한 채 경제성장률이 둔화되고 있어 2014년 현재 금융기관 및 제조업체들은 긴축경영의 일환으로 구조조정 계획을 발표하고 있다. 1997년 외환위기 직후 상황처럼 많은 기업에서 근로자들의 명예퇴직이 예상된다. 퇴직자의 대부분은 창업을 통하여 새로운 돌파구를 마련할 것으로 보이고 또한 취업대신 창업을 통해 사회생활을 시작하는 젊은이들도 증가할 것으로 보인다. 그러나 현재의 환경은 외환위기 당시보다 훨씬 더 불확실성과 변동성이 증가해 있다. 따라서 변화의 시대를 생존하기 위해서는 급변하는 경영환경을 준비할 수 있는 적응력과 경쟁력을 구비해야 한다. 즉, 다양하고 급변하는 경영환경에 동태적으로 적응할 수 있는 새로운 경영패러다임이 필요한 시대이다.

그래서 새로운 인생을 꿈꾸고 있는 퇴직자들의 성공적인 창업방안과 21세기의 주역을 꿈꾸는 젊은이들에게 취업의 부담을 최소화시킬 수 있는 대안으로 미래의 새로운 패러다임에 필요한 기본적인 지식과 정보를 제공하는 데 목적을 두고 본서를 쓴다. 주요내용은 소자본 경영주가 갖추어야 할 덕목과 기업가 정신 등을 기술하고 있다. 경영은 인간의 공동생활을 더 나은 모습으로 바꾸는 종합예술이다. 경영을 보는 시각 또한 다양하여 경영이 어렵다는 것이다. 필자는 경영을 관계성으로 보는 시각에서 관계경영을 강조하는 방향으로 집필의 주안점을 두었다. 수익을 건강한 관계의 보상이며 결과물로 인식했다. 이성의 절대적 기준보다는 정情의 상대적 기준, 그리고 사물과 인간의 독립된 개체로서의 존재보다는 그 연계성의 강조에서 경영학이해의 기저基底로 삼으려했다.

특징으로는 첫째, 성공하는 기업가를 양성하기 위해 경영에 관한 지식 및 장점과 가치관, 또 일에 대한 열정과 최선으로 추진할 수 있는 방법 제시. 둘째, 조직구성원의 위치를 섬이 아니라 선을 향한 점에서의 인식전환 추구. 셋째, 지식경영 시대에 경영 마인드는 서양식 요소 환원주의·분석주의의 한계를 나타내고 있다. 그래서 동양식 전체론으로서의 회귀가 필요함을 인식하고 동양의 사자성어에서 나타나는 경영에 관한 교훈을 담았다. 유구한 동양 역사 속에서 발견 할 수 있는 동양적 가치관과 태도, 정서에 부합하는 리더십을 발휘할 수 있는 경영자가 되는데 도움이 되는 내용을 실었다.

기업의 핵심역량을 알고, 잘 정돈된 사고방식으로, 모든 조건을 구비한 혁신적인 아이디어, 올바른 기업가 정신을 갖춘 21세기 지식기반 사회에서의 승자가 되어야한다. 올바른 의미의 기업가 정신은 주인의식과 함께 불확실한 미래에 대한 비전과 확신, 리스크를 두려워하지 않으며 도전하는 정신을 의미한다. 나아가 이러한 정신이 시장경제에서 부를 축적하는 데 창조적으로 기여하게 될 때 자본주의는 더욱 발전하게 될 것이다.

대학교육의 목적이나 기능은 국가와 시대변천에 따라 변화되고 있지만, 특히 지금의 상황에서는 대학교육의 주된 기능 중의 하나가 전문직업인의 양성을 부차적 목적으로 하고 있음은 배제할 수 없는 사항이다. 그러므로 대학에서의 교육은 발전하는 사회의 요구와 개인의 요구에 충족할 수 있는 방향으로 직업선택과 준비에 만전을 기하는 쪽으로 진행되어야 할 것이다. 이것이 앞으로의 한국 대학교육에서 중점적으로 취급되어야 할 주요한 과제라 생각한다.

한편 본서의 구성에서 완성까지 국내외의 많은 문헌과 관련서적을 참고로 하여 구성되었다. 이 자리를 빌어 국내외 학자들에게 양해를 구하며 감사의 뜻을 전한다. 본서의 출판을 위해 적극적으로 도와주신 피앤씨미디어의 박노일 사장님과 임직원들에게 진심으로 감사를 드린다.

2014년 8월

저자들 씀

차 례

제 1 부 창업 원리

제 2 부 창업 전략

제1부

창업 원리

- 제1장 창업의 원리
- 제2장 창업의 환경
- 제3장 창업의 유형

제 1 장

창업의 원리

1. 창업의 의지
2. 창업의 본질
3. 창업의 동인
4. 창업의 영역과 시기
5. 경영의 본질
6. 관리과정

▶ 읽을거리

당서(唐書), 정관정요(貞觀政要)편 등에 창업이 수성난(創業易 守成難)이라는 고사성어가 나온다. 원 말은 일을 일으키기는 쉬우나 이것을 성공적으로 지켜가기는 어렵다는 것이다. 전통적 산업사회에서는 아침에 일어나 출근하면 하루의 정형적 일과가 우리를 기다리고 있었다. 그러나 21세기 지식경영의 시대에서는 정형적 업무는 컴퓨터 속으로 흡수되어 버리고 비정형적 의사결정의 영역의 일을 만들어 처리해주기를 원하는 조직이 우리를 기다리고 있는 상황이 되어 버렸다. 즉 매일 매밀 새로운 아이디어의 발굴을 요구하는 상황이 도래되었다. 창업 후의 연속적 창업으로 표현할 수도 있는 새로운 도전의 창조적 파괴의 길을 끝없이 추적해 가야하는 영원한 도망자의 삶의 과정과도 같은 인고의 길을 가야하는 것이 오늘 우리가 처한 경영의 과정이라 하겠다.

1 창업의 의지

그리스의 서사시인 호머가 쓴 고전 '오디세이'에는 오디세우스가 트로이 전쟁이 끝난 뒤 고향인 이타카로 돌아가기까지의 과정을 그리고 있다. 최고의 리더로써 내린 잘못된 의사결정 후의 고뇌(개인적 갈등), 부하들과의 의견충돌(조직적 갈등), 부하들간의 갈등(조직간 갈등)을 겪은 후 다수의 동료를 살리기 위해 여섯 명의 동료를 괴물 스킬라에게 내어주는 내키지 않는 최후의 의사결정을 내린 후 기어이 좁은 해협을 통과해 트로이 전쟁터에서 십 년이나 걸려 귀향하여 그는 마침내 사랑하는 아내 페넬로페와 아들 텔레마쿠스가 있는 집으로 돌아 왔다(management by objective : MBO). 이 대서사시를 경영학적으로 관점에서 본다면 삶의 과정에 바탕을 둔 한편의 갈등이론(conflict theory), 즉 투쟁의 역사인 관리의 과정이라 부를 수 있지 않을까 한다.

비즈니스에 '생물학적 유추'가 적용될 수 있을까? 신고전학파의 저명한 경제학자 마셜(A. Marshall)은 조직의 성장과 소멸을 삼림의 생활단계에 연관시켜 제품의 '라이프사이클'의 개념을 도입하였다. 모든 유기체에 수명이라는 것이 있듯이 기업에도 수명이 있다. 그는 이것을 생물학적 은유로써 설명한다. 기업가들은 신생기업 하나를 탄생시킨 후 영양분을 공급하고 정성으로 키워 중년기업으로 성장시킨다. 그러나 그 때쯤이면 그 기업가들은 늙어 죽는다. 대를 이을 기업가들이 처음의 기업가들만큼 현명하다는 보장은 없다. 그 중년기업은 황혼기를 맞는다. 이제 새로운 신생기업들이 다른 재능 있는 기업가들에 의해 속출한다. 이것이 창조적 파괴의 생명현상이다.

현대 체계이론의 아버지 보울딩(K. Boulding)은 "개인, 가정, 기업, 국가 그리고 문명은 동일하고 엄격한 규칙을 따르며 모든 유기체의 역사는 사멸을 향해 가는 인류의 흥망을 보는 것과 같다."고 말했다. 살아있는 유기체와 같이 기업은 살아남기 위해 반드시 변화하는 환경에 적응해야 한다. 자연에서와 마찬가지로 경제체계에서도 그것은 사실이다. 적응의 크고 작음은 문제가 되지 않으며, 환경에 대한 아주 사소한 적응도 생존과 사멸의 갈림길이 된다. 임심리박(臨深履薄)이다. 임할 임, 깊을 심, 밟을 리, 얇을 박으로 깊은 곳에 임하듯 하며 얇은 데를 밟듯이 모든 일에 주의하여야 한다는 것이다. 경영이 오디세이의 장정과 같기 때문이다.

해조수핍(解組誰逼)이다. 풀'해' 짤'조' 누구'수' 가까울'핍'으로 조직사회를 영원히 떠나지 않는 한 핍박 즉 갈등은 존재한다는 말이다. 창조적 파괴과정에서 끝없는 갈등이 존재하기 때문에 인생노정을 우리는 고해라 부르기도 한다. 그러나 신은 신을 닮아 있는 우리를 사랑하기 때문에 우리에게 감내할 만한 고통만을 우리에게 준다. 그래서 우리는 삶의 의미를 투쟁의 연속선상에서 발견하며 때때로 자긍스러워 하기도 하면서 살아간다.

2 창업의 본질

1) 창업이란?

미시적 의미의 창업이란, 제품 또는 서비스를 생산하거나 판매하는 사업을 시작하기 위해서 이제까지 존재하지 않은 새로운 기업조직을 설립하는 행위를 말한다. 즉, 새로운 제품이나 서비스 및 지식을 생산하거나 판매할 목적으로 건물과 설비 등을 갖추고, 필요한 인원을 배치하는 것을 말한다. 우리가 보통 흔하게 사용하는 창업이라는 용어는 바로 이와 같은 좁은 의미의 개념인 것이다.

그러나 거시적 의미로 창업을 정의할 때는 새로운 기업조직을 설립하는 것은 물론 기존의 기업이 이제까지와 전혀 다른 새로운 종류의 제품을 생산하거나 판매하는 일을 시작하는 것까지를 포함한다. 즉, 넓은 의미로는 기존의 기업이 이제까지와 다른 새로운 사업을 시작하는 것도 창업이라 볼 수 있다. 보다 폭넓은 시각으로 보면 매일 매일의 비정형적 일상 업무의 지식을 보태어 가는 것도 창업이라 할 수 있을 것이다.

기업을 일으켜간다는 의미로 창업을 정의한다면 특정시점에서의 완성이라는 결과론적인 사고(思考)의 문제가 아니라 영속적으로,

① 감수성으로 소비자의 필요(needs)를 알아내고
② 상상력으로 그 필요를 충족시킬 재화와 용역을 구상하며
③ 시행으로 품질을 개선하며 비용을 내려 끝없이 가치를 증식하는 과정으로 이해하여야 할 것이다.

(1) 창업의 의미

창업의 목표, 창업에 필요한 요소를 명시하여 창업을 정의한다면, "창업이란

창업자가 이익을 얻기 위하여 자본을 이용하여 사업 아이디어에서 설정한 재화와 서비스를 생산하는 조직 또는 시스템을 설립하는 행위"라고 할 수 있다.

유한한 수명을 갖는 일종의 유기체로 기업을 인식할 때, 창업행위는 새로운 생명체의 탄생을 위한 파종작업과도 유사하다. 어느 정도는 창업에 쏟은 정성과 노력에 비례하여 튼튼한 묘목과 풍성한 결실을 기대할 수 있다. 이러한 차이는 바로 기업이 인간의 오묘한 경영의지와 능력에 의해 전적으로 영향을 받기 때문이다. 특히 창업활동은 기업의 여타 활동들과 다른 다음과 같은 특성을 갖고 있다.

첫째, 창업결정은 전형적인 불확실성 하에서의 의사결정이라는 특성을 갖는다는 것이다. 창업은 이제까지 전혀 경험하지 못한 미지의 사업을 시작하는 것이기 때문에 그 결과에 대한 예측이 어렵고 불확실할 수밖에 없다.

둘째, 창업은 많은 자원의 투입을 전제로 하고 있다는 것이다. 즉, 창업은 다수의 인적 자원과 자본의 투입을 필요로 한다. 이러한 투입의 보상은 장기간에 걸쳐 서서히 이루어지며, 그 보상의 크기 또한 불확실하기 때문에 창업에는 큰 위험이 수반된다. 그래서 창업작업은 가능한 치밀하게 계획되어야 하며, 여러 가지 예측방법과 철저한 경제성분석에 바탕을 두고 추진되어야 한다.

셋째, 창업은 본질적 특성이 창조적이며 모험적인 성격을 요구하고 있다. 이는 원래 창업이 갖고 있는 불확실성과 위험 때문이기도 하지만 사업가적 자질을 갖고 있는 야심가, 자기사업을 통해 자아실현을 추구하려는 일반인, 그리고 성장 및 성과개선을 추구하는 기업들의 변신수단으로 추진된다는 특징을 갖고 있다.

(2) 창업의 구성요소

건물을 신축하려면 건물이 들어설 대지·자재·자금 등이 있어야 하고, 설계도면이 있어야 하며, 설계도면에 따라 대지를 파고 자재를 결합할 인력과 기술이 있어야만 하며 이를 운영할 운영자금이 있어야 한다. 비록 훌륭한 설계를 했다 할지라도 불량품질의 자재를 사용한다면 튼튼한 건물을 기대할 수 없으며, 제아무리 설계와 자재가 훌륭한 것일지라도 공사를 담당하고 지휘하는 주체인 시공자의 시공능력이 저질이라면, 튼튼하고 쓸모 있는 건물을 기대할 수 없게 된다. 결론적으로 우수하고 쓸모 있는 건물은 어느 특정 투입요소만의 우수성에 의해 창작되는 것이 아니라, 우수한 투입요소 각각의 합리적인 결합에 의해서 가능하게 되는 것이다. 이것이 경영시스템이론이기도 하다.

훌륭한 건축물의 창작과 마찬가지로 훌륭한 기업의 탄생은 우수한 투입요소들의 합리적인 결합에 의해서 가능하게 된다. 만일 창업에 투입되는 요소의 양이 부족하거나 질이 떨어진다면, 건실한 기업으로 성장하기가 어렵게 될 것이다. 그래서 창업을 하는 데는 많은 우수한 인적·물적·기술자원의 투입이 필요하게 된다. 이들 다양한 투입요소 중 가장 대표적인 것으로 다음의 3가지 요소를 들 수 있다.

① 인간적 요소(창업자와 파트너)

창업을 하는 데 필요한 기본적 투입요소 중 가장 핵심적인 것은 인적 요소로써의 파트너(동력자)들이다. 인적 요소는 창업의 주체인 창업자를 위시하여, 생산, 마케팅, 인사조직, 재무회계, 경영정보 등 기업조직의 각 기능을 담당할 인적 자원을 지칭한다.

사업의 유년기에는 창업자가 사업자와 관리자와 기술자의 3대 기능을 도맡아 할 수 있다. 사업자는 자신이 하고 싶은 분야를 개척하고 관리자는 사업을 벌일 토대를 만들고 기술자는 실질적인 일을 해야 한다. 우리들 각자가 가장 자신 있어 하는 일을 하며 내면의 각 사람이 각각의 일에서 보람을 찾고 또한 그렇게 됨으로써 최고의 생산성을 지니게 된다면 얼마나 좋겠는가? 그러나 한 사람이 이런 조화로움의 능력을 지닌 사람은 별로 없다. 사업이 장년기에 접어들면 분담경영을 이룩해 가지 않으면 사업은 혼란에 빠져든다.

예를 들면 실용주의자는 전략가가 아니며, 전략가는 실용주의자가 아니다. 그 둘이 만나면 한 사람이 두 가지를 한꺼번에 하는 경우보다 훨씬 강력해진다. 그래서 조직효율을 높이기 위해서 동력자와의 만남의 중요성이 강조되는 것이다. 인간은 누군가와 껴안을 때만 날 수 있는 외짝 날개의 천사들이다. 병개가묘(竝皆佳妙)다. 천자문에 나오는 사자성어 아우를 병(竝), 모두 개(皆), 아름다울 가(佳), 기이할 묘(妙)로서 모두가 아울러 지면 기이한 아름다움을 만들어 낸다는 의미다.

비즈니스라는 의미의 상(商)은 중국의 허난성 동북부에 위치했던 은허(殷墟)를 상(商)이라 불렀는데, 그곳은 당시 중원(中原)의 핵심지역으로 교통이 편리해 교역이 성행했다. 상에 거점을 두었던 상족(商族)들은 장사수완이 대단히 뛰어났던 것으로 알려져 있다.

그들은 '상(商)에 사는 사람'이라는 뜻의 '상인(商人)'으로 불렸는데 이후 장사꾼이라는 뜻으로 쓰였다. 장사에는 언제나 가격 흥정이 있게 마련이다. (商)에는 상의(商議)나 상담(商談)에서처럼 '만나서 의논하다'는 뜻도 들게 되었다. 그래서 비즈니스를 만남의 경영이라 부른다. 성공은 사람을 통해 이루어진다.

만남이란

- 파트너(동력자), 즉 종업원과의 건강한 만남의 바탕 위에
- 고객과의 만남
- 공급자와의 만남
- 환경과의 만남이 있어야한다는 것이다.

나에게 없는 기술과 특성이 무엇인지 먼저파악하고 그리고 나에게 없는 그것을 갖고 있는 사람을 만나러 나서면 된다. 모든 것은 서로 관련되어 있다. 실존으로부터 떨어져나가 존재할 때 고통 속에서 존재하게 된다. 즉 실패한다는 말이다.

생각의 포인트

파트너와의 만남

자동차의 왕이라 불린 미국의 헨리 포드는 1889년부터 그는 자동차 공장을 두 번이나 개설했으나 모두 실패했다. 1903년에 그가 세 번째로 자동차 공장을 세웠을 때, 그는 관리전문가인 제임스 커슨즈를 지배인으로 임용했다. 커슨즈는 철저한 시장조사를 거쳐, 포드 자동차의 대중화를 주창했고, 포드사를 위해 처음으로 자동차 컨베이어 벨트를 설계하여 노동생산성을 80배나 높였다.

헤라클레이토스는, 잠자는 사람조차도 우주에서 일어나는 일의 실현자요 협력자라고 말한 바 있다. 사람은 잠잘 때에도 협력하고 있는 것이다.

제갈량은 득현즉창(得賢則昌)이라 했다. 얻을 득, 어질 현, 곧 즉, 창대할 창의 의미다. 즉 현명한 인재를 얻어야 발전할 수 있다는 뜻이다. 인재는 마치 기술이 빼어난 장인의 날카로운 도구나, 솜씨 좋은 목수의 먹줄처럼 조직에 없어서는 안 될 존재다.

② 자본적 요소

창업에 있어서 인적 요소 및 제품 요소와 마찬가지로 중요한 비중을 갖는 것이 물적 요소로서의 자본이다. 물적 자원이란, 제품 요소인 사업아이디어를 구체적으로 상품화하는 데 필요한 자본을 말한다. 창업 시 소비자의 기호나 필요의 공간을 찾아 제아무리 훌륭한 제품개념을 정립하였다 하더라도, 이를 상품으로 만들 수 있는 적절한 자원이 뒷받침되지 않는다면 성공적인 제품으로 태어날 수 없다.

제품개념이 제품화되기 위해서는 적합한 기술과 더불어 물적 요소들이 투입되어야 한다. 생산에 필요한 자재나 부품, 기계 및 생산설비, 그리고 공장 등은 결국 자본의 투자에 의해 취득가능하기 때문이다. 그리고 인적 요소의 양과 질도 결국은 자본의 투자에 의해 취득가능하기 때문이다. 창업의 가장 핵심적인 요소는 인적인 요소를 대표하는 창업자, 제품요소를 대표하는 창업아이디어, 그리고 물적 요소를 대표하는 창업 자본임을 알 수 있다.

21세기적 자본을 사회적 자본(social capital), 도덕적 자본(moral capital), 정신적 자본(mental capital)으로 구분할 수 있으며 정신적 자본을 경영자 정신(employer mentality)자본과 종업원 정신(employee mentality)자본 및 기업정신(enterprise mentality) 자본으로 나누어 생각할 수 있다.

③ 기술적 요소

창업의 기본요소 중 인적 요소처럼 중요한 것으로 기술적 요소가 있다. 즉, 창업 아이디어의 구체적 실행의미인 제품 또는 용역을 지속적으로 제공하는 핵심역량(core ability)을 말한다. 창업을 통해 무엇을 할 것인가에 대한 사업내용의 구체성을 말한다. 이는 기업의 존재이유와 목적으로 대변하게 된다. 창업아이디어가 어떻게 탐색되고 선택되든 창업아이디어, 즉 기술요인이 갖추어야 할 요건은 충분한 시장수요를 가져야 한다는 것이다. 시장수요는 재화와 서비스의 효용가치가 제품의 가격보다 크다고 인식될 때 자연적으로 생겨난다. 즉, 제품을 구입할 때 소비자들이 부담하는 화폐가치보다 더 큰 효용가치를 제공하는 서비스와 제품이라는 사실이 알려진다면, 그러한 제품에 대한 시장수요는 있게 마련이다.

기술적 요소는 결국 창업자나 창업에 참여하는 사람들의 아이디어에 의해 결정된다는 점에서 인적 요소에 의해 전적으로 좌우된다는 사실을 알 수 있다. 재화와 서비스는 창업자의 상상력과 창조성, 그리고 창업에 동참하는 참여자들의 기발한 아이디어와 분석된 정보로 뒷받침된 조언 등 인적 요인에 의해 결정된다. 다른 한편으로 기술적 요소는 자본적 요소에 의해서도 영향을 받게 된다. 왜냐하면 제아무리 훌륭한 아이디어를 가지고 있다 할지라도 이를 생산할 수 있는 기계나 자본 등 물적 자원이 뒷받침되지 않으면 이를 상품화할 수 없게 된다.

유기적인 관계성 속에서 시장가능성을 갖게 된다. 이것이 경영시스템이론에서의 사업지기(事業之基)다. 즉 사업의 기본이 건강해야 성공한다는 의미인 기본요소다. 포유류 암컷이 출산하려면 성적 능력을 갖추어야 하고 정액을 제공할 수 있는 수컷과 배란하고 정자를 수용하고 새끼를 키울 수 있는 자궁이 있어야 한다.

인간, 자본, 핵심역량들의 아우름 위에 열정적 실천력을 더할 때 성공경영에 이르게 된다.

2) 창업의 범위

창업은 사업의 기초를 세우는 것으로 기업가의 능력을 갖춘 개인이나 단체가 사업의 아이디어를 가지고 사업목표를 세우고, 적절한 시기에 자본, 인원, 설비, 원자재 등 경영자원을 확보하여 재화나 용역을 제공하는 기업을 새로이 설립하는 것을 말한다.

우리나라 중소기업 창업지원법에 의한 창업이라 함은 새로이 중소기업을 설립하는 것으로서 창업지원법 시행령 제2조 제1항에서 "중소기업자는 업종의 특성과 상시근로자수, 자산규모, 매출액 등을 참작하여 그 규모가 대통령령이 정하는 기준 이하이고, 그 소유 및 경영의 실질적인 독립성이 대통령령이 정하는 기준에 해당하는 기업을 영위하는 자" 라고 정의하고 있다.

국가시책의 대상이 되는 중소기업자는 중소기업기본법 제2조의 규정에 의거 중기업자와 소기업자로 구분하며, 업종의 특성과 상시 근로자수, 자본금, 매출액에 따라 구분기준을 마련하였다.

일반적으로 제조업 중심으로 상시근로자 300인 미만 자본금 또는 매출액 80억 이하를 중규모기업이라 하고 기타업종을 포함하여 30인 미만 매출액 20억 이하를 소규모 기업이라 부르며 이를 총칭하여 중소기업이라 부른다.

현재 "소기업 및 소상공인지원을 위한 특별조치법"상에서 소기업으로 정의하고 있는 제조업 50인 이하, 도소매 기타 서비스업 10인 이하 기업은 업체 수에 있어서 절대적인 비중을 차지하고 있다. 소기업이 차지하는 비율은 국내 산업체 수의 97%이며 그중에서도 규모가 더 작은 소상공인의 비중이 89%에 이르고 있다.

(1) 창업의 범위에 해당되는 경우

① '가'법인의 대표이사가 '가'기업을 계속 영위하면서 새로운 법인을 설립하였을 경우(대표자의 동일성은 불문)

② 권리·의무의 포괄적 승계를 하지 않고 경락절차에 따라 유입물건을 매입하여 사업을 개시하는 경우

③ '가'법인이 사업을 계속하면서 '나'법인을 설립한 경우로서, '나'법인이 '가'법인의 일부 유휴설비를 매입하여 사업을 개시하는 경우

도표 1-1 중소기업의 범위

업종 ＼ 구분	상시근로자 수 및 자본금	
	상시근로자 수	자본금 또는 매출액
제조업	300인 미만	자본금 80억원 이하
광업, 운송업, 건설업	300인 미만	자본금 30억원 이하
대형 종합 소매업, 호텔업, 정보처리 및 기타 컴퓨터운영 관련업	300인 미만	매출액 300억원 이하
종자 및 묘목 생산업, 어업, 전기·가스 및 수도, 휴양콘도 운영, 여행알선, 창고 및 운송, 통신, 엔지니어링, 병원, 영화산업, 방송업 등	200인 미만	매출액 200억원 이하
의약품 및 정형외과용품 도매업, 통신판매업, 방문판매업, 여행알선, 창고 및 운송관련 서비스업, 산업용 기계장비 임대업, 전문, 과학 및 기술 서비스업, 공연산업, 뉴스제공업, 하수처리, 폐기물처리 및 청소관련, 서비스업	100인 미만	매출액 100억원 이하
농업 및 임업, 상품 중개업, 음·식료품위주 종합소매업, 연구 및 개발업, 사업지원서비스업, 식물원, 동물원 및 자연공원, 유원지 및 테마파크 운영업, 산업용세탁업	50인 미만	매출액 50억원 이하
그 밖의 모든 업종	30인 미만	매출액 20억원 이하

자료: 중소기업청

(2) 창업의 범위에 해당되지 않는 경우

① 형태변경

개인사업자인 중소기업자가 법인으로 전환하거나, 법인의 조직 변경 등 기업유형을 변경하여 변경전의 사업과 동종의 사업을 계속하는 경우로, 실질적 중소기업의 창설효과가 없는 경우에는 창업의 범위에서 제외된다. 다만, 조직 변경 전·후의 업종이 다른 경우에는 창업으로 인정된다. 즉 변경전의 사업을 폐지하고, 변경후의 새로운 사업을 하는 경우를 말한다.

② 포괄승계

타인으로부터 사업을 승계하여 승계전의 사업과 동종의 사업을 하는 경우로, '포괄승계'라 함은 타인으로부터 사업을 승계하여 승계전의 사업과 동종의 사업을 계속하는 경우를 말한다. 다만, 사업 승계인 경우에도 다른 종류의 사업을 영위하는 경우에는 창업에 해당된다.

③ 폐업 후 동종사업 유지

폐업 후 사업을 개시하여 폐업전의 사업과 동종사업을 계속하는 경우로, '폐업 후 동종사업 계속'이라 함은 기존의 사업을 폐업한 후 사업을 개시하여 폐업전의 사업과 동종의 사업을 계속하는 경우 이를 창업으로 보지 아니한다.

3 창업의 동인

기업의 존재의의는 이윤이라는 치가동기(値加動機: value adding motive)에서 찾아야할 것이다. 이 때의 이윤은 새로운 가치창조를 위한 통합계(complexity system)의 동인으로써의 원가다. 그래서 기업은 이윤 창출(emergent)을 위한 관리를 하게 된다.

통합계의 긍정적 동인으로 보는 효율적 관리란 테일러의 과학적 관리법에서 소품종 대량생산시스템의 포드시스템으로 다시 다품종 소량생산시스템의 간반시스템으로 이어 정보시스템을 도구로 한 대량 고객화시스템(mass customizing)으로의 변환동인이 저가격, 고임금, 저노무비 다방향 가치증진달성으로 생활과 생활수단, 생활 조건을 보다나은 방향으로 이끌어 가는데 있다. 근로자 측으로는 노동력 착취가 아니며 소비자 측으로는 제공되는 품질 이상의 가격을 받아내는 것이 아니다. 이것이 기업운영의 기본인 상도다. 상도는 도의에 수반되는 경영의 한 요소이다.

실천경영이라는 측면에서의 삶의 질을 높여 가는 연료로써, 기업 유지 존속 성장의 연료로써 기업이윤확보의 인식이 정립되어 있어야 한다. 경업낙군(敬業樂群) 치가상도(値加商道)다. 일의 성취를 통해 기쁨을 누리고 아울러 관계되는 여러 무리를 즐겁게 하는 가치를 더해 가는 것이 영리를 목적으로 하는 기업조직의 존재이유가 되어야 한다는 것이다.

아담 스미스는 이기적 본능이 친절성, 박애심, 희생정신 같은 것보다 더 강력하고 지속적으로 인간에게 동기부여를 할 수 있다고 했다. 창업은 경제적 자유와 도전의식을 만족시킴으로서 만족의 삶을 살겠다는 효익이 경영상의 책임과 부담의 불이익 보다 크다고 판단하는 사람이 내리는 결단이다. 음습한 동굴 속에서 안전을 추구하기보다 넓고 넓은 창공을 위험을 무릅쓰고 나는 갈매기를 지향하는 정신을 가진 창조적 파괴의 도전을 추구하는 사람이 내리는 결단이다.

바람이 촛불을 끄고 큰불을 타오르게 하듯이 자금에 대한 욕망은 사소한 열정을 잠재우고 원대한 열정을 키운다. 사소한 열정이란 돈을 사용하는 재미이고 원대한 열정은 돈을 축적하는 재미에서 출발한다. 건강한 욕망은 성취의 시작이다. 성공하는 사람은 성실히 모으는 재미를 아는 사람이고 실패하는 사람은 낭비하는 것부터 배우는 사람이다.

생각의 포인트

불갈물력(不竭物力)

인간을 인간 되게 한 최초의 출발이 불확실성을 극소화 시켜 생존하겠다는 물질축적의 욕망, 즉 경영학에서의 용어로 보면 재고관리에서부터라 할 수 있을 것이다. 물질이 어느 정도 존재해야 삶의 행복도 존재한다는 아닐 불(不), 없앨 갈(竭), 물질 물(物), 힘 력(力)의 불갈물력(不竭物力)이다. 불갈물력의 사고가 기업경영의 주요한 동인이 된다.

인도의 한 현자가 돈에 대한 욕망을 가지지 않으면 고뇌도 없다는 깨달음을, 짧은 외국어 실력을 동원하여,

"노 머니 노 프로블럼"(no money no problem)이라는

만트라(mantra, 경구)를 지나가는 외국인에게 던졌다.

삶을 달관한 듯한 외국지식인이

"노 프로블럼 노 스피릿."(no problem no spirit)이라고 화답했다.

두 사람은 돈에 대하여 초연하고 있는듯하지만 결과적으로 돈이 없으면 인간의 고매한 정신도 존재할 수 없음을 시사하고 있는 것을 감지할 수 있다.

창업자는 돈에 대한 신념적 정의를 내리고 있어야 한다. 돈은 기회를 제공하는 것이다. 인간은 돈으로 많은 가능성을 실현 할 수 있다. 가난은 시속(時俗)에서는 아름답지만 집 속에서는 미움이다. 설교에서는 깨끗한 것으로 울리지만 실생활에서는 가엾은 것이다. 가난의 신이 창문을 두들이면 사랑은 창문으로 도망간다는 독일의 속담도 있다.

그러나 적당한 가난은 적절한 긴장과 자극, 건전한 위기의식을 불러와 삶을 역동적으로 만들기도 한다. 돈을 찬양해서도 안 되지만 멸시해서도 안 된다. 돈은 더러운 것도 아름다운 것도 아니다.

사람의 도구 가운데 하나일 뿐이다. 돈은 유용한 도구이므로 되도록 많이 갖고 있으면 좋다. 그것을 어떻게 사용하느냐 하는 것은 갖고 있는 사람의 지성과 지혜에 달려 있다. 잘 쓰기 위해서 많이 맡아 갖고 있는 것은 좋은 일이다. 합하여 선을 위하여 쓸 수 있으면 좋다. 그러나 잘 쓰지도

않고 묵혀두는 것은 죄악이다. "부는 지혜로운 이에게 노예이고, 어리석은 이에게는 주인이다", 봄비가 벚꽃을 피게도 하지만 목련을 지게도 하는 것과 같다.

돈은 산소와 같은 것이다. 산소가 많으면 숨쉬기가 편하고 산소의 중요성을 의식하지 못하게 된다. 산소로부터의 자유다. 돈으로부터 자유로울 때가 행복의 확률이 높다.

아름다움의 여신 아프로디테와 사랑을 나누기도 한 헤르메스는 제우스의 심부름을 도맡는 전령신이다. 상업을 주관하는 신이기도 하며 또한 '도둑의 신'이다. 부도덕한 상인을 도적이라 부를 수도 있다는 은유가 아닐까 한다.

4 창업의 영역과 시기

자신만의 강점으로 창업해야 성공할 확률이 높다. 스스로가 쉽게 적응할 수 있는 업종의 선택과 준비가 중요하다. 예를 들면, 사무직 사원이 퇴직을 앞서서 미리 특정 기술에 관련된 자격증을 획득해두는 것은 매우 바람직하다. 나아가 인간관계나 자금능력을 확충해 놓는 것도 미래사업의 성공을 위해서 매우 가치 있는 투자이다.

발전은 꿈꾸는 자의 몫이며 성공은 준비된 자의 것이다. 높이 나는 새가 산 너머 나있는 오솔길을 볼 수 있다. 넓이 뛰기에서는 시선을 멀리 둘수록 넓은 거리를 뛸 수 있다.

1) 사업영역의 선정

사업분야의 선정은 사업의 성패를 결정짓는 매우 중요한 사항이므로 충분히 검토한 다음 적기에 결정할 필요가 있다. 창업으로 성공할 수 있는 연령은 중소기업의 경우 두뇌의 활동과 신체적으로 민첩하게 움직일 수 있는 25세부터 35세까지 가장 많았고, 40세가 되면 두려움 때문에 창업의 용기가 쉽지 않게 된다. 45세부터 50세는 더욱 어려움을 느끼고, 55세부터 60세까지는 경험하지 못한 일에 적응하는 것은 매우 어렵기 때문에 현재까지 해 온 일들을 중심으로 창업을 하거나 직업 전환을 하는 것이 안전한 방법이다. <도표 1-2>는 창업의 적정한 시기를 나타내고 있다.

도표 1-2 창업시기

(1) 업종에 부합되는 창업 적정연령
(2) 경기 흐름 분석에 의한 창업 시점
(3) 연령에 맞는 사업성공 유형의 선택
① 20대의 모험창업
② 31세~35세의 선택창업
③ 36세~40세의 기반창업
④ 41세~50세의 전문창업
⑤ 51세 이상의 안전창업

창업자가 업종선택을 할 때 다음 항목들을 고려하여 자신이 생각한 업종에 해당되는 것을 찾아보는 것이 좋다.

① 적성에 맞는 업종인가?
② 경험과 지식의 강점을 살릴 수 있는 업종인가?
③ 수익의 지속성이 예상되는가?
④ 개업에 어느 정도의 자금을 필요로 하는 업종인가, 그 조달은 가능한가?
⑤ 고도의 기술이나 전문적인 지식을 필요로 하는 업종인가, 기술 확보의 방안은 있는가?

이러한 기준들 중에서 특히 중요한 요소를 정리하면 다음과 같다.

- 창업의 필연성 확인과 창업가적 자질여부의 판단
- 자신의 경험 및 강점과 자격요건 활용여부의 확인
- 자신의 인생목표, 경영철학 및 취향과의 대조
- 창업자의 자금조달 능력의 고려

직업이라는 것은 소명의식(召命意識)을 갖고 온몸과 마음으로 갈망하고, 정서를 자극하며, 영혼을 채워주는 것으로 인식해야한다. 그래서 창업에 성공하기 위해서는 자신의 전망에서 비롯된 열정이 담겨있을 때 성공확률이 높아진다. 건강한 욕망에서 출발한 열정은 모든 성취의 시작이다.

사업이란 가르침의 한 형태일 뿐이다. 사람들에게 자기의 제품을 원하도록 가르치는 것, 그것이 판매이다. 직원들에게 제품을 제대로 만들도록 가르치는 것,

그것이 제조이다. 사람들이 당신과 협력하도록 가르치는 것, 그것이 조직이다. 경제적 생명체에게 제일 주요한 과제는 비즈니스(business)이다.

비즈니스는 공급자에서 최종수요자에게 재화와 용역을 지속적으로, 효율적으로, 경제적으로 흐르게 하는 관계성의 확보이다. 면밀히 살펴보면 체인(chain)과 같이 연결되어 있다. 모든 조직의 구성인자가 하나의 체인으로 연결되어 있을 때 건강한 비즈니스가 이룩되고 있음을 알 수 있다. 건강한 비즈니스 활동을 위한 체계적인 관리를 관계경영(chain management)라 부를 수 있다.

창업으로 성공한 성공 어록

▶ "고객 뇌리에 남으려면 튀는 마케팅을 하라"
　끼 있는 창의성을 키워라.

▶ "자신이 잘 아는 분야에서 창업하는 것이 유리하다"
　비판적으로 계획하고 낙관적으로 실행하라.

▶ "타켓층을 명확히 하라"
　기업가치 증식의 혜안을 갖도록 노력하라.

▶ "철저한 시장 조사 후 뛰어들어라"
- 우리의 고객은 누구인가?
- 우리의 경쟁자는 누구인가?
- 고객이 우리가 팔 물건을 원할 이유는 무엇인가?
- 고객이 우리의 제품을 구매할 이유는 무엇인가?
- 고객이 경쟁업체에 구매하는 이유는 무엇인가?
- 판매를 성사시키기 위해 고객에게 제공할 서비스는 무엇이 있는가?
- 조직중심의 사고로 시장을 분석하라.
- 해외시장에도 눈을 돌려라.

2) 사업분야별 고려사항

(1) 제조업 선정 시 고려사항

제조업은 도·소매업에 비해서 풍부한 경험과 핵심기술 및 적정규모의 자금이 요구되는 분야이다. 따라서 제조업을 경영하고자 하는 예비 창업자는 최소한 제조업체에 직간접적으로 깊은 관계와 지식이 있는 경우에 선택하는 것이 유리하다. 사업 성공률을 높이기 위해서는 제조업체에 근무하여 생산, 마케팅, 인사조직, 재무회계, 경영정보의 5대 분야 분야에서 경험을 쌓은 후 창업한다면 성공 가능성은 높일 수 있을 것이다. 또한 기술변화의 추세를 파악한 후 제품특성이 가진 생명주기를 고려하여야 한다. 성숙기에 접어든 제품개발 시 많은 주의를 기울여야한다.

생각의 포인트

로고스

그리스어에 로고스라는 단어가 있다. 기본적으로는 '말'이라는 의미를 갖는데 법칙 기술(記述)이라는 뜻도 포함하고 있다. 성서 요한복음에 "태초에 말씀이 계시니라"에서 보는 바와 같이 신학적인 의미로 하나님의 말씀이라는 뜻도 갖는다.

절대자의 말씀이란 법칙, 즉 이법(理法)으로 이해한다. 표현을 바꾸면 '우주는 말에 의해 생겨난 것이다. 우주는 말하고 있다.' 여기서 우주가 말하고 있다는 것은 무엇인가? 패턴이다.

창업은 우주의 마음에 순응하는 것이다. 그 시대를 살아 숨쉬고 있는 생명들이 공감하고 있는 '패턴'이다. 패턴을 읽는 것이 고객의 마음을 읽는 것이다.

한 번은 순간이고, 두 번은 우연이다. 그러나 세 번째부터는 패턴이다. 계속해서 막히고 안 될 때는 관점을 바꿔라. 만물은 유전(流轉)한다. 무상(無常)이다. 통찰력을 갖추고 있다면 불규칙하게 보이는 변화 속에서도 패턴을 찾을 수 있다. 패턴을 안다는 것은 변화에 주의 한다는 것이다. TRM(technology road map)을 읽는 것이다.

변화의 패턴을 자세히 들여다보면 약한 연결고리(weak link)를 발견 할 수 있다. 약한 연결고리의 발견과 이에 대한 대안마련을 한다는 것이 기업 경쟁력을 갖는다는 의미다. 절대 강점만을 가진 강자만이 생존하지 않는 것이 세상사다. 대기업은 대기업만이 갖는 장점과 약점이 있고 중소기업은 중소기업이 갖는 강점과 약점이 존재한다. 불황기는 불황기 나름대로의 틈새가 있다. 이의 적응전략이 기업전략이다.

외부적 패턴은 찾아야 하고 내부적 패턴은 만들어 가야한다. 외부적 패턴은 기회의 포착이고 내부적 패턴은 관행을 만들어 가는 것이다. 좋은 관행의 패턴은 비전과 혁신에 대한 수용도를 높이고 새로운 것을 갈망하는 존재가 되도록 만드는 것이다.

(2) 도·소매업 선정 시 고려사항

도·소매업은 흔히 제조업이나 서비스업에 비해 비전문가가 도전하기 쉬운 만큼 실패확률이 높은 분야로 알려져 있다. 도·소매업은 대개 중간 내지 최종소비자와 직접 만나는 분야이므로 입지의 중요성이 강조된다. 통행량, 접근성, 가시성이 입지선정의 우선 고려요소가 된다.

차별화를 통한 경쟁력확보를 위해서는 고도의 친밀성과 시장감각이 필요한 분야이기도 하다. 도·소매에서 주로 다루는 소비재는 취급하는 품목에 따라 편의품, 선매품, 전문품으로 구분된다. 여기서 편의품은 손님이 근처 가게에서 사는 식료품이나 일용 잡화 등이고, 선매품은 손님이 여러 가게에서 상품을 둘러본 후에 사는 가구나 의료품 등이며, 전문품은 취미에 따라 기호도가 높은 고급의류나 귀금속 등이다.

생각의 포인트

입 지

맥도날드 햄버거 체인의 설립자 레이 크록(Ray Kroc)은 사업 성공에 가장 중요한 요소는 다음 세 가지라고 하였다.

첫째, 입지(Location)
둘째, 입지(Location)
셋째, 입지(Location)

(3) 서비스업 선정 시 고려사항

서비스업은 창업자의 능력 자체가 사업의 핵심 요소가 되는 경우가 대부분이다. 따라서 제조업과는 또 다른 창업주의 적성과 능력을 필요로 한다. 서비스업을 영위하기 위해서 창업자 자신이 모든 업무수행에 필요한 능력을 갖출 필요는 없지만 최소한 사업 분야의 전체 흐름에 대한 이해는 할 수 있는 수준 이상이어야 할 것이다. 서비스업의 비정형적, 비반복성, 비표준화의 특성상 창업자 자신이 업무에 정통하여 전체 흐름을 주도하면서 새로운 아이디어와 방향 제시로 사업을 이끌어 가야만 성공가능성이 높일 수 있으며 대리인 비용(agency cost)을 줄일 수 있기 때문이다.

생각의 포인트

대리인 비용(agency cost)

R. 스트라우스의 오페라 '장미의 기사'에 등장하는 오크스 남작은 옥타비안을 자신의 사랑을 담은 장미꽃을 보내는 사자로 선택한다. 옥타비안이 여자로 분장한 사실도 모르고 '장미의 기사'로 선발한 오크스는 엄청난 대가를 치르게 된다.

옥타비안은 오크스의 사랑의 사자로서 부호의 딸 소피에게 은장미꽃이 담겨진 오크스의 청혼을 전달한다. 그러나 어찌 운명이 그렇게 될 수 있겠는가! 꽃을 전달받는 순간부터 두 사람은 깊은 사랑의 묘약에 취하게 된다. 소피가 오크스 남작의 심부름꾼인 옥타비안을 사랑하게 된 것이다.

옥타비안과 소피는 결혼하게 된다.

오페라는 대리인인 '장미의 기사'가 오히려 장미를 보낸 주인 오크스의 사랑을 빼앗는 희화로 끝난다. 오크스는 '장미의 기사'를 잘못 선택한 그 결정 때문에 은장미는 물론 사랑마저도 잃게 된 것이다. 이와같이 주인과 대리인 관계에서 발생하는 비용을 대리인 비용(agency cost)이라고 한다. 헨리 포드의 벽난로 위엔 이런 문구가 있었다. "네 손으로 장작을 패라. 이중으로 따뜻해진다."

(4) 프랜차이즈업 선정 시 고려사항

도·소매, 서비스업을 중심으로 최근 프랜차이즈화된 체인점에 가입하는 창업자도 많이 늘어나고 있다. 프랜차이즈라는 것은 경영의 노하우를 제공하는 본사와 그 대가로 돈을 지불하는 가맹점으로 조직된다. 그 기본적인 형태는 다음과 같이 정리된다.

본사는 창업에 즈음하여 입지나 점포, 설비, 제조판매의 기술과 메뉴, 광고 선전 등의 노하우를 제공하거나 실제로 지휘하고, 이후에도 제품이나 재료의 제공, 제품 개발 등을 행하며, 영업관리와 운영에 책임을 진다. 그리고 가맹점은 이에 대해 가맹료와 로열티를 지불하는 것을 말한다.

마이클 E. 거버는 「E 신화」라는 책에서 새로 창업을 하는 소자본 사업의 50%가 창업 1년만에 실패하는 반면 사업 구축 프랜차이즈의 경우는 95%가 살아남는다고 했다. 새로 시작한 사업의 80%가 창업 5년 내에 실패하지만 사업 구축 프랜차이즈는 75%가 살아남는다고 하였다.

이는 가맹자들이 본사가 운영하는 시스템을 운영하는 법을 배움으로써 자신의 사업을 훌륭하게 운영할 수 있는 열쇠를 건네받게 되기 때문이다. 가맹자는 시스템을 사용할 수 있는 권리를 인정받고 시스템 운영법을 배운 후 바로 사업을 시작하면 되는 것이다. 그 나머지는 사업 자체가 알아서 다 한다.

본사 즉 가맹주가 그 사업에서 일어날 수 있는 모든 문제들을 해결하고 제대로 된 사업을 만들었다면 가맹자들이 할 일은 그저 그 사업을 움직이는 시스템을 관리하는 방법을 배우는 것뿐이다. 이것이 바로 프랜차이즈 모형이다. 그래서 문제해결의 열쇠를 전수 받는다는 의미의 턴키 운영(turn-key operation)이라고도 부른다.

프랜차이즈화된 체인점의 경우, 기본적인 것에 관해서는 본사가 관리 해주므로 창업 시의 시간과 노고가 적게 들고 창업 후에도 안정된 수입을 얻기 쉬운 장점이 있다. 반면에 본사의 지도성이 강한 것으로부터 오는 단점도 적지 않다.

단점 해소를 위한 점검 사항을 다음과 같이 정리할 수 있다.

- 경험 인테리어 품질 노하우 등 본부의 경쟁력 체크
- 대표의 해당분야 경력 및 도덕성 점검
- 성공사례 유무 점검

(5) 사업 분야 선정 시 기타 고려사항

업종 선택에 있어 주의해야 할 기타사항을 정리하면 다음과 같다.

첫째, 인기상품과 번창하고 있는 업종에는 강력한 경쟁상대를 고려해야 한다. 토끼가 사는 비옥한 푸른 초장에는 사자도 산다.

둘째, 과대광고에 현혹되지 말아야 한다. 독버섯일수록 색깔은 화려하다.

셋째, 검증되지 않은 새로운 업종은 세심한 주의가 필요하다. 창업자는 흔히 남이 전혀 생각하지 못한 아이템이나 업종에 집착하는 경향이 있다. 시대를 너무 앞서가도 실패한다. 성공하는 기업이란 그 시대를 살아가고 있는 보편타당한 고객층의 지지도에 의해 이루어진 기업을 말한다.

넷째, 남의 성공아이디어를 참조하되 그대로 따라서는 성공하기 힘들다. 화이부동(和而不同)이다. 시대를 따라가되 동질성을 추구하여 그 속에 묻히라는 것은 아니라는 것이다. 창업에 성공한 이들은 나름의 비결이 있다. 푸른 호수 위에 유유자적하고 있는 백조의 두발은 쉴 사이 없는 자맥질에서 이루어낸 품위다. 단지 죽은 물고기만이 물살의 흐름에 따라서 그대로 흘러간다(Only dead fishes go with a flow).

다섯째, 보완업종을 찾아 시스템의 효율을 도모하라는 것이다. 보완업종을 찾아가는 것도 일종의 이업종교류라 할 수 있다.

생각의 포인트

보완업종과 시스템 효율추진

아침마다 '두부 사려'하고 큰 소리로 외치는 것을 멋쩍어하는 소심한 두부장수가 있었다. 큰 소리로 외치지 않으니 장사가 잘될 리 없었다. 그러다 어느 날 묘안을 찾아낸다. 된장찌개에는 반드시 두부가 들어간다는 사실에 착안하여, 목소리 큰 된장장수 뒤를 졸졸 쫓아다니기로 한 것이다. 그래서 앞에서 '된장 사려'하고 큰 소리로 외치면, 그 뒤를 따르면서 모기소리로 '두부도'라고 덩달아 외쳤던(?) 것이다.

된장장수 덕분에 힘들이지 않고 성공했다는 두부장수의 이야기이다. 아마도 몇 달 뒤에는 서로 역할을 바꾸어하게 되었을지도 모른다. 분명한 것은 두 사람 모두 혼자 다닐 때보다 매상이 늘었다는 것이다.

철새들도 먼 대륙을 횡단할 때에는 상승기류를 타고 날아간다고 한다. 날개는 가장 편하게 접어두고, 선두가 일으키는 기류를 타고 날아가다가 선두가 지치면 교대하면서 그 먼 거리를 날아간다는 것이다. V자 행렬을 만들어 서로에게 상승기류를 만들어주니, 혼자 나는 것보다 무려 71%를 더 멀리 날아간다고 한다. 효율적 내부관계 운영이며 외부경제의 활용이다. 어떤 사람이라도 그 혼자서 모든 것을 해결할 수 있을 정도로 만능일 수는 없다. 강점과 함께 약점이 늘 존재한다는 것이 경영시스템이론이며 관계경영학이다.

(6) 사업분야 및 사업아이템 선정 순서

업종 및 사업 아이템의 선정 순서는 일반적으로 다음과 같은 순서로 선택된다.

① 창업 희망 업종에 대한 정보수집
② 유경험자 또는 종사자의 조언
③ 후보 사업아이템에 대한 정보수집의 구체화
④ 후보 사업아이템에 대한 정밀분석 및 검토
⑤ 사업타당성 분석
⑥ 최적업종 및 사업아이템 선정
⑦ 사업계획서 작성

※ 성공한 창업자의 덕목

1 창업성공을 위해 많은 준비를 한 창업자일 것이다. 한 두번 실패는 성공을 위한 준비라 생각하는 긍정적, 희망적 마인드의 창업자이다.
2 남이 잘되는 아이템보다 내가 잘 할 수 있는 아이템을 선택한 창업자이다. 이들은 자기 자신의 역량을 충분히 이해하고 시류에 흔들리지 않고 이를 인정한 후 방향을 잡고 시작 한 것이다.
3 과거의 영화는 현재의 실패로 현재의 실패는 미래의 영화로 바뀌는 확신을 가진 창업자이다.
4 자만은 금물이며 불필요한 아집을 버리고 돌다리도 두드리고 건너는 습관을 가진 창업자이다.
5 내가 모르면 남도 나를 모른다. 남을 믿지 말고 내가 먼저 알고 남에게 묻는 창업자이다.

6 계획을 세우는데 쓰는 시간을 아까워하지 말고 지속적으로 계획을 세우고 점검하는 창업자이다.
7 앞으로 밑지고 뒤로 남는 장사를 하는 데 인색함이 없는 창업자이다.
8 속이 시커멓게 타는 느낌을 아는 창업자이다.
9 스스로 소상공인임을 인정하고 그에 맞는 영업철학을 가진 창업자이다.
10 잘되는 나의 가게를 통해 다른 창업자의 성공을 도우는 데 인색함이 없는 창업자이다.

※ 성공창업을 위한 10가지 주요 지침

1	아주 좁은 분야로 전문화해서 핵심 능력을 개발하라.
2	스스로 좋아하면서 탁월한 능력을 발휘하여 일인자가 될 수 있는 분야를 선택하라.
3	지혜가 곧 힘이라는 사실을 명심하라.
4	시장과 핵심 고객이 누구인지를 알아내 공략하라.
5	20%의 노력으로 80%의 성과가 나타나는 분야를 알아내라.
6	그 분야의 일인자에게 배워라.
7	전문 분야에서 자기 사업을 하라.
8	가치를 창조할 수 있는 직원을 가능한 한 많이 고용하라.
9	핵심 역량을 제외한 나머지는 모두 아웃소싱하라.
10	자본의 지렛대 효과를 활용하라.

생각의 포인트

진정한 조언

까마귀 한 마리가 나무 위에 앉아 하루 종일 빈둥거리고 있었다. 토끼가 그 까마귀를 보고 '나도 너처럼 매일 빈둥거리고 앉아 있어도 될까?'라고 물었다. 까마귀가 말했다. '당연하지 안 될게 뭐 있어?' 토끼는 까마귀의 말을 듣고 나무 아래 그늘에서 쉬기 시작했다. 그런데 갑자기 여우 한 마리가 나타났다. 그리고는 토끼를 잡아 꿀꺽 삼켜버렸다.

창업업종 내지 사업아이템의 선정은 창업과정 중에서 가장 어렵고 많은 시간이 요구되는 것이다. 이는 성공가능성의 정확한 추정이 어렵기 때문에 기인한다. 그래서 성공확률을 높이기 위해서는 전문가의 창업컨설팅을 받아 보는 것도 한 방법이다.

5 경영의 본질

기업 활동은 인간과의 만남을 통한 부가가치의 증식활동이며 경영은 이의 효율적 운용이다. 관리는 경영활동의 정연화이다. 경영의 목표는 인간의 공동생활에 긍정적 영향을 만들어 가는데 있어야 한다. 경영목표의 구체성은 이용후생(利用厚生)이다. 이용(利用)이란 장인(匠人)이 물건을 만들고 상인이 재물을 운반하는 것 등이고, 후생(厚生)이란 옷을 입도록 하고 먹을 것을 풍족하게 하여 떨지 않고 굶주리지 않도록 하는 것 등의 이름이다. 건강한 삶을 위한 창조적 파괴 활동이다. 대학(大學): 경문(經文)편에서 공자는 경영을 공은 이룩됨을 구하고 힘을 적게 들여 많은 공을 이룩하는 것이라 하였다.

생각의 포인트

창조적 파괴, 그 비극의 쳇바퀴

아프리카 초원의 영양들은 시속 100km를 지속력 있게 주파한다. 그렇게 하지 않으면 치타에게 잡혀 먹히기 십상이기 때문이다. 치타는 비록 오래 달리지는 못해도 순간속도가 시속 110km에 이른다.

오랜 진화의 역사를 거치며 치타는 치타대로 나날이 빨라지는 영양을 따라잡기 위해 점점 더 빨리 달리도록 진화했고 영양은 영양대로 치타에게 잡히지 않으려고 점점 더 빨리 달리게 된 것이다.

자연계의 생물들은 어느 누구도 홀로 진화할 수 없다. 모두 다른 생명체들과 관계를 맺으며 진화한다. 이름하여 공진화(co-evolution)를 하는 것이다. 그런데 일단 공진화의 쳇바퀴에 올라타면 임의로 내릴 수가 없다. 영양이 허구한 날 시속 100km로 달리기가 지겹다고 멈추면 치타의 밥이 될 뿐이다. 달아나는 영양을 따라가기 귀찮다고 주저앉는 치타는 굶어 죽는다.

치타보다 속력이 늦은 영양이 모두 치타에게 잡아먹혀 멸종치 않는 이유는 지속력 있게 달릴 수 있는데 있고 치타에게는 순발력은 있지만 지속력이 없기 때문이다. 생명체가 생존을 지속하고 있는 현상을 들여다보면 누구에게나 자기만의 강점과 단점이 있다.

자기가 잘할 수 있는 영역을 발견해야 성공한다. 나폴레옹은 수필가로 실패했으며, 셰익스피어는 양모사업가로 실패했으며, 그랜트는 제혁업자로 실패했다. 하지만 그들 중에 어느 누구도 포기하지 않았다. 그들은 다른 분야로 옮겨가 자신에게 맞는 일을 찾아 노력했으며 결과는 우리가 알고 있는 그대로다.

1) 기업이란?

기업은 경영학의 실질적 연구대상이며 국민경제를 구성하는 기본적 단위이며 생산수단의 소유와 노동의 분리를 기초로 하고 영리목적을 추구하는 생산경영조직체를 의미한다. 그 속성의 첫째가 성과를 목표로 하며, 둘째로 전체 시스템(total system)속에 존재하는 하위 시스템(subsystem)으로 기업자체에 대한 목적(이익, 성장 그리고 존속)과 종업원에 대한 목적(욕구충족과 만족) 및 기업환경에 대한 목적(사회적 책임)을 가지며, 셋째로 폐쇄 시스템(closed system)이 아니라 개방 시스템(open system)의 속성을 갖는다. 기업가적 기업(entrepreneurial business)이란 기본에 충실한 경영의 과정을 바탕으로 혁신하고자 하는 욕망을 유발할 정책, 그리고 기업가 정신과 혁신의 습관을 조직 전반에 걸쳐 창출할 수 있는 정책을 도입하는 기업이다. 혁신을 하려는 기업, 그리고 성공할 기회를 갖고 또 번영하기를 바라는 기업은 기업가적 경영시스템을 자신의 시스템 내에 구축해야만 한다.

기업가적인 기업이 되기 위해서는 새롭고 독특한 특성을 가져야만 한다. 그들은 뭔가 새로운 것과 뭔가 다른 것을 창출한다. 그들은 가치를 바꾸거나 변형한다. 그러나 그들은 기초적이고도 잘 알려져 있는 경영의 원칙을 무시하지 않는다. 기업가적 경영관리를 하기 위해서는 네 가지 요건이 필요하다. 시장중심 사고, 재무예측, 최고경영자 팀, 창업자의 지속적 역할변신이 그것이다.

기업가적 경영관리를 수행하는 데는 다섯 가지 실천 활동이 필요하다. 첫째, 혁신조직 만들기. 둘째, 학습조직 만들기. 셋째, 조직 및 인적자원관리. 넷째, 하지 말아야 할 일들을 하지 않기. 다섯째, 건강한 관계(chain manage-ment)만들기 이다.

2) 기업가란?

기업가란 불확실한 환경과 경쟁 속에서 새로운 사업을 개척해 가는 혁신자나 모험가로서 경영자정신(entrepreneurship)을 발휘하는 사람을 말한다. 야망은 목적이 중요해서 목표를 이루면 허망하지만 도전정신은 끝이 없고 도전자체가 기쁨임을 아는 사람이다. 이런 기업가들, 특히 성공한 기업가들의 특성을 정리하면 다음과 같다.

첫째, 성취욕구가 강하다.

둘째, 독립에 대한 욕구가 강하다.

셋째, 자신에 대한 신뢰나 자존심이 강하다.

넷째, 미래 지향적(future-oriented)이다.

다섯째, 자기희생적이다.

여섯째, 생각의 유연성(thinking agility)을 갖고 있다.

일곱째, 기존의 것을 보다 더 나은 것으로 만들어 가는데 보람과 삶의 의미를 느낀다.[장 바티스트 세이(J. B. Say:1776-1832)가 기업가(entrepreneur)라는 용어를 만들 때 뜻했든 바다]

생각의 포인트

창업자의 자질

창업자의 자질 : 3F & 3c

Fit : 직업이라는 것은 소명의식(召命意識)을 갖고
온몸과 마음으로 갈망하고, 정서를 자극하며,
영혼을 채워주는 것으로 인식해야한다.

Fair : 자신의 확인과 창업가적 자질여부의 판단
자신의 경험, 강점과 자격요건 활용여부의 확인

Firm : 자신의 인생목표, 경영철학 및 취향과의 대조

Correct : 정확한 판단 → 사업타당성과 경영의 역량

Confidence : 역량관리에서 온 자신감

Courage : 리스크를 동반하지 않는 성공은 없다.

3) 경영이란?

경영이란 조직을 형성하고 운영하는 의사결정과정이라 할 수 있다. 또한 조직을 효율적으로 운영하기 위한 관리의 과정론이라고도 하며 과학과 기예의 영역을 포괄하는 상황적합이론이라고도 부른다.

그 운영과정에서 단계별 활동(activity)이 강조되면 관리의 과정론이라 부르고 의사결정의 주체인 사람(people)이 강조되면 의사결정론이라 부르며 주어진 환경속에서 최적의 안 도출과정에서 환경(environment)이 강조되면 환경적합론 또

는 상황적합론이라고 할 수 있다. 경영은 만나(connection) 안(安 calmness)과 락(樂 contentment)을 제공하는 것이다.

☑ 성공경영의 기저

- 경영에 대한 인식－만남의 경영, 나눔의 경영, 기본에 충실한 경영
- 핵심역량－실천경영, 기술과 기예
- 적정자본－자본의 합리적 조달과 운용
- 열정과 열린 경영－일의 성취를 통한 삶의 보람
- 입지－통행량, 접근성, 가시성

생각의 포인트

두 수사의 밀 베기

경영이란? 두 수사의 밀 베기

어느 날 한 수도원장이 두 수사에게 임무를 맡겼다. '들에 나가 밀을 거두어들이게.'(기업목표) 밀이 노랗게 익은 들판은 황금빛으로 빛났고, 두 수사는 기쁨으로 아침부터 열심히 낫으로 밀을 베었다.(경영성과)

첫 번째 수사는 한 번도 쉬지 않고 열심히 밀을 베었다. 그러나 두 번째 수사는 한 시간마다 쉬면서 일했다. 어느덧 날이 저물고 일을 다 마친 두 수사는 이마의 땀을 닦아 내며 서로의 수고를 격려했다.(기본에 충실한 경영)

그런데 두 사람이 쌓아 올린 단을 보니 쉬지 않고 일만 한 첫째 수사보다 시간마다 쉬면서 일한 둘째 수사의 단이 두 배나 더 높은 것이 아닌가? 첫째 수사가 무척 놀라며 물었다. '아니, 어떻게 쉬지 않고 일한 나보다 쉬어 가며 일한 자네의 밀단이 더 높단 말인가?' 둘째 수사가 빙긋이 웃으며 대답했다. '저는 틈틈이 쉬면서 낫을 갈았지요.'(효율적 관리)

일반인들에게 집을 그리라고 하면 지붕부터 그린다. 그러나 경영인의 그림은 지붕부터 그리는 순서와는 반대가 되어야 한다. 먼저 주춧돌을 그린다음 기둥·도리·들보·서까래·지붕의 순서로 그려야 한다. 기본에 충실한 경영이다.

생각의 포인트

실사구시 상거래

슈멜케 로케아는 결혼을 하게 된 요즈음까지 계속해서 탈무드만 공부했다. 장인은 그가 장사에도 정성을 다해 줄 것을 기대했다. 그래서 딸과 함께 내준 지참금을 자유로이 사용할 것을 승낙했다. 슈멜케는 장사를 시작하기 전에 그 비결에 대해서 좀더 공부해야겠다며 탈무드를 뒤적였다.

그는 탈무드에서 다음과 같은 구절을 발견했다.

'돈이 잘 벌리는 장사를 하려거든 남이 취급하지 않는 상품을 취급하라.'

슈멜케는 쾌재를 불렀다. 그리고 라이프치히로 달려가서 한참 동안 마땅한 상품을 찾던 끝에 겨우 취급할 상품을 찾아냈다.

그것은 손가락이 없는 장갑과 발가락 다섯 개가 모두 들어갈 수 있는 양말이었다. 그런데 이상하게도 이 두 가지 상품은 모두 팔리지 않았다. 그는 또 한번 탈무드를 뒤적여 보았다. 그런데 그는 이런 구절을 읽었다.

'팔리지 않는 상품을 가지고 있을 경우에는 한시라도 빨리 팔리는 상품과 교환하라, 다소 손해를 보더라도 결국은 그렇게 하는 것이 돈을 버는 지름길이다.' 슈멜케는 고개를 끄덕였다. 그는 곧 나가서 중개인 두 명을 찾아냈고, 예의 두 가지 상품을 그들에게 각각 한 가지씩 넘겨주면서 다소 손해를 보더라도 다른 상품과 교환해 달라고 부탁했다.

두 명의 중개인은 라이프치히로 떠났다. 그리고 얼마 후 같은 날 슈멜케는 두 중개인으로부터 편지를 받았다. 편지에는 고생고생 끝에 상품을 겨우 바꾸었다고 씌어 있었다. 슈멜케는 몹시 기뻐했다. 며칠 후, 교환한 상품이 슈멜케에게 도착했다. 양말을 가지고 간 중개인에게서는 예의 장갑이 왔고, 장갑을 가지고 갔던 중개인에게는 예의 양말이 왔다.

4) 경영학이란?

경영학(business administration)은 경영을 연구 대상으로 하는 사회과학으로 과학과 기술의 양면성을 지니며 이론과 실천적 응용을 포괄하는 의사결정론으로 볼 수 있다. 기업경영 변화의 체계적 정리를 우리는 경영의 과학성(science)이라 하고 상황적합적 의사결정 영역의 중요성을 예술(art)의 영역이라 부르며 경영을 과학과 기예를 포괄하는 실천학문이라 부른다.

조선 후기의 문인 이덕무는 이목구심서(耳目口心書)에 삶의 근본 이치는 옛날과 지금이 다를 수 없다고 했다. 그러나 그것을 담는 그릇은 시대마다 같지가 않다는 의미의 글을 남겼다. 여기서 우리에게 경영의 과학성(science)과 상황적합적 의사결정 영역(art)의 중요성을 다시 한번 생각나게 한다.

5) 경영사고의 기본개념

경영사고의 기본개념은 첫째, 행동과학의 속성상 경영에 있어서 최적의 단일의 안은 존재치 않는다는 것이며 둘째, 경영의 연구대상인 기업의 내부를 조직이라 하고 외부를 환경이라 하여 이들 간의 부단한 관계성이 존재한다는 조직적 사고와 경제적 급부를 생산하는 생산경제와, 가치계산적 사고에 입각한 생산성을 추구한다는 과학적 사고를 바탕으로 한다.

생각의 포인트

경영사고

'헤라클레이토스의 망치'라는 책의 저자 로저 본 외흐(Roger von Oech)가 토론토에 사는 친구로부터 다음과 같은 편지를 받았다. "저는 친구들과 알곤킨공원에 카누를 타러 갔어요. 날씨가 너무 더워 녹초가 돼서 도착했는데, 카누대여점에서 강까지는 3킬로미터나 떨어져 있었고 대여점에서 빌린 카누2대는 너무 무거웠어요, 우리가 땅바닥에 주저앉아서 어떻게 저 무거운 카누를 메고 강까지 가야 하나 하고 한숨을 쉬고 있는데 강 쪽에서 어떤 사람들이 가방을 메고 오는 사람들이 보였어요. 그들은 원래 우리와 같은 대여점에서 카누를 빌려 놀다가 돌아가는 중이었는데 날이 너무 더워 일단은 가방만 옮겨 놓고 그 다음에 카누를 가지러 갈 거라고 말했어요. 우리도 그 사람들에게 무거운 카누를 들고 험한 돌길을 3킬로미터나 가야 할 걸 생각하니 괴롭다고 불평을 털어 놓았죠. 그런데, 갑자기 저에게 아이디어가 떠오른 거예요. 처음에는 그냥 단순하게 우리와 그 사람들이 카누를 메고 중간에서 만났다면 어떻게 됐을까를 상상했는데 그러다 아이디어가 나온 거죠. 나는 그 사람들에게 카누를 교환하자고 했어요. 어차피 같은 가게에서 빌렸고 모양도 같았어요. 그 사람들도 동의했죠. 그래도 혹시 나중에 무슨 문제가 생길까봐 주소와 전화번호를 교환했어요. 이 거래로 양쪽 모두 카누를 옮길 필요가 없게 되었죠. 우리는 가방만 들고 강가로 가서 그들이 두고 온 카누를 탔어요. 그 사람들하고 연락할 기회는 없었지만 아마 그들도 가끔씩 그 여행과 카누를 바꿨던 그 일을 기억할 거예요."

6) 경영의 기본논리

① **효율성 추구**(logic of efficiency) : 최적해를 도출하는 결정 룰의 개발을 추구

② **경제성 추구**(logic of cost) : 최소의 희생으로 최대의 성과를 추구

③ **행동성 추구**(logic of sentiment) : 인간의 '사회적 사상'에 관한 행동과학성 추구

④ **윤리성 추구**(logic of ethics) : 내외적 책임조직으로서의 인식 추구 즉, 기업의 유지존속을 위한 위험최소화를 추구하는 경영인의 논리인식과 이해 관계자집단 속에 존재하는 구성원으로서의 책무감당이다. 즉, 사회과학에서 최적의 단일의 안이 긴 시간 속에서는 분명 존재치 않는다. 진리도 시간의 연장선상에서는 변한다. 그래서 태산 같은 자긍심에 바탕을 둔 자기 확신과 들풀같이 변환하는 환경에 순응하는 유연성의 마인드를 동시적으로 갖도록 노력해야 한다.

⑤ **유연성 추구**(logic of agility) : 상황적합적 지혜의 발휘 역량이 경영능력이다.

7) 의사결정이란?

의사결정(decision making)이란 일정한 목표를 달성하기 위하여 둘 이상의 대체수단(alternatives)중에서 실행 가능한 하나를 선택하는 인간의 합리적인 행동을 뜻한다. 이와 같은 의사결정은 다양한 요소로 구성되나 질적으로는 사실전제(事實前提 : factual premises)와 가치전제(價値前提 : value premises)라는 두 가지 전제에 의하고 있다. 그래서 사회과학에서는 엄격한 의미에서 최적의 단일의 해는 존재치 않는다고 할 수 있다.

사실전제란 관찰 가능한 실제에 대한 전제로서 그것이 사실이냐 아니냐는 최종적으로 반드시 결정되는 전제를 의미한다. 예를 들면, “내일은 비가 내릴 것이다”라는 정보는 내일이 되면 명확하게 진실인가 아닌가를 결정할 수 있다. 이와 같은 의사결정 전제를 ‘사실전제’라 한다.

가치전제란 진실인가 아닌가를 절대적으로 판단할 수 없는 전제이다. 그런데, 이와 같은 성격을 가진 가치전제는 목표를 형성하기 위한 기본적인 요소가 되고 있다는데 문제가 있다. 그래서 편견과 오류(error and bias)가 존재하며 기각된 대안 즉, 가보지 않은 의사결정의 대안과 그 기대치를 비교할 수 없게 되므로 의사결정자의 판단이 절대적으로 중요시된다. 고로 행동과학인 경영학 즉, 기업경영이 쉬운 것이 아니라는 것이다.

6 관리과정

1) 경영, 관리, 조직의 상호관련은?

조직은 유효한 기구의 구체화이다. 관리는 유효한 집행의 구체화이다. 경영은 유효한 지도의 구체화이다. 경영은 조직을 결정한다. 관리는 조직을 사용한다. 경영은 목표를 결정한다. 관리는 목표를 향하여 노력한다. 조직은 경영이 결정한 목적을 달성하는 경우에 있어서의 관리의 기구이다.

자연도태는 날마다 시간마다 세상에 있는 가장 사소한 변이라도 계속되고 있으며 나쁜 것은 버리고 우수한 것은 보존하고 축적하며, 아무도 모르게 기회가 주어지면 언제나 어디서나 각 유기체들의 개량은 계속된다. 인간에게는 질서와 체계를 유지하려는 본능적이고도 선천적인 평형(equilibrium)에 대한 욕구가 있다. 이러한 평형의 욕구에 대한 반응으로 개인의 삶에서의 경험을 구조화시켜 조직화하려는 경향이 있는데 이를 우리는 스키마(schema)라 부른다. 스키마는 우리가 세계를 이해하고 반응하여 기능하기 위해서는 사용하는 지식, 절차, 관계 등을 뜻한다.

스키마를 형성하고 평형을 이루기 위한 기제로서, 동화와 수용이라는 두 개념을 제시할 수 있다. 동화(assimilation)란 새로운 정보 혹은 새로운 경험을 접할 때, 그러한 정보와 경험을 이미 자신에게 구성되어 있는 스키마에 적용시키려 하는 경향성을 뜻한다. 수용(accommodation)이란 새로운 정보 혹은 새로운 경험을 인식하기 위해 기존의 스키마를 수정하는 것을 의미한다. 이러한 순환과정을 경영학적 용어로 PDS(plan, do, see) 또는 PDCA(plan, do, check, action)라고 하며 관리과정(management cycle)이라 부른다.

2) 관리과정과 경영기능

관리과정을 설명할 때 일반적으로 쿤즈(H. Koonz)와 오도넬(C. O'Donnel)의 정의를 인용한다. 그들은 관리과정을 '계획(planning), 조직(organizing), 지휘(directing), 통제(controlling)의 순환과정'으로 정의하고 있다. 조지(R. T. George)와 알렌(L. A. Allen)은 쿤즈와 오도넬의 정의에 추가해서 '관리과정이란 계획(planning), 조직(organizing), 동기부여(motivating), 조정(coordinating), 통제(controlling)의 순환과정'으로 설명하고 있다.

① **계획** : 계획(planning)은 기업의 목표를 제시하고 그것을 달성하는 방법을 수립하는 것을 말한다.
② **조직** : 조직(organizing)은 조직구조를 설계하고 각 부서별로 자원을 적절히 배분하여 과업을 수행할 태세를 갖추는 것을 말한다.
③ **지휘** : 지휘(directing)는 기업의 목표를 달성하기 위해 동기부여나 리더십을 통하여 조직원들이 열심히 과업을 수행하도록 이끌어 나가는 것을 말한다.
④ **통제** : 통제(controlling)는 종업원들이 기업의 목표를 얼마만큼 달성하였는가를 비교평가하고 수정조치를 취하는 것을 말한다.

도표 1-3 관리과정

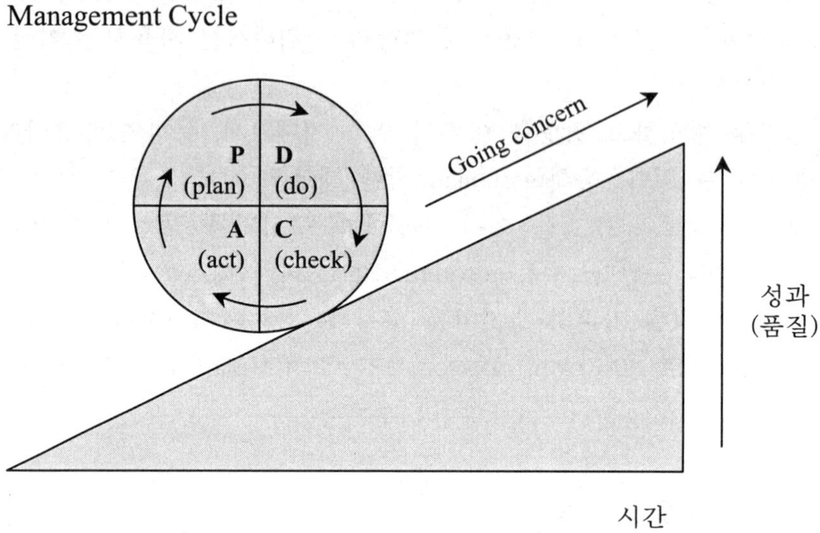

3) 창업과 기업생존의 조건

기업 경영 리더십의 최대 암적인 요소는 만족의 안주라 할 수 있다. 그래서 기업들은 바람직한 것의 최대화(수익의 개념: < 우부등호의 제약조건들 속에서의 최적점 발견)와 바람직하지 못한 것의 최소화(비용의 개념: > 좌부등호의 제약조건들 속에서의 최적점 발견)를 끝없이 추구하면서 최적의 단일안(= : equilibrium)을 도출키 위해 노력한다. 그러나 가까스로 도출된 최적의 단일안은 순간적으로 변환하는 환경의 속성에 의해 깨어져버린다. 그래서 또 다른 환경의 적응을 위해 새로운 경영방안을 마련하며 창조적 방향으로 생존(going concern)을 추구한다. 기업생존은

가격(price: P) > 원가(cost: C) …… 생산자 만족①
가치(value: V) > 가격(price: P) …… 소비자 만족②
①과 ②를 동시에 만족시키는 生存不等式
V > P > C …… ③을 만족시키는 한 永生한다.

생산자와 소비자의 만남이 있다는 것은 생산자가 제시한 가격을 소비자가 만

족하는 데 기초적 의미가 있으며 경쟁력의 출발선이 된다. 대개 본질적 구성요소들의 합(원가)에의 해서 결정되어 진다고 인식되고 있으나 특정시점에 있어서 소비자 인지가치에 의해서 결정된다는 것이다. 왜냐하면 동일한 재화와 용역의 혼재 속에서 개개 소비자가 인지한 가치기준으로 구매가 이루어지기 때문에 소비자가 인지하고 있는 가치에 기초한 가격으로 공급할 때 시장경쟁력을 갖는다는 것이다.

이 때 원가는 기업 내부적 경쟁요인이지 소비자 확보에 필요한 필요 불가결한 경쟁요인은 아니라는 것이다. 투입은 동일해도 소비자 인지가치는 다르게 나타날 수 있으며 나아가 투입이 증가해도 소비자 인지가치는 떨어질 수 있다. 혁신의 폭을 키워 요소투입을 최소화 하여 그 절감된 원가의 일부를 가격인하를 통해 소비자에게 환원하는 기업이 좋은 기업으로 인식된다. 그래서 고객에게 감동을 줄 특장점이 필요하며 인지가치 확장의 전략이 요구된다.

생각의 포인트

전력투구

초원에서 토끼 한 마리가 꽁지가 빠지게 달아나고 있었다. 그 뒤를 바짝 붙어서 늑대가 쫓아갔다. 늑대의 코끝에 꼬리가 닿을 듯하면서도 토끼는 끝내 잡히지 않았다. 흥미로운 것은 속도다. 어느 한 쪽이 월등하게 빠르다면 승부는 금방 정해졌을 것이다. 그러나 그들은 서로 엇비슷한 균형을 이루고 있었다. 이것이야말로 대자연이 생명의 게임에 정해 놓은 규칙 중의 하나다. 달아나는 편이 너무 빠르면 잡아먹는 쪽은 굶어 죽을 수밖에 없다. 반대로 잡는 쪽이 너무 강하면 잡아먹히는 편은 전멸해 버릴 것이다.

늑대는 토끼를 잡아먹되 항상 잡을 수는 없다. 토끼는 늑대로부터 도망치되 언제나 도망치는 데에 성공할 수 없다. 그러므로 늑대는 죽을 둥 살 둥 쫓아다녀야 겨우 입에 풀칠을 하고, 토끼는 아무리 힘을 다해 도망 다녀도 늑대의 악몽에서 벗어나지 못한다. 이것은 비단 토끼와 늑대의 경우에만 한정된 것이 아니라 생명을 가진 존재들에 대한 철칙과 같은 것이다. 전력투구 할 때만 성공한다.

3) 생존을 위한 핵심역량 확보

석씨수연(釋氏隨緣), 오유소위(吾儒素位), 성서유언(聖書有言): 불가에서 말하는 수연(隨緣)이란 세상만사 인연에 의한 것으로, 자기의 처신을 인연에 따라서 하는 것이 좋다고 말하며, 유교에서는 소위(素位)라 하여 자기의 위치를 지켜 타를 넘보지 말아야 한다고 말하는 데, 기독성서의 유언(有言 : 태초에 말씀이 계셨느니라)이란 성서 즉, 말씀을 따르면 영생의 구원을 얻는다고 한다. 수연과 소위 그리고 유언이 주는 의미가 험한 세상 바다를 건너는데 필요한 부낭(浮囊 : surfing board)과 같은 의미의 종교적 특장을 나타내고 있다. 그렇다면 험한 경쟁의 세상을 넘어 가야 할, 인간을 닮아 있는 기업의 부낭 즉, 기업의 특장점으로 무엇을 가져야할지 심각하게 생각해볼 필요가 있지 않을까.

영국의 롤스로이스 자동차는 화려함과 고품위 자동차로 우위에 있으나 가격경쟁력은 상대적으로 낮은 위치에 있다. 일본의 도요타 자동차는 대 고객 의존성으로 자동차 산업에서 경쟁우위를 누리며, 페라리는 보다 높은 성능으로 경쟁하고 있다.

우리나라 이삿짐 운송산업에서 포장 이삿짐센터는 서비스로 경쟁하며, 기존의 이삿짐 운송업계는 상대적으로 낮은 가격으로 경쟁하고 있다. 즉, 차별화 전략이다.

당신 마음의 명함 뒷면에 당신만이 제공할 수 있는 가치와 전문 분야가 없다는 것은 당신은 아직 전문가가 아니라는 뜻이다. 아직 지식사회를 맞이할 아무런 준비도 되어 있지 않다는 것을 의미한다. 미래 사회의 부를 나누어 가질 가장 강력한 생산 요소를 가지고 있지 않다는 말이다. 그러므로 당신은 지금 위험한 곳에 서 있다. 바로 생존의 문제를 앞에 두고 있는 것이다.

4) 경영자의 역할

경영자의 역할을 대인적 역할(interpersonal role), 정보적 역할(information role), 의사결정적 역할(decisional role)의 세 가지 범주로 분류할 수 있다.

옛날에 아주 못생긴 국왕이 있었다. 한쪽 눈이 먼데다가 한쪽 다리가 절름발이여서 보기에 흉측했다. 하루는 국왕이 전국의 화가들을 모아 놓고 자기의 모습을 그리라고 엄명했다. 잘 그리면 상을 주고 잘못 그리면 엄벌을 내리겠다고 덧붙였다. 거룩한 국왕의 모습을 제대로 그려 내지 않으면 안 된다고 생각한 한 화가는 국왕의 초상을 미남자처럼 아름답게 그려 바쳤다. 그런데 뜻밖에도 국왕은 그 그림을 보고는 몹시 화를 내며 호령했다. '거짓을 꾸며 아첨하는 사람은 음흉한 야심을 품고 있다는 증거이니 즉시 끌어내다 처단해라!' 이 광경을 보고 눈치가 빠른 한 화가는 국왕의 실제 모습대로 그림을 그려 바쳤다. 그런데 국왕은 그 그림을 보자 또 화를 크게 내며 엄명했다. '국왕을 추악화한 사람은 역적과 다를 바 없으니 즉시 끌어내다 처단하라!' 이 때 한 화가가 나서서 자기가 그린 그림을 국왕에게 바쳤다. 국왕은 그 그림을 보더니 만면에 희색을 띠면서 손뼉을 치며 칭찬하더니 상금으로 돈 천 냥을 주라고 명령했다. 이 화가는 국왕이 사냥하는 장면을 그렸다. 국왕의 한쪽 다리는 땅에 서 있고 다른 한쪽 다리는 나뭇등걸에 놓여 있었으며 한쪽 눈은 감겨져 있고 다른 한쪽 눈은 총을 조준하고 있었다. 그야말로 기백이 있고 멋진 모습이었다.

같은 국왕을 그리면서 어찌하여 어떤 화가는 처형당하고 어떤 화가는 상을 타게 되었는가? 첫 화가는 아첨하기 위해 사실을 왜곡하여 그렸기 때문에 마땅한 벌을 받았고, 두 번째 화가는 직접적이고 실제적인 모습만 고려하고 그림이 일종의 예술(art)이라는 것을 몰랐으므로 '국왕을 추악화'한 죄로 생명을 잃었다. 그러나 세 번째 화가는 구체적인 사물을 구체적으로 분석하고 상황적합적 태도를 취했기 때문에 국왕의 본래의 면모를 그대로 반영했을 뿐만 아니라 예술 작품이라는 점을 고려하여 아름다움을 첨가하고 창조적인 구상을 거쳐 사냥하는 장면을 그림으로써 국왕의 신체적 결함을 교묘하게 처리했던 것이다. 이것이 상황적합적 고객만족 경영자의 역할이다.

5) 다국적 기업이란?

다국적 기업(multinational enterprise)이란 다수 국에 걸쳐 영업 내지 제조거점인 해외자회사(profit center)를 가지고 국가적. 정치적 제약을 받지 않고 세계적인 범위와 규모에서 세계를 하나의 시장으로 보고 경영활동의 글로칼리제이션(glocalization = globalization + localization)을 추구하는 기업을 말한다.

몸과 마음이 동시에 건강해야 건전한 인간이라고 하듯이 가장 지역적인 경쟁력에 바탕을 둔 세계화를 추진하는 조직을 '옴살'스러운 조직(holistic organization)이라 부르며 이런 조직을 가진 기업을 글로칼 기업이라 부른다.

원래 지성 플러스 감성의 교감을 홀리스틱(holistic: 전체를 포괄하는)이라고 하는 데 머리가 아닌 온몸으로 하는 대화, 사고와 감성에 동시적 영향을 주는 비즈니스로, 상처를 주고 뺏고 뺏기는 경쟁으로부터 공존을 찾는 동반의 내부조직에서 출발하여 세계화를 추진하는 의미를 갖고 있다.

기업의 국제화는 물리적 시설의 세계적 분산에서 규정짓기보다는 '경영의 개념'에서 규정되어야 한다고 본다. 경영이 국제화된다는 것은 다음과 같은 경영특성을 포함하여야 한다고 본다.

첫째, 모든 경영자들이 '국제적으로 통용되는 게임의 규칙(rule of game)을 이해하고 경쟁하는 능력'을 갖고 있는지의 여부에 달려 있다(global mentality).

둘째, 기업 규모에는 관계없이 세계시장에서 일어나는 생산, 자원조달, 판매, 금융을 총괄적으로 파악하고 그 구조와 흐름 속에 참여하여 기업을 경영하는 능력을 갖추었는가 하는 데서 판단되어야 한다. 기술변화의 추이(technology road map)를 직시하고 있어야만 미래환경 변화에 대처할 수 있는 유연성을 확보하고 있는 상태라 할 수 있으며 세계적 경쟁감각을 가지고 있는 기업이라 할 수 있다.

읽을거리

예비창업자가 알아야 할 기본원리 "5W 2H'를 항상 생각하라"

초보창업자에게는 항상 '5W 2H'를 생각하라고 조언한다. 예비창업자가 창업을 준비하면서 가장 고민하는 것은 '현재 준비된 자금으로 어떤 장사를 해야 할 것인가'이다. 예전처럼 수요가 왕성하고 공급이 부족하던 시절에는 점포만 개설하고 제품만 있으면 수익창출이 가능했다. 하지만 업체 간의 무한 경쟁이 벌어지고 있는 요즘은 점포창업도 신선한 아이디어로 무장하지 않으면 소비자에게 외면당하기 십상이다.

먼저 주력상품(what), 즉 무엇을 팔 것인가를 생각해야 한다. 유행을 타는 업종보다는 자신의 성격에 맞거나 전문성 또는 경험이 있는 업종이 유리하다.

다음은 목표고객(who), 즉 어떤 고객을 주력 매출군인 표적고객으로 정할 것인가를 판단해 대상의 핵심 연령대, 성별 소비성향 등을 점검해야 한다.

이와 함께 고객유인책인 내점동기(why)에 대한 분석이 필요하다. 경쟁업소가 부족해서, 서비스가 좋아서, 시설이 좋아서 등 고객이 찾을 다양한 이유를 갖춰야 한다.

영업시간(when)도 고려해야 한다. 판매하고자 하는 상품을 사려는 주 고객의 구매시간대에 맞춘 시간전략은 핵심 매출시간 전략에 집중돼야 한다.

입지(where)선정은 통행인구수, 배후인구, 소득수준 등을 고려해야 한다. 업종에 맞는 점포입지는 수익성과 직결된다. 이상이 '5W'에 해당된다.

'2H'에 해당되는 판매방식(how)과 가격결정(how much)은 상품과 서비스의 질을 고려해야 하며, 목표원가를 정한 후 여기에 원가절감 요소를 감안하는 가격결정이 바람직하다.

[여행이야기님의 30대에 창업을 하려면, http://tong.nate.com]

제2장

창업의 환경

1. 창업환경의 중요성
2. 창업환경과 시스템
3. 창업의 경쟁전략
4. 창업환경과 조직

▶ 읽을거리

고기 떼들이 성문 아래 연못에서 유유자적하며 노닐고 있었다. 한창 신이 나서 놀고 있는데 고기 한 마리가 기겁을 하며 소리쳤다. '야단났소! 큰 화를 입기 전에 어서 피합시다!' 그러나 다른 고기들은 '성문에 불이 났지만 연못에서 멀리 떨어져 있는데 뭐가 걱정이야. 넌 참 겁쟁이 구나!'라고 하면서 대수롭지 않게 여겼다. 다른 고기들을 설득시킬 수 없게 된 고기는 하는 수 없이 혼자 조그마한 개울로 도망쳤다. 이윽고 사람들은 물 담을 그릇들을 들고 연못가에 우르르 몰려왔다. 그들은 못으로부터 성문에 이르기까지 몇 줄로 길게 늘어섰다. 이어 수많은 사람들이 못의 물을 퍼서 앞으로 전해 주며 성문의 불을 끄는 것이었다. 불이 다 꺼졌을 때에는 못 속의 물도 다 말라 고기들은 흙탕 속에서 헐떡거리고 있었다. 사람들은 불을 다 끈 다음 흙탕 속의 고기들을 주워 가지고 돌아갔다. 물과 함께 물통 안에 들어갔던 고기들은 중도에 땅에 떨어져 사람들의 발에 밟혀 죽었거나 불 속에 뿌려져 산채로 타죽고 말았다. 이 우화에서 '물-불-고기'는 서로 연관되어 있음을 알 수 있다. 지어지앙(池魚之殃)이다. 화가 엉뚱한 곳에 미친다는 것이다. 여씨춘추(呂氏春秋) 필기(必己)편과 장자(莊子) 등에서 비롯되었다.

– 환경은 영원이라는 추세선(trend)에서 만난 특정 시간과 공간의 특색이다. –

1 창업환경의 중요성

전통적 산업사회에서는 아침에 일어나 출근하면 하루의 정형적 일과가 우리를 기다리고 있었다. 그러나 21세기 지식경영의 시대에서는 정형적 업무는 컴퓨터 속으로 흡수되어 버리고 비정형적 의사결정의 영역의 일을 만들어 처리해주기를 원하는 조직이 우리를 기다리고 있는 상황이 되어 버렸다. 즉 매일 매밀 새로운 아이디어의 발굴을 요구하는 상황이 도래되었다.

창업후의 연속적 창업으로 표현할 수도 있는 새로운 도전의 창조적 파괴의 길을 끝없이 추적해 가야하는 영원한 도망자의 삶의 과정과도 같은 인고의 길을 가야하는 것이 오늘 우리가 처한 경영의 과정이라 하겠다.

산업 환경이 제조업 중심에서 서비스 산업으로 중심의 축이 바뀌어 가면서 사업구성의 우선순위가 자본, 기술, 인간의 순서에서 인간, 기술, 자본의 순서로 바뀌어 가고 있다. 인적자원을 보는 시각이 과업중심적(task－oriented) 사고에서 역할중심적(role－oriented)사고로 바뀌면서 경영의 특성이 바뀌고 있다. 콘테이너(container유형) 중심의 사고가 전통적 산업사회에서는 중심이 되었으나 정보화 사회에서는 그 중심의 축이 콘텐츠(contents무형)로 옮겨오면서 새로운 콘테이너에 콘텐츠를 보태는 시대다(news컨텐츠 + paper종이 = newspaper).

생각의 포인트 창조적파괴 = 붉은 여왕이론

미국의 생물학자 리 반 발렌(Leigh Van Valen)은 루이스 캐럴(Lewis Carroll)의 '겨울 나라의 엘리스'에 등장하는 붉은 여왕으로부터 영감을 받았다. 붉은 여왕은 계속해서 뛰고 있지만 지상의 모든 것이 그녀와 함께 뛰고 있기에 결국은 아무데도 도달하지 못한다.

그래서 그녀는 엘리스에게 '최선을 다해 달려도 결국은 같은 곳에 머물 뿐이야!'라고 말한다.

반 발렌은 진화에 대한 개념을 정립하며 어떤 종이 현재 환경에 잘 적응하고 있더라도, 계속해서 진화해야만 함께 진화하고 있는 경쟁자들이나 적들을 따라잡을 수 있다는 것을 설명하기 위해 붉은 여왕의 은유를 사용했다.

'붉은 여왕이론'은 아무 것도 하지 않으면 당연히 도태되고, 피나는 노력을 해도 현 상태를 유지하는 정도에 불과한 치열한 경쟁상태의 경영환경을 가리킨다.

B(birth)와 D(death)사이의 숫자가 C(choice)다. 창조적 파괴를 위한 선택이 중요하다. 12세기 유대 철학자 마이모니데스는 '방황하는 자를 위한 지침'이라는 책에서 창조는 파괴를 통해서만 이루어진다. 개체의 파괴 없이 종족보존은 있을 수 없다고 했다.

그래서 창업 시 시대적 변화의 내용과 방향성을 고려하여야 한다. offline적 사고는 골짜기를 보고 싶으면 산으로 올라가야 하고, 산 정상을 보고 싶다면 구름 위로 올라가야 하지만, online적 사고에서는 진정 구름을 알고자 한다면 눈을 감고 생각하여야 한다는 것이다. 서비스 중심의 사회에서는 3F : function, fun, face가 강조되는 시장 상황이라고 하겠다.

function이란 제품의 내용과 품질 등 기능에 대한 지식의 전달에 중점을 두는 것이다. 전통적 산업사회에서의 서비스의 중심이 여기에만 머물러 있었다. 즉 offline적 사고중심이었다.

미래에는 online적 사고가 필요하다. fun의 추가가 필요하다. 고객에게 감동을 줄 수 있는 방안의 마련이 필요하다. 제품에 대한 열정과 신뢰를 가져야 고객이 구매한다. 고객은 논리만으로 설득되지 않는다.

자신의 전망에서 비롯된 열정과 지성 플러스 감성의 교감으로 머리가 아닌 온몸으로 하는 대화, 사고와 감성에 동시적 영향을 주는 서비스로 고객감동을 주도록 하여야 한다. 서비스는 형태 없는 활동, 즉 소비자에게 만족을 주기 위해 제공되는 행위와 과정으로 고객욕구의 만족을 궁극적인 목표로 하는 것인데 이는 소비자를 배우자와 같이 생각할 때 달성된다.

그러기 위해서 ① 감수성으로 소비자의 필요(needs)를 알아내고 ② 상상력으로 그 필요를 충족시킬 방법을 끝임 없이 추구해야한다. 판매고를 올리겠다는 생각은 일단 접어 두고 고객에게 어떤 서비스를 제공할 것인가를 집중 연구하여 고객을 푸근히 안을 수 있는 언행의 연구가 필요하다.

인간은 누군가와 껴안을 때만 날 수 있는 외짝 날개의 천사들이라 생각하고 고객과의 아름다운 만남을 추구해 가도록 해야 된다. offline적 사고는 골짜기를 보고 싶으면 산으로 올라가야 하고, 산 정상을 보고 싶다면 구름 위로 올라가야 하지만, online적 사고에서는 진정 구름을 알고자 한다면 눈을 감고 생각하여야 한다는 것이다.

셋째로 face관리 방안의 마련이 필요 된다. face를 프레스티지 마케팅이라 할 수도 있는데 프레스티지prestige 마케팅은 명성을 추구하는 마케팅 전략이다. 프레스티지 상품은 단지 비싸거나, 희소하거나 또는 최첨단의 기능을 갖추었다는 정도를 넘어서 소비자들이 그 이상의 '가치(value)'사회적 가치, 희소성가치, 품질가치, 주요고객이라는 인식 등을 느낄 수 있도록 하는 것을 말한다.

주요 고객을 평생 고객으로 만드는 것을 목표로 삼아야 한다. 주요 고객은 은행에 예금해놓은 돈과 같은 존재이다. 공산품에만 명품이 존재하는 것이 아니라

농수산물에도, 나아가 서비스에도 명품을 만들 수 있다는 사고다. 이제 고객만족은 누구나 충족시킨다. 그래서 일반제품의 수준으로는 아니 된다. 고객감동으로 뇌리에 충격을 줄 수 있는 방안 마련이 필요하다. 그래서 명품의 판매코너가 요구된다. 유일무이의 명품의 생산이 요구되는 상황이 도래되고 있다. 인간의 혼이 담긴 서비스의 제공이 요구되어지고 있다.

작금은 기술이 지배하는 시장만이 아니다. 그리하여 결국은 기술이 별 의미가 없는 평준화 시장이 된다. 지금 비누나 치약에서 무슨 기술적인 차이가 있겠는가. 욕구를 불러일으키는 서비스가 필요한 시대다. 필요는 우리의 내부에서 생겨나지만 욕구는 외부에서 주입되는 것이다. 그래서 성공 서비스를 위한 심리적 접근이 필요하다.

1) 기업과 환경과의 관계

현대과학은 상호관계의 범위가 폭넓게 적용됨을 말하고 있다. 아마존 강의 열대 우림에서 불타고 있던 나무가 어떤 이유에서인지 프랑스 파리의 시민들이 숨쉬는 공기로 바뀌고, 멕시코 유카탄 반도를 날아다니는 나비의 날개 짓이 스코틀랜드의 헤브리디스 열도에 있는 양치류의 삶에 영향을 미친다는 사실을 생태학자들은 알고 있다. 생물학자들은 개체와 그 정체성을 창조하는 유전자의 환상적이면서도 복잡한 춤, 즉 먼 과거로부터 비롯하며 이른바 개개의 <정체성>이 다양한 영향력들의 연속으로 구성되어 있음을 보여주는 춤을 밝혀내기 시작했다.

어떤 것이든 제대로 본다면, 어느 것도 그 자체로 고유한 존재란 없음을 알 수 있다. 이렇게 독립된 특성의 부재를 <공(空)>이라고 일컫는다. 나무를 생각해 보자. 나무에 대해 생각할 때, 나무는 분명하게 규정된 무엇이라고 생각하는 경향이 있다. 그러나 어떤 차원에서 가까이 보면 나무는 그것이 궁극적으로 독립된 존재가 아님을 알게 된다. 나무에 대해 더 깊이 생각할 경우, 나무가 우주로까지 뻗어나가는 지극히 미묘한 관계의 그물 속으로 용해되는 것을 알아차리게 된다. 나뭇잎에 떨어지는 빗방울, 나무를 흔드는 바람, 양분을 공급해 주고 나무를 지탱해 주는 토양, 사계절과 날씨, 달빛과 별빛, 이 모든 것이 나무의 일부를 이룬다. 나무에 대해 생각하면 할수록 우주의 모든 것이 나무가 현재의 모습을 이루도록 돕는다는 사실을 발견하게 된다. 예컨대 나무는 어느 한순간도 다른 어떤 것으로부터 분리된 적이 없으며, 매 순간마다 그것의 품성은 미묘하게 변하고 있다. 바로 이것이 일체는 空하다는 말의 참뜻으로, 홀로 독립해 있는 존재는 없다는 것이다. 공과 만물의 상즉상입성(相卽相入性)을 알아야 한다는 것이다.

우주 안에 있는 만물의 관련성과 그 상호관계를 자주 생각해야 한다. 어떤 의미에서 만물은 씨줄과 날줄처럼 서로 얽혀 있으며, 이런 점에서 만물은 상호 애호 속에서 깊은 유대를 맺고 있다. 사물의 활발한 운동과 상호협조, 실체의 동일성 때문에 사물은 질서정연하게 순리에 따라 나타난다. 신체의 각 부분이 하나의 유기적인 통일체인 것처럼, 개별적인 이성적인 존재도 상호협조 하도록 구성되어 있다. 인간 또한 한낱 한 부분으로만 자신을 생각한다면, 그는 불행한 인간이다. 칼릴 지브란(Kahil Gibran)은 '예언자'라는 책에서 그대와 다른 사물과는 세 가지 관계가 있다고 말했다. 첫째는 그대를 둘러싸고 있는 육체와의 관계, 둘째는 만물이 생성되는 원인과의 관계, 셋째는 그대와 함께 살고 있는 사람들과의 관계라고 말했다.

기업도 하나의 유기체로서 존속. 성장하려면 외부환경에 적응해 나가지 않으면 아니 된다. 환경의 자극에 반응 내지 반작용(feed－back)함으로써 균형 내지 평형상태를 유지하여 생명력(viability)을 유지해 나가야 한다.

우리는 순기능의 의무를 지닌 자연 속의 한 부분이다. 전체 속의 한 부분이다. 우리는 자연이라는 세상의 한 부분이다. 세상이란 구체적으로 존재하는 개개인의 현실이다. 그래서 우리는 관계 속에서 갈등하며 사랑하며 서로 얽혀서 살아간다. 이것이 우리의 실존이다. 순기능적 의무를 저버릴 때 자연(let it be)을 파괴한다는 것을 의미하며 언제인가 제거 또는 도태된다. 들짐승들은 자신들의 둥지를 결코 더럽히는 법이 없다. 오늘의 기술문명은 자연이 낳은 이자만으로도 모자라서 자연이 축적해 놓은 자본까지 갉아먹고 있기 때문에 환경문제를 우리가 인식하게 된다.

생각의 포인트

상호관계

햄버거를 먹으면 사막이 늘어난다. 열대우림 지역의 원주민들은 눈앞의 이익 때문에 나무와 풀을 모조리 베고 '카사바'를 재배한다. 카사바 열매인 '타피오카'로 사료를 만들면 열량이 높아 소를 빨리 살찌운다. 그 쇠고기가 햄버그 속에 들어간다. 많은 물을 대기에 공급하는 열대우림이 없어지면 날씨가 건조해져 사막이 늘어난다.

2) 전체 배경의 인식과 벤치마킹

벤치마킹(benchmarking)의 정의는 경쟁시장에서 우수기업을 대상으로 경쟁력 분석 및 계량적 비교를 통하여 자기위치 파악 및 실시효율의 획기적 개선을 이룩하는 것이다. <도표 2-1>는 경영실시 효율분석도 및 제조 능력 분석도를 나타내고 있다.

도표 2-1 효율분석도 및 제조 능력 분석도

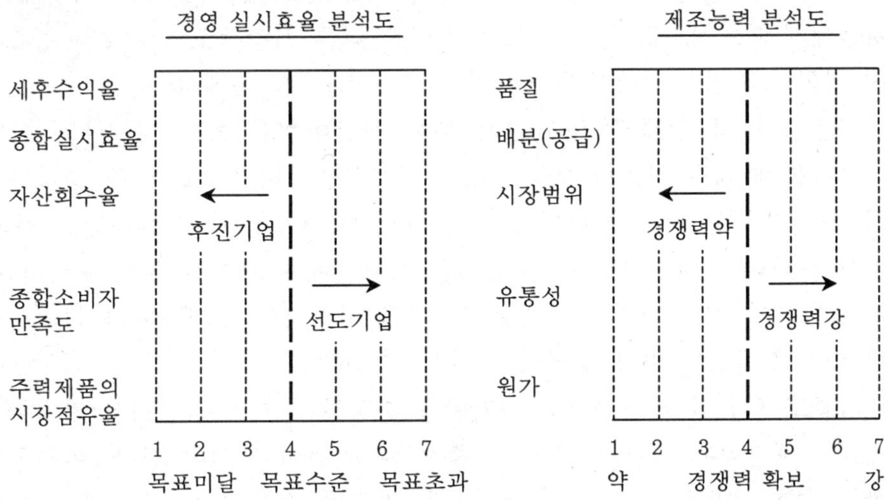

벤치마킹은 외부적으로는 외부우수기업의 실시효율상태와 비교하는 것이며 내부적으로는 역사적 자료(hard data)를 지속적으로 계량화하여 정성적(개념적이며 자료관찰에 의한 인적자원의 경쟁력 및 실행력의 비교우위 평가), 정량적(인적자원의 실증적 실시효율평가)으로 비교 평가하는 것이다.

경영실시효율 분석도, 제조능력 분석도, 제조전략 분석도 작성을 통한 기업 경쟁력 평가를 위한 실행방안을 예시할 수 있다. 어느 날 갑자기 하늘에서 떨어진 창의는 없다. 과거라는 역사의 토양 속에서 자라난 진보 또는 변형 내지 모방일 따름이다. 이것이 신과 인간의 능력을 구분 짓는 영역한계다. 벤치마킹 과정에서 추구되는 목적은 환경인식을 통한 자기발견이며 자기인식이지 모방을 통한 동질성 달성을 의미하는 것이 아니다. 군자 혼연화기(渾然和氣), 화이부동(和而不同)이다. 주위와의 원만한 관계성은 유지하나 동질성 추구를 하지 않는 사람이 뛰어난 사람이라는 의미다. 둥글둥글한 혼, 어조사연, 화할 화, 기운 기다.

3) 환경인식의 기저

인간은 영의 동물이기 때문에 다른 사람에게 거리감과 적대감을 보내면 이것이 반향 된다. 뉴턴이 밝혀 낸 세 가지 운동법칙은 실제현실 속에서 에너지의 균형을 다스리고 있다. 운동 제3의 법칙인 작용 반작용의 법칙(작용과 반작용은 방향이 반대이지만 그 크기는 같다는 원리)은 구체적인 사물과 현상의 영역 안에서 인연의 법칙을 반영하며 에너지의 균형을 다스리고 있는 것이다. 이렇게 해서 다른 사람에게 의도적으로 증오를 보낸 사람은 다른 사람들로부터 오는 증오를 고스란히 체험하게 된다는 것이다. 인간의 속성이 관계성 속에서 정립되기 때문이다.

가끔은 나의 정체성(identity)에 대한 물음이 있어야 한다. 나는 어디로 가는 누구냐를 때때로 물어야 한다. 나의 정체성은 나를 알고 나를 사랑하는 사람들이 정의 내리는 나인바 나이기 때문이다. 즉 관계성 속에서 내려진 정의이다. 그래서 보다나은 나의 모습을 사랑하는 사람들에게 보이기 위해 노력하게 되며 발전하게 된다. 자리이타(自利利他)다. 타를 사랑하는 것이 곧 자기를 사랑한 것이 된다. 이것이 고객지향 경영의 원리이기도 하다.

기업도 인간과 마찬가지로 자기만을 사랑하는 기업이 아니라 자기를 사랑하는 것들(이해관계자 집단)을 사랑할 줄 아는 기업이 되어야 한다. 이윤극대화를 통한 우수한 기업(excellent company)을 만들기 위해 모든 수단과 방법을 도모하는, 자기만을 사랑할 줄 아는 기업이 아니라 유지 존속 성장을 위한 최소한의 영양확보 즉, 이윤추구를 통하여 기업의 사회성을 확보할 때 보다 긴 생명력을 갖게 될 것이기 때문이다. 즉, 자기발전을 통한 사회발전, 사회발전을 통한 국가발전, 국가발전을 통한 자기발전의 회기추구가 합하여 선을 이루는 기업의 자기사랑이라 할 것이다.

일반적으로 기업들은 너무 많은 성공을 거두게 될 때의 잠재적 위험에 대하여 잘 생각하지 않는다. 경쟁기업을 절망적 상태로 몰아넣게 되면 심각한 혼란을 초래할 위험성을 지닌다. 예를 들면 소프트 콘텍트 렌즈를 생산하는 보쉬와 롬(Bousch & Lomb)사는 스스로 심각한 문제를 만들어 왔다. 1970년대 후반에 이 기업은 가격을 낮추고 경험곡선에 의존한 행동의 결과 다른 경쟁기업에 대단한 공격적 행동을 취하게 되었다. 이로 인해 보쉬와 롬사의 시장점유율이 급속도로 팽창하게 되었다. 그 결과 경쟁력을 잃어버린 경쟁기업들은 하나씩 다른 기업에 인수되었다. 그들을 인수한 기업들은 J & J사, 레브론(Revlon)사 등 보쉬와 롬사 보다 훨씬 큰 기업들이었다. 이로 인해 훨씬 심각한 경쟁에 직면하게 된 것이었다.

경험곡선(experience curve)은 경영전반에 있어서의 경험이 누적됨에 따라 경영비용이 감소하는 현상인데 렌체스터(Lanchester)의 전략 1, 2법칙과 같다. 즉, 약자는 항상 지고 강자는 항상 승리한다는 법칙이다. 이 법칙은 2차대전에서 연합군의 중요한 전략적 원리로 이용되었고, 경영과학(operations research: OR)을 발전시키는 계기가 되었다. 그러나 내부조직원 관리에 경직된 경험곡선에 의지하면 일의 달성 목표량을 끝없이 높여 가는 착취경영이 탄생될 수도 있다.

2 창업환경과 시스템

1) 환경시스템과 리더

10분 이내에 완독할 수 있으며 전 세계에 걸쳐 4000만 권 이상 팔린 허바드(A. Hervard)의 "가르시아(Garcia) 장군에게 보내는 메시지"라는 작은 책에 보면 1898년 스페인과 미국이 전쟁을 하게 되었을 때 쿠바의 반군 지도자 가르시아 장군의 도움을 필요로 하는 미국의 매킨리 대통령이 앤드루 로완 중위를 불러 가르시아 장군에게 메시지의 전달을 지시했을 때 로완 중위는 어떠한 이유와 반문도 없이 가르시아 장군의 위치를 묻지도 않고 적의 포위망을 뚫고 스스로 사력을 다해 임무 수행을 완수해낸다.

지금의 기업들도 이러한 동력자를 갈구하고 있다. 오늘 믿고 맡길만한 인재를 발굴하기 위해 고용과 해고의 어려운 투쟁을 수행하고 있는 것이다. 회사가 나를 위해 무엇을 얼마나 하고 있는가를 생각하기에 앞서 회사가 전폭적으로 신임할 수 있는 구성원인가를 돌아볼 필요가 있는 사례다. 온전한 사람들의 협력이 있는 곳을 경영학에서는 시스템이라 부른다.

만물작언이불사 생이불유(萬物作焉而不辭 生而不有)다. 작(作)은 만든다는 뜻이며 언(焉)은 어찌 언 인데 문미에 쓰일 때 강조하는 의미를 갖는다. 불사(不辭)는 말하지 않는다라는 뜻이다. 번역하면 아무리 거창하고 대단한 일을 해낸다 해도 자랑치 않고 실천으로 행하며 함께 있으면서도 말로 떠들거나 다투는 법이 없이 항상 조용하게 자기 일만 성실히 하는 사람이다. 노자가 희구했던 동력자의 상이며 로완 중위의 자세다.

리더는 로완 중위의 자세를 가지고 있는 인재를 볼 줄 아는 혜안을 가져야하며, 동력자의 조력을 이끌어 낼 수 있는 조직력을 갖춘 사람을 말한다. 최상의 경영자는 자기가 성취하기를 바라는 일을 처리해 줄 인재를 발굴할 줄 아는 안목을 가지고 일을 맡긴 후 그 과정에 끼어들지 않는 사람이다.

2) 환경 지배를 위한 내강(內强)

경쟁력 확보를 위해서는 자기기업과 경쟁기업을 알아야 한다. 뿐만 아니라 그 업종 바닥에 잠재해 있는 위험의 요소와 자연환경의 조건까지를 고려할 줄 알 때 삼위일체 성공요인을 확보했다고 할 수 있다. 손자는 전쟁에 있어서 결정적 실패요인 중의 하나가 문화적·사회적 배경의 간과라고 했다. 적의 숫자나 규모 병참의 과소 등 보이는 요소도 중요하지만 보이지 않는 요소의 중요성을 역설하고 있다.

환경과의 조화는 반(反)엔트로피(negative entropy)의 증가와 관련이 있다. 엔트로피는 열역학에서 사용되는 개념으로 재생불능 또는 회수불능 에너지의 증대를 뜻하며, 시스템 이론에서는 이러한 에너지의 소모에 따른 쇠퇴 또는 무질서를 의미한다. 그러므로 엔트로피의 증대는 질서의 파괴 또는 기능의 상실을 의미한다. 시스템이 계속 존속·성장하기 위해서는 소모된 에너지 이상을 외부로부터 받아 들여야만 하는 데 이를 반(反)엔트로피라 한다. 그래서 기업 시스템은 폐쇄 시스템이 아니라 개방 시스템이 되어 외부정보를 자양분으로 흡수해야 한다. 그래서 벤치마킹이 필요 된다.

생각의 포인트

환경통제

'쉘 실버스타인'의 일찍 일어나는 새

당신이 새라면 아침에 일찍 일어나야 한다.
그래야 벌레를 잡아먹을 수 있을 테니까.
만일 당신이 새라면 아침에 일찍 일어나라.
하지만 만일
당신이 벌레라면 아주 늦게 일어나야 하겠지.

3) 환경지배를 위한 중용(中庸)의 도

고전 라틴어로는 중용을 니힐 니미스(nihil nimis)라고 하는 데 「지나침이 없다」라는 뜻이다. 위엄이 있으나 사납지 않는 중심을 잡아가는 것이며 '미발(未發)의 중(中)'이며 포텐시알리티(potentiality)이다. 빛을 고르게 하여 화(和)한다는 것으로 유리처럼 반짝거리는 빛보다는 옥(玉)과 같은 정감이 있는 빛이 좋다는 말이다. 중용은 타협의 비굴함이 아니며 이쪽도 저쪽도 아닌 기회주의자의 위치를 가리키는 것도 아니다. 진리의 길을 찾아가는 외줄 타기며 긴장이다.

생각의 포인트

최적의 해

과학자들은 하늘에 인공위성을 띄울 때는 그 접선방향의 속도가 초속8킬로미터는 되어야 한다는 사실을 알았다. 이보다 작은 속도에서는 인공위성이 지구의 중력을 못 이겨 떨어지고, 이보다 큰 속도에서는 주력보다 원심력이 더 커져서 궤도를 벗어나 우주의 미아가 된다. 이처럼 우리가 원하는 어떤 목표를 더도, 덜도 아니게 최적으로 달성시켜주는 변수의 값을 최적해라고 부른다. 자연 속에 존재하는 최적해의 개념이 인간사회에 오면 과유불급(過猶不及)이라는 표현으로 나타난다.

과유불급이란 '논어' [선진]편에 나오는 말로, '지나칠 과(過), 부족할 불(不), 미칠(及), 같을 유(猶)로 지나친 것은 부족한 것과 마찬가지로 나쁘다는 뜻이다.' 동양의 공자는 이미 2500여 년 전에 최적해의 개념을 알아낸 것 같다.

성선설과 성악설 그 어느 쪽도 절대 진리가 아니라는 것이다. 욕심을 나쁘다고 정의 내릴 수 있겠는가? 욕심은 삶의 원동력이기도 하다. 그래서 흑백의 논리는 바뀌어야 한다는 것이다. 흑과 백의 조화로 한 폭의 아름다운 세상이라는 그림을 그릴 수 있다는 것이다. 그 어느 한쪽으로 기울지 아니하며 성격변화의 폭이 적은 사람을 일반적으로 우리는 사귀기 쉽고 원만한 성격의 소유자인 군자라 부른다. 군자는 치우치지 않고 보편적이며 소인은 보편적이지 않고 치우친다는 것이다.

희로애락의 감정이 표출되기 전은 중(中)이며 늘 편벽됨이 없고 변덕스러움이 없는 행동이 용(庸)이다. 용(庸)은 이이행지(利而行之)다. 행함이 없으면 이로운 어떤 것도 이룰 수 없다는 것이다. 중용이 리더의 덕성이다.

생산에 있어서도 마찬가지다. 가능한 공정별 소요시간의 변화의 폭이 적어야 한다. 장기적 전략요소(생산능력)와 단기적 전술적 요소(조업수준, 고용수준, 재고수준)를 고려하여 단순 또는 복합전술을 구사하여 안정적 생산 공급을 추구하는 생산평활(production smoothing)이 중용이다.

그러나 부단한 변화를 추구하는 경영의 속성이 있다. 그래서 경영이 어렵다는 것이다. 그러나 기본에 충실한 경영이 요구 될 때가 있다. 고로 경영을 과학이라 부른다. 그래서 경영에 관한 과학은 그 성격상 격변하는 산업사회 환경의 적응을 위한 이론과 기법을 상황에 따라 달리 하고 있는 유동적인 학문이기도 하다. 그래서 경영학을 실천과학인 동시에 경험과학이라 부른다. 그러나 학문하는 사람들은 기술주의와 인간주의 가운데 어느 한쪽으로도 치우치지 않고 균형감각을 유지하려는 부단한 노력을 경주해야할 것이다.

인간은 선택과 창조의 자유를 부여받고 태어났기 때문에 중도에서 벗어나 제멋대로 기울어지는 경향이 있어서 오늘날 인류사회는 온갖 갈등과 투쟁과 파괴가 그칠 날이 없다. 이것은 개인의 입장을 버리고 객관적 입장에서 사물을 볼 줄 알아야 하는 데 자신의 문제가 되면 어느새 자기 보호의 마음이 작용하여 사욕에 사로잡혀 정각의 길을 포기하기 때문이다. 우리는 보통 남의 문제에 대해서는 비교적 정확한 판단을 내린다. 그러나 자신의 문제, 더욱이 이해관계가 얽힌 문제가 되면 시비의 판단이 흐려져 이따금 후회스러운 결과를 빚는다.

노자는 인간이 결혼을 하여 자식을 가지는 한 이러한 마음에서 해탈하는 것이 불가능하다고 했다. 동물은 새끼가 자라 분가하면 철저히 남이다. 그러나 인간은 그렇지 못하다는 것이다. 생지축지(生之畜之)가 안 되기 때문이라는 것이다. 그래서 정각의 도를 추구하며 줄여 가는 노력밖에 해결의 길이 없다고 했다. 갈등의 존재 인정이며 삶의 정확한 정의(definition)이다. 중도의 발견을 위한 부단없는 내적 갈등을 갖는, '고뇌하는 인간'이 창조적 인간이 될 수 있다는 것이다.

제조기업 경영에 있어서 균형을 잡고 中道를 발견하는 것을 우리는 라인밸런싱(line balancing)이라 부른다. 라인밸런싱은 노동 및 설비의 효율을 극대화하고 유휴시간을 최소화하기 위하여 연속된 작업활동을 각 작업장으로 할당하는 것이다. 작업활동들은 각 작업자에게 거의 균일한 소요시간을 갖도록 집단화하거나 하위단위로 나누어져야 한다는 것이다. 이것이 애로공정(bottle neck)의 배제 즉, 병목현상의 배제다.

병목현상을 배제하지 않고 비병목작업의 유휴율을 극소화시키기 위해 활동을 증가시키면 운영비용의 증가와 더불어 재고 및 재공품의 증가를 가져온다. 이것이 종국에는 현금창출률을 떨어뜨리게 되어 기업목적 달성의 저해요인이 된다. 또한 이 때의 재고량 증가는 자산의 증가가 아니라 부채증가의 의미를 갖는다.

3 창업의 경쟁전략

1) 경쟁자에 대한 배려

경쟁자를 전쟁의 적으로 생각하는 것보다는 경기의 적수로, 경쟁의 파트너로 생각하는 것이 발전에 도움이 된다. 전쟁이란 슬픈 것이다. 그 슬픔을 아는 자가 정의를 안다. 정의를 아는 자가 전쟁에서 이긴다는 것이다. 경쟁에서 진자의 슬픔을 이해할 줄 알고 동시에 자기가 패했을 때 당할 슬픔을 아는 자가 승리에 가까이 갈 수 있다는 의미의 애자승의(哀子勝矣)다. 그래서 기업 경쟁은 방어지 공격이 아닌 사고에서 출발해야 한다. 그래야 불필요한 대결을 피하게 되며 전략적 취약점을 드러내지 않는 유연성을 확보할 수 있게 된다. 완벽한 강자는 없다. 완벽에 가까운 강함이란 강함 그 자체가 뒤집어 보면 약점이 될 수 있다. 호모의 대서사시 '일리아드'에 나오는 그리스의 불사신의 영웅 아킬레스는 그를 패망으로 이끈 건(腱)이라는 약점을 가지고 있었다. 공조도 필요하다. 1인자의 자만을 공격할 수 있는 2인자의 위치에 있을 때가 더 행복하다는 것을 인지할 줄 알아야 한다. 오늘의 적이 내일의 친구가 될 수 있다. 경영은 사람들과의 관계론이다. 그래서 아름다운 관계는 행복과 동시에 성공을 낳는다. 즉, 윈-윈(Win-Win)전략이다. <도표 2-2>은 시장경쟁의 상존요체를 나타내고 있는 포터(M. Porter)의 전략모형이다.

도표 2-2 Poter의 5가지 시장경쟁의 상존 요체

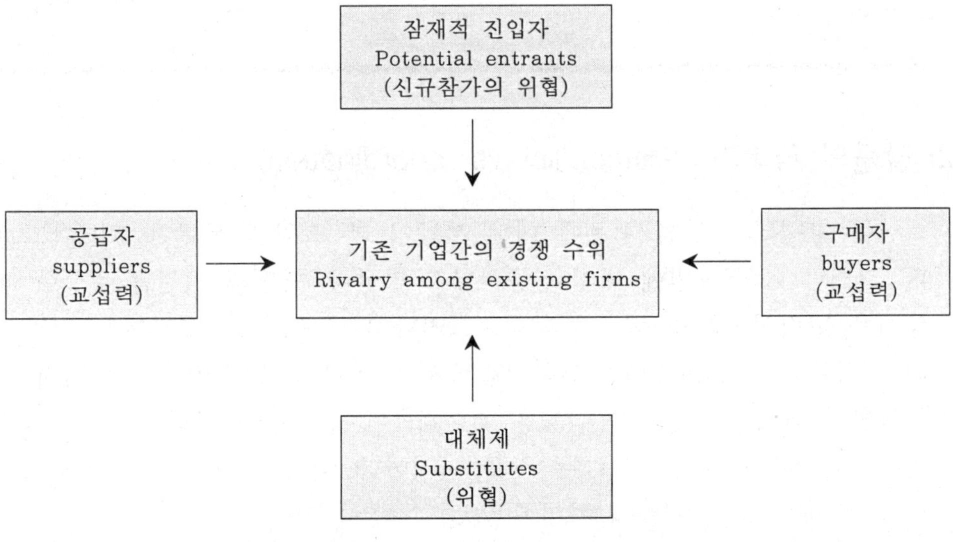

생각의 포인트

선택과 집중

흔히 성공의 비결은 선택과 집중이라 한다. 선택도 좋아야 하고 집중도 뛰어나야 한다. 논리적 필연으로 어느 순간 하나를 선택하는 행위는 나머지 다른 것을 모두 버린다는 뜻이다. 이것저것 미련이 많이 남더라도 결국은 다 버리고 하나만 선택해야 한다. 그러니 선택은 곧 버림의 아픔을 견디어 내는 것이다. 온전히 버리는 고통이 없이는 진정한 선택도 없다.

농사가 힘들어 뱃사람이 된 사람이 바다 일 힘들다고 한여름 농사일의 고통을 잊어버리고 풍요로운 가을 들판만 생각하면 죽도 밥도 안 되는 법이다. 귀가 얇아 전망 있고 좋다는 소리만 들으면 끼어들어 찔끔대는 사람은 백발백중 실패한다.

집중은 이미 버린 것에 미련을 두지 않고 선택한 것에만 매달리는 것이다. 선택에는 스스로 택한 것에 대한 책임이 뒤따르며 책임을 다하기 위해서는 엄청난 집중이 필요하다. 시간이 갈수록 책임의 중압감은 커지고 버린 것에 대한 미련도 새로워진다. 인간의 삶이란 매순간 선택과 책임으로 이어지는 매듭과도 같은 것이다. 쉬운 길을 택하면 편하지만 결실이 시원찮고, 힘든 길로 들어서면 결실에 대한 보장도 없으면서 유난히 고통스럽기 마련이다. 무슨 분야든 거기서 더 세분화된 곳으로 파고들어 평생 한우물만 판다는 각오로 뛰어들어야 겨우 성공이 보일 것이다.

문명이 발전할수록 세밀한 분야로 파고들어야 성공한다. 역사적으로 보면 그것이 바로 분업화다. 백 년 전만 해도 시골 농사꾼은 제 먹을 것을 전부다 직접 생산하였다. 하지만 지금은 선택한 작물 한두 가지만 재배하여 시장에 내다 팔아도 여러 가지를 구매해 잘 먹고 잘산다. 역사가 발전함에 따라 직업도 점점 세분화되고 시장도 점점 세분화되니 선택해야하는 대상도 점점 세분화 되고 있다.

2) 갈등의 극복과 조화(conflict vs. coordination)

나는 당신의 느릿한 행동에 대해 사람이 왜 그렇게 둔한지 모른다고 비난한다. 그러나 나의 느림에 대해 신중하다고 말한다. 당신의 의견을 주장할 때 나는 당신을 고집쟁이라고 몰아 부친다. 그러나 나에게는 그 고집이 소신과 신념이 되어 버린다. 당신은 나의 그런 모습에서 어떤 동료애도 애정도 느끼지 못한 채 비참함만 더해지는 눈물을 삼켰을 것이다. 이제, 당신과 나의 차이, 거기에 하나를 향한 몸부림이 필요하다는 것을 인식한다. 내가 당신으로 여겨지고 당신이 내가 될 때 우리는 서로의 차이를 없앨 수 있을 것이다.

생산에서의 조화와 모듈러 설계를 예를 들 수 있다. 모듈러 설계는 제품은 다양하면서도 생산원가를 낮추기 위해 제품을 이루는 구성 요소를 표준화시키는 방법으로 제조공정을 통제하는 제품설계의 접근 방법이다. 여기에서 모듈이란 표준화된 기본 구성품으로 정의할 수 있으며 적은 종류의 모듈을 조합하여 많은 종류의 최종제품을 생산할 수 있도록 한다. 그러므로 모듈러 설계에 있어서는 구성 모듈의 설계가 제품 설계에 매우 중요하다. 제품생산에 있어 구성품의 수를 줄이기 위해 3S(specification, standardization, simplification)를 추구하나 소비자가 느끼는 제품의 수(즉, 3+3이 아니라 3×3을 느끼게 하는)는 다양하게 하는 것이다.

3) 부분최적의 배제(eradication of sub-optimization)

부분최적(sub－optimization)은 소아적 목적달성을 위해 조직 전체가 추구하는 목적의 좌절을 가져오는 것이다. 흔히 생산 부서와 마케팅부서의 관계에서 부분최적이 발생하기도 한다. 전통적으로 마케팅기능과 생산기능 사이의 관계는 서로 융합할 수 없는 상충적인 것으로 인식되어 왔다. 영업 부서에서는 다품종 소량생산체제하에서 방대한 유통망을 통하여 저가격으로 납기를 빠르게 하고자 노력하는 반면에, 생산 부서에서는 소품종 대량생산을 통하여 1회 생산량의 규모를 크게 함으로써 효율적인 생산체제를 구축하고자 노력한다는 것이다.

이와 같이 생산과 마케팅을 각각의 단일기능 부서로 방치한다면 서로 상반된 이해관계를 표출하기 때문에 기업 전체로 볼 때 전사적 시스템 접근법(total system approach)이 깨어지고, 이로 인해 생산활동이 경쟁무기로 전략화 될 수 없게 된다. 생산전략은 경쟁우위를 높일 수 있도록 생산활동과 타부서의 기능을 조종하는 역할을 해야 한다.

치열한 경쟁 환경 속에서도 일부 우수기업들은 그들의 경쟁자보다 우수한 품질과 우수한 신뢰성을 갖고 있으며, 다양한 시장요구에 신속하게 대응할 뿐만 아니라 낮은 가격을 유지하고 있다. 이것은 하나의 경쟁력을 얻기 위해 다른 경쟁능력을 희생시켜야 한다는 전통적인 생산관리의 논리를 부정하는 것과 조직행위를 단편적인 기능문제로 인식하지 않는 사고의 전환에서 가능해진다.

4 창업환경과 조직

1) 환경조화와 조직의 본질

인적자원의 구성을 드러내 보여주는 것이 조직이다. 그러나 조직은 다이어그램이 아니다. 진정한 조직은 눈에 보이는 것이 아니며 에너지이다. 스스로 업무를 완수해낼 수 없는 물질적 자원과 함께 일하는 구성원들의 인간적 상호관계 속에서 일어나는 참여와 헌신적 정열의 에너지가 합쳐져 고객을 위한 제품과 서비스라는 결과를 창출해 내는 것이다. 에너지는 일정한 방향으로 일사불란하게 흐르는 조직의 힘이다. 이 흐름 속에는 띠의 정신(chain spirit)이 살아 있어야 한다. 조화로운 참여로 창조적 기여를 하는 구성원을 분급자(分給者imparter) 또는 띠의 정신을 가진 구성원이라 부른다.

띠의 정신은 SCCM(supplier−customer chain management)의 근간이다. 조직구성원은 공급자와 고객의 사이에 존재하는 연결고리로서 하나의 연결고리에서의 문제발생은 전체조직의 기능저하로 이어진다는 것이다.

하나의 연결고리에서의 문제발생은 전체조직의 기능저하로 이어진다는 것이다. 조화를 구성하는 작은 것 하나가 중요하다. 하나의 사소한 것에서 전체 회사의 이미지가 결정 될 수도 있다. 회사에 대한 인상을 결정할 자료가 빈약한 가운데 사소한 잘못의 충격이 전부가 되어 고객은 부정적인 인상의 지배를 받는다.

생각의 포인트 조직내부의 띠

어느 날 Y기업의 회장이 기획조정실에 근무하는 젊은 S대리에게 그룹의 인사개편 안을, 어느 누구와도 상의하지 말고 소신껏 그려 오라고 명령했다. S대리는 열정적으로 소신 있게 숙고한 후 개편 안을 제출했다. 얼마 후 S대리의 구상에 의한 인사개편 안에 대한 정보를 입수하게 된 S대리의 직속상관인 J이사가 화가 나서 S대리를 불렀다. 직속상관인 자기에게 귀띔도 하지 않고 중요한 인사개편 안을 회장에게 직접 제출한데 대한 서운함을 질책했다.

그 후 J이사는 S대리의 독특한 필적으로 기안된 개편 안의 복사 본을 그룹 내에 슬슬 흘리기 시작했다. 그래서 인사개편 안에 불이익을 당하는 쪽의 조직구성원들이 원망의 눈초리를 S대리에게 보내기 시작했다.

이를 알게 된 S대리는 정보관리의 불성실함을 회장에게 직접 항의 한 후 회사를 떠날 결심을 하게 된다. 더 이상 조직 환경과 조화할 수 없게 되었기 때문이다.

- 신임했던 구성원을 잃어버리게 된 사례 -

띠의 정신은 역할 담당의 완수위에 혁신을 위한 정신을 더하는 것이다. 비전과 혁신에 대한 수용도를 높이고 새로운 것을 갈망하는 역동적인 조직이 되도록 하는 정신이다. 띠의 정신은 자연발생적인 것이 아니다. 창조적인 것도 아니다. 그것은 작업이다.

띠의 정신은 창조적 파괴 정신을 포괄한다. 이는 기본적 본연의 임무수행과 문제해결 보다도 기회의 발견에 보다 많은 노력의 비중을 둘 것을 강조하기 때문이다. 혁신적이지 못한 조직에서는 문제에 초점을 맞추고 띠의 정신이 살아 있는 조직에서는 기회에 초점을 맞춘다. 문제해결에 초점을 맞추는 조직에서는 갈등과 스트레스가 증폭될 위험성이 높다. 그래서 창조적인 조직이 되지 못하고 쇠퇴의 길로 간다.

생각의 포인트

맥도날드의 관계경영 5원칙

1. 상대방을 존중하라(respect people)
2. 상대방의 이야기를 경청하라(listen to people)
3. 상대방과 대화를 나누라(talk to people)
4. 상대방을 인정해주고 키워주라(let people grow)
5. 상대방에게 모범을 보여주라(initiate spirit)

도덕경에 욕취선여(欲取先與)라는 말이 있다. 바랄 욕(欲), 취할 취(取), 먼저 선(先), 줄 여(與)다. 얻기 위해 먼저 베풀라는 뜻이다. 인간관계의 기저(基底)다.

부처님은 7가지 보시를 말씀하셨다.

첫째, 화안시(和顔施) 온화한 얼굴을 하는 것이 보시 즉, 배품이다.

둘째, 언시(言施) 따뜻한 말로의 배품이다.

셋째, 심시(心施) 진심으로 대하는 배품이다.

넷째, 안시(顔施) 부드러운 눈빛으로 대하라.

다섯째, 신시(身施) 행동으로 실천하는 배품을 주라.

여섯째, 상좌시(床座施) 좋은 자리를 먼저 양보하라.

일곱째, 찰시(察施) 계속하여 보살펴 주는 배품이다.

나아가 육보시(肉布施)가 있다. 인간의 몸으로 세상에 와서 대속의 재물로 자신의 몸을 사랑의 제물로 준다는 의미다.

<도표 2-3>은 환경의 조화를 위한 과학과 기예를 비교하고 있다.

도표 2-3 환경조화를 위한 과학과 기예

관조(art : 빔)		과학(science : 有)	
무(無)	역할	실재	용(用)
살통과 테 사이의 살이 지나가는 공간	바퀴의 기능	수레	타거나 실음
찰흙의 누르는 대로 우묵해진 공간	그릇의 공간	그릇	담음
문과 창이 뚫린 공간	방의 공간	방	거주

수십 개의 수레바퀴 살이 모두 하나의 중심 틀에 의지한다. 중심 틀은 속이 비어 있어 그 빈 공간에 축이 끼워지기 때문에 마차가 마차로 쓰이는 이유가 있다. 그 속이 비어 있으니 그 무(無)의 공간에 무엇을 담을 수 있는 그릇의 쓰임이 있다. 문과 창문을 뚫어 방을 만든다. 그 안이 비어 있으니 그 무(無)의 공간이 방으로 쓰인다. 찻잔은 그 속이 비어 있는 만큼 포용한다. 즉, 경영(management)은 과학(science)과 기예(art)의 조화라 할 수 있다.

불확실한 인생 노정에서 의사결정의 방향타가 심이다. 이(理)와 정(情)이 합하여 심(心)이 된다. 심이 기와 만나 외부로 도출된 것을 성격이라 말한다. 기는 에너지 또는 영(靈)이라 하여 무(無)의 영역에 속하는 것인데 기는 훈련을 통해 강건해 질 수도 있다. 그래서 훈련을 통한 강건한 기는 심에 영향을 끼쳐 적극적인 성격의 소유자를 만드는 작용도 한다. 체는 유(有) 즉, 물질의 영역으로 몸을 말한다. 심(心)과 기(氣)와 체(体)가 동시에 건강할 때 건강한 사람이라 부른다. 사람들에 의해 구성된 것이 조직이다.

조직은 물의 흐름과 같은 끝없는 흐름이다. 축구경기 중에 있는 공의 흐름과 같은 것이다. 그래서 조직이 추구하는 업무중에서 제일 주요한 업무가 조화다. 공의 패스와 같은 것이다. 직접 할 수 없다면 누군가 해줄 수 있는 사람을 찾아 내 주는 것도 조화다.

조화를 구성하는 작은 것 하나가 중요하다. 하나의 사소한 것에서 전체 회사의 이미지가 결정 될 수도 있다. 회사에 대한 인상을 결정할 자료가 빈약한 가운데 사소한 잘못의 충격이 전부가 되어 고객은 부정적인 인상의 지배를 받는다.

2) 환경적합과 리스크 배제의 마인드

지난 1세기동안 관리의 방안이 강화되고 연구되어 지면서 조직이 갖는 3가지 자체의 속성인 목적추구성, 팽창성, 경직성에 의해 기업을 딱딱하게 정형화된 기본 틀 속에 가두어 버렸다. 그래서 파킨슨은 일은 그 자체를 위해 사용될 수 있는 범위 내에서 확대되는 경향이 있다고 말했다. 관리방안의 강화로 대부분의 기업에서 직접경비는 감소시켰지만, 간접경비를 늘리는 결과를 가져왔다. 오늘날 분편화된 조직은 아담 스미스가 예견했던 것과는 정반대로 놀랄만한 비경제성을 보여 주고 있다. 비경제는 직접경비가 아니라 간접경비(overhead cost)에서 나타난다.

그래서 성공경영을 위해서는 버리는 방법을 발견하여야 한다. 과부족이 없는 고객과의 만남을 위해서는 불필요한 것을 버리는 것이다. 성공경영을 위한 최상의 변화는 버리는 것이다. 버리고 버려 초심자의 마음으로 돌아가 그리고 또 버릴 것이 무엇인가를 결정하면 되는 것이다.

우리는 삶이라는 여행 속에서 아스팔트로 이어진 대로를 걷기도 하며 때로는 산과 강물을 만나기도 한다. 위험을 만나기도 한다는 것이다. 상황 상황마다 어떻게 합리적으로 대처해나갈 것인가를 고뇌하게 된다. 즉 삶 자체가 의사결정의 과정이며 위험배제를 위한 관리의 과정이기도 하다. <도표 2−4>는 비즈니스 리스크 모델을 부분별로 구별하고 나타내고 있다.

인간이 만든 기업 그래서 인간을 닮아 있는 기업도 마찬가지다. 그래서 기업경영을 고잉콘선(going concern) 개념인 관리과정이라고도 하며 의사결정(decision making) 과정이라고도 부른다. 의사결정 과정에서 순간순간 만나는 것이 위험이다. 상황마다 다른 위험의 속성을 파악하고 대처 안을 마련하는 것이 상황적합이론인 경영학이다.

도표 2-4 비즈니스 리스크 모델

외부 경영 환경 리스크		
업무리스크	권한리스크 IT리스크 성실성리스크	재무리스크
의사결정리스크		

생각의 포인트

아름다운 생존과 인내

로키산맥 해발 3,000미터 높이에 수목한계선인 지대가 있다. 이 지대의 나무들은 매서운 바람으로 인해 곧게 자라지 못하고 '무릎을 꿇고 있는 모습'을 한 채 있다. 이 나무들은 열악한 조건이지만 생존을 위해 무서운 인내를 발휘하며 지낸다.

그런데 세계적으로 가장 공명이 잘되는 명품 바이올린은 바로 이 무릎을 꿇고 있는 나무로 만든다고 한다. 아름다운 영혼을 갖고 인생의 절묘한 선율을 내는 사람은 아무런 고난 없이 좋은 조건에서 사람이 아니라 온갖 역경과 아픔을 겪어온 사람이다. 의미 있고 감동적인 삶은 고난과 역경을 동반해온 삶이다.

3) 관계와 조합의 신비

양자론에서 밝혀낸 물질세계의 실상은 이 세계는 반드시 타(他)가 있어야 아(我)가 존재할 수 있는 상대성에 바탕을 둔 세계라는 것이다. 미립자의 세계를 살펴볼 때 확인할 수 있는 사실은 모든 정보는 상대가 있어야만 확인이 가능하다는 점이다. 다른 어떤 입자도 없이 홀로 있는 입자는 자기 정보를 확인할 수 없으므로 정체성을 상실하고 곧바로 비존재의 상태로 떨어지고 만다는 것이다. 물질이 정보와 에너지로 구성된 것임을 알 수 있는 부분이며 무형의 것에 의해 이루어진 허상의 세계라고도 부를 수 있는 것이 바로 이 세상이다.

존재의 실상이 물질이다. 물질을 구성하고 있는 정보와 힘은 우리 눈에 보이지 않는 허상으로 존재하기 때문에 때로 우리는 있는 것이 없는 것과 같다. 즉 색즉시공(色卽是空)이라 할 수 있다. 모든 물질의 기본 입자가 가지고 있는 정보는 상대와 결합하는 순간, 입자라는 유형의 물질적 결합만을 이루는 것이 아니라 그것들이 가지고 있는 정보가 모아져서 하나의 통합된 정보를 창출해낸다는 사실이다. 두 개의 수소가 가진 정보와 한 개의 산소가 가진 정보가 결합해서 새롭게 창출해낸 통합된 정보가 바로 물분자의 정보다. 그런데 이 통합된 물분자의 정보는 결합되기 이전의 산소나 수소보다 훨씬 복잡하고 조직화된 정보를 가지고 있다.

생각의 포인트

관계성의 시너지효과

물분자들은 같은 물분자와 동료들을 만나면 물이라는 물질을 이루는데, 이때도 마찬가지다. 각각의 분자가 가진 정보들이 통합된 하나의 상위 정보체를 형성해서 각각의 물분자에는 없던 빙점이나 비등점, 그리고 결빙될 때의 결정의 모양이라든가, 표면장력 같은 고도의 정보를 유지하면서 주위환경에 반응하게 되는 것이다. 그리고 이 물들이 엄청난 양으로 모이게 되면 또다시 대규모 정보체로서 행동을 통일하는 것을 볼 수 있다. 바다의 물이 달의 인력에 대해서 밀물과 썰물운동을 보이거나, 열(熱)정보에 의해서 해류를 만들어 가는 것이 그러한 예다.

그래서 관계성 속에서 있는 그대로를 보아야 한다. 구성인자가 가진 속성으로 그 존재를 규명하면 모든 것이 무다. 산은 산이며 물은 물로 보아야 하며 자연이 자연임을 알아야 한다는 것이다. 자연스런 관계성 속에서 아름다운 결실이 창조된다.

자연스런 관계성 속에서 아름다운 결실이 창조된다. 관계는 만남이다. 만남의 속성이 그 내용을 규정하며 의미를 부여한다. 남과 여의 바른 만남은 사랑을 창출하며 인간과 신의 인격적 만남은 구원과 해탈을 낳으며 기업이 고객을 만나면 거래관계를 낳아 서로에게 이익을 준다. 작은 씨앗이 좋은 토양과 만나면 엄청난 새 생명의 창조력을 발휘한다. 이것이 경영시스템이론의 요체다.

생각의 포인트

색즉시공(色卽是空)

원자의 크기는 수백만분의 1mm에 불과하며, 원자핵의 부피는 수백억분의 1mm3에 지나지 않는다. 즉, 원자핵은 원자 크기의 1만분의 1에 지나지 않으며 나머지 1만분의 9천9백99는 물체가 아니라 전자들이 돌고 있는 공간인 셈이다. 전자가 돌면서 만들고 있는 공간은 텅 비어 있으면서도 1백억분의 1mm 크기의 다른 입자 하나도 침입할 수 없는 철벽같이 단단한 공간이다. 텅 비어 있으면서도 어떤 것도 침범할 수 없는 공간이 바로 물질의 기본 입자들이다. 내가 침범하지 않으니 너도 침범하지 말라는 율기솔신(律己率身)이다.

전자는 광자라는 초미립자를 주고받음으로써 서로의 정보를 교환하면서 존재를 인식하는 데 광자는 물이 분사되듯이 연속적으로 오가는 것이 아니라 사격을 할 때처럼 단속적으로 던져진다. 그 던지는 시간차는 수백만 분의 1초에 불과하지만 그 정보의 전달자가 오가는 순간순간, 원자핵과 전자는 서로의 정보를 분실하는 극히 짧은 순간들을 경험한다. 이 찰나마다 전자는 자신의 정보를 확인하지 못하고 허깨비가 되는 것이다. 다음 순간 돌아온 정보의 충격이 전자를 뒤흔들 때 전자는 다시 존재하게 되어 새로운 위치에 나타나고, 그 정보가 사라지면 다음 번 메신저가 도착할 때까지 전자는 비존재의 세계로 잠시 사라진다. 존재의 비존재성이다.

4) 환경적합과 경영전략

(1) 꿈의 공유

21세기 환경적합적 성공전략은 꿈의 공유에 있다. 한사람의 꿈은 꿈으로 끝날지 모르지만, 많은 사람이 함께 꾸면 현실로 가꿔낼 수 있는 신념이 된다. 비전의 공유를 통한 성취의 신념이 된다는 것이다.

꿈의 공유, 비전의 공유는 열린 사고를 할 때 가능하다. 비전을 공유한다는 것은 함께 꿈을 꾸고, 함께 꿈을 가꾸어 나가는 것이다. 내 꿈도 있고 남의 꿈도 있다. 하지만 나만을 위한 꿈이라면, 나를 위해 조직의 봉사를 요구한다면 꿈의 공유는 이룩할 수 없다. 꿈의 공유는 건강한 관계성에서부터 출발한다. 조직효율을 위한 꿈의 공유는 내 꿈과 네 꿈의 구분이 없는데서 출발하는 전략이다. 구성원 모두가 꿈을 함께 해야 생존한다. 이것이 21세기적 생존전략, 특히 기업경영의 키워드다.

(2) 이익원천의 분석

사업에서 각각 어느 분야가 달러박스 역할을 하는지 아니면 겨우 현상유지만 하고 있는지, 또는 거액의 적자를 내고 있는지를 파악하라. 그러기 위해서는 사업의 각 분야의 수익성에 대해 80/20 분석을 해야 한다.

- 제품 또는 제품 그룹·종류
- 고객 또는 고객 그룹·종류
- 지리적인 지역이나 판매경로와 같이 충분한 자료가 있으며, 자신의 사업에 관계가 있는 분야
- 경쟁력 있는 시장영역

'제품'부터 생각해보자. 제품이나 제품 그룹에 대한 정보가 분명히 있을 것이다. 각각에 대해 지난 분기, 지난달, 지난해의 판매실적을 검토하고 총비용을 배분한 후 수익성을 계산하라.

이 과정의 난이도는 당신의 경영정보 관리능력에 좌우될 것이다. 필요한 데이터를 상황에 따라 즉시 이용할 수 있는 경우도 있겠지만, 그렇지 않은 경우 자신에게 필요한 데이터를 수집해야 한다. 제품 또는 제품 그룹별로 매출액을 집계하고, 영업이익(매출액에서 매출원가를 뺀 금액)을 계산한다. 간접비까지 모두 포함한 회사 전체의 비용을 집계하여 합리적인 기준으로 간접비의 합계를 제품

내지 제품 그룹별로 배분한다.

가장 단순한 방법은 매출액의 구성비율을 기준으로 회사 전체의 비용을 배분하는 것이다. 그러나 조금만 생각해보면 이는 별로 정확한 방법이 아니라는 사실을 알 수 있다. 어떤 제품은 그 가치에 비해 상대적으로 영업사원의 시간이 많이 소비되었거나 적게 소비되었을 수도 있다. 또 어떤 제품은 광고를 많이 하는 반면 다른 제품은 전혀 하지 않을 수도 있으며 어떤 제품은 생산하는 데 매우 까다로운 반면 다른 제품은 자동화 공정을 거쳐 양산될 수도 있다.

이러한 요인을 잘 계산하여 회사 전체의 간접비 배분을 조정한 다음, 결과를 검토해보라.

일반적으로 전체 매출에서 차지하는 비율은 낮지만 수익성이 매우 높은 제품을 찾을 수 있을 것이다. 대부분의 제품은 약간의 이익을 올리고 있을 뿐이며, 그럭저럭 손해는 보지 않을 것이라고 생각하는 제품도 간접비까지 배분하여 수익성을 계산해보면 큰 적자로 결과가 나타나는 제품도 있을 수 있다.

(3) 주요 고객의 분석

첫째, 우리는 중요한 20%의 고객이 누구인지를 알아야 그들을 목표로 삼을 수 있다. 고객의 수가 적은 기업이라면 개별적으로 모두 다 관리할 수 있을 테지만, 고객의 수가 수백만에 이르는 회사는 주요 고객이 누구인지를 알아내야 하며, 이들의 명단을 가지고 있어야 한다.

둘째, 이 주요 고객들에게는 특별하고 우수한 서비스를 제공해야한다. 댄 설리반이라는 컨설턴트는 성공적인 보험 대리점을 위해서 다음과 같이 충고하고 있다. '20%에 해당하는 주 거래처를 정해 보통이나 그저 좋은 정도의 서비스가 아니라 아주 우수한 서비스를 계속 제공하라. 그들이 필요로 하는 것이 무엇인지를 미리 알아차리고 무엇을 요청해올 때 특수 기동대처럼 신속하게 움직여야 한다.' 진정한 성공방법은 당연히 제공해야 하는 정도보다 많으면서, 평균 이상의 획기적인 서비스를 제공하는 것이다. 이렇게 하는 데는 단기적으로 비용이 들겠지만, 미래에는 장기적인 이익이 될 것이다.

셋째, 새로운 제품이나 서비스를 20%의 주요 고객의 기호에 맞추고 이들에게 판매하라. 시장점유율을 높이려면 현재의 주요 고객들에게 제품을 판매하려는 노력이 중요하다. 이는 판매 기술에 관한 얘기가 아니다. 또한(많은 물건을 사는 고객들을 위한 프로그램이 단기와 장기 이익을 모두 높이기는 하지만) 주요 고객이 기존의 제품을 더 많이 사도록 노력하라는 것도 아니다. 가장 중요한 것은 가능하다면 주요 고객들과 접촉해서 그들의 요구에 맞추어 기존의 제품을 개선하거나 완전히 다른 신제품을 만들어내는 것이다. 혁신은 반드시 상위 고객들과의 관계를 기본으로 해서 이루어져야 한다.

마지막으로, 주요 고객을 평생 고객으로 만드는 것을 목표로 삼아야 한다. 주요 고객은 은행에 예금해놓은 돈과 같은 존재이다. 만일 주요 고객을 놓치게 된다면, 회사의 이익은 크게 감소할 것이다. 주요 고객을 계속 유지하기 위해 노력을 기울일 때는 일정 기간마다 그 노력의 정도를 증가시켜야 한다. 특별한 서비스를 제공하면 주요 고객들이 제품을 더 많이 구입하게 만들 수 있으므로 단기적인 이익을 증가시킬 수 있다. 그러나 이익이란 어떤 활동이 일어난 직후 나타나는 결과에 불과하므로 사업이 얼마나 탄탄한가를 측정하는 기준은 바로 주요 고객과 회사의 전반적인 관계가 얼마나 긴밀한가 하는 데 있다. 훌륭한 고객을 확보하고 있는 것은 어떠한 경우에라도 이익을 만들어낼 수 있는 토대가 된다. 만일 주요 고객을 잃기 시작한다면, 단기적으로 이익을 늘리기 위해 온갖 방법을 다 쓰더라도 결국 사업은 도산하고 말 것이다. 그러므로 주요 고객이 빠져나가기 시작하면 가능한 한 빨리 사업체를 팔거나, 경영자를 해고하라. 만일 당신이 회사의 사장이라면 스스로 물러나라. 그리고 주요 고객을 되찾거나 적어도 더 이상의 주요 고객이 빠져나가지 않게 과감한 조치를 취하라. 이와 반대로 주요 고객이 자신의 회사에 만족한다면 회사는 분명 장기간 발전할 것이다.

(4) 주요 고객 만족

20%의 주요 고객에게 집중해야만 마케팅이 성공한다. 이 장의 시작 부분에서 우리는 기업이 생산 중시에서 마케팅 중심으로 바뀌는 과정을 살펴보았고, 20%가 아닌 100%의 고객에게 주의를 기울일 경우 마케팅에 들어가는 자원이 지나치게 많아 낭비적이라는 정도 이야기했다. 그러나 20%의 주요 고객에게는 충분한 마케팅 노력이 필요하다. 주요 고객들에게 모든 비용과 노력을 쏟아 붓는다면 그로 인해 엄청난 이익을 얻을 수 있을 것이다.

기업은 100%의 고객에게 모두 주의를 기울일 수는 없지만, 20%의 고객에게는 주의를 집중할 수 있다. 마케팅 담당자들의 주요 임무가 이 20%의 고객에게 노력을 집중하는 것이다. 이는 회사의 모든 구성원이 실행해야 하는 마케팅 방법이기도 하다. 고객들은 회사의 모든 구성원이 들인 노력의 결과를 보고 판단하기 때문이다. 이런 의미에서 80/20법칙은 새로운 토대를 만들어냈다. 즉 기업은 마케팅에 중점을 두어야 하고, 전체 회사 구성원이 마케팅에 참여해야 한다. 그리고 모든 기업 구성원이 행하는 마케팅은 전체 고객의 20%에 해당하는 주요 고객을 만족시킬 수 있는 수준 높은 것이어야 한다.

20%의 영업사원이 매출액의 73%를 만들고, 16%의 제품이 전체 매출액의 80%를 차지하며, 22%의 고객이 77%의 매출액을 만들어낸다.

5) 환경적응과 생존을 위한 진화

수정도 재설계도 없이 오랫동안 지속되는 프로그램이나 활동은 실질적으로 존재하지 않는다는 것을 인식할 필요가 있다. 궁극적으로는 모든 활동은 시대에 뒤지게 마련이다. 그래서 조직은 진화해야 경쟁력을 갖게 된다.

생각의 포인트

생존을 위한 진화

뻐꾸기는 남의 둥지에 알을 낳는 속임수의 명수다. 남의 둥지에서 태어난 뻐꾸기 새끼는 가짜 어미의 알과 새기를 바깥으로 떨어뜨리고 둥지를 독점한다. 대부분의 새들은 '뻐꾸기 아빠'가되지 않기 위해 뻐꾸기 알을 골라내는 기술을 갖고 있다. 하지만 일단 뻐꾸기 알이 자신의 둥지에서 부화한 뒤에는 자기 새끼인 것으로 철석같이 믿는다. 게걸스럽게 먹어대며 부모보다 5배나 몸집이 커지는데도 부모는 금이야 옥이야 하고 있다.

최근 오스트레일리아 국립 대 조류학자인 나오미 랭모어는 알이 부화한 뒤에도 뻐꾸기 새끼를 눈치 채 굶겨 죽이는 굴뚝새를 발견했다. 이런 굴뚝새에 맞서 뻐꾸기 새끼는 살아남기 위해 굴뚝새 새끼의 울음소리까지 흉내 내는 것으로 밝혀졌다. 진화에서 승리하려는 뻐꾸기와 굴뚝새 사이의 이런 '군비확대 경쟁'이 과학 잡지 '네이처' 최근호에 발표됐다.

랭모어씨는 "이번에 오스트레일리아에서 발견된 굴뚝새는 뻐꾸기와 매우 비슷한 알을 낳기 때문에 어두운 둥지에서 구분하기가 쉽지 않다"고 말했다. 대신 굴뚝새는 자기 새끼가 모두 둥지 바깥에 떨어져 있다거나, 새끼의 울음소리가 약간 다르다는 것을 통해 자기 새끼가 아니라는 것을 알고는 뻐꾸기 새끼의 40%를 굶어죽게 만든다. 이런 굴뚝새의 방어에 맞서 뻐꾸기도 새로운 공격법을 개발해냈다. 처음에는 굴뚝새의 알을 모방했지만, 이번에는 먹이를 달라고 외치는 굴뚝새의 울음소리를 흉내 냈다.

6) 환경과 관계경영학

기업은 재화와 용역을 지속적으로 공급하는 조직체로서 수익목표를 갖는다. 이 때 기업은 수익 창출을 위해 통합계(complexity system)로서의 관계성을 갖기 위해 조직을 갖는다. 통합계의 원활한 관계성 속에서 이윤이 창출되기 때문에 관리를 하게 된다.

여기서의 통합계의 관리란 소비자와의 만남, 공급자와의 만남, 종업원과의 만남, 환경과의 만남이 균형 있고 건강하도록 유지관리 한다는 것이다. 만남은 관계를 구축하고, 관계가 가치를 구축하고, 가치가 시장점유를 구축하고, 가치가 부를 구축한다. 비즈니스는 관계경영(chain management)의 흐름이다.

기본에 충실한 관계경영은 마땅히 해야만 할 일을 기초로 시작한다. 그것은 상황에 초점을 맞추는 것이 아니라 과업에 초점을 맞춘다. 그것은 기존의 프로세스를 완성시키며, 결함이 있는 부분을 보완하며 새로운 지식과 지혜를 활용하여 낡은 프로세스를 다시 디자인한다. 때로는 잃어버린 연결고리(missing chain)를 찾음으로써 프로세스를 완성시킨다. 관계성의 건강한 회복을 도모한다.

이 흐름 속에는 띠의 정신(chain spirit)이 살아 있어야 한다. 띠의 정신은 SCCM의 근간이다. 이 흐름 속에 띠의 정신(chain spirit)이 살아 있어야 한다는 것이 관계경영의 핵심이다.

띠의 정신은 SCCM의 근간이다. 조직 구성원은 공급자와 고객의 사이에 존재하는 연결고리로서 하나의 연결고리에서의 문제발생은 전체조직의 기능저하로 이어진다는 것이다. 조직 구성원은 공급자와 고객의 사이에 작은 공급자인 동시에 소비자의 역할을 담당하여 일의 일부를 앞으로 진행시키는 띠의 역할을 담당하는 실체로 존재하는 연결고리다. 하나의 연결고리에서의 문제발생은 전체조직의 기능저하로 이어진다는 것이다.

유대 사상가 마틴 부버(Martin buber)는 인생에서 가장 소중히 여겨야 하는 것은 인간적인 관계라고 했다. 인간에 대한 애정이 유대 비즈니스의 지침이 되는데 기여했다.

조화를 구성하는 작은 것 하나가 중요하다. 하나의 사소한 것에서 전체 회사의 이미지가 결정 될 수도 있다. 회사에 대한 인상을 결정할 자료가 빈약한 가운데 사소한 잘못의 충격이 전부가 되어 고객은 부정적인 인상의 지배를 받는다. 이것이 통합계의 원리다.

(1) 관계형식과 기업형태

경영을 시스템적으로 이해하여야 하며 관계경영(chain management)으로 인식해야한다는 것은 기업경영의 중심에 돈과 사람이 있다는 것이다. 돈은 모든 사람이 갖기를 희구하기 때문에 성공경영을 이룩한다는 것이 만만하지 않다. 그저 대충해서 이룰 수 있는 것이 아니다. 운이 좋아 작은 성취를 이룬다 해도 결코 오래가지 않는다. 사람 또한 지극히 어려운 관리요소다. 신을 창조 할 재주를 가진 고등동물이 인간이기 때문이다. 나아가 내부 구성인자들 간의 관계성뿐만 아니라 공급자에서 최종 소비자에게 이르기까지의 복잡한 관계를 효율적으로 유지해 가야하기 때문이다.

개인적인 힘만으로 모험기업을 일으킬 수도 있다. 그러나 록펠러나 카네기 같은 유명한 경영자들도 경영관리의 능력 없이는 사업을 진전시킬 수 없다는 사실을 알고 주저 없이 관계경영의 중요성을 인정했다. 최고경영자가 되려면 관계가 가장 중요하다는 것을 알아야 한다. 성공은 지식을 통해서가 아니라 관계되는 사람들에게 비친 이미지, 즉 관계성에서 찾아온다.

소비자의 반복구매를 유도하는 비즈니스의 동력과 수단인 차별화는 마케팅의 4가지 요소(4P), 즉 제품(Product), 가격(Price), 유통(Place), 촉진(Promotion)이다. 4P보다 효과적이고 중요한 다섯 번째의 P가 people이다. 그것은 회사를 대표하는 사람과 고객의 상호작용 즉, 관계경영을 의미한다. 유능한 판매사원이 제일 먼저 파는 것은 그들 자신이다. 고객의 신뢰를 얻는 것이다. 수익은 건강한 관계의 부산물이다.

생각의 포인트

관계경영

'세쿼이아'라는 나무는 그 뿌리가 거의 땅 표면에만 붙어 있고 땅 속 깊이 박히질 않는다고 한다. 그런데도 강풍이 종종 부는 미국의 서부 해안에서 잘 자라고 있다. 세쿼이아는 혼자 자라지 않고 꼭 여럿이 숲을 이룬다는데 지표 바로 밑에서 뿌리들이 서로 얽혀 있어서 강풍이 불어도 끄떡없다는 것이다.

관계형식의 구체화인 기업 형태의 결정은 창업에 있어 매우 중요하다.

7) 환경과 조직성패요인

① 개인적 특성요인(긍정적 동기)

성공공식	실패공식
Attitude(긍정적 자세)	Direct(직선적)
Belief(신념)	Enforce(강압적)
Commitment(실천력)	Formal(격식적)

② 사업체 특성요인(업종, 종업원, 공급자)

③ 창업과전 특성요인(사업계획, 자금조달, 입지)

읽을거리

창업에도 타이밍이 있다(창업환경의 변화).

◆ 창업환경이 달라지고 있다. 권리금이 하락하고 점포매물이 쏟아져 나오고 있다 불과 얼마 전만 해도 상가거물임대차보호법 시행으로 점포 구하기가 어려웠던 것과는 전혀 다른 상황. 정치적, 경제적 불안요인이 창업환경에서는 기회요인이 될 수도 있다.

주식거래에서 타이밍은 투자의 성공과 실패를 결정하는 중요한 요소다. 언제 사고 언제 파느냐에 따라 손익에 큰 차이가 나기 때문이다. 무릎에서 사서 어깨에서 파는 주식시장의 투자 격언은 매수와 매도 타이밍의 중요성을 나타내는 표현이다. 마찬가지로 창업에도 타이밍이 있다.

창업의 3요소인 사람. 아이템. 자본을 완벽하게 갖추고 경기호황으로 어떤 사업을 해도 잘되는 시기가 최상의 창업 타이밍. 적은 비용으로 우수한 인력을 고용, 유망한 사업아이템과 풍족한 사업자금에 경기 흐름까지 좋을 때 창업하면 장기적으로는 몰라도 사업초기의 성공은 그야말로 따노은 당상일 것이다. 모든 것을 갖췄을 시기는 이미 늦었다. 그러나 이렇게 환상적인 타이밍을 잡기란 거의 불가능 하다. 현실적으로 좋은 아이템이 있으면 자본이 없거나 부족하고, 아이템과 자본이 있어도 맨 파워가 부족한 것이 일반적. 창업의 3요소를 모두 갖추고 나서 창업하겠다는 것은 창업하지 않겠다는 것과 마찬가지다. 창업환경은 트렌드, 경제상황 등 여러 요인에 의해 빠르게 변화하기 때문이다.

그렇다면 언제 창업해야 할까. 사업을 하면서 취약한 부분을 점차 보완할 수 있다면, 창업의 3요소를 갖추는데 한 가지라도 유리하면, 그때가 바로 창업 타이밍이다. 특히 초기자본 부담을 덜 수 있다면 예비창업자에겐 더없이 좋은 기회가 될 것이다.

아직 닥치지 않은 불경기에 대한 두려움(중략) : 경기가 안정적일 때 창업자금 3억원을 들여 월 1000만원의 순수익을 올렸다고 가정해보자.

그런데 지금은 동일한 점포에서 2억 5000만원을 투자해 순수익 월 800만원이라면 매출은 줄었지만 투자대비 수익률은 높아진다. 자금 대출을 받았을 경우 금융비용도 감소해 실제 순이익은 더욱 높아질 수 있다.

경기가 나아지길 기다리는 예비창업자들이 반드시 알아둬야 할 사항이 있다. 경기가 회복되면 점포매물은 줄어들고 권리금은 치솟을 것이다. 그러게 되면 창업환경은 예비창업자들에게 결코 유리하게 작용하지 않을 것이다. 주기적으로 호황과 불황을 반복하는 경제 사이클을 감안할 때 현재 상황을 불경기라고 단언할 수 없다. 오히려 일시적인 현상일 가능성이 높다. 그러나 예비창업자들은 아직 닥치지도 않은 불경기에 미리부터 겁먹고 움추리는 형국이다. 설사 경기가 조금 호전된다 하더라도 크게 늘어난 자금 및 금융부담과 투자대비 수익률 저하로 창업을 포기하거나 더 큰 리스크를 안을 수도 있다는 것을 기억해야 한다.

망설이는 시간만큼 기회는 줄어든다. 주식거래에서 최고의 매수 타이밍은 주가가 바닥으로 떨어졌을 때다. 오르막이 있으면 내리막이 있듯이 추락한 다음에는 날아오르는 것이 순리. 물론 한번 떨어지면 영원히 오르지 못하는 주식도 있지만 가장 쌀 때 사면 손해 볼 위험이 그만큼 적은 것이 사실이다.

조급한 마음으로 섣불리 사업을 시작하는 것은 위험한 행동이다. 그러나 기회를 기회로 인식하지 못하고 눈감고 좋은 세월만을 기다리는 것은 어리석은 행동이다. 망설이고 있는 시간만큼 기회는 점점 작아지고 결국 사라진다는 것을 명심해야 한다.

[글 : 이상헌, http://eroom.korea.com]

제3장 창업의 유형

경영자의 의지와 조직의 필요에 의해서 회사형태는 달라질 수 있는 것이다. 기업형태에 관한 법률상의 규정은 기업의 자본모집과 기술·경영능력의 보완, 그리고 거래의 활성화에 도움이 되는 체계를 만드는 데 목적이 있기 때문에 창업에 있어서는 하나의 형식요건이 되는 것이다. 기업 형태는 창업에 있어 매우 중요한 의사결정이다. 최근의 기업 환경, 특히 창업환경은 옛날과 무척 다르다. 특히 주5일 근무제의 도입 등으로 종업원의 직업관이 점차 변화되어 가고 있다. 관리자의 지시만 있으면 밤낮 없이 열심히 하던 종업원의 근무태도에도 많은 변화가 일어났으며, 보다 좋은 환경, 보다 좋은 복리후생제도, 여가시간이 많은 그런 직장을 선호하는 경향으로 점차 바뀌어 가고 있다.

1 창업기업의 유형

1) 기업유형의 결정

기업 환경의 변화가 급격히 진행되고 있다. 국내 경쟁관계에 있던 회사도 이제는 세계의 기업이 모두 경쟁대상이 되었다. 시장개방에 따라 세계 모든 나라의 상품이 국내에서 아무런 제한 없이 판매될 날도 멀지 않았다. 국산품 애용만을 고집하던 그런 시대는 지났다. 국가 번영을 생각하기 전에 개인의 실리에 따라 싸고 품질이 좋으면 외국 상품도 생각 없이 사는 것이 요즈음 소비자의 경향이다.

이런 상황에서 기업유형의 결정은 큰 의미를 지닌다. 거의 모든 기업 경영책임을 사장 한 사람이 감당하면서 영업, 자금조달, 종업원 관리, 생산관리 등 기업 전반에 걸쳐 만능 경영을 하여야 하는 개인기업 유형의 창업을 할 것이냐, 조직을 갖추어서 회사업무의 대부분을 능력 있는 종업원에게 분담시켜 전체를 통괄할 수 있는 법인형태로 창업을 할 것이냐의 결정은 창업 기업의 기초 확립에도 매우 중요하다. 이러한 시대적 상황을 감안하여 비교적 많은 종업원을 필요로 하는 법인기업 유형보다 마음이 맞는 몇 사람만을 확보하여 사업을 할 의도로 조그마한 개인기업 유형을 선택할 수도 있을 것이다. 물론 반드시 규모가 크고 종업원이 많으면 법인유형으로 설립하고, 규모가 작으면 개인기업 유형으로 출발해야 한다는 의미는 아니다.

실질적으로 우리나라에서는 많은 기업이 법률상으로는 주식회사이면서 운영은 가족회사와 마찬가지의 유형으로 경영되고 있는 경우가 허다하다. 따라서 창업자는 여러 가지 기업 환경과 경영능력, 그리고 개인기업과 법인기업의 장·단점을 비교 평가하여 자기 실정에 맞는 기업유형을 선택할 필요가 있는 것이다.

2) 기업유형의 결정 준거

창업자는 창업자의 특수한 사정이나 선호하는 경향과 성격에 따라 두 형태 중 한 가지 유형으로 회사를 설립할 수 있다. 창업자의 입장에서 어느 쪽이 절세효과가 더 큰지를 비교 평가함으로서 개인기업과 법인기업 선택의 기준을 삼는 것이 타당할 것이다. 기업이 내는 세금은 세무조정 후 과세표준이 되는 이익에 따라서 달라지기 때문이다.

과세표준이 약 4천만 원일 경우에는 개인기업이든 법인기업이든 크게 상관없으나, 소득 규모가 그 이상을 초과할 때는 개인기업보다 법인형태인 주식회사가 더 절세 효과가 큼을 알 수 있다. 따라서 창업자는 자기가 경영하려고 하는 사업의 소득규모가 어느 정도 될지, 얼마 후에 누적 결손을 보전하고 이익 실현이 가능할 지를 판단하여 기업형태 결정기준으로 삼아야 할 것이며, 회사 설립 시부터 이런 점을 종합적으로 검토하여 기업유형을 결정하는 것이 현명할 것이다.

2 개인 및 법인 창업

기업의 법률적 형태에 있어서 중요한 것은 개인기업과 회사형태의 기업이다. 개인기업은 기업이 완전한 법인격이 없으므로 소유자에게 종속되는 기업이고, 회사형태의 기업은 완전한 법인격을 가지고 스스로의 권리와 의무의 주체가 되며 기업의 소유자로부터 분리되어 영속성을 가질 수 있는 기업이다.

1) 개인기업과 법인기업의 비교

우리나라의 일반적인 회사의 형태는 주식회사이다. 그러나 회사의 개념에는 들어가지 않으나 개인사업자 형태의 개인기업이 많이 존재한다. 따라서 개인기업과 법인기업의 대다수인 주식회사의 장단점을 비교하여 사업계획 검토 단계에서 기업의 유형을 결정하는 것이 좋다.

도표 3-1 개인기업과 법인기업의 장·단점

구분	개 인 기 업	법 인 기 업
장점	• 기업이윤 전부를 기업주가 독점 할 수 있음 • 설립등기가 필요 없고 사업자등록만으로 사업개시가 가능하므로 기업설립이 용이 • 창업비용과 창업자금이 비교적 적게 소요되어 소자본을 가진 창업자도 창업가능 • 일정규모 이상으로는 성장하지 않는 중소규모의 사업에 안정적이고 적합함 • 기업 활동에 있어 자유롭고, 신속한 계획수립, 계획변경 등이 용이 • 개인기업은 인적조직체로서 제조방법, 자금운용상의 비밀유지가 가능	• 일정규모 이상으로 성장 가능한 유망사업의 경우에 적합 • 주식회사는 신주발행 및 회사채 발행 등을 통한 다수인으로부터 자본조달이 용이 • 대표자는 회사운영에 대해 일정한 책임을 지며, 주주는 주금납입을 한도로 채무자에 대해 유한책임을 짐 • 사업양도 시에는 주식을 양도하면 되므로 주식양도에 대하여 원칙적으로 낮은 세율의 양도소득세가 부과됨. 또한 주식을 상장 후에 양도하면 세금이 없음 • 대외공신력과 신용도가 높기 때문에 영업수행과 관공서, 금융기관 등과의 거래에 있어서도 유리

구분	개 인 기 업	법 인 기 업
단점	• 대표자는 채무자에 대하여 무한책임을 지며, 대표자가 바뀌는 경우에는 폐업을 하고, 신규로 사업자등록을 해야 하므로 기업의 계속성이 단절됨 • 사업 양도 시에는 양도된 영업권 또는 부동산에 대하여 높은 양도소득세가 부과됨	• 설립절차가 복잡하고 최소한 5천 만 원 이상의 자본금이 있어야 설립이 가능 • 벤처기업의 주식회사 설립 시 자본은 2천만 원 이상임 • 대표자가 기업자금을 개인용도로 사용하면 회사는 대표자로부터 이자를 받아야 하는 등 세제상의 불이익이 있음

2) 세제상의 특징 비교

개인기업은 소득세법의 적용을 받으므로 과세기간은 매년 1월 1일부터 12월 31일까지이며, 과세소득은 총수입에서 필요경비를 공제한 금액이 되며, 대차대조표 공고의무가 없다.

도표 3-2 개인기업과 법인기업의 세제상의 특징

내 용	개 인 기 업	법 인 기 업
과세근거법	소득세법	법인세법
과세기간	매년 1월1일부터 12월 31일까지	정관에 정하는 회계기간
과세소득	총수입금액 – 필요경비	익금의 총액 – 손금의 총액
과세범위	종합 과세	분리과세가 인정되지 않음
이중과세 여부	하나의 원천소득에 대해 이중과세가 되지 않음	법인에게 법인세 과세 후, 주주의 배당에 대해 소득세 과세
세율구조	6% ~ 38% 5단계로 누진적용 지방소득세 : 소득세의 10%	10% ~ 22% 3단계로 누진적용 지방소득세 : 법인세의 10%
납 세 지	개인기업의 주소지	법인등기부등본상의 본점/주 사무소
기장의 의무	수입금액에 따라 간편장부대상자, 복식부기의무자로 구분	수입금액에 관계없이 복식부기의무자
외부감사제도	적용되지 않음	자산총액이 일정규모 이상인 경우, 공인회계사의 감사를 받음
재무상태표 공고	재무상태표 공고 의무가 없음	법인세 신고기간 내에 일간신문에 공고의무가 있음

법인은 법인세법의 적용을 받고, 그 과세기간은 정관과 규칙에서 정하는 회계기간에 따라 달라지며 과세소득은 익금 총액에서 손금 총액을 공제한 금액이다. 대차대조표의 공고의무가 있으나, 세금부담은 여러 가지 상황에 따라 차이가 있을 수 있다. 세율측면에 있어서는 개인기업(6%~38%로 누진)보다 법인기업(10%~22%)이 유리하다.

(1) 종합소득세율

과세표준	세 율	누진공제
1,200만원 이하	6%	0
4,600만원 이하	15%	108만원
8,800만원 이하	24%	522만원
3억원 이하	35%	1,490만원
3억원 초과	38%	2,390만원

(2) 법인세율

과세표준	세 율
2억원 이하	100분의 10
2억 ~ 200억원 이하	100분의 20
200억원 초과	100분의 22

세 부담 측면에서 기업을 설립한 후 과세표준이 4,600만원 초과할 것으로 예상되면 법인기업으로 하는 것이 유리하다.

3 개인기업 창업

개인기업은 특정 개인의 이름으로 단독으로 출자하여 설립한 기업이므로 소유와 경영이 동일하게 된다. 그래서 기업경영을 통해 창출된 이윤도 독점하게 되고 경영과 관련된 의사결정도 개인의 판단에 따라 자유롭게 할 수 있다. 따라서 기업의 중요한 경영비밀을 유지할 수 있고 법적인 제재가 상대적으로 제한적이어서 행동이 자유롭다는 장점이 있다. 고임금 시대의 도래, 노동조합의 활성화,

주5일 근무제에 의한 여가인식의 변화, 인력관리의 유연성 확보의 필요성 등을 인하여 개인기업의 설립이 선호되고 있는 추세이다.

1) 개인기업의 특징

개인기업은 한 개인의 자본만으로 운영되므로 기업의 규모가 작아 대외신용도가 낮고 독단적 경영으로 경영위기에 대치하기 힘들며, 특히 장부기장에 대한 법적 제재가 약하다는 점을 악용하여 장부를 체계적으로 정리하지 않는 경향이 있어 합리적 경영이 어려우며, 이익금을 자유롭게 쓸 수 있으므로 주머니 돈인지 회사 돈인지 구분하기 힘든 때가 많아 기업의 실체를 파악하기 어렵다는 단점이 있다.

특히 개인기업인 경우에는 기업에 문제가 생길 경우 기업주 혼자서 전적인 무한책임을 져야 하며 기업주의 유고 시 대안이 없으므로 기업주의 신상에 변화가 있을 경우 곧바로 기업이 영향을 받게 되는 단점도 있다.

2) 개인기업의 등록절차

개인기업의 경우에는 설립절차가 매우 간단하다. 해당 관할 세무서에 사업자등록 신청서와 그것에 첨부할 간단한 서류만 준비하여 제출하면 일반적으로 일주일 이내에 사업자등록증을 받을 수 있다.

또한 관계기관의 인·허가가 필요한 사업일 경우에는 먼저 해당관청에 인·허가 승인을 신청하여야 한다. 승인을 받은 후 사업개시일로부터 20일 이내에 사업장 소재지 관할세무서에 사업자등록을 신청하여 사업자등록증을 교부받음으로써 설립된다. <도표 3-3>은 개인기업의 설립에 관한 절차를 나타낸 도표이다.

도표 3-3 개인기업의 등록절차

아이템 선정	➡	사업계획 수립	➡	인·허가 취득	➡	사업자 등록	➡	개업
아이템선정 타당성조사	➡	사업규모· 기업유형 등 결정	➡	업종의 관할 부처에서 인·허가취득	➡	20일 이내 소재지의 관할세무서에 등록	➡	재화와 용역 공급 개시

법령에 의하여 인·허가, 등록 및 신고를 득해야 사업을 개시할 수 있는 업종은 미리 당해 업종을 주관하는 주무관청 또는 지방자치단체에서 인·허가를 취득하여야 한다. 이는 개별법에 의한 인·허가 업종에 한한다.

신규로 사업을 개시하는 자는 사업장마다 사업개시일로부터 20일 이내에 사업장소재지 관할세무서 민원봉사실에 신고하여 사업자등록을 하여야 한다. 또 신규로 사업을 개시하고자 하는 자는 사업개시일 전이라도 등록이 가능하며, 사업인·허가 전에 등록하는 경우에는 사업인·허가증사본 대신 사업허가신청서 사본이나 사업계획서를 제출하면 된다.

도표 3-4 개인기업 설립 구비서류

① 사업자등록 신청 시 구비서류

- 사업자등록신청서 1부
- 사업장 임대차계약서 1부(원본에 소정의 수입인지 첨부)
- 사업인·허가증 사본(법령에 의한 인허가 업종에 한함) 1부
- 주민등록증 또는 주민등록등본
- 사업 허가 전에 등록하고자 하는 경우에는 사업허가신청서 사본이나 사업계획서
- 2인 이상이 공동으로 사업을 하는 경우 공동사업 사실을 증명할 수 있는 서류

② 사업자등록증 교부

신청일로부터 7일 이내에 사업자등록번호가 기재된 사업자등록증을 교부받는다.

사업자등록이 끝나면 법적으로 사업을 시작할 수 있는 절차가 완료되나 기타 행정절차를 요하는 경우에는 신고를 하여야 한다. 근로자명부와 임금대장의 작성, 취업규칙작성 신고, 국민연금·의료보험·산업재해보험 및 고용보험신고 등의 신고절차를 하여야 한다.

4 법인기업 창업

법인기업은 특정 다수의 출자자가 참여하는 기업유형이므로 대형자본을 동원할 수 있고 대부분의 경우 모든 참여자는 유한책임만 진다. 또 자본과 경영이

분리될 수 있어 합리적인 경영이 가능하며 대외 신용도가 높아 신용거래나 외부 자금의 차입이 개인기업보다 유리하다.

1) 법인기업의 특징

법인기업은 법적으로 복식장부기장 의무를 강제하고 있는 등 각종 제재가 많아 경영의 투명성이 요구되므로 기업의 실체를 파악하기가 용이하며, 위험을 사전에 감지할 수 있고 그에 따른 대책을 사전에 강구할 수도 있다. 더욱이 개인과 조직책임이 명확히 구분되어 책임한계가 분명해지고 사장의 유고 시에도 즉각 대처할 수 있는 장점이 있다.

하지만 만인의 책임은 누구의 책임도 아니라는 말이 있듯이 책임의 한계가 모호하여 공유재산의 비극현상(tragedy of the commons)이 나타날 수도 있다. 또한 기업의 비밀유지가 어려우며 법적 및 사회적 제약요소가 많아 임기응변적 경영이 불가능하다는 단점이 있다. 특히 세무, 회계문제와 관련하여 투명성이 확보되어 개인기업에서처럼 경영의 유연성이 제한될 수 있다는 단점이 있다. 이러한 법인에는 주식회사, 유한회사, 합명회사, 합자회사라는 4가지 유형이 있다.

생각의 포인트

공유재산의 비극현상: 텃밭의 높은 생산성

하딘(G. Hardin)이 제시한 공유재산의 비극현상(tragedy of the commons)이 가장 심각하게 나타났던 역사는 바로 사회주의의 실험이었다. 공동으로 생산하고 필요나 능력에 따라 분배한다는 이상은 누구에게도 공유재산의 창출에 주력할 인센티브를 주지 못했다. 북한에서는 개인이 가꾸는 '텃밭'의 생산성이 가장 높았고, 집합농장은 실패를 거듭했다. 풍년의 희망으로 농부는 씨를 뿌리고, 이익이란 희망으로 상인은 장사를 한다. 세상을 움직이는 큰 희망중의 하나가 독점적 소유다.

(1) 주식회사

자기가 출자한 주식금액을 한도로 회사에 대하여 출자의무를 질 뿐 회사채권자에 대하여는 전혀 책임을 지지 않는 주주 또는 간접유한책임사원 즉 주주로만 구성되는 회사를 말한다. 주식회사는 자본, 주식 및 주주의 유한책임 등 세 가지의 특징을 가지고 있는 회사이다. 주식회사(joint stock company)는 기업형태 중 가장 대표적인 형태인데, 그 특질은 주주의 유한책임제도, 자본의 증권제도, 회사운영의 중역제도로 요약된다. 주식회사는 자본을 주식시장을 통하여 쉽게 조달할 수 있는 장점이 있다.

(2) 유한회사, 합명회사, 합자회사

유한회사는 주식회사와 기능은 비슷하면서 발기인이 2명 이상 50명 이하면 되고 자본도 1천만 원 이상이면 되므로 가족형 법인으로는 바람직한 법인형태이다.

합명회사는 2인 이상의 무한책임사원만으로 구성되는 회사이다. 이 형태는 사원의 개성이 중시되는 기업형태이므로 현실적으로 구성원수가 그렇게 많은 경우는 별로 없다. 합명회사는 사원 모두가 무한책임을 져야 하므로 소유와 경영이 분리될 수 없으며 법적으로도 사원은 회사의 업무집행권과 회사대표권을 동시에 가진다. 또 이 법인형태는 인적요소를 중시하는 무한책임사원들이기 때문에 회사의 채무에 대하여 무한책임을 져야 한다.

합자회사도 인적요소가 강한 법인형태로서 2인 이상의 구성원으로 설립되며 합명회사와 모든 면이 비슷하다. 다만 유한책임사원과 무한책임사원이라는 두 부류의 사원으로 구성되는 점이 합명회사와는 다르다. 무한책임사원은 업무집행권과 회사대표권을 동시에 가지며 유한책임사원은 업무 감시권만 있을 뿐이다. 따라서 사실상 무한책임사원이 경영과 관련된 일체의 권한을 행사한다고 볼 수 있다.

(3) 벤처기업

공장도 없고 종업원도 얼마 안 되는 소기업들이 최첨단기술을 바탕으로 제품이나 서비스를 생산·판매하거나 라이센스를 판매하는 신종기업형태의 대두가 최근 두드러지고 있다. 소비자의 욕구를 파악하고 신기술을 통하여 그에 대응하는 기업으로서, 이는 주로 기술적인 배경을 가지고 있는 창업가들에 의해서 세워지는 위험사업으로서 일반적으로 이를 벤처기업(venture business)이라 한다.

이러한 기업들은 우수한 기술을 바탕으로 하며, 위험은 높지만 성공하였을 경우 높은 수익을 기대할 수 있는 고위험 고수익(high risk and high return)사업을 가지는 특성을 가지고 있다. 다시 말해서 벤처기업이란 소자본, 고기술, 독특한 아이디어를 바탕으로 창업하는 모험기업을 말한다.

위에서 살펴본 바와 같이 개인기업과 법인기업은 각각 서로 다른 장단점을 지니고 있으므로 무조건 어느 한쪽이 좋다고 말할 수는 없다. 그러므로 자신이 계획하고 있는 창업규모나 사업내용을 잘 생각해 보고 보다 타당하다고 판단되는 유형을 선택해야 할 것이다.

2) 법인기업의 설립절차

법인기업의 경우는 설립절차가 매우 복잡하고 까다롭다. 그래서 법무사 같은 전문가에게 법인등록 서류를 대행시키는 것이 일반적이다. 그러나 아무리 등록서류를 대행시킨다 해도 반드시 창업자가 알고 있어야 하고 직접 해야 할 일이 몇 가지 있다. 현실적으로 등록되고 있는 법인형태의 대부분은 주식회사 형태이다.

(1) 설립개요

법인형태 중 가장 대표적인 형태가 주식회사이다. 주식회사를 설립하는 데는 발기설립과 모집설립 2가지 방법이 있다.

발기설립은 법원이 선임한 검사인이 법인설립 사항을 조사하고 법원에 그 결과를 보고하여 법원이 필요한 조치를 취할 수 있도록 상법에 규정하고 있으므로 설립절차가 다소 복잡하고 비용과 시간이 많이 드는 단점이 있기 때문에 대부분의 경우 모집설립 방법을 선호하고 있다.

주식회사는 전형적인 자본단체로서, 회사의 소유와 경영이 분리되는 현상이 가장 뚜렷하다. 즉 주식회사는 주주의 변동이 회사의 존재 및 경영에 미치는 영향이 가장 적은 회사유형으로서 항구적인 사업을 경영하기 위하여 흔히 이용된다.

(2) 설립절차

따라서 기업을 설립하고자 하는 경우에 약간은 복잡한 절차가 수행되지만 주식회사를 설립하는 것이 여러모로 유리하다. 주식회사는 주식과 사채를 발행하여 불특정 다수로부터 큰 자본을 조달할 수 있어 회사설립 후 지속적인 성장을 위해서는 주식회사로 설립하는 것이 유리하다. 통상적으로 법인이 개인기업보다 유리한 점이 많기 때문에 최근에는 주식회사를 설립하는 경향이 높다.

① 설립 기본계획 수립

회사설립 기본계획 내용에는 일반적으로 사업의 목적, 상호, 자본의 규모 및 설립방법, 기관의 구성, 설립일정 등이 포함된다.

첫째, 사업의 목적은 설립과 동시에 시행할 수 있는 목적사업 이외에 중·장기적인 관점에서 추가 예정인 업종 및 사업 아이템까지 포함시킬 수 있다.

둘째, 상호는 회사의 명칭으로서 반드시 주식회사란 기업 형태가 표시되어야 한다.

셋째, 자본의 규모와 주주의 결정 문제이다. 설립 시 발행할 주식의 총수와 수권자본을 얼마로 할 것이며, 누구로부터 출자를 받을 것인지 등 개략적인 내용을 결정해야 한다.

넷째, 기관의 구성이다. 주식회사의 기관은 크게 주주총회, 이사회 및 감사 등으로 구성되는데, 일반적으로 주주총회는 모든 주주가 그 구성원이 되므로 큰 문제가 없으나, 이사회나 감사의 구성은 그와는 별도로 구성되어야 한다.

다섯째, 설립기본 일정계획이다.

② 발기인 구성

발기인의 지위는 정관을 작성하고 설립중인 회사의 구성원이 되며, 설립 업무의 집행기관이 된다. 발기인의 자격에는 특별한 제한이 없다. 내국인이든 외국인이든, 법인이든 개인이든 관계가 없으며, 미성년자의 경우에도 법정대리인의 동의가 있으면 발기인이 될 수 있다. 발기인의 수는 3인 이상으로 하여야 하되 회사가 일단 설립된 후에는 3인 미만이 되어도 관계가 없다.

③ 정관 작성 및 공증

정관은 형식적으로는 회사의 조직과 운영에 관한 기본규칙을 기재한 서면을 가리키지만, 실질적으로는 회사의 조직과 활용에 관한 기본규칙 자체이다. 따라서 회사의 제 규정, 즉 이사회 규칙, 급여 및 인사규정 회계규정, 생산 및 품질관리규정 등 회사의 모든 규정 중 최상위의 기본규칙이라 볼 수 있다. 정부의 각종 법률과 비교한다면 정관은 헌법에 해당하는 것이다. <도표 3-5>은 정관의 절대적 기재사항을 제시한 것이다. 이들 사항은 하나라도 누락되면 정관 자체가 무효가 된다.

도표 3-5 절대적 정관 기재사항

- 사업의 목적
- 상호
- 회사가 발행할 주식의 총수
- 1주의 금액
- 회사가 설립 시 발행하는 주식의 총수
- 본점 소재지
- 회사의 공고 방법
- 발기인의 이름과 주소

④ 주주 확정 및 출자 이행

회사설립 기본계획에 의거 발기설립으로 할 것이냐, 모집설립으로 할 것이냐가 결정되면 각 방법에 따라서 주주를 확정하고, 소정절차에 따라 출자를 이행하여야 한다.

⑤ 발기인총회, 창립총회 개최 및 경과 조사

주식회사 설립 절차상 내부의 최종 절차가 바로 발기인총회 또는 창립총회 개최와 설립경과의 조사이다. 이들 조차는 발기설립이냐 모집설립이냐에 따라서 서로 차이가 난다.

발기설립의 경우에는 ① 발기인 총회 개최 및 이사와 감사 선언 ② 회사 설립경과의 조사, 설립경과의 조사를 위한 절차로서 법원에 검사인 선임 신청 ③ 검사인의 설립경과의 조사 등을 이행하여야 한다.

또한 모집설립의 경우에는 출자의 이행이 이루어지면 전주주가 참가하는 창립총회를 개최함으로써 회사 실제 형성절차를 이행할 수 있게 된다. 창립총회는 주식 인수인들로 설립중인 회사의 최고의사결정기관이 된다. 창립총회는 성립 후 회사의 주주총회에 해당하므로 주주총회에 관한 규정이 준용된다.

⑥ 설립등기

정관 작성과 공증, 출자 이행 및 발기인총회 또는 창립총회가 개최되고, 이사와 감사의 선임, 그리고 설립경과 조사·보고가 완료되면 주식회사로서의 실체가 형성되지만, 엄격하게는 회사 설립등기를 하여야만 완전한 회사설립 절차가 완료된다.

설립등기는 발기설립인 경우에는 검사인의 설립경과 조사 및 법원의 변경 처분에 따른 절차 완료일로부터 2주간 내에 이사의 공동 신청에 의하여 본점 소재지 관할등기소에 등기를 하여야 한다.

⑦ 법인 설립신고와 사업자등록 신청

법인 설립신고는 설립등기를 한 날로부터 30일 이내에 본점 소재지 관할세무서에서 하여야 한다. 법인 설립 신고서에는 소정의 법인 설립신고서와 함께 소정의 첨부서류를 구비하여 제출하여야 한다.

도표 3-6 법인기업의 사업자등록 신청서류

- 사업자등록 신청서 1부 (소정양식)
- 법인등기부 등본 1부
- 정관 1부
- 개시대차대조표 1부
- 사업허가증 (해당법인에 한함)
- 주주 또는 출자자명세서
- 사업장 임대차계약서 (원본에 수입인지 첨부)

읽을거리

창업자의 연령과 창업유형

- 20대의 창업유형은 “모험 창업”
  • 판단기준 자기의 전공 직업과 관계없이 어떤 분야를 선택하여 창업을 하더라도 성패의 결과는 크게 달라지지 않고 재기의 가능성이 높음.
- 30대의 창업유형은 “선택창업”
  • 판단기준 적성에 맞는 분야 자기의 적성과 업무와의 상관관계를 어느 정도 판단 후 창업.
- 36세에서 40대의 창업유형은 “기반 창업”
  • 판단기준 사회생활 및 일정분야에서 자기가 닦아놓은 기반을 최대한 활용.
- 41세에서 50대의 창업유형은 “전문 창업”
  • 판단기준 학력을 불문하고 자기업무 분야에서는 최고의 실무 전문가인 점을 십분 활용하여 자기 전문분야를 최대한 살려 창업.
- 51세 이상의 창업유형은 “안전 창업”
  • 판단기준 사회경륜과 전문지식은 풍부하나 많은 지식이 오히려 행동 보다 생각을 깊게하게 하여 원인모험성이 전혀 없는 안전한 사업 분야선택.

창업실패의 10가지 유형

1. 시장의 반응이 신통치 않은 경우 자기위주의 시장판단에 기인.
2. 입지선정의 실패 : 점포의 위치나 모양 등 부적절.
3. 체인본부의 부실 : 가맹비, 인테리어비, 초기 물품비 이후에는 아무 것도 없다.
4. 유행따라 창업 : 노래방, 조개구이점 등.
5. 과도한 투자 빚으로 창업 : 임대료나 인건비 과다.
6. 안에서 새는 바가지 바깥에서도 가화만사성.
7. 마른하늘에 날벼락 사업에는 운도 따라야 한다.
8. 사업에 대한 지식 부족 사전준비 불충분.
9. 적성과 안 맞는 경우 사업에 흥미 상실.
10. 인사가 만사 마음에 맞는 종업원이 중요.

[http://kr.blog.yahoo.com/]

제2부

창업 전략

제4장

창업과 기업설립

일 사, 많을 여, 원할 원, 같을 동의 사여원동(事輿願同)이다. 일은 소망하는 데로 이루어진다는 뜻이다. 사이프러스의 왕자로 태어난 피그말리온(Pygmalion)은 조각가로 유명했다. 여자는 결점이 많기 때문에 독신으로 지내야 한다고 믿었던 그는 마침내 세상에서 찾아볼 수 없는 이상적인 여인상을 상아로 조각했다. 그리고 시간이 흐를수록 그 여인상에 심취하여 온갖 정성과 사랑을 쏟으며 실제 연인으로 환생할 수 있기를 간절히 열망했다. 드디어 사랑의 여신 아프로디테는 그의 간절한 소망을 알고, 피그말리온이 비너스의 축제날 그 여인에게 키스하는 순간, 실제 인물로 환생시키게 된다. 그리스 신화다. 경제학적 용어로 갈망하면 그대로 이루어지는 현상이 나타난다는 피그말리온 효과다.

양자역학(量子力學) 쪽의 견해는 보는 행위는 반드시 보고자 하는 대상의 변화를 수반한다는 것이다. 인지심리학에서는 이를 기대이론(Expectancy theory)이라 부른다. 마음이 뭔가 일어나기를 기대한다면 그 일이 일어난다는 것이다. 그래서 경영학에서는 달성 가능한 긍정적 비젼의 설정(MBO: management by objectives)이 성공의 열쇠가 된다는 것이다.

한 선비가 마을을 지나다 어느 여인이 정한수를 떠놓고 치성 드리는 것을 보았다. '이보시오 목이 말라 그러니 그 물을 마시게 해 주면 안 되겠소?' 여인이 말했다. '이것은 물이 아닙니다.' '물이 아니면 뭐요?' '죽이옵니다.' '아니, 죽을 떠놓고 지금 무엇을 하는 거요?' 그러자 여인이 하는 말'옛말에 죽은 사람 소원도 들어준다고 하지 않았습니까. '하물며 산사람의 갈구야......달성코자하는 의지가 중요하다. 일념통천(一念通天)이다.

중용(中庸) 제26장에 일작지다(一勺之多)라 했다. 한잔 술잔 작(勺)에 많을 다(多)로 표현되는 이 사자성어는 '지성이면 지극한데 미쳐 한 잔의 술이 바다와 같아진다.'는 것이다.

1 제조기업의 창업

제조업은 제화를 제조, 제작, 수리, 가공하는 업종으로서, 일반적으로 제조업의 창업은 다른 업종에 비하여 등록 절차가 어려운 것으로 인식되고 있다. 제조업의 창업이 어렵게 인식되는 것은 제화를 생산하는 분야이기 때문에 핵심기술, 즉 전문지식과 경험을 갖춘 인력이 필요하며, 제품생산을 위한 기계설비와 이를 설치할 공장을 확보하는 데 드는 초기자금투자가 다른 산업에 비해 많기 때문이다.

1) 제조업 설립 절차

공장을 새로 설립하여 창업하려는 경우 그 절차가 복잡하고 공장을 건축하는 데도 상당한 기간이 소요되므로 이를 성공적으로 창업하려면 업종선정, 입지선정, 시장분석, 자금조달계획 등 창업 준비사항에 대하여 충분한 기간을 가지고 검토하여야 한다. 제조업의 창업에서 창업자가 특별히 유의해야 할 과제가 공장설립과정이다.

특히 공장을 새로 신축하려는 창업자는 공장입지에 관련된 규제사항 및 인·허가사항을 사전에 파악하여 공장설립기본계획을 수립하고 계획에 따라 공장설립을 추진하여야 한다. 제조업의 업종 중에는 허가, 신고, 등록 등의 인·허가가 필요한 업종과 인·허가 없이도 제조활동을 할 수 있는 업종이 있으므로 창업자는 창업 준비단계에서 자신이 창업하려는 업종이 인·허가절차가 필요한 업종인지 여부를 확인하여야 한다. 개별법의 저촉을 확인해야한다.

제조업 창업의 일반적인 기본절차는 크게 나누어 ① 창업예비 절차, ② 회사설립 및 신고 절차, ③ 공장설립 및 자금조달 절차, ④ 개업 준비 절차의 4단계로 나누어볼 수 있다. <도표 4-1>은 제조업의 창업에 관한 기본적인 절차를 나타낸 도표이다.

도표 4-1 제조업 창업 기본절차도

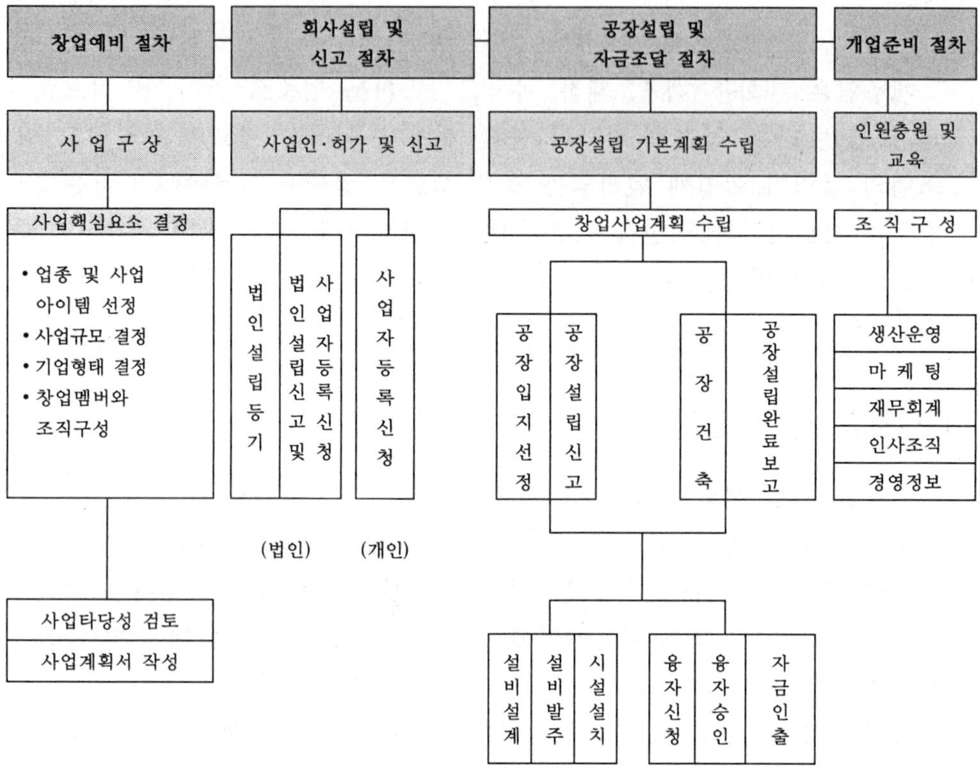

2) 제조업 창업의 고려사항

(1) 예비절차의 핵심요소

창업예비 절차에서 결정되어야 하거나 검토되어야 할 핵심요소는 크게 나누어 ① 사업핵심 요소의 결정, ② 사업타당성 분석, ③ 사업계획서 작성 등이 있다.

사업핵심 요소란 사업을 시작함에 있어서 미리 결정하여야 할 사업의 중요 요소를 말한다. 이들 요소에는 업종 및 사업아이템 선정, 사업규모 결정, 기업형태 결정, 창업핵심 멤버와 경영조직의 구성, 기타 요소의 결정 문제 등이 있다.

사업타당성 분석은 사업 성공가능성을 분석하기 위한 절차로서 주로 창업자의 경영능력, 제품의 기술성, 시장성 및 판매전망, 수익성 등이 분석된다. 타당성 분석을 기초로 한 사업계획서 작성은 사업성공 가능성이 인정된 후 성공 가능한 사업내용을 좀더 체계화하는 데 목적이 있다.

(2) 설립절차의 핵심요소

회사설립은 창업이 구체화되기 위한 첫 번째 단계의 과정이라고 할 수 있다. 창업예비 절차가 사업계획 단계라고 하다면 회사설립 단계는 법률적으로 정당하게 회사가 설립되는 과정이라고 볼 수 있다. 따라서 회사설립 절차에서 수행하여야 할 핵심요소에는 창업예정 업종에 대한 정부의 각종 인·허가 또는 신고의 이행, 사업을 수행하기 위해 세법에서 규정하고 있는 사업자등록 신청, 그리고 법인설립의 경우 법인설립 등기와 법인설립신고 등의 절차를 이행하여야만 하는 것이다.

(3) 공장설립 및 자금조달의 핵심요소

공장 설립 시에는 공장건축 공사 이외에 공장건축 공사를 전후해서 소관 관청에 공장설립신고, 그리고 공장설립 완공보고 등 각종검사도 함께 받아야 한다. 또한 공장설립 단계에서는 공장건축과 병행하거나 공장준공예정일에 맞춰 생산설비의 설계, 시설발주 등이 필요하게 되며, 생산설비설치 등에 따른 추가자금조달계획을 수립하여야한다.

(4) 창업 준비의 핵심요소

개업 준비 절차에서는 본격적인 영업에 돌입하기 위해 필요한 관리, 영업, 생산직 직원을 충원하고 훈련하는 일에서부터 체계적인 조직의 구성으로 이어진다. 회사 실정에 맞는 조직이 구성되면 각 분야별(생산, 마케팅, 인사조직, 재무회계, 경영정보)로 업무추진 상세도를 마련하여야한다.

3) 제조업 창업의 5단계

(1) 업종선정 및 사업계획 수립

창업을 하려면 먼저 업종 및 사업 아이템을 선정한 후, 이에 대한 사업타당성 조사를 실시하고 사업규모, 기업형태, 창업멤버와 조직구성 등을 포함한 사업계획을 수립하여야 한다.

업 종 선 정	➡	사업계획 수립
• 업종 및 사업 아이템의 발굴 –적성을 고려한 아이템 결정 • 사업타당성 조사 –객관적 입장에서 검토		• 사업규모 결정 • 기업형태 결정 • 창업 구성원과 조직구성 • 핵심사업의 전략 수립

공장설립이 필요한 때에는 먼저 사업계획 수립단계부터 다음 사항을 검토하여 자신이 설립하고자 하는 공장의 업종·규모 등에 대한 이해를 충분히 한 후에 관계 법령에 맞추어 설립절차를 이행하여야 시행착오를 줄일 수 있다. <도표 4–2>는 공장설립에 필요한 사전검토 사항을 나타내고 있다.

도표 4-2 공장설립을 위한 체크 포인터

① 공장설립이 산업분류상 제조업에 해당되는지 (업종명·분류번호) 여부
② 공장의 규모 : 공장건축면적 및 공장용지면적
③ 제조시설 중 환경관련법에 의한 환경배출시설의 설치 여부
④ 중소기업 창업자에 해당되는지 여부
⑤ 기술도입신고 대상인지 여부
⑥ 세제·금융지원의 대상 여부
⑦ 외국인투자의 여부
⑧ 첨단산업에 적용되는지 여부
⑨ 개별법 상의 인·허가 대상 여부

(2) 회사설립 및 사업자등록

업종선택 및 사업계획이 수립된 후에는 예비창업자가 직접 사업계획을 실행에 옮기는 단계다. 즉 해당업종을 담당하는 관청에서 사업의 인·허가를 받아야 하고 해당관청에 사업자등록 또는 법인설립등기를 하는 단계다.

개인기업의 경우에는 사업장을 관할하는 세무서에 사업자등록을 위한 신청서를 제출한 후 사업자등록증을 받음으로서 설립할 수 있으나 법인의 경우에는 관할지방법원이나 등기소에 설립등기를 한 후에 관할세무서에 법인설립신고를 하여야 한다. <도표 4–3>은 설립절차의 흐름도를 나타내고 있다.

도표 4-3 설립절차 흐름도

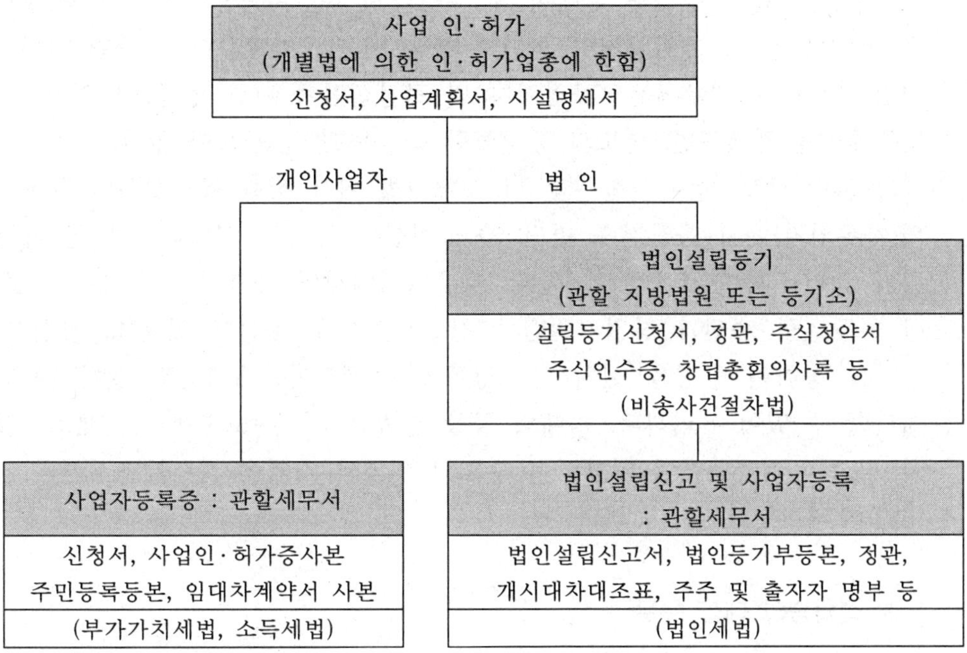

(3) 입지선정 및 공장설립 승인

① 입지 선정

공장을 설립할 수 있는 지역은 국가공단, 지방공단, 농공단지와 같이 공장을 건설하기 위해 국가 등에서 조성해 놓은 곳(계획입지)이나 「국토이용관리법」 및 「도시계획법」상으로 세분된 개별적인 용도지역(지구)중 공장설립이 허용되는 지역(자유입지)이다.

계획입지는 「산업입지 및 개발에 관한 법률」에서 정한 목적(국가공단은 국가기간산업 육성분야, 지방공단은 지역개발분야, 농공단지는 농어촌지역개발분야 등)에 부합할 경우 신청하여 입주할 수 있으며, 자유입지는 「국토이용관리법」 및 「도시계획법」등이 허용하는 지역에서 공장설립이 가능하다.

자유입지일 경우 공장설립이 허용되는 지역인지의 여부를 알기 위해서는 해당 군청의 「국토이용계획확인원」, 「지적공부」 또는 해당 시청의 「도시계획확인원」의 열람을 신청하여 확인할 수 있다.

② 설립 승인

공장을 설립할 장소를 선정한 후, 관할 시장·군수·구청장에게 공장 설립 승인을 얻어야 한다. 계획입지인 공단지역(국가공단, 지방공단, 농공단지)에 공장을 설립코자 하는 경우에는 「공업배치 및 공장설립에 관한 법률」에 의거 공업단지 입주계약을 체결하면, 별도의 공장설립 승인을 받을 필요가 없다.

그러나 「국토이용관리법」 및 「도시계획법」에서 정한 공장설치가 허용되는 지역(자유입지)에서 공장건축 면적 500㎡이상의 공장을 설립하고자 할 때는 공장설립 승인을 반드시 받아야 한다. 자유입지에서의 공장설립 승인은 공업배치법상 공장설립 승인과 창업지원법상 창업사업계획 승인이 있는데, 창업사업계획 승인을 통하여 공장을 설치하는 경우에는 국토이용계획변경 절차까지도 의제처리할 수 있어 유리하다. 이때의 공장 건축면적은 수도권에서는 제조시설·사무실·창고의 건축면적이 합산되며 수도권 이외의 지역에서는 제조시설의 건축 면적만을 의미한다.

③ 설립승인 대상 유무

계획입지(공단지역)에서는 공장설립 승인이 필요 없고, 공장용지를 분양받은 기업이 관리기관과 입주계약을 체결하면 시장·군수·구청장에게는 별도의 공장설립승인을 받을 필요는 없다. 그러나 자유입지(국토이용관리법, 도시계획법상 공장설치 허용지역)에서는 공장 설립승인 필요하다. <도표 4-4> 공장설립을 위한 준비절차를 나타내고 있다.

㉮ 공장설립 승인절차(공업배치 및 공장설립에 관한 법률)

제조업을 영위하고자 하는 자가 임의적으로 공장입지를 선정하여 적법절차에 따라 공장을 설립하는 절차는 {공장 설립승인 → 건축허가 → 사용승인 → 공장설립완료신고(공장등록)}

㉯ 창업사업계획 승인절차(중소기업 창업지원법)

사업개시일로부터 7년 이내인 창업 중소기업이 공장을 설립할 때 적용되는 절차는 {창업사업계획승인 → 건축허가 → 사용승인 → 공장설립완료신고(공장등록)}

④ 설립 준비절차

다음은 공장설립을 위한 준비절차에 관한 도표이다.

도표 4-4 공장설립을 위한 준비절차

절 차	내 용	준비서류
1. 부지선정	• 업종의 특성상 유리한 지역선정 • 전기 등 기반시설사용이 용이한 지역 • 민원발생이 적은 지역, 공장밀집 지역	
2. 입지검토	• 창업지원법상 창업해당 유무 파악 • 공장입지 파악(국토이용관리법, 농지법 산림법 등 법률 검토) • 업종파악, 환경보전법 파악(공해문제)	• 토지이용계획확인원 • 지적도 • 토지대장 • 토지등기부등본 • 기계시설 내역
3. 부지계약	• 계약금 일부지급으로 토지계약 • 부동산 사용승낙서, 인감증명서 첨부	–
4. 사업계획서 작 성	• 창업사업계획서 또는 공장설립 사업계획서 작성 • 인·허가사항 검토 • 건물배치도, 구적도 작성 • 지형도(약도) 준비	토지이용계획확인원, 지적도, 토지대장, 공시지가확인원, 토지등기부등본, 부지사용승낙서, 인감증명서, 법인등기부등본 또는 정관(법인경우)
5. 사업계획서 승인신청	• 시지역 중소기업과, 군지역 지역경제과 1차 검토 • 민원실 접수, 처리기간 30일 소요	–
6. 사업계획 승 인	• 인·허가 관련법률에 의한 법률검토 후 승인(시·군 협의부서)	–
7. 대체농지, 입지조성비 및 각종 부담금 납부	• 승인후 각종 부담금 전용부담금 및 대체농지 조성비, 대체조림 조성비, 각종 국유지 점용료 등 납부 • 창업사업계획승인업체 전용부담금 일부 감면	–
8. 공장건축	• 시공 및 공장건축 완료보고	–

(4) 공장건축 및 공장설립

토지를 매입한 후 공장부지 조성을 위하여 각 개별법에서 정하고 있는 토지 형질변경 행위를 위한 개발행위 신고(산림을 훼손하는 작업을 하고자 하는 경우에 작업 착수계를 제출하는 등) 등의 절차가 있는 경우 이를 이행하여야 한다.

또한 부지조성을 완료한 후, 각 개별법에서 정한 준공검사 등 개발행위 완료에 따른 행정절차를 이행하여야 한다.

부지조성이 완료되면 공장을 건축하기 위하여 건축허가를 받아야 하는 데, 이 때 건축공사를 위한 도로 점용, 건축물 안의 수도·전기·소방시설과 환경배출시설 설치 허가 등을 동시에 신청하여 건축 허가 시 한꺼번에 모든 인·허가를 받을 수 있다.

또한 건축허가를 받은 후 착공신고 및 최종 건축완료 시 사용승인을 신청하여야 하며, 사용승인 신청 시 각종 시설(수도, 전기, 정화조 등)에 대한 준공검사를 동시에 신청하여 한꺼번에 검사를 받을 수 있다.

공장 건축물이 완료되면 기계, 장치 등을 설치한 후 공장설립완료신고를 하면 관할 시·군·구에서 현지 확인을 거쳐 10일 이내에 발급하는 공장등록증을 교부한다. 또한 환경배출 시설이 설치된 경우에는 가동 개시신고를 한 후 공장을 가동하여야 한다. 공장등록증을 교부받으면 이제 창업의 절차는 끝나고 본격적인 사업에 착수 할 수 있다. <도표 4-5>는 소기업에 대한 공장등록 특례에 관한 내용을 나타내고 있다.

도표 4-5 소기업에 대한 공장등록 특례

① 소기업의 개념

㉮ 업종 : 중소기업기본법의 규정에 의한 중소기업 중에서 제조업과 대통령령이 정하는 제조업관련 서비스업

㉯ 면적 : 공장의 건축면적 또는 이에 준하는 사업장 면적 500㎡미만으로 건축면적은 수도권은 제조시설+사무실+창고이나 수도권외는 제조시설만 산정 한다.

㉰ 부가가치세법에 따라 사업자등록증을 교부 받은 기업

㉱ 상시종업원 수 : 50인 이하(제조업관련 서비스업은 30인 이하)

② 제조업관련 서비스업

운송업, 보관 및 창고업, 산업용기계장비 임대업, 정보처리 기타 컴퓨터운용 관련업, 엔지니어링 서비스업, 기술시험·검사 및 분석업, 산업설비 청소업, 패션디자인업, 폐기물 수집·처리업, 폐수처리업, 영화제작업, 방송프로그램 제작업 등

③ 공장등록에 대한 특례 : 소기업의 사업자등록증은 공업배치법상의 공장등록증으로 본다.

(5) 사업시작 및 기타 절차

사업시작을 위한 기타행정절차가 필요에 따라 수반된다. 부동산등기법에 따른 부동산등기(지방법원등기소), 근로기준법에 따른 취업규칙 신고(노동부지방사무소), 산업안전보건법에 따른 사업장설치계획신고(노동부지방사무소), 산업재해보상법에 따른 산업재해보험관계(노동부지방사무소), 의료보험법에 따른 의료보험조합관련신고(시·도), 고용보험법에 따른 고용보험관계신고(노동부지방사무소)를 필해야한다.

2 도·소매업 기업의 창업

1) 도·소매업의 범주

생산물이 소비자에게 이르는 유통경로는 대체로 제조업자 → 도매업자 → 소매업자 → 최종수요자로 이루어진다. '유통업'이라고 말할 때는 도·소매업자가 담당하는 범위 즉, 생산물을 매매하고 그 소유권을 이전시키는 활동인 상적 거래와 생산물이 최종 수요자에게 이전하기까지 수송이나 보관의 과정인 물적 유통이 모두 포함되는 개념이다. 일반적으로 유통경로라고 말할 때는 상적 유통경로를 뜻한다.

(1) 유통업의 개념

유통업으로도 불리는 도·소매업은 1차산업의 생산물, 즉 농·림·수산물과 2차산업의 광·공업제품을 수요자에게 직접 공급판매하기까지의 과정을 맡아서 하는 산업이다. 도·소매업을 창업하려는 자는 경제활동 중에서 유통업이 갖는 경제적 의미와 개념을 먼저 이해할 필요가 있다.

'유통'이라는 말은 생산물이 최종소비자에게 이전되는 과정, 즉 생산물의 경제적, 사회적 이전을 말한다. 여기서 단순한 이전이 아니라 경제적, 사회적 이전이라는 말로 표현되는 것은 생산물의 생산자와 소비자, 생산지와 소비지가 서로 달라야 하는 사회성과 이전과정을 통하여 생산물의 효용이 높아져서 부가가치가 증대되는 경제성이 있어야 한다는 뜻이다. 따라서 생산이란 물리적, 공간적, 시간적 변화를 통한 효용의 증대를 의미한다.

(2) 도매업의 개념

도매업은 최종 수요자에게 판매하지 않고 소매업에 생산물을 도매하는 사업자로서 전통적인 형태의 도매상과 무역업자 등이 이에 속한다. 그리고 제조업체의 지점이나 영업소도 도매상이나 소매점을 상대로 영업하기 때문에 엄격한 의미에서는 도매업이라 할 수 있다.

(3) 소매업의 개념

소매업은 생산자 또는 도매업자로부터 매입한 물품을 최종 수요자에게 판매하는 모든 활동을 말하며, 생산제조업자나 도매업자가 최종소비자에게 직접 상품과 이에 부수되는 서비스를 판매하는 행위도 소매행위에 속한다. 따라서 소매상 또는 소매업자는 최종소비자에게 상품과 이에 수반된 서비스를 직접 판매하는 것으로 규정할 수 있다.

2) 도·소매업의 창업절차

(1) 기본적 창업절차

도·소매업은 제조업과 달리 공장설립이나 기계장치 등이 필요 없고 특히 소규모자영업이 대부분으로서 법인형태보다 개인기업으로 경영하기 때문에 창업절차가 비교적 간단하다. 그러나 여기서 간단하다는 것은 제조업에 비해서 그러하다는 의미이며 경영의 초보인 창업자에게는 쉬운 것만은 아니다. 도·소매업이라 하더라도 나름대로 사전준비가 철저하지 않으면 불필요한 시행착오를 겪게 된다.

그러므로 도·소매업도 창업을 준비함에 있어 점포의 입지선정, 취급할 품목선정, 자금조달능력 등이 종합적으로 검토되어야 할 뿐만 아니라 이와 함께 상권분석 및 영업방법 등에 대한 충분하고 세밀한 연구가 반드시 필요하다. 일반적 시장분석은 물론 품목별로 판매대상, 판매장소, 판매시기, 판매방법 등을 복합적으로 검토하여야 한다.

도·소매업도 제조업과 마찬가지로 창업자가 사업자등록이나 법인신고만 하면 영업활동이 가능한 업종과 일정한 시설과 요건을 갖춘 자만이 사업 활동을 할 수 있는 인·허가업종으로 구분할 수 있다.

도·소매업의 창업절차를 순서별로 보면 사업아이템 선정단계인 창업예비 절차와 점포입지 선정 절차 및 개업 준비 절차의 3단계로 나눌 수 있으며, 각 단계별 세부내용을 알기 쉽게 도표로 나타내면 <도표 4-6>과 같다.

(2) 업종선정과 사업규모 결정

어떤 품목을 취급할 것인가 하는 문제 즉 업종선정이 창업자에게 가장 중요한 과제인 것은 도·소매업 뿐 아니라 모든 산업에 공통된 것이다. 창업의 성패가 바로 여기에 달려 있다고 할 수 있는 업종선정은 다양한 정보와 자료를 분석하여 실제 상황확인 즉 시장조사 과정을 거쳐 결정되어야 한다. 가능하다면 해외시장 정보까지 살펴볼 필요가 있다.

도표 4-6 도·소매업의 창업절차

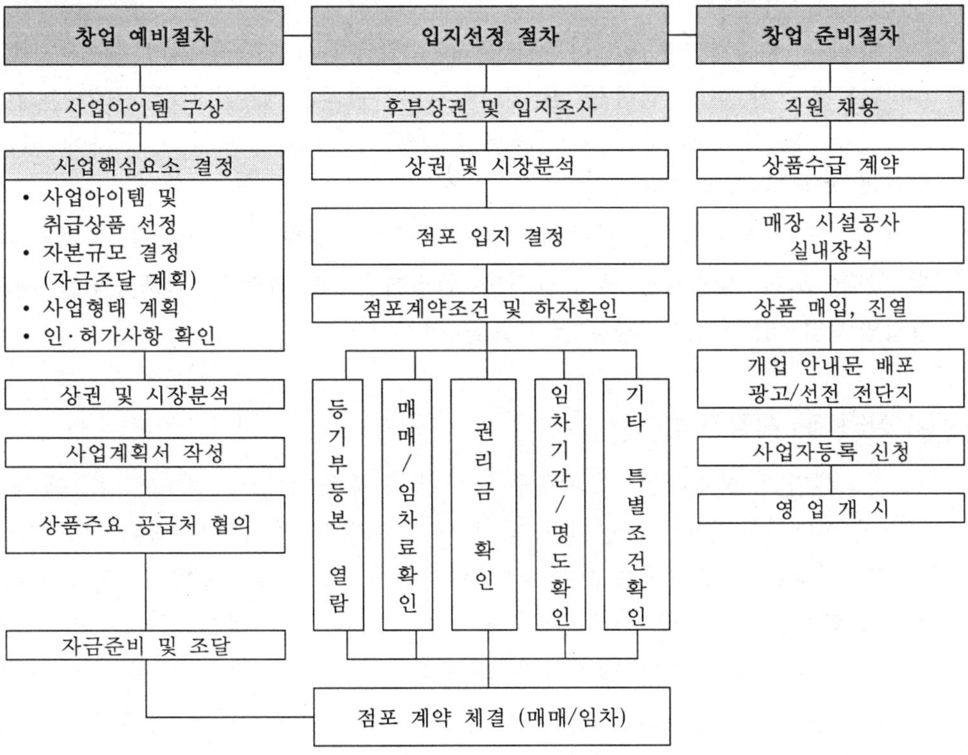

자료 : 김규태 외 공저, 창업경영과 실무, 2001, 형설출판사, p.41.

① 사업유형

창업자는 사업 아이템을 최종적으로 선정함과 동시에 사업의 유형 즉 도·소매업의 유형을 결정하여야 한다. 자금동원 능력도 함께 고려해야 한다.

② 사업규모

사업규모는 사업업종 및 사업유형에 따라 결정하되 그 내용이 자기자금 조달 능력의 범위 내에서 소요자금의 용도 및 필요시기 등을 고려하여야 한다. 창업 초기의 소요자금은 주로 점포구입 및 임대료, 점포권리금, 필요시설비, 내·외부 장식 및 레이아웃, 상품구입 또는 대리점 보증금 등에 차질 없이 지출되어야 하고 사원임금, 점포유지비, 물류비, 각종 공과세금, 조달자금이자 등 운영자금의 유동성을 확보하고 있어야 한다.

(3) 인·허가사항 및 용도 결정

창업자는 창업업종이 인·허가가 필요한 업종인지 여부를 확인하여야 한다. 인·허가를 받아야 하는 업종은 인·허가 처리기관 및 처리절차, 소요기간 및 경비, 시설기준 및 자격요건과 구비서류를 정확히 파악하여 소정의 절차에 따라 인·허가를 취득하여야 한다.

인·허가가 필요 없는 업종의 경우는 사업자등록을 함으로서 영업활동을 할 수 있다. 또한 창업자는 점포입지를 선정하는 데 있어서 점포용도를 확인하여 창업업종의 영업활동이 가능한 점포를 선정하여야 한다.

(4) 상권 및 시장분석

도·소매업의 창업자는 자신에게 적합한 업종을 선정할 때 그 업종에 맞는 상권을 선정하여야 한다. 상권이란 상점 또는 집단에 관계된 고객이 분포하고 있는 지리적 범위로서 구체적으로는 당해 상점가가 고객 흡인력이 있고, 취급하는 상품에 대해 상시로 당해 상점에서 구입하는 고객이 분포하고 있는 지역을 말한다.

창업자는 신설 점포의 입지선정 과정에서 기존 상권을 선택할 것인가 아니면 스스로 독자적인 상권을 개발할 것인가에 따라 경영전략이 근본적으로 달라진다. 독자적 상권을 개척하기로 결심하게 되면 점포 신설지역에서 창업 품목이나 업종에 대해 새로운 경영환경을 창조하고 고객층을 새로 형성시키기 위한 공격적 마케팅전략을 수립하여 확장 위주의 경영계획을 추진하여야 한다.

기존상권에 진입하는 경우는 이미 형성되어 있는 상권이 분위기에 적절히 대응하고 고객의 기호나 선호도에 적응키 위한 마케팅을 통해 기존고객을 신설점포로 수렴해 들이는 전략이 중심이 되므로 신설 점포의 차별성을 부각시키기 위한 마케팅전략이 달라져야 한다.

(5) 사업계획서 작성

창업자의 창업계획을 체계적으로 정리한 것으로서 소규모의 도·소매업이라도 창업자 및 업종의 특성에 맞는 창업사업계획서를 작성하여 실행해 나가야 한다.

사업타당성 분석을 바탕으로 작성하는 사업계획서는 사업전략과 사업 수익목표를 구체적으로 제시하는 창업자 자신의 사업에 대한 청사진으로서 창업과정을 계획성 있고 차질 없이 추진할 수 있게 하며, 창업기간을 단축시키고 경비를 줄여주며, 창업성공률을 높여줄 수 있는 가장 중요한 방안이다.

아울러 사업계획서는 창업에 도움을 줄, 사업과 관련 있는 이해관계자들의 의사결정자료로 활동되기 때문에 정확하고 객관적이며, 창업할 업종에 대한 전문적인 지식과 향후 사업추진 내용에 있어서 기존의 점포들과 차별화된 독창성이 있어야 한다.

(6) 점포입지 선정

도·소매업의 기본 특징은 소비자와의 직접적인 접촉, 즉 소비자가 점포에 직접 찾아오지 않으면 상품을 팔 수 없으므로 입지선정이 사업성공의 핵심 요인이 된다. 점포 입지는 상권 내에 소비 대상인구가 많고 장래에도 인구가 증가할 것이 예상되며 소득수준 및 소비성향이 높고 구매력이 왕성한 연령층의 거주자, 즉 계획사업에 적합한 소비자가 다수 존재하는 곳을 선택하여야 한다.

또한 도로, 교통노선 등 교통체계를 비롯하여 다수의 소비자를 유인할 수 있는 시설이 주변에 존재하고 기존 상권이 형성되어 있는 곳이 경험이 적은 창업자에게는 유리하며 도매업인 경우 유사업종 상권이 형성된 곳을 선정하는 것이 유리하다. 그러나 최근에 번창하고 있는 인터넷 판매나 통신판매 같은 경우는 사무실만 확보하고 별도 점포를 갖추지 않는 것이 일반적이다.

입지 : 샘소나이트사의 창립자 쉬웨이더도 유대인이다. 그는 1900년대 초에 아버지를 따라 동유럽에서 미국으로 이주해왔다. 처음에 아버지는 뉴욕에서 잡화상을 차렸으나 잘 되지 않았다. 그래서 시카고로 옮겨가 다른 장사를 시작했으나 이것도 실패했다. 빚 때문에 더 이상 꼼짝 못하게 되자 각지로 전전하며 밤도망을 다니게 되었고, 마지막으로 눌러앉게 된 곳이 콜로라도주의 덴버였다.

거기서 채소 가게를 냈으나, 또한 별 재미를 보지 못했다. 다시 도망치지 않으면 안 될 운명에 처했다. 그리고 도망을 치려해도 이제는 더 걸음을 내딛을 곳도 없게 된 처량한 아버지를 아들 쉬웨이더가 설득했다.

"아버지, 저에게 가게를 맡겨주십시오."

당시 덴버는 요양지로 유명했으므로 연중 찾아오는 요양객의 인파가 그치지 않았다. 채소 가게 앞에 서서보고 있노라면 잇따라 정류장 쪽에서 새로 내린 소님들이 새 트렁크를 들고 요양소를 향해 걸어갔다. 자세히 눈여겨보니, 돌아갈 때 손님의 트렁크는 거의가 터지거나 찢어져서 끈이나 벨트 같은 것으로 묶어 간신히 트렁크의 모양만 내고 있는 형편이었다. 그는 여기에 착안하여 아버지의 채소 가게를 가죽가방가게로 간판을 바꿔 달았다. 가게가 정류장 근처에 있었던 것이 여간 다행한 일이 아니어서 트렁크는 날개 돋친 듯이 팔렸다.

처음에는 납품마저 주저하던 뉴욕의 트렁크 제조업체들은 이윽고 쉬웨이더 상사에 다투어 신제품을 보내오기 시작했다. 어쨌든, 불과 2년 뒤에는 트렁크류의 매상고를 전 미국에서 제일 많이 올린 가죽상사가 될 만큼 성장했다. 쉬웨어더 상회는 벽촌에 있지만 뉴욕 최신의, 더구나 톱 디자인의 트렁크를 살 수 있다는 소문이 퍼져 점점 더 유명해졌다. 그러는 동안 일류 제조업체에서는 부디 쉬웨이더 씨를 만나 그간의 감사를 해겠다는 생각으로 그를 뉴욕으로 초대하게 되었다. 쉬웨이더 씨가 도착하는 날, 뉴욕의 펜실베이니아 철도 중앙역에는 각 회사의 대표와 사장들이 몰려나와 서서 마치 무슨 굉장한 총회라도 벌이는 듯이 북적거렸다, 그런데 열차에서 막상 홈에 내려선 쉬웨이더 씨를 보자 일동은 그만 놀라 입이 딱 벌어지고 말았다. 그것은 쉬웨이더 상회의 대표가 약관 열여섯 살의 소년이었기 때문이다.

그 뒤 그는 트렁크 종류를 자가 제조도 시작했다. 떨어뜨려도 끄덕 없고 메어쳐도 파손되지 않는 질기고 튼튼한 트렁크를 만들려고 결심하고 노력했다. 그리고 그가 만든 튼튼한 트렁크에 '샘소나이트'라는 이름을 붙였다. 왜냐하면 그가 어렸을 때 그의 작은 가슴을 언제나 감동으로 채워 주던 성서 이야기 속에는 괴력을 발휘하던 영웅 삼손의 이야기가 살아 있었기 때문이었다. 그 삼손의 이름에 연유하여 그는 자신의 사업에도 어린 날의 꿈을 기념하고 싶었던 것이다.

채소 가게 앞에 서서 바라보던 사람의 물결, 거기서 얻어진 작은 생각이 세계의 가방 샘소나이트를 탄생시킨 계기가 되었던 것이다. 유대인의 상법이라는 것이 만일 있다면 그것은 현실 직시와 파악, 그리고 현실에 대한 적절하고 합리적인 판단, 다음은 본인의 노력 여하에 달려 있는 것이다.

인간이란 본래 편한 것을 좋아한다는 사실을 항상 명심해야 한다. 힘들여 산을 오르고자 하는 사람은 소수에 불과하다. 대부분의 사람은 산을 비켜가는 법이다. 따라서 산의 정상에 비즈니스를 세우면 안 된다. 도로 옆에 비즈니스를 세워야 한다.

① 점포입지 결정단계에서 확인 사항

위에서 설명한 제반 고려사항을 검토한 결과 새 점포 후보지를 확정하게 되면 계약에 앞서 점포의 상태와 소유주의 의도를 파악하는 것이 중요하다. 점포를 완전히 사서 입주하는 경우는 창업자의 의사에 따라 입주 후의 개선이나, 준비절차를 자유롭게 추진할 수 있으나, 전세 또는 월세로 임차하여 입주하는 경우는 점포소유자가 권리금 상쇄를 위한 일시적 임대인지 아니면 인근에 대형점포를 신축하기 위한 확장이전인지를 확인할 필요가 있다.

또한 점포의 상태 즉 전력, 용수, 배수시설, 침수, 환기, 쓰레기 처리방법 등과 자체 및 고객주차장 확보, 광고간판 설치 공간 등도 확인의 대상이다.

② 점포계약시의 조건 및 하자확인

점포입지에 대한 계약과정에서 창업자는 점포매매 또는 임차를 위한 조건과 하자의 내용을 확인하여야 한다. 해당 대지와 건물에 대한 법적 주인과 계약체결자와의 관계, 근저당, 가등기 및 가압류 여부를 등기부등본을 발급 받아 확인하고, 도시계획에 따른 용도는 도시계획확인원, 토지대장, 건축물대장을 발급 받아 무허가나 가건물인지의 여부와 함께 도시계획상의 철거대상유무를 확인한다.

이와 함께 창업자는 계약조건에 대해서도 확인하여야 한다. 즉 임차보증금의 조건, 월세액, 각종 공과금 및 세금납부 유무 등이 계약서상에 명시되어야 하며, 계약할 때 인수할 물품과 비품목록, 계약기간, 명도일, 계약기간 만료 후 재 연장 조건, 향후 사업성패에 따른 업종 변경할 때의 제약조건 여부, 월세금 지불방법, 연체시의 이자, 해약조건, 하자보수 등도 명시하지 않으면 아니 된다.

계약금, 중도금, 잔금, 중개료의 액수 및 지급일 그리고 권리금, 보증금 등을 일괄 인수할 때에 권리승계 및 인증 유무를 명시하고 매도인, 매수인, 중개인의 이름, 주소, 연락처, 날인상태를 확인하여야 한다. 또한 등기부상의 법률상 주인과 바르게 계약한 것인지 주민등록증을 상호 확인함으로서 본인 여부를 확인하는 것이 바람직하다.

3) 도·소매업의 기본적 창업 고려 사항

도·소매업은 업종의 특성상 인·허가사항이 적으며, 창업절차가 간단하기 때문에 일반적으로 점포를 확보하고 사업자등록을 하면 영업을 할 수 있다. 하지만 개별법에서 시설기준 및 자격요건 등을 규정하고 있기 때문에 창업자는 업종을 선정하고자 할 때 자신이 창업하려는 업종이 관련법에 의해 허가, 등록 또는 신고가 필요한 업종인지 여부를 파악하여 창업 준비를 하여야 한다. 다음은 고려해야할 사항들이다.

① 계획입지와 계획사업과의 적합성
② 후보지의 장래성 및 환경에 대하여 구체적인 조사
③ 사업장 규모의 적합성 및 경쟁성
④ 자금조달 능력의 검토

3 서비스 기업의 창업

1) 서비스업의 범주

지식산업의 발전과 산업구조 고도화로 산업사회가 전문·분업화되고, 국민소득이 향상되면서 서비스산업은 선진국이나 개도국의 구분 없이 한나라의 산업구조에서 가장 큰 비중을 차지하게 되었다. 특히 빠른 속도로 이루어지는 기술혁신과 정보화로 인해 서비스에 대한 소비자의 니즈(needs)가 다양화, 고급화, 전문화됨에 따라 서비스산업 자체의 영역이 확대되고 끊임없이 분화되고 있다.

(1) 서비스업의 개념

이제는 제조업을 하더라도 세계적 정보를 활용하여 제품의 디자인, 가격, 품질을 수요자의 니즈에 부합시켜야 할 뿐 아니라 판매원의 친절, 적기 공급, 양질의 애프터서비스 등 서비스활동이 고려된 통합적 차원의 경영을 하지 않으면 아니 된다.

이처럼 서비스산업의 영역이 확대되고 비중이 높아지는데, 특히 무엇보다도 소비자의 니즈가 복잡 다양화됨에 따라 신규 창업의 기회도 많아져, 창업자의 창업욕구를 북돋우며 또 그만큼 창업성공률도 높아지고 있다. 우리나라도 소득과 주 5일 근무제에 의한 여가시간의 증가에 따라 건강관련서비스업, 외식산업 등이 크게 성장하고 있으며 기업 환경의 변화에 부응하여 금융서비스, 정보서비스, 사업관련서비스 등의 수요가 괄목하게 증가하고 있다.

서비스라는 용어는 최근에 매우 일반화되고 있다. 일반적으로 서비스는 "소비자의 편익이나 만족을 목적으로 인간 또는 설비와의 상호작용을 통하여 제공되는 무형의 행위"라는 말로 정의하고 있다.

경제사회에는 유형, 무형의 각종 가치물들이 유통되고 있는데 이중에서 유형의 가치물을 재화라고 통칭하고 무형의 가치물을 용역 또는 서비스라는 말로 부르고 있다. 재화는 농·임·수산업이나 광공업에서 생산 유통시키는 경제재로 형체가 있는 것이나 서비스는 볼 수도 만질 수도 없고 타인의 이익을 도모하기 위해 제공되는 육체적, 정신적 노력이며, 그 결과 수요자의 요구 즉 욕망이 어느 정도 충족되었는가에 따라 그에 상응하는 대가를 받는 무형의 행위 또는 과정이다.

따라서 서비스는 형태 없는 활동, 즉 소비자에게 만족을 주기 위해 제공되는 행위와 과정으로서 제공 즉시 사라지며, 누릴 수는 있어도 가질 수는 없고 생산 또는 분배과정에 사람이 개입하기 때문에 그 제공되는 내용과 수준이 사람에 따라 모두 다를 수밖에 없는 이질성, 무형성, 불가분성, 동일한 서비스 수준의 비반복적 특성을 가지고 있다.

(2) 서비스업의 분류

서비스산업의 범위는 그 다양성과 복합성 때문에 국가 또는 학자들마다 그 분류기준 및 방법이 약간씩 다르게 정의되고 있다. 또한 경제성장에 따른 생활환경의 변화에 따라 새로운 서비스업이 계속해서 생겨나면서 기존의 분류기준도 변하고 있다. 흔히 서비스업은 기술, 지식, 정보 및 경험을 제공하는 인적 서비스와 기계장비, 부동산 등을 제공하는 물적 서비스로 구분하기도 하고, 수요자가 누구인가에 따라 개인이나 가계의 일상생활을 지원하는 개인서비스, 기업활동을 지원하는 기업서비스, 국가나 공공단체에 의해 이루어지는 공익서비스로도 구분한다. 또한 서비스업은 서비스생산과 소비구조상의 요소를 중심으로 하여 서비스의 효용과 서비스제공자의 특성에 따라 다음과 같이 분류하기도 한다.

① 서비스 효용에 의한 분류

서비스는 고객욕구의 만족을 궁극적인 목표로 하는 것인데, 이 방법은 서비스를 제공받음으로써 고객이 느끼는 효용 즉, 서비스의 가치측면에서 서비스를 분류하는 것으로 "시간창조형 서비스"와 "자아창조형 서비스"로 구분할 수 있다.

시간창조형 서비스란 고객이 서비스를 제공받음으로써 시간을 절약하는 효과를 가져와 시간적 단축이나 여유를 누리려는 욕구를 충족시켜 주는 서비스를 말한다. 자아창조형 서비스란 인간의 물질적인 욕구와 지식, 건강, 문화 등 인간의 자아발전을 위한 정신적·감정적·육체적 욕구를 충족시켜 주는 서비스를 뜻한다.

② 서비스제공 수단에 의한 분류

서비스 제공자 입장에서 서비스를 분류하는 방법은 고객과의 직접적인 상호작용 관계를 유발시키는 대상인 서비스제공 수단에 의해 분류하는 것이다. 이에 따라 서비스를 분류하면 "인간중심형 서비스"와 "설비중심형" 서비스로 구분할 수 있다. 인간중심형 서비스란 체화됨은 물론 숙련된 지식을 이용하거나 단순 육체노동에 의하는 등 주로 사람의 역할을 통해 서비스를 제공하는 것을 말한다.

설비중심형 서비스란 서비스의 제공이 주로 설비의 기능에 의해 이루어지는 것으로서 정보서비스업, 금융업, 통신업, 숙박업, 유통업, 운송업 등이 이에 해당된다. 이상의 서비스분류는 정보기술의 발달, 설비기능의 고도화·소프트화 및 고객수요의 고급화·다양화에 따라 엄격한 구분이 점차 어려워지고 있으며, 모든 요소가 결합된 형태의 서비스수요가 급격하게 증가하고 있는 실정이다. 특히 설비중심형 서비스에 있어서 설비의 소프트한 분야와 인간요소의 중요성이 크게 부각되고 있다.

(3) 서비스업의 특성

생활양식의 변화, 여가시간의 증가, 기대수명의 연장, 생활의 중요성 등에 따라 소비자의 요구수준은 점차 다양화, 고급화, 개성화되어 가고 있다. 그러므로 서비스업종을 창업하고자 하는 자는 창업업종과 관련된 사회적 환경 및 소비자 생활양식의 변화 등 급속하게 변하고 있는 시대흐름을 잘 파악하여야 한다. 또한 창업자는 서비스업이 갖고 있는 특징을 잘 파악하여 그 특성에 맞게 경영노하우를 개발하고 고객을 창출하기 위한 노력을 끊임없이 하여야 한다. 서비스업에서 가장 중요한 것은 서비스의 질이라고 할 수 있다. 즉, 서비스의 품질을 높이는 것은 고객에게 편리함이나 편익을 제공하는 것을 통해서 고객의 만족감을 극대화하는 것이다. 그러므로 창업자는 성공적인 경영을 위하여 품질 높은 서비스를 제공할 수 있도록 고객만족 내지 고객감동을 목표로 하는 경영전략을 수립하여야 한다.

서비스업을 창업하기 위하여 서비스업의 특징 등 창업자가 기본적으로 알아야 할 사항을 정리하면 다음과 같다.

첫째, 서비스업은 기계시설보다는 주로 인력에 의하여 서비스가 제공될 뿐만 아니라 생산과 동시에 소비되어 버리는 특성을 가지고 있으므로 서비스를 구입하는 고객은 일반제품을 구입할 경우보다 서비스품질의 파악이 어렵기 때문에 불확실한 입장에 처하게 되므로 서비스내용을 충분히 설명하여야 한다.

둘째, 서비스업은 창업자나 종업원의 경험, 지식을 토대로 하여 소비자에게 서비스를 제공하는 것임으로 양질의 서비스를 제공하기 위해서는 종업원에 대한 교육을 지속적으로 실시하여야 하며 서비스질의 향상을 위하여 창업자는 창업업종의 특징을 파악하여 차별화된 전략을 수립하여야 한다.

셋째, 서비스업은 창업자의 철학을 필요로 한다. 소비자만족과 종업원을 중시하고 기업의 자세는 창업자의 서비스철학에서 시작되는 것이다. 또한 이러한 경영자의 철학은 고객과 종업원의 만족을 이끌어내어 성공적인 기업경영을 할 수 있는 밑바탕이 된다.

넷째, 서비스업은 서비스수준을 관리하여야 한다. 고객은 일정수준 이상의 서비스를 원하고 있기 때문에 경영자는 고객의 기대와 욕구를 파악하여 자사와 경쟁사와의 서비스수준을 비교하고 고객이 만족할 수 있는 서비스를 유지·관리할 수 있도록 하여야 한다.

다섯째, 서비스업을 창업하여 사업기반이 확립되기까지는 서비스내용 및 서비스수준에 대한 홍보가 지속적으로 이루어져야 한다. 또한 창업자는 서비스업에서 가장 중요한 서비스의 질을 향상시켜 소비자가 제공되는 서비스에 만족할 수 있도록 하여야 한다. 소비자는 아내와 같다.

생각의 포인트

진정한 서비스 1

일반적으로 사람들은 자신에게 유익하지 않으면 남을 도우려하지 않는다. 판매수당을 받는 외판원에게 물건을 살 것처럼 보이면 대접이 얼마나 살뜰한지 모른다. 그러나 매상으로 이어지지 않으면 그의 태도는 갑자기 싸늘해진다.

애프터서비스를 맡긴 자동차를 찾으러 갔는데, 요청한 사항들이 제대로 처리되어 있고 비용도 예상했던 대로다. 계산대에 앉아 있는 사람은 바쁘지만 당신에게 시간을 할애하고 적당히 정중한데, 이 역시 기대했던 대로다. 이 정도면 바람직하기는 하나, 이런 것을 서비스라고 하지는 않는다.

서비스는 기대하지 않았던 일을 해주는 것이다. 예를 들어 차가 깔끔하게 손질되어 있고, 좌석에 이곳을 찾아주어 고맙다는 편지나 작은 선물 하나가 놓여 있을 때, 또는 점원이 특별히 시간을 내 당신을 위해 일할 수 있어서 진심으로 기쁘며 더 도와드릴 것이 없는가를 물어 올 때 우리는 세상에서 제일 중요한 사람이 된 듯한 흐뭇함을 느끼게 된다. 이 정도면 다음번에도 그곳을 찾는 게 당연한 노릇 아니겠는가? 우리가 일개 점포운영 경비나 수익의 대상이 아니라 소중한 고객이라는 느낌을 받을 때, 이런 것을 서비스라고 한다.

따지고 보면 좋은 서비스는 오히려 비용이 적게 든다. 사람들이 좋은 서비스를 받으면 돈 몇 푼 더 내는 것을 아깝게 여기지 않기 때문이다. 수익은 관계의 부산물이다.

※ 고객들이 가장 자주 느끼는 서비스 불만사항

1	원하지 않는 서비스를 임의로 추가하여 요금을 더 청구하거나, 의도적으로 비용을 높게 부르는 부정적이며 불공정한 행위
2	고객을 어리석거나 부정직한 사람으로 간주하여 거칠고 무례하게 대하는 행위
3	구성원이 약속한 것과 다른 서비스를 제공하는 행위, 부주의하고 실수투성이의 서비스
4	고객의 문제를 해결하고자 하는 의지와 능력이 없는 구성원의 무능력
5	카운터엔 구성원이 없고, 긴 줄에서 많은 고객들이 기다릴 때
6	인간적인 면이 전혀 없는 구성원의 비감정적인 서비스
7	문제해결을 하고 싶어 하는 고객과 대화하기를 꺼리는 서비스
8	고객이 도움을 신청할 때 짜증스럽게 하는 서비스
9	빈번한 그러나 어렵지 않은 고객의 질문에 대답하지 못하는 구성원
10	기다리고 있는 고객들 앞에서 개인적인 일을 보고 있는 구성원

Popcorn과 Marigold(1996)는 다음 십년을 좌우할 여러 트랜드를 예측했고, 신서비스가 성공적이 되려면 이런 트랜드들 중 몇 가지를 포함해야 한다고 지적했다.

① 보금자리(cocooning) : 안전과 편안을 즐길 수 있는 든든하고 멋진 보금자리를 만들고 싶어 하는 욕구와 경향을 고려한 가정용품들이 성황을 이룬다.
② 유유상종(clanning) : 비슷한 사람들과 어울리고 싶어 하며 자기와 관점과 가치관을 공유하는 특정집단에 소속감을 느끼고 싶어 하는 욕구를 고려한 시

장개척은 성황을 이룬다.

③ 환상모험(fantasy adventure) : 진부한 현실생활에서 벗어나서 위험성 없는 환상이나 모험을 경험하고 싶어 하는 욕구의 고려.

④ 반항적 쾌락(pleasure revenge) : 또 다른 도피의 형태는 모든 일상생활의 스트레스를 보상할 수 있는 감각적이고 재미를 추구하는 활동의 모습으로 나타남을 고려한다.

⑤ 작은 사치(small indulgences) : 사람들이 스스로에게 정기적으로 작은 사치를 허용하는 경향을 고려. 예를 들어 스타벅스의 카페라떼, 정기적인 외식의 욕구 등을 들 수 있다.

⑥ 마음의 안식처(anchoring) : 정신적인 가치가 충족되길 원하고 만족과 확신을 주는 것을 찾기 위해 과거를 되돌아보는 경향을 고려한다. 복고풍의 테마 레스토랑과 같은 인테리어 사업의 예를 들 수 있겠다.

⑦ 자기중심(egonomics) : 표준화 경향에 대한 반향의 심리를 고려한다. 개성화의 표출, 설치미술 등을 예로 들 수 있다.

생각의 포인트

진정한 서비스 2

미국 사우스다코타 주 러슈모어산에 얼굴 총길이 18m. 그 중 코 길이만 6m의 큰 바위에 세긴 네 명의 미국 대통령 조지 워싱턴, 토머스 제퍼슨, 에이브러햄 링컨, 시어도어 루스벨트상이 있다. 역사가 도언 로빈슨의 미국을 대표하는 기념물을 만들자는 제안에 의해 조각가 존 거츤 보글럼에 의해 제작된 석상들이다.

그 부근에 네 명의 얼굴을 합친 바위 보다 큰 얼굴이 하나 조각되고 있다. 1939년 인디언 추장들이 모여 보스톤에 살고 있었던 백인 조각가 코작(Korczak Ziolkowsli 1908-1982)에게 편지를 보낸다. 미국의 유명한 대통령만큼 용감한 인디언 전사 크레이지 호오스(Crazy Horse)가 있으니 석상을 만들어 달라는 부탁이었다. 그래서 코작은 일생일대의 작품을 남기겠다는 열정으로 석상을 조각하다가 죽었다. 그 이후 그의 부인이 그의 유지를 받들어 설립후원재단을 만들어 지금껏 작업이 진행되고 있다. 지금은 엄청난 관광객이 분비는 명소로 변하고 있다. 그 주위에 기념관, 기념품점 입장료 등의 수입으로 대기업 못지않은 사업으로 번창하고 있다. 산이 없어지지 않는 한 수익은 줄어들지 않는 사업으로 변하고 있다. 서비스 정신에 대한 보상으로서의 수익이 발생하고 있다.

코작을 생각할 때 반대로 생각나는 사업이 있다. A콘도사업이다. 분양회원에 대한 서비스 보다 일반회원에게 관심을 기울이다가 펜션의 시대를 불러왔다. 진정한 서비스 정신이 결여된 사업자에게 선불은 금물이다. B음식점의 사례다. 월식손님에게 선불 날이 지난 다음날부터는 서비스의 질이 달라졌다.

생각의 포인트

창업자 자신의 능력 활용

여호와가 맨 처음에 새나 짐승을 만들었을 때 새에게는 아직 날개가 없었다. 그래서 새는 신에게 적으로부터 자신을 지킬 수 있는 것을 아무것도 가지지 못했다고 불평했다.

"뱀은 독을 가지고 있고, 사자에게는 날카로운 이빨이 있고, 말에게는 발굽이 있습니다. 그러나 새에게는 아무것도 없습니다. 자신을 어떻게 지키면 좋을까요?"

여호와는 새의 불평을 그럴 듯하게 여기고 깃과 날개를 주었다. 그러나 얼마 뒤, 새는 돌아와서 또다시 불평을 늘어놓았다.

"날개는 쓸데없는 것이고 무거운 짐이 될 뿐입니다. 날개를 몸에 달고 있기 때문에 전과 같이 빨리 뛸 수가 없습니다."

"어리석은 새여."

신은 말씀하셨다.

"그 몸 위에 있는 날개를 어떻게 썼으면 좋은가 생각해 보는 것이 어떨까. 너희들에게 두 날개를 준 것은 결코 무거운 짐을 지고 걷게 하려고 한 것이 아니다. 날개로 하늘 높이 날아서 너희에게 해를 끼치려고 하는 것으로부터 자유로이 도망칠 수 있게 하기 위해서 준 것이다."

인간은 가끔 자신에게 능력이 주어지지 않았다고 불평할 때가 많다. 그러나 인간은 자신에게 주어진 능력을 충분히 이용하고 있지 않을 때 가 많다. 그리고 위대한 학자라고 해도 상인이 될 수 없고 위대한 상인이라고 해도 학자는 될 수 없음을 알아야 한다.

2) 서비스업의 기본 창업절차

서비스업은 그 영역이 광범위하고 다양하여 어느 한 가지 모델을 정하여 창업절차를 설명하기가 용이하지 않다. 학교나 병원을 설립하려면 제조업의 설립절차나 공장건설, 직원채용보다 훨씬 더 복잡하고 까다로운 절차를 거쳐야 한다.

일반적으로 서비스업종에 공통적으로 적용될 수 있는 창업 예비절차, 회사 설립절차, 사무실입지 선정절차, 개업 준비절차로 구분하여 각 단계별 세부내용을 그림으로 제시하면 쉽게 이해할 수 있다. <도표 4-7>은 서비스업의 창업에 관한 절차를 나타낸 도표이다.

서비스업도 제조업 및 도·소매업과 마찬가지로 창업자가 사업자등록이나 법인신고만으로 영업활동이 가능한 업종과 사업을 영위하기 위해서는 필요한 시설 및 자격을 갖추고 관계 정부기관에 인·허가를 받아야 하는 인·허가업종으로 구분할 수 있다.

도표 4-7 서비스업 창업절차도

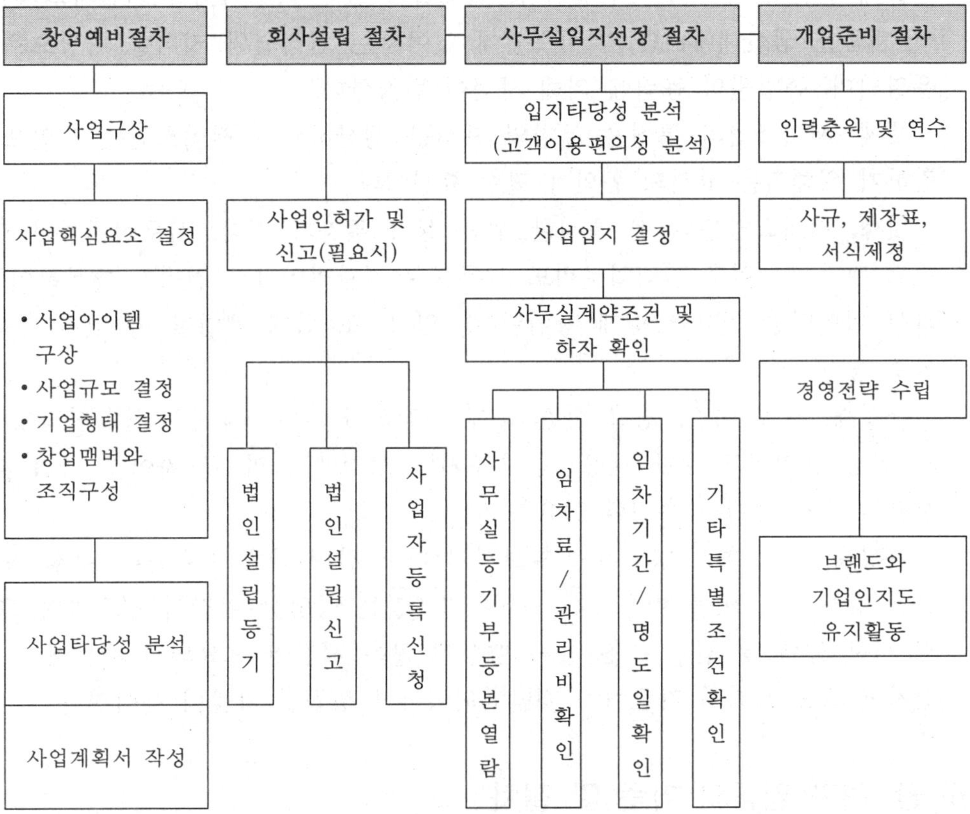

특히 서비스업은 정보화 사회가 도래함에 따라 상상할 수 없을 만큼 빠른 속도로 그 영역이 확대되고, 서비스의 니즈도 다양해지기 때문에 이를 모두 정형화하기 어렵다.

3) 서비스업 창업의 특성

서비스업 분야의 창업은 여러 가지 특징을 갖고 있으며, 이와 같은 특징 때문에 비교적 창업이 쉬운 반면, 창업 시 고려해야 할 사항도 적지 않다. 서비스업 창업의 주된 특징은 다음과 같다.

첫째, 창업자와 가장 밀착된 산업이어야 한다. 따라서 서비스업 창업자는 해당

분야에 대한 전문 지식이 없이는 창업이 불가능하다.

둘째 인간이 중시되는 산업이다. 제조업에 있어서는 기계가 기술자의 손을 빌어 제품을 생산해내지만, 서비스업에 있어서는 임직원의 지식을 바탕으로 하여 운영되며, 종업원의 능력에 의해 사업이 번창한다.

셋째, 서비스업의 특징은 무형의 재화를 생산하므로 서비스업이 사업으로 성립하기 위해서는 고객의 동의가 필수 요건이다.

넷째, 서비스업은 어떤 특정한 생산 설비 투자가 적다. 사무실개설비 정도가 필요 된다. 그 이후 관리업무비도 사무실 유지관리비와 인건비가 대부분이다. 따라서 아이템만 있다면 쉽게 창업할 수 있고, 또 쉽게 폐업할 수 있어 신축성이 아주 높다.

다섯째, 경제 여건, 경영 환경 등에 민감하다. 수주 자체가 불규칙적이며, 용역 건당 용역비도 수행 내용 및 수주처의 성격에 따라 큰 차이가 나기 때문에 장단기 수지 계획을 수립할 필요가 있다.

여섯째, 창업 초기 영업기반 확보까지 다소 긴 시간이 소요된다. 우선 영업 내용을 홍보하고, 이를 이용자가 인식하기까지는 상당한 기간이 필요하며, 종업원의 사무 능력 및 업무 추진 능력 향상에 많은 시간이 소요되기 때문에 초기 영업기반 확충 시까지 자금력이 뒷받침되어야만 성공할 확률이 높아진다.

4) 인·허가 업종의 기준 및 절차

서비스업은 도·소매업과 마찬가지로 업종의 특성상 인·허가사항이 적으며, 창업절차가 간단하기 때문에 일반적으로 사무실을 확보하고 사업자등록을 마치면 사업을 영위할 수 있지만 공중위생과 관련이 있는 업종, 사행행위 등 행정규제가 필요한 업종, 전문지식이 요구되는 서비스업 등에 대하여는 개별법령에서 시설기준 및 자격요건 등을 규정하여 국민생활을 보호하고 있다.

그러므로 창업자는 업종을 선정하고자 할 때 자신이 창업하려는 업종이 관련법에 의해 허가, 등록 또는 신고가 필요한 업종인지 여부를 먼저 파악하고 창업준비를 하여야 한다.

4장에서 정리되는 창업성공의 공통적 전제조건을 살펴보면

① 철저한 사전준비

② 사업기회의 적기포착

③ 철저한 사업타당성 분석
④ 체계적인 사업계획서 작성
⑤ 사업수행능력 배양 및 효율적 조직관리로 정리된다.

<도표 4-8>은 창업을 위한 주의사항을 나타내고 있다.

도표 4-8 창업을 위한 주의사항

1. 히트업종의 답습이 성공의 지름길은 아니다.
2. 감성적이고 유행에 민감한 업종은 피한다.
3. 검증되지 않은 비즈니스에 대한 투자는 신중해야 한다.
4. 대리인에게 전적으로 의지해야 할 사업은 피한다.
5. 투자금의 규모가 크고 투자금의 회수기간이 긴 사업은 피한다.
6. 입지가 좋다고 사업이 잘되는 것은 아니다. 입지에 적합한 아이템을 선택해야한다.
7. 권리금이 붙어 있는 점포를 계약할 때는 특별한 주의를 요한다.
8. 공급자와의 마찰에 대한 대비책도 마련해야 한다.
9. 신세대를 겨냥한 사업은 같은 세대의 조언을 받는다.
10. 광고에 전적으로 의지한 투자를 해서는 안 된다.

4 중소기업의 창업

1) 중소기업의 의의

광업(10~12), 제조업(15~37), 전기, 가스 및 수도사업(40~41), 소·도매업 기타 서비스업(50~93)종을 주된 사업으로 하는 기업으로 상시근로자 및 자산규모가 중소기업기본법에서 정한 범위 내이며 실질적인 독립성이 있는 기업

※ ( )는 표준산업분류에 의한 중분류 번호임.

① 상시근로자 및 자산규모에 의한 판정 : "상시 근로자" 기준과 "자산총액" 기준을 동시에 충족해야 한다.

<상시근로자 기준>

구 분 / 업 종	중소기업	
	소 기 업	중 기 업
• 제조업, 광업, 운송업	50인 이하	51인~300인
• 건설업	30인 이하	31인~300인
• 상업, 기타 서비스업	10인 이하	11인~20인

– 상시근로자 : 당해기업에 계속하여 고용되어 있는 근로자를 말한다.

※ 상시근로자 제외대상

– 주주인 임원, 3월 이내의 기간을 정하여 고용되어 있는 근로자 및 일용근로자, 기술개발촉진법 제8조의3 및 동법시행령 제14조의 규정에 의한 기업부설연구소의 연구전담요원을 제외한 근로자를 의미한다.

※ 중소기업으로의 유예

– 규모확대 등으로 중소기업의 범위에 해당되지 아니하게 된 사유가 발생한 연도의 다음연도부터 3년간은 중소기업으로 본다.

② 실질적인 독립성 판단 : 독점규제 및 공정거래에 관한 법률에 의하여 대규모기업집단에 속하는 회사로 통지받은 회사가 아니어야 한다.

2) 창업의 범위

(1) 창업의 의미

① "새로이 중소기업을 설립하는 것"을 말하며 다음 각 호에 해당되지 아니하여야 함

② 창업에 해당하지 아니하는 경우(다음 각 호)

- 타인으로부터 사업을 승계하여 승계전의 사업과 동종의 사업을 계속하는 경우
- 개인사업자인 중소기업자가 법인으로 전환하거나 법인의 조직변경 등 기업유형을 변경하여 변경전의 사업과 동종의 사업을 계속하는 경우
- 폐업 후 사업을 개시하여 폐업전의 사업과 동종의 사업을 계속하는 경우

1. 타인으로부터 사업을 승계하여 동종의 사업을 계속하는 경우란?

– 원시적으로 사업을 새로이 개시하지 않고 기존의 사업을 인수하여 동종사업을 계속 영위하는 경우 중소기업을 새로이 창설하는 효과가 없으므로 창업의 범위에서 제외

<사례>

• 상속이나 양도에 의해 사업체를 취득하여 동종사업을 계속하는 경우
• 폐업한 타인의 공장을 인수하여 동일한 사업을 계속하는 경우
• 기존공장을 임차하여 기존의 사업과 동종의 사업을 영위하는 경우

– 다만, 사업승계인 경우에도 이종의 사업을 영위하는 경우는 창업에 해당

2. 법인전환·조직변경 후, 동종의 사업을 계속하는 경우란?

– 단순히 조직을 변경함으로써 형식상의 창업절차만 있을 뿐 실질적으로는 중소기업의 창설효과(0+1=1, 1+1=2)가 없는 경우는 창업의 범위에서 제외

<사례>

• 개인사업자가 법인으로 전환 또는 합명회사, 합자회사, 유한회사, 주식회사 상호간 법인유형을 변경하여 동종의 사업을 계속하는 경우
• 기업을 합병하여 동종사업을 영위하는 경우 등

– 다만, 조직변경 전후의 업종이 다른 경우는 변경전의 사업을 폐지하고, 변경후의 사업을 창업으로 인정

3. 폐업 후 사업을 개시하여 동종사업을 계속하는 경우란?

– 사업을 폐지한 후 동종사업을 재개하더라도 창업으로 보지 않음

<사례>

• 사업의 일시적인 휴업이나 정지 후에 다시 사업을 재개하는 경우

• 공장을 이전하기 위해 이전 전 장소의 사업을 폐업하고, 새로운 장소에서 사업을 재개하는 경우

– 다만, 폐업을 한 후에 사업을 재개하더라도 폐업전의 사업과 다른 업종의 사업을 새로이 개시하는 경우에는 창업으로 인정

<"동종사업"으로 보지 않는 경우란?>

– 위 3가지 경우에 해당되는 동종의 사업을 하더라도 사업개시전의 기존업종과 분류를 달리하는 업종을 추가하여 사업을 새로이 개시하는 경우에는 다음의 산식에 의하여 산출된 비율이 100분의 50이상인 경우를 말한다.

$$\frac{\text{업종을 추가한 날부터 당해연도말까지의 추가업종 총매출액}}{\text{업종을 추가한 날부터 당해연도말까지의 총매출액}} \times 100$$

(2) 업종 및 기간 적용 범위

① 업종범위 : 제조업, 광업, 건축·엔지니어링 및 기술서비스업, 정보처리 기타 컴퓨터운용관련업, 기타 창업지원심의회에서 정하는 업종

② 기간의 범위

• 창업사업계획승인대상 : 사업 개시 일로부터 5년 이내

• 창업투자회사 투자대상

– 법인 : 사업 개시 일로부터 14년 이내

– 개인사업자 : 사업 개시 일로부터 10년 이내

• 조세면제 또는 감면

– 등록세, 취득세 : 사업개시 일로부터 2년 이내

– 재산세, 종토세 : 사업개시 일로부터 5년 이내

<사업개시일>

• 법인 : 법인설립 등기일

• 개인사업자 : 사업자등록증 교부일

• 소득세, 법인세에서 제조업의 사업개시 일은 제조장별로 재화의 제조를 개시한 날

5 창업절차의 요약

1) 업종 선정 및 사업계획 수립

- 업종선정 및 사업아이템의 결정
- 사업규모 결정
- 기업형태 결정
- 창업멤버와 조직 구성
- 기타 사업핵심요소 결정

2) 회사설립 및 사업자등록

(1) 개인사업자

- 개인사업자로 창업할 경우에는 부가가치세법에 따라 해당 서류를 구비하여 관할세무서장에게 사업자등록을 신청해야 한다.
- 구비서류
  - 사업자등록신청서 (세무서에 비치)
  - 주민등록등본
  - 사업허가증 사본 (개별법에 의한 인·허가 대상업종에 한함)

(2) 법 인

- 법인으로 창업할 경우에는 상법에 따라 해당서류를 구비하여 관할 법원장 또는 등기소장에게 법인등기를 신청하고,
  - 법인세법에 따라 해당서류를 구비하여 관할세무서장에게 법인설립을 신고해야한다.
- 법인등기(관할등기소)시 구비서류
  - 정관작성(상호, 자본금 5천만 원 이상, 1주당 주식가격 등)
  - 주주명부(이사 3인상, 감사 1인 이상), 주주의 인감증명서, 주민등록등본, 자산명세서, 주주출자확인서 등
- 법인설립신고(관할세무서)시 구비서류
  - 법인설립신고서

- 법인등기부등본, 정관
- 개시대차대조표, 주주 및 출자자 명부 등

도표 4-9 창업절차 흐름도

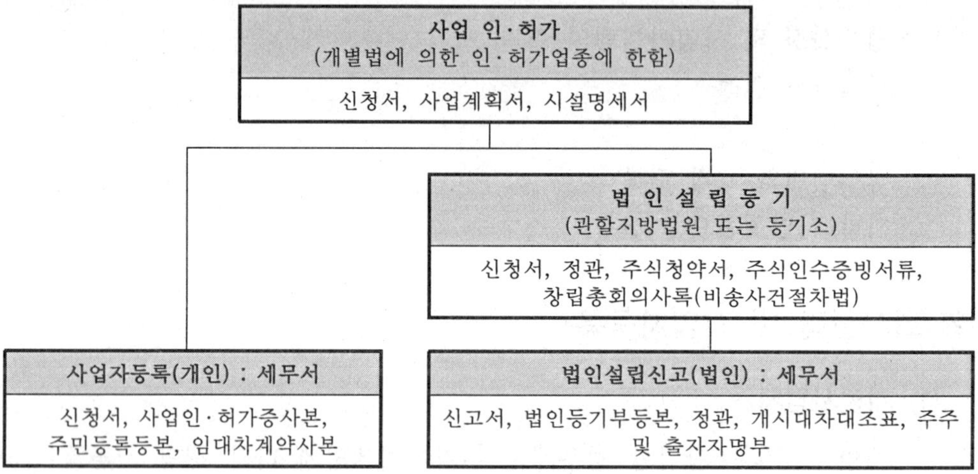

3) 공장의 설립과 사업개시

- 인력충원 및 교육
- 생산·관리·영업 등 체계화
- 취업규칙·산업재해보험·의보조합 관련 신고
- 생산 및 판매

읽을거리

창업의 형태(프랜차이즈창업, 직감형 창업, 전문가코칭창업)

창업은 프랜차이즈 가맹 창업, 개인 직감형 독립 창업, 전문가코칭 전수 창업 등 세 가지 형태가 많다. 그러나 어느 것이 좋다고 설명할 이유는 없다. 개인 취향에, 상황에 따라 가면 그만이다. 결과가 어느 것이 좋다고 할 수도 없다. 오픈 뒤에는 혼자서 감당해가는 것은 모든 것이 같으니까 말이다.

프랜차이즈는 본사의 사업 의지가 가장 중요하다. 본사도 개인 창업자와 마찬가지로 하나의 아이템으로 승부를 보겠다는 의지와 준비 그리고 실력이 있다면 가맹점의 개수가 몇 개인지는 중요하지 않다. 중장기적인 관점에서 얼마나 집중하고 있는 가의 사실 여부가 가장 중요한 일일 것이다. 왜냐면 우리나라 프랜차이즈 시장은 아직도 복불복인 경우가 많기 때문이다.

개인 직감형 창업은 조심과 주의를 요한다. 경험이 많아서라고 해도 숲을 보는 일은 그다지 쉬운 일이 아니다. 나무를 숲으로 오인하여 엉뚱한 결과를 초래하는 경험 많은 프로 장사꾼이 있는 것은 그런 연유일 것이다. 항상 겸손하자. 자연에게 무릎을 꿇는 것이 어색하지 않듯이 장사에는 왕도가 없다. 겸손하고 노력하는 만큼 생존의 면피가 선물될 것이다. 자신을 너무 신뢰하지 말자. 그것도 노하우다.

전문가코칭 전수 창업은 흔한 유형이 아니지만, 그렇다고 전혀 생경한 형태도 아니다. 잘 나가는 가게를 본 따서 벤치마킹하거나 잘 알고 있는 전문가를 통해 부분 혹은 전체를 의뢰해 가는 창업은 맛있는 창업이 가고 있는 길과도 일맥상통한다.

전문가코칭을 선택할 때 주의할 점.

1. 컨설팅 비의 기준이 없거나 처음 제시한 컨설팅 금액보다 많이 절감해서 해주겠다고 하는 경우는 여러 이유가 있다. 그 중에서도 특히 체인 본사처럼 오픈 수수료를 챙기는 경우엔 컨설팅 비가 중요하지 않다. 배보다 큰 배꼽으로 이익을 취할 수 있기 때문이다.

2. 계약된 일이 없는 경우에 내 일에만 집중할 것으로 생각할 테지만 그건 사실 그렇지 않다. 잡힌 고기에 먹이를 주지 않는다고. 드문 드문 계약이 있는 회사는 오히려 집중도가 떨어진다. 그리고 돈이 급하기 때문에 점포도 서둘러 결정하고, 업종 선정도 대충인 경우가 있기 때문이다.
3. 오픈 스케줄 일정을 살펴보면 너무 타이트한 스케줄로 시간을 단축하여 제시한다. 역시 전문가들이라 빠르다 할 정도로 일정이 빼곡하다. 그러나 공사라는 것이, 그림 그린다는 것이 가게 규모와는 상관이 없다. 10평을 하건, 50평을 하건 공사 기간은 큰 차이가 없다. 10평 가게의 로고를 그리던, 100평 가게의 로고를 그리던 이 역시 시간 준비 차이가 없다. 오픈 일정은 여유있게 하고 리허설도 감안하는 배려의 스케줄이 있어야 본인에게 도움이 된다고 생각해야 한다.

컨설팅은 돈이다. 돈을 매개체로 하는 비즈니스다. 그러나 컨설팅은 돈을 쫒으면 일이 틀어진다. 한가할수록, 실적이 적을수록 멘토는 돈을 쫒아간다. 선택을 위한 판단은 이래서 중요하다.

[http://kr.blog.yahoo.com/nohmansu/182.html]

제5장

창업 아이디어 선정

산업사회가 지식사회로 변환하고 있다. 비연속적 혁신과 융합적 혁신이 태풍처럼 일어나 번개처럼 지나가는 시대다. 그래서 미래를 창의적이고 상상력이 뛰어난 문제아들의 세기라고 부른다.

우리보다 앞서 있는 서양의 산업 사회라는 모델이 있을 때는 이미 완성된 성공 방식에 따라 정해진 일만 열심히 하면 됐다. 그러나 이제 우리 사회는 그런 성실한 사람을 더 이상 요구하지 않는다. 남과 다른 생각을 할 수 있는 창의적인 두뇌를 가져야 성공한다. 자기만의 창의적인 사고를 가지고 사는 사람은 자신이 원하는 삶을 살아갈 수 있다는 이야기다.

그러므로 개미와 베짱이의 이야기는 다시 쓰여 져야 한다. 노동력밖에 가지지 못한 개미가 일생을 땀에 찌들어 사는 동안, 좋은 재능을 발견하여 한 길로 간 베짱이가 더 풍요롭고 즐거운 삶을 살 수 있는 사회가 바로 지식사회이다. 지식사회에서는 겨울에 거지가 된 베짱이가 구걸하기 위해 개미의 토굴을 찾아가지 않는다. 여름 내내 몸을 혹사한 개미가 산업 재해로 허리 디스크가 발병해 모아둔 돈을 치료비로 써버리고 빈털터리가 되었다. 반면에 여행이나 다니며 노래나 불렀던 베짱이는 여름에 돌아다녔던 이야기로 책을 써서 베스트셀러 작가가 되어 냉난방 대저택에 산다.

베짱이가 좋은 재능을 발휘하듯이 천재는 위대한 소설을 쓰고 만류인력을 발견한다. 그러나 기업의 성공은 독창적 창조행위만으로 이루어지는 것이 아니라 수많은 서로 다른 사람들의 노력을 조직화하고 경쟁할 수 있도록 하는 시스템을 만드느냐에 따라 좌우되기도 한다.

2002년 미국 기업들의 파산이 줄을 이으면서 '인재냐 조직이냐'하는 기업경영의 오랜 쟁점이 다시 논란거리로 떠오르고 있다. 베짱이와 개미가 만나 조직을 만들어 가는 것이 업을 일으킨다는 의미의 기업(起業)이다.

1 창업환경의 변화

생명력 있는 창조물은 변화한다. 환경적응을 위해 변화하기도하며 부족을 충족시키기 위해 변화를 도모하기도 한다. 기업 또한 환경 적응을 위해 부단한 변화를 추구하며 요동하는 소비자 욕구에 부응하기 위하여 새로운 이론을 개발한다. 현상의 부족을 채우기 위해 현재 환경 하에서의 최적안 마련을 위해 노력한다. 그러나 그 때 그 상황에 적합한 최적의 단일의 안은 한 순간 존재하기도 하나 달성하는 순간 깨어져 버린다. 의사결정에 있어서 가치전제가 존재하기 때문이다. 절대가치와 절대 진리는 인간을 창조한 신외에는 존재치 않을 것이다. 그래서 인간에 의해 창조되어 인간을 닮아 있는 기업을 영원히 쫓기는 도망자로 부르기도 한다.

1) 창조적 파괴

과학으로서의 경영의 기본목표는 조직화된 지식의 체계와 실증적인 자료의 사용으로 거시적으로는 경제사회의 발전에 기여하며 미시적으로는 6가지 기업의 질병요인들(순이익의 부족, 매출채권의 과대, 고정자산의 과대 투자, 자기자본의 부족, 재고자산의 과대, 정보의 부재)을 배제시켜야 한다. 또한 자료의 체계적인 분석을 통하여 보다 나은 효율성을 지향하는 이론과 기법들을 발견하는 것으로, 이러한 기법과 이론들이 실제 상황에서 적용되어질 때 그 결과의 동일성(반복성)이 나타나도록 추구하는 것이다. 즉 실사구시(實事求是)다.

지식의 속성이 시작의 끝에서 새로운 시작을 추구하며 비어 있음을 인지하면 움직이기 시작한다는 것은 창조적 파괴를 통해 무언가 보탬을 더할 수 있다면 변화한다는 것이다. 즉 역사를 만들어간다는 것이다. <도표 5-1>은 경영학의 간단한 역사를 나타내고 있다.

도표 5-1 경영학의 역사

1776 A. Smith	분업의 경제이익 제안
1780 E. Whitney	표준화로 호환성 부품제 도입
1881 F. W. Taylor	과학적 관리론 : 과업설정
1908 C. E. Knoappel	손익분기점 도표 최초사용
1913 H. Ford	컨베이어 이동조립법 창안
1922 F. Gilbreth	시간 및 동작연구
1924 W. Shewhart	통계적 품질관리 관리도 계발
1950 W. E. Deming	공장 품질관리제 개발
1980 G. C. Devol	로봇공학

(1) 아담 스미스

아담 스미스의 국부론에 나타난 분업의 자유경쟁시장 체제는 한 이기적 인간이 아침에 일어나 창밖의 세상을 바라본 후, 자신이 원하는 것 대신 남들이 원하는 것을 생산하게끔 유도한다. 그것도 자신이 팔고 싶은 양만큼이 아니라 남들이 사고 싶어 하는 양만큼, 자신이 꿈꾸는 가격이 아니라 남들이 인정하는 가격에, 물론 스미스는 인간이 오직 본능에 의해서 움직인다고는 하지 않았다. 다만 이기적 본능이 친절성, 박애심, 희생정신 같은 것보다 더 강력하고 지속적으로 인간에게 동기부여를 할 수 있다고 했다.

(2) 테일러

테일러의 과학적 관리법은 “고임금과 저노무비”를 원리로 하여 동작연구와 시간연구에 의하여 과업관리(task management)를 하여 생산성을 향상시켰다.

(3) 포 드

포드의 이동조립법은 “고임금과 저가격”을 원리로 하여 콘베이어 시스템을 창안하고, 작업을 표준화, 전문화, 단순화(3S)시켜 대량생산의 기틀을 마련하였다.

(4) 메이요

메이요 및 그의 인간중심적 생산연구는 호오손 실험(Hawthorne experiment 1927－1933)에 의하여 작업의 생산성은 인간관계와 비공식조직에 영향을 받는다는 것을 발견하였다.

(5) 슈하르트

슈하르트가 관리도의 개념을 정립한 이후 인간관계의 복잡성을 고려한 경영의 사결정의 합리화를 위하여 학제적 접근을 시도하였다. 이를 위해 통계학 등의 깊은 원용을 가져와 오늘날과 같은 정보화 사회의 단초를 열게 되었다. <도표 5-2>는 생산방법론의 변화를 나타내고 있다.

도표 5-2 생산방법론의 변화

수작업 :	manual-muscle power : written proof-master pieces of the Dark Ages
기계화 :	mechanization-steam power
자동화 :	automatization-modern system : JIT, GANBAN, GT, NC etc
정보화 :	computerization-robotic method : more soft progressive : CIM, FMS, ERP, etc.

2) 마케팅론적 변천

초기산업사회의 소품종대량생산 시스템인 생산자 중심의 시장(push marketing)에서 후기산업사회의 다품종소량생산 시스템의 소비자 중심의 시장(pull marketing)을 거쳐 인지가치 확장을 통한 만남의 시장(perceived value marketing)으로 가고 있다. 그래서 거래가 '주문생산' 직접판매방식의 특징을 갖는다. 지식정보화 사회의 인지가치는 사업사회의 유용성 내지 효율성이 중요시되는 가치와 구분되는 개념이다.

생산자중심 마케팅 (push−marketing)	소비자중심 마케팅 (pull−marketing)	인지가치중심 마케팅 (perceived value marketing)
소품종 대량생산 시스템 →	다품종 소량생산시스템 →	개성중시 맞춤형 생산 시스템

그래서 21세기를 새로운 중세장인시대(new craftsmanship)라 부르기도 한다. 개성중시의 전략이 필요 된다. 효과와 효율에 앞서 사회적 인지가치가 높은 상품을 내어놓아야 생존할 수 있다.

생각의 포인트

인지가치 시스템

미국의 좋은 문화 중에 하나로서 그 나라 사람들의 내핍정신을 엿볼 수 있는 '그라지 세일'(garage sale)이라는 것이 있다. 오래 사용한 낡은 물건들을 창고에 모아 두었다가 토요일 오전에 필요한 사람들에게 자기 집 창고 앞에서 동전 한입 정도의 가격으로 불필요한 잡동사니를 처분하는 문화다. 대체로 그것을 구입하는 사람들이 낮은 수입원을 가진 흑인들이 주 구매자가 되기도 한다. 다 헤어진 헐렁한 청바지와 낡은 헌 구두를 사서 입고 신은 걸어가는 모습을 상상해 보자. 거기에 오랜 전통의 습관으로 머리에 빨갛고 노란 물감을 들인 모습을... 이들 중 음악과 예능분야에 재능이 발견되어 무대 위에서 스포트라이트를 받은 경우가 생겨 세계에 중개되니 세계의 젊은이들이 헐렁한 힙합바지와 커다란 구두를 사서 신는 모방문화가 생겼다.

낡아빠진 리바이스 청바지가 새 바지보다 비싸다. 걸어가는 모습을 유심히 보면 신이 먼저 걸어가는지 사람이 걸어가는지 구분이 곤란하다. 신발 본연의 기능성과 효용이 무시된 새로운 문화다. 이러한 시대문화를 이해하고 접근하는 마케팅 시스템이 인지가치 마케팅이다. 인풋(in put) 분에 아웃풋(out put)의 효율과 효용을 따지는 전통적 가치관으로 접근하면 망하는 문화다.

가치란 드높은 성과 달성을 위한 부단한 관리의 과정이라 할 수 있는데 경영활동의 결과로 대차대조표상 나타나는 자산의 그림자다. 전통적으로는 효율과 효과의 증대 의미를 지닌 생산성(productivity)증대의 의미와 유사성을 가졌으나 21세기 지식경영의 사회에서는 효율과 효과뿐만 아니라 인지가치의 확장의미를 지닌 퍼포먼스(performance)의 의미를 갖는다. 여기서의 퍼포먼스는 자산가치의 긍정적 변화다. 유형적 자산인 물리적(physical)자산과 재정적(financial)자산과 무형적 자산인 고객(customer), 공급자와 조직구성원(supplier & employee), 조직(organization) 변화에 긍정적 영향을 나타낸 것이다.

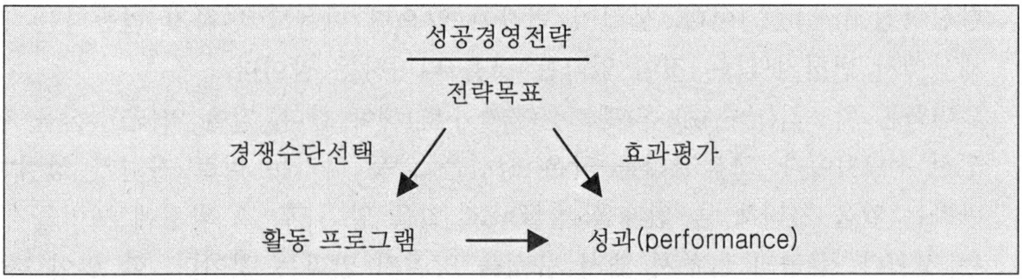

인지가치경영 시대에 있어서 진실로 새롭고 중요한 것은 제품이 아니다. 컴퓨터도 통신기술도 새로운 금융 서비스도 아니다. 이러한 제품을 만드는 제조법과 그 이면에 있는 아이디어와 지식재산이 더 중요하다는 사실에 주목해야 한다. 지식재산이 부의 창조와 경쟁우위를 결정하는 열쇠이다. 그래서 인간이 중심이 되는 시대다.

3) 경영혁신

국제 무역장벽의 제거추세와 통신정보산업의 급격한 발달로 인한 정보혁신으로 산업구조의 내용이 소비자 인식 중심의 시장구조로 급격히 변화하여 감에 따라 이의 적응과 성장을 위한 새로운 기업경영 실천방안의 마련이 필요 되어진다.

이를 위해 최근 개발되고 있는 경영혁신 방안중 기업이 동시환경적으로 급변하는 상황에 대처하기 위하여 정보기술, 인적자원 관리, 고객만족을 위한 지속적 거듭나기 경영의 필요성을 인식하고 근본적이며 급진적으로 업무 프로세서의 재설계에 초점을 맞추는 비즈니스 업무 재설계(business processre-engineering: BPR)와 거듭나기의 속도와 위치파악의 표준설정을 위해 해당분야의 기업 중 성공한 기업을 선정해 그 회사의 성공요인들을 기준으로 자사와 비교하여 문제점을 파악하고 이를 극복하기 위해 노력하는 과정인 벤치마킹(benchmarking)과 소비자 니즈에 부합한 진취적 전략으로 소비자 인지가치의 확장(perceived value enlargement: PVE)을 통한 경영혁신 방안 등이 연구되어지고 있다.

변화를 생존의 문제로 인식해야 한다. 만일 변화를 우리가 생존의 문제로 인식하고 받아들이게 된다면 승산이 있다. 그러나 그렇지 못하다면 시작하지 마라. 결코 승리하지 못한다. 변화에서의 승리 가능성은 생존의 문제로 접근할수록 높아진다. 변화를 생존의 문제로 인식하는 순간 승리를 향해 가고 있는 것이다.

항산항심(恒産恒心)이다. 물질이 변하지 않으면 마음도 변하지 않는다는 말인데 세상에서 변하지 않는 것이 없다는 것을 의미하는 말이다.

변화는 치조직(治組織), 약팽소선(若烹小鮮)해야 한다. 같을 약(若), 삶을 팽(烹), 생선 선(鮮)이다. 조직관리를 작은 생선을 삶듯 하라는 말로 자기가 성취하기를 바라는 일을 처리해 줄 인재를 발굴하고 일을 맡긴 후 그 과정에 끼어들지 말라는 것이다. 섣불리 들쑤셔 대서 음식을 망치지 말라는 것이다. 한 면이 다 익었을 때 다른 한 면으로 돌려 익히는 느긋함도 필요하다는 것이며 역사의 한 페이지를 넘기는 것이다. 창조적 파괴다. 이것이 개혁이며 패러다임(way of thinking)의 변화다. 그리고 생선이 익어가기를 기다리는 모든 구성원들에게 나누어 맛볼 수 있는 잔치에 동참하고 있다는 희망과 비전을 제시해 주는 의미를 포함하고 있는 것이다. 변화에 임하는 자세다.

생각의 포인트

약팽소선

땅에 씨앗을 뿌리면, 우리는 햇빛이 비추고 비가 내려 싹을 틔운다는 것을 안다. 열매를 맺기까지는 자연법칙에 맡겨둔다. 말하자면 우리의 소망은 바로 이런 씨앗과 같다. 때로 눈을 감고 상상에 잠기는 일은 햇빛과 같으면, 조바심은 내지 않지만 늘 마음속에 간직한 기대감은 시원한 빗줄기나 밭을 가는 일과 같을 터인데, 이 모두는 훌륭한 열매를 맺기 위해서 꼭 필요한 긍정적 에너지 활동이다.

개인의 긍정적 생각의 에너지 활동은 우주적 에너지 즉, 신의 창조의지와 만나 소망을 실현하는 에너지원이 된다. '영혼의 마케팅'의 저자 조 비테일은 백만장자가 되는 비결 즉, 창조적 에너지원을 만드는 공식절차를 다음과 같이 정리하고 있다.

1. 자신이 무엇을 원하고 있지 않는지 깨달아라. (Know what you don't want)
2. 원하는 것을 선택하라. (Select what you do want)
3. 부정적인 감정, 자기능력을 제한하는 감정을 깨끗이 없애라. Clear all negative or limiting beliefs)
4. 원하는 일을 이루었을 때의 기분을 느껴 보라. (Feel how it would be to have, do, or be what you want)
5. 내버려두고 느긋하게 기다려라. 당신의 직관적인 충동에 따라 행동하면서, 소망하는 일이 실현되기를 기다려라. (Let go, Act on your intuitive impulses and allow the results to manifest)

↓ (백만장자가 되는 비결의 요약)

Early Bird(부지런함)
Enjoy Working(일을 통한 삶의 기쁨)
Make network(관계성 확보)

자신이 지금 서 있는 곳을 어떻게 규정하는 것인지는 개인에 따라 다르다. 실제로 자신이 지금 어디에 있는지를 알아내는 것은 생각처럼 쉽지 않을 수도 있다. 자신의 현재 위치를 알 수 없으면 가야할 곳도 역시 알 수 없다. 자신이 어디에 서 있는가에 대한 판단은 객관적인 평가에 의해서만 가능하다. 자신이 지금 서 있기를 바라는 희망과 기대를 반영해서는 안 된다. 있는 그대로를 받아들여야 비로소 정확한 위치를 알 수 있다. 자신에게는 엄격해야 한다.

자신을 바꾸게 될 깨달음으로 우리를 몰고 가기 위해서는 자신에 몰두해 있어야 한다. 자신에 몰두하지 못하고 자신을 바꾸려고 하는 것은 어리석은 일이다. 자신에 대해 아무 것도 모르는 사람이 자신을 바꾸고 싶어 한다면 그것은 자신을 죽이는 일이다. 변화를 우리가 주도할 때 기쁨과 희열이 따른다. 그러나 변화가 우리에게 요구되어질 때 거기에는 적응을 위한 고통이 수반된다.

21세기 경영혁신전략으로

① 원가우위전략(cost leadership strategy)

② 차별화전략(differentiation strategy)

③ 전문화전략(focus strategy)으로 나누어 정리된다.

여기서의 원가우위전략은 단순한 원가구성의 3요소 관리전략만의 의미가 아니라 기업 내적 총체적 역량의 결집을 의미하며 차별화전략의 의미는 명품의 품질을 바탕으로 한 외적 경쟁의 독창성 확보를 의미한다. 이를 한마디로 표현하면 내외적 환경적합전략이라 부를 수 있다.

4) 지식경영

열심히 일하는 경영자가 우세했던 때가 있었고, 그 다음으로 의사결정을 제대로 내리는 경영자가, 그 뒤를 이어 성과가 경영자의 자질을 판단하는 척도가 되는 시대를 지나 인적관리에 능숙한 경영자가 요구되는 제4세대의 매니지먼트의 지식경영시대다.

지식경영이란 예측할 수 없을 정도로 급변하는 경영환경 속에서 기업의 생존과 경쟁력을 갖추는 경영으로, 정보기술로써 데이터 및 정보의 가공능력과 인간의 창조적·혁신적 능력을 통합해 가치창조의 극대화를 추구하는 기업의 조직적 정보경영과 인간경영의 프로세스라 할 수 있다. 이는 관련 지식군 시스템의 정치 경제적 역동과 또 그의 실천인 관련된 기술과 경영의 융합에 의한 신속한 행동화와 과감한 원가의 절감을 통한 이윤의 극대화하는 과정이다. 이 과정에는 다양한 지식의 역동이 경제적 가치창출을 하는 가장 큰 동인이 되고 있다. 이때 관련 지식군의 시스템을 가장 효율적이고 신속하게 가치로 변환하는 주역이 지식경영인이다. 지식경영시스템(knowledge management system)은 각 분야별로 독립적으로 개발된 데이터 및 정보가 종합되어 정보의 바다를 이루며 이 바닷물을 농축시켜 소금을 만들어 내듯이 가치 있는 정보를 추출(data mining)하는 것이다. 개별의 하드웨어(hardware)시스템과 소프트웨어(software)시스템 및 휴맨웨어(human-ware)시스템을 통합하여 효율적 그룹웨어(group- ware)시스템이 되게 하는 것이다. 정보데이터를 체계적이며 계층화(information warehousing)한다는 것이다.

다시 말해서 지식경영시스템은 조직과 그 구성원들 속에 내재해 있는 지식의 가치를 인식하고, 이를 기업전체 차원의 자산으로 구체화시켜 관리, 공유, 활용하려는 의도에서 비롯된 폭넓은 의미의 경영방식을 말하며 이때 정보기술은 지식경영시스템의 효율적 운용을 위한 유용한 수단에 불과하다. 지식경영시스템은 지식의 공동활용이 가능한 공동의 장 확보(repository), 지식창고의 효율적 관리자(reference worker), 지식창고의 신선도 유지(refresh), 새로운 지식 창조자에 대한 적절한 보상(reward)이 이루어지는 4R의 구축으로 이루어 저야 한다.

쉽게 外在, 객관화시킬 수 없는 암묵적인 지식을 공유, 승화시켜 형식화하고 이를 통해 새롭게 창조된 형식적이며 외재화된 지식을 다시 암묵적인 지식으로 순환시킴으로써 조직적 경쟁력을 확보하는 활동의 그룹웨어시스템이다.

그룹웨어란 부문이 가진 정보를 다양한 상호교류와 제공을 통하여 분편적이며 암묵적인 애매한 지식을 과학적으로 체계화하고 분류하여 명료한 지식으로 전환하도록 하는 것이다. 선행기술의 명확화를 도모하여 자사 지식재산의 산업상 이용성, 신규성, 진보창의성 등을 기술(記述: description)가능케 하여 지식이 가치를 가지게 하는 것으로 지식가치 인정시스템(knowledge of value recognition system)을 포괄하는 조직구조며 문화다.

5) e비즈니스

네트워크화 된 기술을 이용하여 상품, 서비스, 정보 및 지식의 전달과 교환을 효율적으로 하는 것이다. 성공하는 e비즈니스경영의 3가지 요소로는 정보기술, 업무 프로세스, 조직·사람이 있다. 이와 관련된 정보기술의 실행모델로서는 하드웨어, 네트워크, 데이터 및 애플리케이션이 있다.

(1) e비즈니스 성공전략의 전제

① 재무관리적 전제로서 초기 투자비용의 산출, 투자회수 계획, 사업채산성 분석
② 의사결정 타이밍
③ 전략전개속도 : 테크놀로지의 놀라운 발전, 규제완화, 경쟁의 격화, 소비자 행동의 변화, 가치사슬의 재편에 의한 새로운 비즈니스 모델의 출현 등은 전략 수명을 현저하게 단축시키고, 사업계획을 진부화시킨다.

(2) e비즈니스 시스템 관리의 요소

암묵지(tacit knowledge)를 형식지(propositional knowledge)로 변환하는 능력(산업상 이용성, 신규성, 진보창의성을 기술description 가능케 하여 가치를 가지게 함 knowledge of value recognition system)으로 구성되어 있다.

① 지식을 검색하고 공유하는 능력
② 지식을 창조하는 능력(암묵적 지식의 확대)
③ 지식을 활용하는 능력
④ 지식의 체계적 저장과 분류 능력

(3) e비즈니스의 제 현상과 성격

① 유통혁명 : 거래의 범위가 국지적이지 않고 전세계적인 유통혁명
② 거래비용의 감소 : 고객들은 인터넷을 통해 비교된 저렴한 가격에 구입하는 것 외에도 탐색에 필요한 시간 절약과 매장까지 이동을 줄이게 됨으로써 거래비용 감소
③ 새로운 중개상의 출현(re-intermediation) : 공급자와 소비자의 중간단계에서 단순히 연결만 해주는 중개역할은 감소하고 정보의 종합화와 비교분석 자료의 제공 역할 수행 및 어디서 가장 싸게 살수 있는지 알려주는 중간자, 상품에 대한 정확한 평가를 해주는 중간자 등 직접 거래에 참석하지 않고 거래 환경을 조성해 주는 중간자 폭발

기업들은 제3의 이윤원으로써 물류의 효율화를 추진하면서 기존의 물적 유통(physical distribution)의 개념을 넘어 조달·생산·판매 기타 정보활동 등을 포함하는 물류(logistics)개념으로 확대·발전하고 있다. 즉 물류의 중요성이 강조되면서 제조업체, 유통업체 등의 사용자와 서비스 공급자간의 제휴라는 유형으로 나

타나는 삼자물류(third-party logistics)로 발전하고 있다.

유통업체가 제조업체 또는 물류업체와 전략적 제휴관계를 형성하고 종합정보서비스로 연계하여 가상기업(virtual enterprise)을 구축하는 경우가 증가하고 있다. 따라서 유통단계가 축소되어 제품가격이 낮아지고, 배송이 빨라지므로 고객서비스가 향상되는 것이다.

그러나 e-비즈니스가 경천동지 할만한 새로운 발견이 아니다. 사이버 경매의 예를 보자. 기존의 경매방식을 자유로운 공간과 자유로운 시간 속에서 경매가 이루어질 수 있도록 상황을 바꾸어 연출하고 있을 뿐이다. 그래서 원리에 입각한 지식의 확장이 중요하다.

사이버 세상이 찾아오기는 할 것이다. 그러나 사이버 세상이 전부가 된다는 증거는 없다. 사이버 테크놀로지가 기업을 도와줄 수도 있다. 그러나 인간이 사회적 동물이라는 것을 간과해서는 아니 된다. 그저 낯선 사람들 속에 있고 싶어서 쇼핑하러 나오기도 한다는 것이다. 비즈니스는 인간적 연결고리에서 시작되며 인간적 접촉이 필요 된다. 구매자가 인간이기 때문이다. 인간이 효용과 효율의 원리에서만 행동하지 않기 때문이다.

그래서 먼저 기초적인 요소를 다진 후 어느 날 차별화를 안겨다 줄지 모를 사이버 비즈니스 도구들에 투자를 점진적으로 해야 한다.

6) 기업목적 달성과 경쟁력

행동과학인 경영의 영역에서의 의사결정을 논할 때 우리는 최적의 단일의 안이 존재치 않는다고 표현한다. 이는 동일 사실을 두고 평가할 때 인간인 의사결정자의 주관성이 개입되기 때문에 수없이 많은 최적의 안이 존재할 수 있게 된다. 그러나 최적점에 도달할 수 있는 길은 두 가지 밖에 존재치 않는다. 그것이 수익 영역에 있어서는 최대화와 비용의 영역에 있어서는 최소화의 방향이며 동전양면성의 원리를 갖기도 한다. 이것이 계량경영학에서의 선형계획(LP: linear programming)모형의 기본원리이기도하다.

그러나 사고의 영역에서는 때로 우회하는 길도 발견할 줄도 알아야 한다. 이것이 물의 도며 유동성이다. 희랍의 신화 중 티레시아스는 잠자리에서 남자보다 여자가 더 재미를 본다는 말을 했다가 헤라의 분노를 사서 시력을 잃었다. 조선왕조 대사헌 조광조는 직선적 개혁만을 주장하며 왕을 피곤케 하다가 처형된다. 직선의 길이 최단이 될 수는 있으나 성공의 확률과 비례하는 길은 아니다. 비선형(non-linear)의 길도 존재함을 알아야 성공한다.

7) 경쟁력을 위한 정보기술 활용

21세기적 변화의 상징물이 컴퓨터다. 주관을 가진 인간이 중심이 되기 때문에 최적의 단일의 안이 존재치 않는 행동과학의 영역에서 효율적 의사결정을 위하여 때로 우리는 컴퓨터의 도움을 필요로 한다. 많은 정보를 신속 정확하게 반복처리 할 뿐만 아니라 서술적인 정보를 계량화하여 합리적인 의사결정을 할 수 있도록 도움을 주는 컴퓨터로 경영의 문제를 푸는 패키지가 개발되어 있는데 마음대로 지우고 덮어 쓸 수 있는 기능도 있다. 망각은 신이 인간에게 내린 축복중의 하나임을 배우게 된다. 그래서 변화의 스트레스와 환난 중에도 감사한다.

기업, 컴퓨터에 기반을 둔 정보화라는 유행의 의복을 입고 수익의 개념은 최대화 비용의 개념은 최소화의 방향으로 형평(equilibrium)의 목적지(MBO: management by objectives) 즉, 소비자 인지가치 확장과 효과와 효율의 극대화를 향해 가는 영원한 도망자이다. 창조적 파괴의 길을 가는 영원한 도망자다. 쌀을 이는 대나무광주리의 채와 같이 경사져 있어 영원히 완벽하게 채워놓을 수 없는 것이 기업이 살아가는 삶의 과정이라는 의미의 불영경광(不盈頃筐)이다. 아니 불, 찰 영, 기울 경, 대나무광주리 광이다.

8) 경영 의사결정의 방향

최소희생으로 최대효과의 달성 즉, 최적점에의 도달 방향은 수익의 문제는 최대화, 비용의 문제는 최소화의 2가지밖에 존재치 않지만 그 도달할 수 있는 최단의 길을 발견하기 위한 부단한 노력이 경영 의사결정의 영역에서는 필요 된다. 그래서 우리는 경영을 관리의 과정이라고 부르기도 한다. 지식은 비어 있음을 인지하면 움직이기 시작한다.

2 창업아이템의 선정

창업을 하기 전에 자신의 성격과 적성, 지식 및 강점, 자금력 등을 고려한 자신에게 가장 적합한 사업업종을 선택하는 것만이 실패확률을 최소로 하는 지름

길이요 성공의 확률을 높이는 것이 될 것이다. 철저한 준비만이 모든 사람들의 기대에 부응하는 것이 될 것이다. 또한 자기가 제일 좋아하는 업종을 택하면 성공확률이 높아진다. 일의 즐김과 성취도는 비례하기 때문이다.(Enjoy the job so as to do game)

1) 창업아이템 선정 기본 원칙

- 잠재 수용 층 분석
- 자신의 적성/경험/강점/능력의 평가
- 지속적 성장가능성 분석
- 동원 가능한 자금규모에 적합한 아이템여부 분석
- 인허가 절차 여부와 난해성 파악
- 수익성 예측 및 분석

2) 창업자의 성공요건

- 비전과 열정이 있는가?
- 근면 성실한가?
- 고객의 마음을 잘 읽고 있는가?
- 일을 스스로 찾아서 하는가?
- 절제력이 있는가?
- 신용관리가 잘 되고 있는가?
- 건강관리가 잘 되고 있는가?

3) 창업아이템의 흐름

(1) 특 징

- 개성화
- 특 화
- 복합화

4) 창업아이템 발굴기법

(1) 선행 파악사항

① 사회·경제적 변화의 조류와 소비자의 니즈를 파악한다.
② 선정한 업종의 성장가능성, 즉 소비자의 증가 등 추세를 세밀히 관찰한다.
③ 본인 자신의 적성과 취미, 경험과 강점을 최우선적으로 고려한다.
④ 대금회수, 수익성, 공급 및 반품조건 등을 따져본다.
⑤ 현행업종 및 점포의 실태와 사정을 면밀히 검토한다.
⑥ 성숙기, 포화기 및 쇠퇴기가 아닌 도입기나 성장기업종을 선택하도록 한다.
⑦ 투자자본의 적정규모를 예측해야한다.
⑧ 폐업에 대비해 업종전환이 용이한 것인가를 평가한다.
⑨ 반드시 자신의 눈으로 직접 확인한 후 결정한다.
⑩ 선택한 업종의 중장기적 미래모습을 예측해 본다.
⑪ 전문가에게 상담·자문을 의뢰하는 것도 한 방법이 된다.
⑫ 기술변화의 추세도(technology road map)를 그려본다.

(2) 후행 선정사항

① 일반적 창업희망 아이템 정보수집
② 경험자의 체험담 청취
③ 주체적 후보 창업아이템의 정보 수집
④ 후보아이템에 대한 정보 분석 및 검토
⑤ 사업타당성 검토
⑥ 아이템 최종 확정

3 창업아이템의 평가

1) 창업 아이템 탐색 방법

(1) 신문, 텔레비전, 잡지 등 홍보매체
(2) 인터넷검색
(3) 시장현장

(4) 국내외 현장 확인
(5) 인간관계이용
(6) 지방자치단체 민원실
(7) 각종관련업종협회 및 협동조합
(8) 민간경영컨설팅회사

2) 창업자의 자질분석

창업자의 자질분석을 통한 업종선택은 성공·실패 여부를 결정하는 것이 전체는 아니나 이를 통한 지표로 창업자질을 추정해볼 수 있다.

구 분	항 목	배 점		
1	낙관적인 성격인가?	예(5)	보통(3)	아니오(1)
2	가족의 동의, 협력을 확보했는가?			
3	사람을 만나는 것을 좋아하는가?			
4	신용은 곧 생명으로 안다			
5	성취욕구가 높다			
6	자신의 운명을 통제할 수 있다고 믿는다			
7	매사에 정열적이다			
8	한번 결정하면 끝까지 한다			
9	다른 사람을 설득할 수 있는 힘이 있다			
10	아이디어가 풍부하다			
11	새로운 방식을 빨리 받아들인다			
12	남의 일이라도 자진해서 해주기 좋아한다			
13	건강에 자신이 있다			
14	무슨 일이나 집념으로 행한다			
15	교제에 능숙하고 많은 친구가 있다			
16	많은 과제를 가지고 일하는 것이 즐겁다			
17	곤란한 일에 대해서는 투지가 솟는다			
18	남보다 한발 앞서가려는 마음이 강하다			
19	언제나 장래에 하고 싶은 일이 생각난다			
20	참을성이 강하다			
합 계	총 점			

배점 : 각 항목에 대해 (예)라고 답한 경우 5점			
	(보통)이라고 대답한 경우 3점		
	(아니다)라고 대답한 경우 1점		
판정	합산점수	90점이상~100점	창업자질이 매우 높음
		80점이상~90점	창업자질이 비교적 높음.
		70점이상~80점	창업자질이 약간 높음
		60점이상~70점	창업자질이 보통임
		50점이상~60점	창업자질이 다소 낮음
		40점이상~30점	창업자질이 낮음

4 사업아이템의 선택

1) 후보 사업아이템의 탐색

성공적인 사업아이템을 발견하기 위해서는 가능하면 많은 사업아이디어를 발굴할 필요가 있다. 창업이 가능한 모든 분야에서부터 출발하여 점차 좁은 범위로 옮겨가면서 체계적인 분석을 하다 보면 예비사업 아이디어가 탐색되고 이어서 창업자에게 적합한 후보 사업아이템을 선정할 수 있게 된다.

후보 사업아이템을 선정하는 과정 및 절차를 살펴보면 첫째, 사업아이템 선정의 기본 틀이라 할 수 있는 창업 상품과 시장과의 관계 및 사례별 성공가능성을 살펴볼 필요가 있다. 창업 아이템으로서 가장 적합한 경우는 기존상품을 아이템으로 하여 새로운 시장에 뛰어들 경우와 새로운 상품을 개발하여 기존 시장에 참여할 경우이다.

둘째, 성공 가능성이 높은 상품 유형의 선별이 필요하다. 성공적인 제품 또는 상품이 되기 위해서는 상품으로서 갖추어야 할 몇 가지 요건을 살펴보면 <도표 5-3>과 같다.

셋째, 성공가능성이 높은 상품유형과 기본요건을 기준으로 현재 존재하는 기존 상품을 조사한다. 성공가능성이 높은 이들 기존상품을 찾는 방법에는 ① 정책적으로 지원하는 중소기업, 즉 중소기업 진흥(제품구매촉진에 관한 법), 중소기업 고유 업종 및 계열화 업종(중소기업의 사업영역 보호 및 기업간 협력 증진에 관한 법 시행령 별표), 도시형(공업배치 및 공장설립에 관한 법 시행령 제34조

도표 5-3 성공적인 상품의 기본요건

상품유형	기본요건
욕구충족형 상품	• 필요성은 인정되나 욕구를 충족시킬 수 있는 제품을 생산하는 방법을 아는 사람이 이제까지 없었다. • 욕구의 인식 부족으로 인해 제품이 개발되지 않았다. • 미래 욕구 분출 가능성이 있다.
경쟁력이 있는 상품	• 품질향상 – 실용신안 의장등록 – 신뢰성 증가 및 특징 추가 – 품질 및 디자인개선 • 원가절감 – 저렴한 원재료개발 – 기술혁신
일정기간 수요증가 예상 상품	• 소비자 취향의 변화 • 소비자 의식의 변화

관련 별표1), 벤처기업 업종(벤처기업을 육성에 관한 특별조치법) ② 한국표준산업분류표 및 표준산업분류표 해설집 ③ 세계무역박람회, 산업박람회 및 발명품 전시회 등 참관 ④ 제품 아이디어관련 간행물의 활용 등의 방법을 통해 기존상품을 조사할 수 있다.

넷째, 기존상품의 응용 및 개선 가능성을 정밀 검토한다. 색깔이나 모양을 변경하거나 순서, 부품, 패턴 등을 재 비치하거나 확대, 축소, 대체, 결합 등의 방법을 동원하여 특징이 개선되고 성능이 우수해진다면 창업에 적합한 후보 사업 아이템이 예비적으로 선별되어지는 것이다.

2) 후보아이템의 점검방법

창업자는 후보아이템의 선정이 끝나면 사업아이템으로서 가능한지를 검토하여야 한다. 후보사업 아이템의 검토 요령은 어떤 특정한 규칙이나 체계가 확립되는 것은 아니다. 창업자의 형편과 사정에 따라 간단하게도 복잡하게도 검토해 볼 필요가 있다. 일반적으로 사업을 수행하는 데 필요한 핵심요소나 조건에 대해 가능한지 아닌지를 객관적으로 나열하여 사업 아이템을 정리해 나가는 자가진단 문답법 <도표 5-4>, 가중치부여 차트 순차화 방법 <도표 5-5> 등으로 아이템을 검토해 볼 필요성이 있다.

도표 5-4 자가진단 문답법

① 법적으로 금지된 사업인가? (예, 아니오)
② 사회환경에 해로운 영향을 미치는 사업인가? (예, 아니오)
③ 국가산업정책에 위배되는 사업인가? (예, 아니오)
④ 사회적으로 혐오의 대상이 될 수 있는 사업인가? (예, 아니오)
⑤ 거대한 자본과 특수설비를 필요로 하는 사업인가? (예, 아니오)
⑥ 특수한 기술과 원자재를 필요로 하는 사업인가? (예, 아니오)
⑦ 경쟁이 치열하며 진입장벽이 높은 사업인가? (예, 아니오)
⑧ 시장이나 판매조직이 전혀 형성되어 있지 않은 사업인가? (예, 아니오)
⑨ 대체재나 보완재가 존재하는 사업인가? (예, 아니오)
⑩ 이 사업에의 진입을 어렵게 만드는 독점적 기업이 존재하고 있는가? (예, 아니오)

이와 같은 문항을 체크한 후, 예에 체크된 문항이 많을수록 부적합한 사업으로 평가된다.

도표 5-5 차트 순차화 방식

순 서	창업 아이템	지 식 경 험	기술 독창성	진입 용이성	자본 적합성	합 계
1						
2						
3						

5 사업아이템의 선정기준

1) 아이템 선정의 원칙

어떤 업종을 선택하느냐의 문제는 창업에 있어서 가장 중요한 사항이다. 그래서 다음과 같은 업종 선택의 기본 관점, 즉 아이템 선정의 기본원칙을 고려하여 업종을 선택하여야 할 것이다.

(1) 업종의 성장가능성은 있는가?
(2) 경험이나 특징을 활용할 수 있는 업종인가?
(3) 인가나 허가를 받아야 하는 업종인가?

2) 창업 아이템 선정 시 유의 사항

앞에서 개략적으로 살펴 본 아이템 선정기준을 토대로 창업 아이템 선정시 고려사항을 정리해 보면 다음과 같다.

(1) 유망 아이템에 대한 선입견과 고정관념을 버린다.
(2) 창업자의 적성·경험·능력·강점을 최우선적으로 고려한다.
(3) 현재의 직종을 중시한다.
(4) 단계를 밟아 인내력을 가지고 사업 아이템을 선택한다.
(5) 민감한 사업 아이템, 미확인된 사업 아이템을 경계한다.
(6) 하이테크형 아이템보다 하이터치형 아이템을 추구한다.
(7) 사양 사업을 무시하지 않는다.
(8) 누구나 좋다고 생각하는 사업 아이템에 현혹 당하지 않는다.
(9) 퓨전시스템을 활용한다.(입구口 + 새조鳥 = 새의 부리가 아닌 울명鳴의 사고를 한다)
(10) 틈새 전략을 중요시한다.

사업아이템 선정에 있어서 가장 중요한 것은 창업자의 경험·적성·능력에 맞는 사업 아이템을 선택하는 일이다. 아무리 좋은 아이템이라 하더라도 창업자가 잘 모르는 사업 분야라면 경영에 위기가 닥쳤을 때 대응능력이 부족하고, 경영전략 수립에도 한계가 있기 때문에 특별한 경우가 아닌 한 비전문 분야 창업은 삼가는 것이 좋다.

생각의 포인트

최고의 안식처

밤낮으로 실험에만 열중하는 에디슨에게 부인이 말했다. '당신은 너무 일만하니 어디서 좀 쉬고 오시는 게 좋겠어요.' 에디슨은 난감하다는 듯 아내의 얼굴을 물끄러미 바라보며 물었다. '어딜 가지?' '어디든 당신이 제일 가고 싶은 데로요.' '그러지.' 이튿날 에디슨은 제 시간에 연구실에 나타났다.

조선시대 사람 최응효가 과거를 보러 갔다가 답안지에 쓴 글씨 하나가 중국의 서예가 왕희지 것보다 더 잘 쓴 것 같아 차마 답안지를 제출하지 못하고 품에 안고 집으로 되돌아 왔다는 것이다. 훗날 열심히 연습한 끝에 최응효는 유명한 서예가가 되었다. 그는 서예에 미쳐 성공했던 것이다. "미치지 않으면 미치지 못한다는 불광불급(不狂不及)"이라는 사자성어를 생기게 한 사람이다. 미쳐야 미친(도달한)다. 불광불급은 미친 듯한 열정이 아니면 큰 성취를 이룰 수 없다는 뜻이다.

공자는 도를 아는 사람은 좋아하는 사람만 못하고 도를 좋아하는 사람은 즐기는 사람만 못하다고 했다. 자왈(子曰) 지지자(知之者) 불여호지자(不如好之者)요 호지자(好之者) 불여낙지자(不如樂之者)니라 했다. 기업의 업무도 마찬가지리라. 그래서 자기가 즐거워하는 업을 선택하면 성공할 확률이 높다는 것이다.

길은 많다. 그러나 그 많은 길을 다 가보기에는 생이 너무 짧기 때문에 자기가 제일 잘하는 것 제일 좋아하는 일을 하면 성공할 확률이 높아진다는 것이다. 타고난 에너지를 부족한 곳을 채우려고 낭비해서는 안 된다. 개구리가 아무리 높이 뛰는 연습을 열심히 해도 새가되지 못한다.

창업자의 적성은 사업가적 적성뿐만 아니라, 사업 분야에 대한 적성도 함께 고려하지 않으면 아니 된다. 다른 요소보다도 창업자의 적성·경험·능력을 우선적으로 고려하여야만 사업실패 확률이 낮고, 경영위기 시 대처 능력이 높아 안정된 사업을 영위해 나갈 수 있다고 하겠다.

생각의 포인트

창업자 자신의 발견

바다에서 떠오른 게 한 마리가 어느 해변에서 먹이를 찾고 있었다. 배고픈 여우가 마침 그 게를 발견하고는 달려가서 붙잡았다. 여우가 막 먹으려는 순간 그 게가 말했다. '난 불행을 당해도 싸, 바다 생물인 주제에 육지 동물이 되기를 원했으니까.' 결국자기들의 관례대로 하던 일을 버리고 낯선 일을 하려는 사람들은 재앙을 맞게 될 확률이 높다.

– 이솝「우화」

음악가는 음악을 만들어야 하고, 화가는 그림을 그려야 하고, 시인은 시를 써야 한다. 진정한 마음의 평화를 얻고자 한다면 자신이 원하는 일을 해야 한다.

– 아브라함 매슬로

좋아하는 일을 직업으로 삼아라. 그럼 평생 동안 억지로 일할 필요가 없다.

– 중국속담

6 사업아이템의 선정

1) 사업아이템의 선정 방법

(1) 유망사업의 판단 기준

창업자들의 가장 큰 고민은 성공가능성이 높은 유망사업을 찾을 수 있느냐 하는 것이다. 창업의 최대 문제점은 바로 좋은 아이템을 찾는 일일 것이다. 혼인에 있어서 가장 중요한 일은 예식장이나 결혼예물을 고르는 일이 아니라 결혼할 상대자를 찾는 일이듯 창업을 하기 위해서는 무엇보다 먼저 창업할 사업아이템을 찾아야 한다. 그것은 창업에 대한 깊은 관심과 치밀한 준비에 의해서 가능해진다.

또한 행복한 결혼생활의 첫째 조건이 자기의 마음에 꼭 드는 배우자를 선택하는 것이듯 성공적인 창업을 위한 첫째 조건도 자기 마음에 꼭 드는 사업아이템을 고르는 것이다. 그래서 감성적 성격요소와 현실적 환경여건을 과학적으로 평가하여 창업 아이템을 선정하여야 한다. 창업에 대한 깊은 고뇌가 필요하다.

(2) 거시적 유망사업과 미시적 유망사업

유망한 창업아이템을 고르는 데도 이와 똑같이 2가지 기준이 있는데 하나는 거시적 관점이라는 기준이고 다른 하나는 미시적 관점이라는 기준이다. 유망사업에는 거시적 유망사업과 미시적 유망사업 이라는 2가지 종류가 있다.

거시적 유망사업이란 시대적 추세로 볼 때 발전가능성이 높은 미래의 사업을 두고 하는 말이다. 예를 들면 요즈음 신문이나 방송에서 유망사업분야라고 입을 모으고 있는 정보통신분야, 생명공학분야, 우주항공분야 같은 첨단산업분야가 그런 것이다. 거시적 유망사업이란 현재의 성공에 무게가 있는 사업이 아니라 미래의 성공에 무게가 있는 사업이다.

창업의 역사를 보면 많은 전문가들이 성공을 점쳤던 일이 실패하고 반대로 실패를 점쳤던 일이 성공한 경우가 수없이 많다. 그러나 그처럼 승패가 뒤바뀐 일이 있었다고는 하지만 전체적으로 보면 성공한 자에게는 최소한의 공통적인 성공이유가 있었고, 실패한 자에게는 최소한의 공통적인 실패이유가 있었다.

그러므로 성공하고자 하는 자는 무엇보다도 먼저 창업의 역사가 가르쳐 주는 공통적인 성공요인을 찾고 분석하는 데 앞장서야 할 것이다. 그러고 나서 자기의 독창적인 길을 기획해야한다. 자기가 계획한 좁은 길로 가야 생존한다. 사냥에 나선 독수리는 떼 지어 날지 않는다. 고뇌와 고독과 긴장을 사냥의 도구쯤으로 간주해야한다.

① 거시적 유망사업

유럽의 한 유명 신발회사가 아프리카 진출을 계획하고 두 번에 걸쳐 현지 시장조사 요원을 파견했다. 첫 번째 시장조사를 마치고 돌아온 직원은 이렇게 보고했다. '아프리카에서는 신발장사는 발상 자체부터가 잘못인 것 같습니다. 신발을 신는 사람이 있어야 신발을 팔 수 있을 텐데 아무도 신발을 신지 않으니 누구에게 신발을 팔겠습니까?'

그러나 두 번째 시장조사를 마치고 돌아온 직원은 다음과 같이 전혀 다른 보고를 했다. '아프리카의 신발시장은 그 가능성이 무궁무진합니다. 아직 단 한 사람도 신발을 신은 사람이 없으니 이들에게 신발을 신도록 한다면 얼마나 큰 시장이 되겠습니까?'

이 이야기는 세월이 흘러가는 상황에 대한 미시적 판단과 거시적 판단이 어떻게 다를 수 있는가를 말해 주는 예다. 아프리카에서의 신발장사는 당장 눈앞에 나타난 분명한 현실만을 따지는 미시적 관점에서 보면 어려울 것임이 틀림없지만 미래의 장기적인 전망으로 보면 엄청나게 좋은 시장이 될 수 있다. 사고의 유연성이다.

창업은 근본적으로 오늘의 성공보다는 내일의 성공을 전제로 하는 일이다. 비록 시작은 보잘것없더라도 갈수록 성공할 확률이 높은 사업이라면 모든 창업희망자들은 그 길을 선택할 것임이 분명하다. 창업자는 우선 거시적 관점에서 사업의 기본방향을 제대로 잡아야 한다. 만일 자기가 선택한 사업의 기본방향이 거시적 관점에서 볼 때 잘못된 방향이라면 성공할 가능성은 그만큼 희박할 수밖에 없다.

② 미시적 유망사업

미시적 유망사업이란 한마디로 자신이 가진 제반조건을 감안할 때 현실적으로 자기에게 가장 좋은 사업아이템을 말한다. 중소기업이나 소상공인이 창업할 때 선택해야 할 아이템은 바로 미시적 입장의 좋은 아이템이다. 창업에 관한 한 타인에게 좋아도 나에게 나쁘면 그것은 나쁜 아이템이다.

사업아이템을 고르는 일은 서로 다른 동물들이 먹이를 고르는 일과 같다. 소와 말은 풀을 좋아하지만 사자나 호랑이는 고기를 좋아한다. 객관적으로 보면 고기도 좋은 먹이이고 풀도 좋은 먹이이다. 그러나 육식동물에게는 풀이 소용없는 먹이이고 채식동물에게는 고기가 소용없는 먹이다. 그러므로 소와 말에게는 고기가 나쁜 음식이고 사자나 호랑이에게는 풀이 나쁜 음식이다. 이처럼 나에게 좋지 않은 것은 아무리 많아도 소용없는 것이다. 따라서 유망 사업아이템이란 창업자 자신의 종합적인 여건에 가장 적합한 아이템이 유망한 사업아이템이다.

2) 유망 아이템의 선정 전략

(1) 유망 아이템

사업 아이템을 선정할 때 가장 중요시 여겨야 할 부분이 그 사업의 전망이다. 이는 창업의 핵심이 된다. 유망 아이템의 엄격한 의미는 성장성 즉, 장래성이 있고 사업의 궁극적인 목적이라 할 수 있는 수익률이 높은 업종으로서, 안정적인 매출 실현이 가능할 뿐만 아니라 자금 회전율이 높은 업종이라 할 수 있다.

그러나 현실적으로 이런 유망업종을 찾기란 쉽지 않다. 만약 이런 사업 아이템이 있다면 이미 많은 업체가 성업 혹은 창업 예정 중일 것이다. 그렇다면 오히려 유망 아이템이라기보다는 실패율이 높은 업종으로 분류할 수 있을 것이다. 유망 아이템이라 하더라도 경쟁자가 많은 업종은 실패할 확률이 높기 때문이다.

따라서 유망 아이템이란 성공확률이 높은 업종이라기보다는 실패율이 낮은 업종으로서 어느 정도의 부가가치가 있고, 기본시장이 존재하여 향후 수요 확대의 여지가 큰 업종 정도로 해석하는 것이 창업자에게 적절하다고 보여 진다. 왜냐하면 창업이란 너무 낙관적이면 방심하게 되고, 사업을 통해 일확천금을 노리다 보면 곧 실패의 문턱에 이를 수 있기 때문이다. 토끼가 사는 초장이 너무 무성하면 코끼리 떼와 사자가 진입한다.

그러므로 사업 아이템 선정 시 유행에 휩쓸려 인기 있는 아이템을 선정하고 사업을 시작하면 결국은 동 업체들과의 지나친 경쟁으로 인해 사업 운영이 힘든 경우가 생길 수도 있다. 시류에 휩쓸린 섣부른 아이템 선정은 금물이라고 하겠다. 이익을 내면서 건강하게 성장할 수 있는 아이템을 선정해야한다. 치가동기(値加動機)다. 이익 즉 가치 증식이 있어야만 존재의미를 부여받을 수 있다는 것이 기업이다.

(2) 유망 업종의 기본 요건

① 실속 있으며 시류에 맞는 업종의 선택
② 자본 규모에 적정한 업종 선택
③ 대기업이 참여하기 곤란한 새로운 분야의 사업 선택

(3) 유망 사업 아이템 찾는 법

① 잘 아는 전문분야를 선택한다. 출신 직업특성을 살리면 절반은 성공이다.
② 자금회전 기간이 짧은 아이템을 선정한다.
③ 시장창출형 아이템을 선택한다.
④ 계절성이 지나치게 강한 아이템은 피한다.
⑤ 환경영향을 고려한 아이템을 선택한다.
⑥ 소비성이 강한 생필 소비재에 우선순위를 둔다.

7 사업아이템과 창업정신

창업업종을 정하는 데 창업자 성격이 큰 변수가 된다. 대다수의 사람들이 창업 시 가장 큰 비중을 두고 고려하는 부분이 '어떤 아이템이 수익이 많이 나는 아이템일까?'이다. 그러나 성격에 대한 철저한 분석에 가장 큰 비중을 두어야 한다. 성격에 대한 철저한 분석이 없이 시작한 창업에서 실패의 사례를 우리는 빈번하게 본다. 예를 들면, 소극적인 성격의 소유자가 판매업에 뛰어든 다든지, 그다지 손재주가 없는 사람이 제작업을 한다든지 하는 등이다.

이렇듯 자신의 적성을 잘 파악하는 것이 실패를 방지하는 방법이 된다. 따라서 아이템 선택의 중요성은 나에게 어떤 유형의 아이템이 맞는지 미리 조사하여 둘 필요가 있는 것이다.

1) 창업정보지원사이트

창업정보를 구한다면 먼저 인터넷 소자본 창업지원 전문 사이트를 클릭해 보면 도움이 된다. 대표적인 소자본 창업사이트를 소개하면 아래와 같다.

① 소상공인지원센터(www.sbdc.or.kr) : 중소기업청에서 개설한 종합 데이터베이스 사이트. 전국 60만여개 업소 위치 정보를 얻을 수 있어 상권별 현황을 알아보는데 유용.

② 소호월드(www.sohoworld.co.kr) : 소호비지니스 정보와 다양한 창업소식을 전달한다. 홈페이지를 통해 동호회를 만들 수 있다는 것은 이 사이트만의 특징.

③ 국제프랜차이즈협회(www.franchise.org) : 프랜차이즈 업계를 대표하는 국제프랜차이즈협회(IFA)가 운영하는 홈페이지다.

④ 프랜차이즈프라자(www.franchiseplaza.co.kr) : 외식, 유통, 서비스별로 프랜차이즈 정보를 제공. 국내 대부분 프랜차이즈 본사를 볼 수 있다는 것이 특징.

⑤ 창업e닷컴(www.changupe.com) : 창업 및 프랜차이즈, 체인 인큐베이팅, 생활경제, 유망아이템, 속보, 법률, 세무, 경영 등 무료 컨설팅 제공.

읽을거리

벤처 창업의 꿈 아이디어로 뚫자

한국경제신문과 중소기업청이 베이징대에서 개최한 '아시아 대학생창업경진대회'에서 일본 게이오. 와세다대학 연합팀이 제안한 '에코 자판기 시스템'은 환경보호를 비즈니스로 연결했다는 점에서 인기를 끌었다. 이 아이템은 일반 자판기에서 일회용 용기 말고도 이용자가 가져온 컵 등을 쓸 수 있도록 한 것이 특징. 일회용 용기의 사용량을 줄이는 것은 물론 자판기 이용료도 크게 낮출 수 있다는 장점이 있었다. 자판기에 광고 시스템을 설치해 특정 회사의 광고 프로그램을 선택해서 보고 나면 자판기를 더 싸게 이용할 수 있는 광고 요금 시스템도 도입했다.

싱가포르 1팀의 아이템은 전자명함이었다. 이는 휴대용 명함 정리기로 실용성 및 사업성이 높고 기술적으로도 우수한 것으로 평가받았다. 기존 명함 크기의 기기를 컴퓨터에 연결해 전자식으로 전화번호와 이름 등을 입력, 휴대하고 다니기 편리하도록 했다. 다양한 편집이 가능하며 쉽게 찾아볼 수 있도록 알파벳은 물론 전화번호 입력날짜 등의 순으로 검색이 가능토록 한 게 높은 평가를 받았다.

싱가포르대 2팀은 특정한 물건의 위치를 쉽게 찾을 수 있는 물건 위치 인식 시스템을 선보였다. 열쇠 지갑 등 집안에서 쉽게 잃어버릴 수 있는 물건에 특수한 칩을 부착해 위치를 찾을 수 있도록 한 것이다. 주파수를 달리 하면 다양한 물건에 적용할 수 있다. 이 아이템은 시장성에서는 그다지 좋은 평가를 받지 못했지만 역시 아이템을 설명하는 방식이 돋보였다.

연세대, KAIST 등 한국연합팀이 출품한 장갑형 키보드와 마우스는 독창적 아이디어로 기술적인 평가에서 단연 높은 점수를 받았다. 이 아이템은 노트북 등의 입력장치를 없애고 특수 센서가 달린 장갑을 이용하여 컴퓨터 등에 글자를 입력한다는 것이다. 관절의 비틀림 현상을 응용한 창의성이 돋보였다.

중국 베이징대학팀은 세무 관련 인터넷 웹사이트를 제안했다. 이는 중국에서 비즈니스를 하려는 사람들이 큰 폭으로 늘어나고 있지만 복잡하고 자주 바뀌는 중국의 세무 규정 때문에 어려움을 겪는 사람들을 지원하는 시스템이다. 회원사가 세금 납부나 세무 관련 정보를 전문가에게 조언 받을 수 있게 고안했다.

참가 대학생들은 한국, 중국, 일본, 싱가포르 등 아시아지역 대학생들이 참여하는 대학생 벤처창업 네크워크인 '아시아대학생벤처포럼(ASVF)'을 결성했다. 이번에 결성된 ASVF는 참신한 아이디어로 벤처 창업을 꿈꾸는 아시아지역 대학생 1만여명을 회원으로 구성하여 인터넷으로 서로의 아이디어를 제안하고 이를 토대로 공동사업을 전개해 나가기로 했다.

ASVF는 선문대 건축학과 2학년 엄창석씨가 창안한 것이다. ASVF는 첫 단계로 홈페이지(www.asiasvf.com)를 만들어 회원을 확보해 각자가 개발한 창업아이템을 인터넷상에 전시하고 협력자와 투자자를 모색한다. 매년 베이징대에서 치러지는 대학생 창업경진대회는 올해로 7회째였으며 8회째인 내년에는 홍콩에서 실시할 계획이다. 또 한국경제신문과 중기청은 매년 대학생 창업동아리들을 선정해 유럽 미국 등으로 창업연수를 보내고 있다.

[이치구, 한국경제 중소기업연구소장 rhee@hankyung.com]

제 6 장

사업타당성과 사업계획서

1. 사업타당성의 의의
2. 사업타당성의 분석
3. 사업계획서의 개념
4. 사업계획서의 활용
5. 사업계획서의 작성
6. 사업타당성의 분석 및 사업계획서 작성

▶ 읽을거리

자기의 숭고한 인생가치를 실현하려는 웅지를 품고 사업을 하려는 준비를 갖추고 있는 청년의 경우, 관건은 '계기'가 있는가 없는가에 있는 것이 아니라, 그 사업을 위한 계기를 습득하는가 못하는가에 있다. 만일 일정한 기능을 소유하지 못했다면 '계기'가 있다 하더라도 그것을 발견하고 이용하지 못하고 놓치게 될 것이다. 왜냐하면 계기는 머리를 짜는 사람만을 편애하며 그것을 어떻게 추구하는가를 아는 사람만을 귀하게 여기기 때문이다.

1 사업타당성의 의의

흔히 창업자들이 사업타당성 분석과 사업계획서를 동일시하는 경우가 있는데 이것은 엄격하게 구별된다. 사업타당성 분석은 창업 성공의 첫 번째 단계라 볼 수 있다. 따라서 사업타당성 분석은 선정된 후보사업의 상세한 분석 즉, 시장성 및 판매전망 분석, 제품 및 기술성 분석, 수익성 및 경제성 분석, 사업 가능성을 확인하는 과정이라 볼 수 있다.

반면 사업계획서란 사업타당성 분석 후 사업타당성이 인정된 경우에 작성하는 것으로서 사업의 내용, 경영방침, 기술성, 시장성 및 판매전망, 수익성, 소요자금 조달 운영계획, 인력 충원계획 등을 일목요연하게 표현한 일체의 서류를 말한다.

좋은 아이디어를 수익성과 연결시키기 위해서는 여러 중간과정을 거쳐야 하는데, 특히 중요한 것이 사업타당성 분석이다. 대부분 창업자가 사업타당성 분석을 소홀히 하거나 주관적으로 유리하게 생각하고 사업을 하는 경우가 많은데 이 경우가 대부분 실패하는 사례이다.

1) 사업타당성 분석의 중요성

사업타당성 분석은 창업을 실패로부터 지켜줄 수 있는 좋은 보조장치다. 중소기업 창업은 물론 아무리 작은 소규모 창업, 심지어 구멍가게의 창업일지라도 필수적으로 꼭 작성해 볼 필요가 있다. 자기가 하고자 하는 사업이 사업성 있는 것인지 없는 것인지를 판단하는 일은 매우 중요하다. 창업은 한번 잘못하면 자기 망하고 집안 망하는 파멸의 길을 걷게 되는 무서운 일이다. 그러므로 만일 사업성 없는 일이라면 아예 시작하지 않는 것이 상책이다.

문제는 사업성이 있는지 없는지를 어떻게 정확히 판단하느냐는 것이다. 실제로 사업에서 실패한 경우를 보면 모두가 사업성을 평가해 보지 않았기 때문이 아니라 사업성을 잘못 평가한 데 그 근본적인 원인이 있다. 평가도 아무리 완벽하게 잘했다고 하더라도 실제로 창업을 하게 되면 많은 차질이 생길 수 있고 따라서 전혀 예측하지 못했던 문제 때문에 실패할 경우도 얼마든지 있다.

도표 6-1 사업타당성 분석의 기본과제

① 얼마나 팔리겠는가? -- 판매 추정을 하기 위한 시장조사
② 기술적으로 타당한가? -- 생산품의 생산이 기술적으로 실현 가능성 조사
③ 소요자금은 얼마인가? -- 소요자금에 대한 추정치 산정
④ 수익성은 어떠한가? -- 사업 투자여부에 대한 최종대안의 분석

2) 사업타당성 분석의 내용

사업타당성 평가 항목은 일반적으로 계획사업과 창업자의 적합도 즉, 계획사업의 수행능력 평가, 계획 제품의 생산가능성, 품질, 성능 및 하자 여부 등을 검토하는 기술성 분석, 판매시장 환경, 경쟁상태, 시장진입 가능성 및 중장기 수급 전망 등을 검토하는 시장성분석, 적정 수익률 확보를 위한 경영요소 즉 손익분기점 분석, 시설규모, 판매와 일반관리비 등 적절한 비용 분해 등을 검토하는 수익성 분석, 기타 종업원의 조직 적합도, 입지, 상품조달 위험성 등의 위험요소 분석, 중장기경영계획의 실현 가능성 등이 있다.

사업타당성 분석은 창업 성공의 첫 번째 단계라 볼 수 있으며, 그 필요성은 다음 네 가지로 요약할 수 있다.

첫째, 창업자 자신의 주관적인 사업구상이 아닌, 객관적이고 체계적인 사업타당성 검토는 계획사업 자체의 타당성 분석을 통해 창업회사의 성공률을 높일 수 있다는 장점이 있다.

둘째, 창업자들이 사업타당성 검토를 통하여 구상하고 있는 기업의 제 형성요소를 정확하게 파악하여 창업기간을 단축할 수 있고, 효율적인 창업업무를 수행할 수 있다.

셋째, 창업자가 독자적으로 점검해 볼 수 없는 계획제품의 기술성, 시장성, 수익성, 자금수지계획 등 세부항목을 분석/제시함으로써 해당업종에 대해 미처 깨닫지 못한 세부사항을 사전에 인지하여 효율적 창업 경영을 도모할 수 있다.

넷째, 기업의 구성요소를 정확하게 파악함으로써 사장의 경영능력 향상에 도움을 줄뿐만 아니라, 계획사업의 균형있는 지식습득과 보완해야 할 사항을 미리 확인하여 조치를 취할 수 있게 된다.

2 사업타당성의 분석

사업타당성 분석은 크게 나누어 2단계로 나누어, 예비사업성 분석과 본 사업성 분석으로 분류할 수 있다.

1) 사업타당성 분석의 절차

(1) 예비 사업타당성

프로젝트의 선정 전에 다수의 예비프로젝트를 선별해 가는 과정으로 후보사업 아이디어 발견을 위해 사업가능 아이디어 나열하고, 예비사업 아이디어 발견한 후, 예비사업성 분석 및 후보사업 아이디어를 1차적으로 선정한다.

(2) 본 사업타당성

본 사업성 분석은 예비 사업성 분석에서 1차적으로 선정된 후보사업 아이디어를 상세히 분석한 뒤, 아이템 적응성 분석, 시장성 및 판매전망 분석, 제품 및 기술성 분석, 수익성 및 경제성 분석, 재무분석과 일반관리계획 등을 통해 사업 성공 가능성을 확인하는 과정이다.

2) 사업타당성 평가

(1) 사업 능력 및 적합성

① 사업 수행능력 평가

창업자가 기업가로서 갖추어야할 적성과 자질을 얼마나 갖추고 있는가를 평가한다. 후천적으로 해당사업 분야와 관련되는 분야에서 경험과 지식의 깊이가 얼마나 되는가를 평가해야 한다.

창업멤버의 구성 및 통제능력, 서비스 및 기술혁신 능력, 국내외적 기업 환경의 변화 속에서 기업성장에 가장 적합한 결정을 내릴 수 있는 종합분석 및 판단능력이 필요하다.

도표 6-2 사업타당성 분석 흐름도

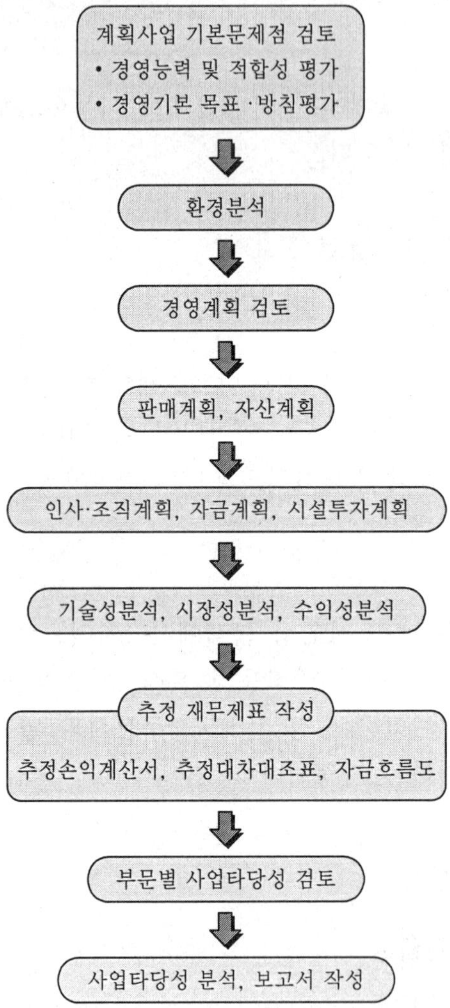

② 사업의 수행능력 평가요소

계획사업은 창업자 자신이 수행한다. 사업아이템 선정에서부터 사업규모 결정권자는 바로 창업자 자신이다. 따라서 창업자가 기업가로서 갖추어야 할 적성과 자질을 얼마나 잘 갖추고 있으며, 후천적으로 해당 사업 분야와 관련되는 분야에서의 경험과 지식의 깊이가 얼마나 되느냐에 따라 사업성의 성패가 결정된다고 볼 수 있다.

또한 창업 사업계획을 성공적으로 수행하기 위해서는 창업자에게 업무 수행

능력이 필수적으로 요구된다. 이들 요소는 창업자가 기업가로서의 사명과 책임을 다하기 위해 필요한 요소들로서 가정유지 능력, 창업 멤버의 구성 및 통제능력, 서비스 및 기술혁신 능력, 그리고 국내외의 복잡한 경영·경제적 환경변화 속에서 기업성장에 가장 적합한 결정을 내릴 수 있는 종합 경영분석과 판단능력 등이 있어야 한다.

그러나 이와 같은 창업성공의 필수적 요소인 창업자의 적성, 경험과 지식 및 업무수행 능력을 완벽하게 구비하고 태어난 창업자는 그리 많지 않을 것이며, 이런 요소를 갖고 있지 않은 창업자라고 해서 반드시 실패한다는 의미는 아니다. 다만 창업 성공의 필수요소를 많이 갖고 있는 창업자일수록 사업성공 가능성이 높다는 사실이다.

이런 관점에서 계획사업 수행능력 및 적합성 평가요소는 크게 나누어 창업자의 선천적 적성과 자질, 그리고 창업자의 경험과 지식, 경영능력 등 후천적 자질로 구분할 수 있으며, 이들 요소의 구체적인 평가항목은 다음과 같다.

도표 6-3 계획사업의 수행능력 평가요소

평가요소	세부 평가 항목
적성 및 자질 (선천적 자질)	① 모험심 ② 가능성에 대한 집념 ③ 스케일 ④ 리더십 ⑤ 의지력 ⑥ 기타 창업자의 성격·체질·체력적인 소질
경험 및 지식 (후천적 자질)	① 창업관련 분야에서의 경험 ② 학문과 지식 ③ 창업자의 자격 ④ 교제인물의 폭과 깊이 ⑤ 창업환경을 둘러싸고 있는 인과관계
업무수행 능력 (경영능력)	① 가정유지 능력 ② 창업 멤버의 구성 및 통제능력 ③ 서비스 및 기술혁신 능력 ④ 경영·경제적 환경적응 능력 및 경영분석·판단능력

첫째, 창업자의 선천적 적성 및 자질의 세부 평가 항목으로는 모험심, 가능성에 대한 집념, 스케일, 리더십, 의지력, 기타 창업자의 성격·체질·체력적인 소질

로 분류할 수 있다.

둘째, 후천적 경험 및 지식의 세부 평가 항목으로는 창업관련 분야에서의 경험, 학문과 지식, 창업자의 자격, 사회적 지위 및 신용, 교제 인물의 폭과 깊이, 창업환경 분석 등의 요소가 있다.

셋째, 업무수행 능력의 세부평가 항목으로는 가정유지 능력, 창업 멤버의 구성 및 통제능력, 서비스 및 기술혁신 능력, 경영·경제적 환경 적응능력, 그리고 경영분석·판단능력으로 분류하여 평가해보아야 한다.

(2) 시장타당성 분석

① 시장성 분석

시장분석에서 얻으려고 하는 핵심정보는 매출액과 판매비의 추정치이다. 그 외에도 사업의 시작 및 운영과 관련된 시장에 관한 정보를 수집하고 분석하여야 한다. 시장분석에 포함되어야 할 사항은 다음과 같다.

㉮ 시장의 특성 : 시장의 지리적 위치, 수송방법, 현재 운임, 유통조직, 대금결제 방법 등 일반적인 거래 관행.

㉯ 수요분석 : 주된 소비자, 소비량, 소비 총액, 선호하는 제품의 종류 등.

㉰ 공급분석 : 국내 및 국외의 주요 공급자, 경쟁자 및 그들의 판매 가격, 품질, 판매전략 등.

㉱ 매출추정 : 이상의 조사를 근거로 하여 생산품에 대한 총수요량, 금액 및 시장점유율 등을 예측한다. 필요에 따라 생산품별, 지역별, 시기별 수요량과 금액을 추정한다.

㉲ 판매비추정 : 목표 매출을 달성하기 위한 인건비, 광고선전비 등 판매비를 추정한다.

② 소비자 분석

고객이 자기회사 제품을 사줄 때만이 제품의 효력이 발휘되는 것이며, 기업성장의 발판이 마련되기 때문이다. 따라서 시장성 분석, 특히 전반적인 시장동향 분석 시에는 반드시 소비자 분석이 뒤따라야 한다. 소비자의 구성 분포 및 변화추세를 분석함은 물론 제품의 소비형태와 소비단위 및 구매동기와 소비자 수요형태 등에 대해서도 분석해 보아야 한다.

소비자의 구성분포는 지역별, 연령별로 현재의 성향과 변화추세 등을 분석하여야 하며, 제품의 소비형태. 즉 정기적 구매인지, 일시적 구매인지, 또한 재구매의 순환주기는 얼마나 되는지, 1회의 소비단위는 어느 정도 되는지 분석해 보아야 한다. 그리고 구매가 발생하는 동기, 소비자의 수요 자극 요소 및 경향 등에 대해서도 분석해 보아야 한다.

㉮ 제품의 생명주기 : 제품의 생명주기를 무시하고, 그 시장에 진입한 경우에는 사업 실패와도 연결 될 수 있는 확률이 높아진다. 라이프사이클은 비단 제조업에만 국한된 것은 아니며, 도·소매업 및 서비스업에도 적용된다. 모든 사업에 있어서 제품생명주기가 존재하는 것이며, 이 생명주기에 대한 철저한 분석이 없이는 사업성공 자체가 어렵게 되는 것이다. 따라서 계획제품의 라이프사이클이 도입기, 성장기, 성숙기, 포화기, 쇠퇴기 중 어디에 해당되는지에 대해서도 실제 다음의 충분한 분석이 요구된다 하겠다.

㉯ 제품가격 분석 : 제품 경쟁력의 첫째 요소는 제품 가격이다. 가격정책을 어떻게 수립하느냐가 마케팅 성공의 지름길이 된다. 마케팅 성공이 기업성공의 열쇠가 될 수 있기 때문에 결국 시장성 분석에 있어서 제품가격 분석을 필수적 항목이라 볼 수 있다. 제품가격 분석은 크게 나누어 제품의 가격정책, 가격 경쟁력 및 가격 추세 분석으로 분류할 수 있다. 신제품을 시장에 출현시킬 때는 우선 가격정책을 수립하는 일부터 염두에 두어야 한다.

㉰ 수요예측 : 일정 기간에 소비자 또는 고객에게 판매되는 상품의 수량 또는 금액을 측정하는 것이다. 즉 시장성 검토에서 가장 중요한 항목은 수요 예측이며, 이 수요 예측은 예상 매출액으로서 수치화 된다. 수요 예측이 사업성 분석과정에서 중시되는 이유는 판매계획, 생산계획 및 자금조달 운용계획이 바로 이 수요예측 즉, 예상매출액 추정으로부터 출발하기 때문이다.

(3) 기술적 분석

기술적 타당성이란 제품의 생산과 관련되는 제 요소, 즉 제품이 원만하게 생산될 수 있는지를 분석하는 요소이다. 제품에 대한 특성, 생산 시스템, 공정 등에 대한 조사분석과 더불어 공장입지, 시설계획 및 조업도, 원재료조달 및 개선 가능성 등을 종합적으로 분석하여야 한다.

특히 특허나 실용신안 등 공업소유권에 의한 창업의 경우에는 이론과 실제와의 격차가 어느 정도인지, 또 예상되는 불량률 및 하자발생의 가능성은 없는지를 세밀하게 검토하여야 한다. 왜냐하면 공업소유권은 기술 자체의 평가이지 사업 성공가능성의 확인이 아니기 때문이다. 아무리 훌륭한 기술이라도 소비자를 위해 상품화되지 않으면 그 사업은 성공할 수 없는 것이다.

기술적 타당성 분석은 사업계획의 기술적 타당성과 원가 추정을 위한 기초 자료를 제공하고, 사업에 영향을 미치는 여러 가지 요인을 고려하여 기술적 대안을 비교, 검토하는 단계이다.

기술적 타당성 분석에서는 시장분석의 결과에 의거하여 설정한 매출수량을 만족시키기 위한 생산활동의 기술적 실현가능성과 제품원가의 추정치 이다. 이러한 정보를 얻기 위해 조사해야 하는 내용은 다음과 같다.

① 제품의 특성 : 제품의 용도 및 특성
② 제조공정 : 채택공정의 세부적인 흐름분석.
③ 기계와 장비 : 규격, 성능, 신뢰성, 가격, 대금지불 방식, 애프터서비스, 예비부품조달, 인도방식과 일정 등.
④ 원자재 : 종류, 가격, 수량, 공급자, 공급자 위치, 공급방법 등.
⑤ 건물 : 크기 및 특성, 건축비 등.
⑥ 대지 및 위치 : 규모, 가격, 위치 등.
⑦ 동력과 용수 : 전기 가스, 공업용수 수요량과 조달 방법, 비용 등.
⑧ 폐기물 : 종류, 수량, 처리 방식, 관련 비용, 규제 등.
⑨ 일정 : 공장건설 소요기간.
⑩ 인력 : 직접·간접 노동력, 기술수준, 임금 등.
⑪ 원가 및 설비투자비용 추정 : 제조원가 추정 및 설비 투자액 추정.

(4) 수익성·경제성·안정성 분석

창업이 내일의 성공을 전제로 하는 것이기 때문에 미시적 유망성과 거시적 유망성을 동시에 고려해야 한다. 그래서 수익성·경제성, 타당성 분석의 필요성이 제기된다. 수익성·경제성, 타당성 분석의 평가항목은 크게 나누어 ① 수익 전망, ② 손익분기점 분석, ③ 투자수익 및 계획사업의 경제성 분석 등으로 분류할 수 있다.

첫째, 수익 전망은 창업 후 3년 내지 5년간의 추정 손익계산서(제조원가 명세서 포함), 추정 대차대조표 및 자금수지 예상표를 작성한 후, 이를 근거로 중장기 수익 전망(당기순이익) 및 흑자실현 가능 시점 등 수익성을 검토한다.

둘째, 손익분기점 분석은 손익분기점 매출액, 즉 기업이 영업활동에서 발생하는 수익과 비용이 일치하는 매출액과 비용은 어느 정도이며, 어느 시점에 실현 가능한지를 중점적으로 분석한다. 또한 부수적으로 손익분기점 산출 후 판매수량, 금액, 고정비, 변동비 등이 최적의 균형을 이룰 수 있는지도 검토되어야 한다.

어느 정도의 매출을 실현하여야만 이익도 손실도 아닌 분기점에 도달할 수 있는 것이며, 분기점 도달 시점은 영업개시 후 언제가 될 것이냐가 분석의 핵심과제가 되는 것이다.

손익분기점 분석은 이와 같이 사업 성패의 관건인 동시에 자금수지계획의 지침이기도 하다. 매출이 손익분기점에 이르기 전까지, 그리고 손익분기점에 이른 후에도 일정기간 동안은 자금의 투입만이 이루어지기 때문에 동기간 동안 소요될 자금을 미리 확보하지 않으면 사업이 본 궤도에 오르기 전에 도산하고 마는 결과를 가져올 수 있는 것이다. 따라서 손익분기점 분석은 자금조달계획을 미리 수립하기 위한 척도로도 활용할 수 있다.

(5) 재무분석과 일반관리 계획

재무분석을 실시하기 위해서는 먼저 판매계획, 생산계획 및 일반관리계획을 수립해야 한다. 재무분석에서 수행되어야 할 조사와 분석은 다음과 같다.

① 총 소요자금 추정

창업사업의 사업성 분석과 사업계획에 있어서 총소요자금 추정은 매우 중요하다 사업실패의 주요원인 중의 하나는 자금부족인데, 자금부족을 초래하는 원인 중의 하나가 소요자금 추정의 부정확성 때문이다.

② 자금조달 계획

총 소요자금이 추정되면, 자금조달 계획을 수립하여야 한다. 자금조달 방법에 따라 지불될 이자의 크기 등이 결정되며, 이에 따라 사업의 수익성도 영향을 받게 된다.

③ 추정 재무제표 작성

추정재무제표를 작성해야 한다. 특히, 추정손익계산서, 추정대차대조표 등은 보통 3~5년의 미래에 대하여 작성한다. 추정재무제표를 작성하기 위해서는 추정제조원가, 판매비 추정치, 일반관리비 추정치, 지급이자 추정치 등이 필요하다.

④ 수익성지표 계산

사업의 내부수익률(internal rate of return), 프로젝트의 현가 등 사업의 전체적인 수익성을 나타내는 지표를 구하여 사업의 수익성을 평가하여야 한다. 이와 같은 수익성을 계산하기 위해서는 관심대상이 되는 기간에 대한 현금흐름표를 작성하여야 한다.

⑤ 미래의 경영상태 지표 계산

미래의 사업경영상태를 나타내는 지표들, 예를 들면 유동성비율(유동비율, 당좌비율 등), 수익성 비율(총 자본이익률, 자기자본 이익률 등)을 구하여 미래의 경영상태를 검토하여야 한다.

3) 사업타당성 분석의 평가요소

사업타당성 분석의 평가요소는 <도표 6-4>와 같다. 사업타당성 분석 후 사업계획서 수립과의 연결과정은 <도표 6-5>와 같이 정리된다.

도표 6-4 사업타당성 분석의 세부평가항목

평가요소	세부평가항목
사업수행 능력 및 적성분석	• 사업적성 및 자질(적성 또는 흥미, 추진력, 건강 등) • 경험과 지식(창업분야 관련) • 창업자의 경영능력(아이디어, 기획능력, 영업력, 상황판단 등)
시장성 분석	• 사업 아이템의 국내·외 동향, 잠재수요 • 동업계 현황 및 실적분석(판매조직 및 판매전략) • 시장규모 추정 및 특성분석 • 유통구조 및 특성분석 • 예상 소비자 특성 분석(소득수준, 구매형태 및 수용가능성 등) • 상권분석(수요예측, 통행인구, 소비형태, 교통조건 등) • 점포 및 입지여건(건물상태, 주변환경, 주거환경, 동선 적합 여부) • 판매전망
수익성/경제성 분석	• 투자비용 분석 • 자금조달 능력 검토 • 수익전망(채산성분석) • 손익분기점 분석
재무분석	• 소요자금의 조달 가능성 • 자금조달, 운용계획표 작성 • 차입금 상환능력 검토

도표 6-5 사업타당성 분석의 기본체계

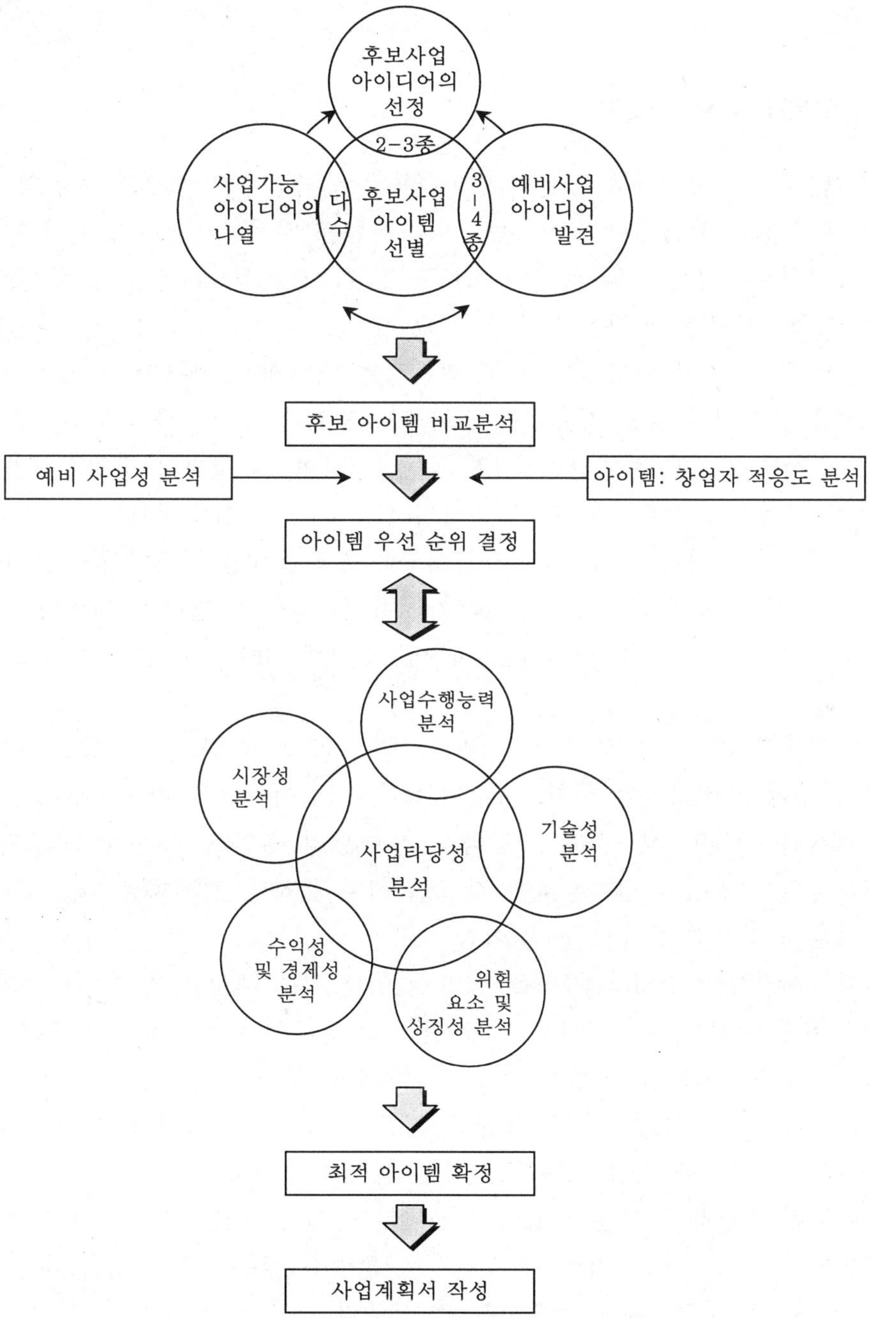

3 사업계획서의 개념

1) 사업계획서의 개념

사업계획은 고려하고 있는 사업을 하기 위해 앞으로 실행할 일련의 활동에 대한 계획이다. 사업계획을 기록해 놓은 서류를 사업계획서라고 한다. 사업계획과 사업계획서는 같은 의미로 사용되기도 한다. 영어 business plan은 '사업계획' 또는 '사업계획서'를 의미한다.

사업계획과 사업타당성 분석의 연관성에 대해서 살펴보면, 사업타당성 분석은 고려중인 사업의 성공 가능성을 조사하는 일이다. 한편, 사업계획은 실행 계획이다. 그러므로 먼저 사업타당성 분석을 실시하여 그 결과가 긍정적이면 실행계획 즉, 사업계획을 수립하는 것이 순서이다. 그러므로 사업계획과 사업타당성 분석은 서로 다른 것이다. 하지만, 사업계획을 수립하자면 사업타당성 분석에서 수집했던 자료와 획득했던 정보를 많이 사용하게 된다. 따라서 사업타당성 분석과 사업계획은 서로 다른 것이기는 하지만 실제에 있어서는 대단히 밀접한 관계를 가지고 있다.

사업계획서는 사업의 실현을 위한 행동 계획서이다. 그러므로 사업계획서는 조리 있게 준비되어야 한다. 아무리 좋은 사업이라 하더라도 그 실행계획이 잘 짜여지지 못하면 성공하기 어렵다. 또, 아무리 짜임새 있는 계획을 구상하였다 하더라도 그것이 사업계획서에 잘 표현되지 못하면 관계자로부터 그 사업의 우월성을 인정받지 못하게 될 것이다.

사업계획서는 창업자 자신을 위한 것이다. 사업계획을 '타인에게 보이기 위한 것', '실제 내용보다는 형식을 위한 것'으로 생각하는 소극적인 태도는 버려야 한다. 사업계획은 자금 동원이나 동업자를 구할 목적으로 작성하여 관계기관에 제출하거나 관계자에게 보이는 경우도 많은데 그런 경우에도 그것은 남을 위한 것이 아니고 자신을 위한 행위라는 점을 인식해야 한다.

아무리 간단해 보이는 사업이라 하더라도 계획을 세우지 아니하고 즉흥적으로 행동하면 성공하기는 어렵다. 그러므로 창업자 단독으로 사업을 추진하는 경우라 하더라도 사업계획은 작성하는 것이 좋다.

사업계획은 문서화하는 것이 좋다. 머리 속에 작성한 사업계획만으로도 훌륭히 사업을 성공시킬 수 있는 능력을 갖춘 사람도 있다. 그러나 대부분의 사람은 그러하지 못하며, 사업은 그 규모가 커지면 창업자 자신뿐만 아니라 타인을 움직이어야 하므로 기록으로 표현된 행동 지침인 문서화된 사업계획이 필요하다.

2) 사업계획서의 필요성

사업계획은 구체적이고 객관적이어야 하며, 상대방으로 하여금 신뢰성을 주는 사업계획서가 작성되어야 한다. 사업계획의 수립은 철저히 조사되고, 가능성만이 아닌 실질적인 실천계획서로 작성되어야 한다.

일반적으로 창업자의 실패원인은 외적 요인과 내적 요인으로 구분하여 볼 때 내적 요인에 의한 실패가 절대적이다. 이러한 요인제거를 위한 최우선과제는 무엇보다도 정확한 사업계획의 입안에 있다. 창업은 한 개인의 운명을 좌우할 뿐만 아니라 관계자들에게도 절대적 영향을 미칠 수 있는 실로 중대한 일이기 때문에 결단에 앞서 사전에 충분한 검토과정과 계획을 거치지 않으면 안 된다. 따라서 사업계획서의 필요성을 요약해보면 다음과 같다.

첫째, 창업자 자신이 창업 및 발전전략을 설계해 보는 기회가 되고, 주관적인 사업구상이 아니라, 객관적이고 체계적으로 사업을 검토할 수 있다.

둘째, 창업에 필요한 제반 요소를 점검하고, 부족한 부분을 파악함으로써 효율적으로 창업과정을 수행하고 생존율을 높인다.

셋째, 창업과정에서 어떠한 전략을 취할 것인가를 세밀하게 분석하여 결정할 수 있다.

넷째, 창업자가 외부로부터 자금조달을 원하는 경우, 창업자가 자신의 '기회'를 외부투자가(엔젤, 벤처캐피탈)에게 체계적으로 설명하기 위해서 필요하다.

4 사업계획서의 활용

1) 창업자의 입장에서 본 사업 계획서의 용도

사업계획의 수립은 고려중인 사업을 성공으로 이끄는 데 많은 도움이 되는 것으로, 사업계획의 용도는 다음과 같이 정리할 수 있다.

(1) 사업의 성공 가능성 타진

사업계획서를 작성한다는 것은 사업의 성공 가능성을 점검할 수 있는 좋은 기회가 된다. 계획을 작성하는 과정에서 사업의 문제점을 발견하게 되는 경우도 많다. 사업타당성 분석을 별도로 실시하지 아니하고 사업계획을 작성하는 경우는 사업계획 작성 과정에서 사업성을 검토하게 된다.

(2) 의사소통의 수단

사업계획은 고려하는 사업에 참여할 투자자, 동업자, 간부급 인사들과 의사를 교환할 때 중요한 보조 자료가 된다. 대부분의 사업은 구두로만은 충분히 설명하기 어려울 정도로 복잡할 뿐만 아니라, 제안 사업을 구두로 설명하려면 관계자들로부터 충분한 이해를 얻기 어렵다. 짜임새 있게 작성된 사업계획은 주변의 사람들을 움직이는 중요한 수단이 된다.

(3) 초기의 행동지침

사업계획은 창업 초기의 업무 추진계획이다. 사업이 일단 시작되면 처리해야 할 업무가 많고 시간이 부족하여 가능한 여러 가지 대안들을 검토하고 세부적인 계획을 수립하는 일에 많은 시간을 보낼 수 없게 되는데, 이때 사업계획은 유용한 행동지침이다.

2) 투자자 입장에서의 용도

(1) 투자 사업의 타당성을 판단하는 자료

사업 계획은 투자자가 투자에 관한 의사 결정을 하는 데 사용하는 가장 기본적인 자료이다. 사업계획은 사업 제안자와 투자자가 직접적이나마 최초로 접촉하게 하는 매개물인 경우가 많다. 사업계획이 어느 정도 가능성을 시사해야 사업 제안자와 투자자를 직접 만나서 사업을 논의할 수 있게 될 것이다. 하여튼, 사업계획은 사업평가의 가장 기본적인 자료이다.

(2) 창업자와 경연진의 능력평가 자료

투자자들이 사업계획서를 통하여 가장 관심을 가지는 사항은 창업자와 경영진이 계획사업을 성공시킬 능력을 가졌는지 여부이다. 또 투자자들은 사업계획서에 나타난 여러 가지 내용들 예를 들면, 업계의 동향, 시장의 추이, 경쟁상태, 사업의 독창성, 소요자금, 대상기업의 현재 재무상태 등에 대하여 사실 확인을 하고 사업의 타당성을 평가한다.

3) 사업계획서의 종류

사업계획서는 그 형식, 포함된 내용의 완벽성 등에 따라 다음과 같이 몇 가지로 나누어 볼 수 있다. 사업계획서의 형식이 고정되었는지 여부에 따라 고정형식 사업계획과 자유형식 사업계획으로 나눌 수 있다.

(1) 고정형식 사업계획

고정형식 사업계획이란 사업계획의 형식이 미리 정해져 있는 사업계획서를 말한다. 즉, 창업투자 회사, 금융기관, 정부기관 등에서는 사업계획 형식을 미리 작성해 놓고 신청자들로 하여금 주어진 형식에 따라 사업계획을 작성하도록 하는 경우가 많다.

(2) 자유형식 사업계획

자유형식 사업계획은 사업계획 작성자가 임의로 결정한 형식에 따라 작성한 사업계획을 말한다. 즉, 자유형식 사업계획을 작성하는 경우에도 사업계획서에 포함되어야 할 내용은 고정형식 사업계획서의 경우와 유사하다. 자유형식 사업계획서를 작성하는 경우에 포함되어야 할 내용과 형식은 그 구성형식에 따라 약식 사업계획서와 완전 사업계획서로 구분할 수 있다.

① 약식 사업계획서 : 약식 사업계획서란 사업계획의 모든 내용을 자세히 포함하지 아니하고 요점만 간략히 정리한 사업계획서를 말한다.

② 완전 사업계획서 : 완전 사업계획서는 사업계획의 모든 사항을 상세히 포함하는 사업계획을 말한다.

5 사업계획서의 작성

1) 사업계획서 작성의 절차

사업계획서는 그 목적, 용도 및 제출기관에 따라 내용상 차이가 있으며, 분량과 첨부 서류에도 큰 차이가 난다. 따라서 사업계획서 작성 전에 미리 기본계획과 작성순서를 정하여 작성하여야만 시간과 노력을 절약할 수 있으며 내용도 충실해질 수 있다. 효율적인 사업계획서 작성을 위해 사업계획서를 실제 작성하기 전에 미리 준비할 사항과 사업계획서 작성의 기본 순서를 알아두는 것이 필요하다.

도표 6-6 사업계획서 작성의 기본절차

제1단계 :	사업계획서 작성의 목적에 따라 기본방향을 설정한 다음, 기본 목표와 방향을 정하여 사업계획서의 초점을 잡는다.
제2단계 :	사업계획서 작성 목적 및 제출기관에 따라 소정양식이 있는지 미리 파악하여야 한다.
제3단계 :	사업계획서 작성 계획의 수립으로, 대부분의 사업계획서는 사업계획 추진 일정상 일정기한 안에 작성해야 할 필요성이 있다.
제4단계 :	사업계획서 작성에 직접 필요한 자료와 첨부서류 등을 철저히 준비한다.
제5단계 :	작성해야 할 사업계획서의 형태(form)를 결정한다.
제6단계 :	실제 사업계획서를 작성하는 일이다. 사업계획서 작성자는 사업계획서 작성요령을 미리 숙지하여 둘 필요가 있다.
제7단계 :	마지막으로 사업계획서의 편집 및 제출이다. 사업계획서는 내용도 중요하지만 그 내용을 포괄하고 있는 표지 등 편집도 대단히 중요하다.

2) 사업계획서 작성요령

사업계획서만 읽으면 누구나 창업하고자 하는 사업의 내용을 명료하게 알 수 있도록 구체적으로 작성하는 것이 좋다. 내용에 실현 가능한 계획을 수립하고, 가급적이면 전문적인 용어를 피하고 단순하고도 보편적으로 설명을 해나가는 것이 좋다. 근거가 불충분한 자료 또는 비논리적인 추정은 피한다. 사업의 잠재된 문제점, 발생 가능한 위험요소를 기술하고 그에 대한 대안을 제시함으로써 변화에 대한 대처능력을 표현하는 것이 바람직하다. 창업의 목적이 개인적인 이익만을 추구하는 것이 아니라 공공의 이익을 아울러 추구한다는 것을 알리는 것이 좋다.

(1) 사업계획서 작성기준

① 결론에 대한 자신감 및 명료성 : 사업계획의 종합 결론으로서 설득력 있는 내용으로 간단명료하게 작성한다.

② 주요 내용 및 핵심 강조 : 주된 생산 제품만 기술하며 부수적이고 다양한 생산제품에 대한 기술은 가급적 피한다.

③ 장래성 : 향후 기술개발 가능성과 사업의 발전 잠재력을 강조한다.

④ 사업 주체의 경영능력 강조 : 인력 및 경영진의 이력과 특징을 기술한다.

⑤ 제품 및 기술의 이해 가능성 : 전문적인 용어의 사용은 피하며 단순하고 보편적인 설명으로 이해시킬 수 있도록 한다.

⑥ 객관성 기준 : 근거가 불충분한 자료 혹은 비논리적인 추정은 피한다.

⑦ 위험 대처능력 및 탄력성 : 계획사업의 잠재된 문제점과 향후 발생 가능한 위험요소를 기술하고 그에 대한 대안을 제안한다.

⑧ 정확성과 조달 가능성 : 자체조달 가능 자금의 내역과 규모를 정확히 표현한다.

(2) 사업계획 작성기법

사업계획서 본문 제 일 첫 부분에는 계획하고 있는 사업의 총괄적인 내용을 요약, 표시하여 계획내용을 정리한다. 총괄요약은 어떤 사업을 하려고 하며, 사업성공을 위하여 어떠한 방식으로 계획내용을 구성하고 있는가를 이해관계자들에게 종합적으로 보고하는 총괄표이다.

총괄요약은 사업계획의 전체내용을 포함하고 있으므로 편집 및 정보제공 기능상 맨 처음에 위치하는 형식을 취하고 있으나 실무적으로 모든 사업계획수립이 완료된 다음에 각 부문별 계획서를 바탕으로 맨 나중에 작성되는 것이다.

도표 6-7 사업계획서 작성

○ 사업명 : 사업명칭을 간략히 기재한다.
○ 생산계획 관련내용
 • 생산 품목명 : 주요 생산품들에 대한 품목명을 기재한다.
 • 생산능력 : 상기 제품의 연간 생산능력을 기재한다.
 • 생산계획 : 주요 제품의 생산량과 금액을 생산계획에서 발췌하여 기재한다.
 • 점유율 및 가동률 : 생산능력기준 점유율과 가동률을 기재한다.
 • 경쟁업체 : 주요 품목별 경쟁업체를 적고 그 업체의 생산능력기준 점유율을 기재한다.
○ 판매계획 관련내용
 • 판매계획 : 창업 초기 년도 판매수량과 총매출액을 국내 판매(내수)와 수출로 구분 기재한다.
 • 시장점유율 : 판매계획 기준 시장점유율을 내수와 수출로 구분, 산출하여 기재한다.
 • 총자본이익률 : 경영상태 분석을 통하여 총자본이익률(순이익/총자본)을 매출액순이익률(순이익/매출액)과 총자본회전율(매출액/총자본)로 분해하여 기재한다.
 • 제품가격 : 사업계획에 반영된 주요 제품의 각종 가격을 조사하여 기재한다.
○ 입지계획 관련내용
 • 입지 : 입지관련 정보를 간략히 기재한다.
 • 건설기간 : 공장, 사무실, 영업소 등의 건물 신축의 경우 건설기간을 명시한다.
○ 인원계획 관련내용 : 종업원 수를 사무직과 기술직으로 구분 기재한다.
○ 자금계획 관련내용 : 자금계획에 의거 소요계획과 조달계획을 원천별로 구분하여 금액 단위로 요약 기재한다.
○ 원재료 조달계획 관련내용 : 주요 원재료 조달계획을 조달원천별로 구분, 수량, 단가, 금액을 기재한다.
○ 기타 특기사항 : 위의 기재내용 이외에 계획사업과 관련하여 특별히 제공할 만한 내용이 있으면 기타 특기사항에 요약 기재한다.

따라서 전체계획을 한눈에 알아보고 계획사업의 전체적인 윤곽을 그려볼 수 있도록 함축적인 어휘와 숫자로 요약 기재하되 숫자의 단위를 분명히 표시하여 이용하는 사람이 혼동되지 않도록 유념할 필요가 있다.

3) 사업계획서 작성 시 유의사항

(1) 사업계획 작성의 기본 요점

사업계획이 자신을 위한 것이되 타인과 접촉하는 수단이며 사업계획을 이해시키는 방법이라는 점에서 그것을 작성할 때는 기본적으로 신뢰성, 능력, 창의성을 보여야 한다.

① **신뢰성** : 사업계획서는 그것의 독자가 그 내용을 믿을 만한 것이라는 생각을 갖도록 작성되어야 한다. 이를 위해서는 참고자료, 자료의 출처, 권위 있는 후견인 등을 동원할 수 있다.

② **능력** : 창업자 및 경영진은 사업을 성공적으로 경영할 수 있는 능력이 있음이 나타내도록 하여야 한다. 과거의 경험, 학위, 발명, 수상 경력 등을 밝힐 수도 있다.

③ **독창성** : 사업계획서는 계획사업이 기존의 다른 사업과 다른 점을 설명하여야 한다. 예를 들면, 특허, 제품의 성능, 경영방법, 표적시장 등에서 기존의 사업과 다른 점을 명시하여야 한다.

(2) 세부적인 유의 사항

① 계획하는 사업과 그 사업의 잠재력에 대한 서술을 가능한 짧게 한다. 투자가의 관심을 끌 수 있는 내용만 사업계획서에 포함시킨다.

② 계획사업의 내용을 지나치게 다양하게 나열하지 않는다. 관심을 한 두 가지의 주요 생산품과 주요 시장으로 집중시킨다. 신설기업은 여러 기회를 모두 이용할 능력이 부족하므로 노력을 한정된 대상에 집중한다.

③ 경영진에 공석을 두지 않는다. 투자가들은 경영진에 대하여 처음부터 확실히 알고 싶어 한다.

④ 생산품과 공정을 설명할 때 전문적인 용어나 전문가만이 이해할 수 있는 방법을 사용하지 않는다. 투자가는 그가 이해하지 못하는 사업에 투자하려 들지 않는다.

⑤ 근거가 불충분하거나, 애매한 표현을 하지 않는다.

⑥ 계획사업의 현재 또는 잠재적인 문제점을 밝히고 그것을 설명한다. 투자가가 발견한 문제점에 대하여 명쾌한 설명이 없으면 기업가는 신용을 잃게 된다.

⑦ 창업자는 사업계획을 작성하는 사내 경영진의 활동뿐만 아니라 법적인 내용이나 재무, 회계상의 내용과 관련되어 외부의 도움을 받은 내용도 포함한다.

(3) 사업계획 작성 보조자료

사업 계획을 작성하려면 다소간의 전문 지식과 보조 자료가 필요하다. 창업자가 이러한 조건을 모두 갖추고 있지 못한 경우에는 기술이나 자료의 측면에서 주위의 도움을 받는 것이 좋다. 특히, 중소기업상담회사나 컨설팅회사, 소상공인 지원센터 등을 방문하면 도움을 받을 수 있다.

4) 사업계획서 주요항목 및 형식

(1) 사업계획서 주요항목

① 일반사항 : (가칭)상호, 업종, 창업자(대표자)인적사항, 사업장의(예상) 위치 및 주소, 주주(발기인)현황, 경영인, 기술진 인적사항

② 사업의 개요 : 사업의 내용과 목적, 사업의 기대효과(고용효과, 소득 증대효과, 자원 활용효과, 수출증대효과, 부대사업 촉진효과, 수입대체 효과, 기타)

③ 생산제품의 소개 : 주생산품 소개, 기타 생산품, 제품설명.

④ 제품의 시장현황 : 동종업계의 전반적인 현황(제품의 시장현황, 주요 국내경쟁업체 현황, 주요 해외경쟁업체 현황, 수출입 동향), 총예상 시장규모, 예상시장 점유율, 시장진입 방법

⑤ 생산계획 : 생산공정, 자체 생산계획, 외부 생산계획

⑥ 판매계획 : 판매방법, 가격책정, A/S계획, 내수 판매계획, 수출계획

⑦ 설비투자계획 : 생산, 기계설비 내역, 기계설비 구입내역

⑧ 인력수급계획 및 조직표 : 업무수행 체계도와 조직편성도, 부서별, 직책별 소요인원, 고용계획

⑨ 원·부자재 조달계획 : 국내 조달계획, 해외 조달계획

⑩ 재무계획 : 추정손익계산서, 추정대차대조표, 추정현금흐름표, 추정 제조원가명세서, 손익분기점 분석, 추정감가상각비 명세서

⑪ 자금수급계획 : 총소요자금의 내역, 자금조달계획, 차입금상환계획서

⑫ 공해방지시설 계획 : 폐수처리계획, 공기정화계획, 소음방지계획

⑬ 사업계획추진 일정표

(2) 사업계획서의 내용과 형식

현재 사용되고 있는 각종 사업계획서의 내용은 그 해당 용도에 따라 여러 가지의 계획내용을 포함하고 있으나 종류별 사업계획의 형식은 전체적으로 거의 유사하다고 볼 수 있다. 또한 이러한 여러 종류의 사업계획내용들은 공통적으로 객관적인 관점에서의 충분한 이해와 관심을 엿볼 수 있도록 표현되어야 한다. 다음에 열거하는 사업계획서의 목차와 내용은 일반적인 것이며 경우에 따라 적절한 변화를 취하여 사용하면 무난하리라 본다.

도표 6-8 기본 사업계획서 목차

1. 일반현황
   가. 창업자(대표자)현황
   나. 회사 일반현황(이사진 현황포함)

2. 계획사업의 개요
   가. 개발동기
   나. 사업내용
   다. 생산제품의 특성
   라. 기대효과

3. 시장현황
   가. 동종업계 현황
   나. 시장의 규모와 전망
   다. 시장점유율과 경쟁관계
   라. 계획제품의 침투가능성

4. 판매계획
   가. 판매전략 및 판매형태
   나. 가격정책
   다. A/S계획
   라. 국내 판매계획
   마. 수출계획

5. 생산계획
   가. 제조공정도
   나. 자체 생산계획
   다. 외주 생산계획

6. 설비투자계획
   가. 적정규모의 제조설비 및 검사설비 내역
   나. 구입처, 수량, 가격

7. 인원 및 조직계획
   가. 업무흐름별 조직체계도
   나. 직무별 · 직위별 소요인원

8. 원, 부자재 조달계획
   가. 국내 조달계획
   나. 수입자재 조달계획

9. 재무계획
   가. 추정손익계산서
   나. 추정대차대조표
   다. 현금 흐름표
   라. 손익분기점분석

10. 자금계획
    가. 총 소요자금내역
    나. 조달계획 또는 차입계획
    다. 차입금상환 계획

11. 사업추진 일정계획

12. 부속자료
    가. 인건비 명세서
    나. 감가상각비 명세서
    다. 제조원가 명세서
    라. 경영진 이력서
    마. 제품설명서
    바. 특허권 사본
    사. 제공가능 담보물내용
    아. 설비구입 견적서

6 사업타당성의 분석 및 사업계획서의 작성

1) 사업타당성 분석의 정리

(1) 사업 성공 전략으로서의 사업타당성 분석

① 창업회사의 성공률을 높일 수 있다.
② 계획제품의 기술성, 시장성, 수익성, 자금수지계획 등 세부사항을 사전에 검토하여 효율적인 창업도모
③ 계획사업의 균형있는 지식습득과 보완해야 할 사항을 미리 확인하여 조치
④ 기업 구성요소를 정확하게 파악하여 창업기간 단축

(2) 사업타당성 분석 단계

① 1단계 : 후보사업 아이디어 발견을 위해 사업가능 아이디어의 나열 → 예비 사업 아이디어의 발견 → 예비 사업성 분석 및 후보사업 아이디어의 1차적 선정
② 2단계 : 예비 사업성 분석에서 1차적으로 선정된 후보사업 아이디어의 상세한 분석, 즉 아이템 적응성 분석, 시장성 및 판매전망 분석, 제품 및 기술성 분석, 수익성 및 경제성 분석, 국민 경제적 분석, 공익성 분석 등을 통해 사업 성공가능성을 확인하는 과정을 거침

(3) 사업성 평가 요소

창업자는 물론 전문 컨설턴트들도 간과하기 쉬운 사업성 평가항목으로 성공가능성을 높이기 위해 다시 한번 제고해 볼 요소들을 나열해 보고, 사업타당성 조사에서 이를 중심으로 분석해 보고자 한다.

① 계획사업과 창업자의 적합도, 즉 계획사업의 수행능력 평가
② 판매시장 환경, 경쟁상태, 시장진입 가능성 및 중장기 수급 전망 등을 검토하는 시장성 분석
③ 계획 제품의 생산가능성, 품질, 성능 및 하자 여부 등을 검토하는 기술성 분석
④ 적정 수익률 확보를 위한 경영요소 즉 손익분기 분석, 원 단위 분석, 시설

규모, 자기자본과 타인자본 조달 비중, 판매와 일반관리비등 적절한 비용, 인력구성계획 등 수익성과 직·간접적으로 관련되는 항목의 분석을 위한 수익성 평가

⑤ 인원 조직 적합도, 공장입지, 중장기경영계획의 실현 가능성 등 기업 환경 종합분석

㉠ 계획사업 수행능력 및 적합성

- 가장 먼저 검토할 사항은 창업자의 계획사업 수행능력과 해당 업종과 창업자와의 적합성 분석
- 자기 자신을 가장 잘 아는 사람이 바로 본인인 동시에 자기 자신을 객관적으로 평가할 수 없는 것도 자기 자신이다. 따라서 자기를 잘 알고 있는 구성원이나 전문가의 충분한 검토를 거쳐 평가

㉡ 시장성

- 시장성과 판로확보(단골 고객의 확보)
- 시장성과 판로확보는 사업 타당성 검토의 핵심
- 국내외 수급동향 및 중장기 수급전망, 시장 구조 및 특성, 동업자 또는 유사제품과의 경쟁상태 및 향후 경쟁제품의 출현 가능성, 국내외 가격구조 및 가격동향, 판매처, 판매조직, 유통경로, 목표시장 선정 및 판매전략, 수출인 경우 해외시장 분석에 의한 수출가능성 사정

㉢ 기술적 타당성

- 계획제품에 대한 특성, 화학적 반응, 기계적 기능, 생산 시스템, 공정 등 생산제품에 대한 철저한 조사·분석과 더불어 공장입지, 시설계획 및 생산시설 규모, 생산능력 및 조업도, 원재료 조달 및 제품 한 단위에 대한 원재료 소요량 측정, 기술 및 기능 인력 확보, 예상불량률 및 개선가능성 등을 종합적으로 분석
- 제품의 상품화 가능성을 분석하는 것이 기술성 분석

3) 사업계획자 자가 진단 경쟁력 평가

도표 6-9 사업계획자 자가 진단 경쟁력 평가

기술성	생산성	• 제품의 직접 생산여부 • 생산설비와 인력이 충분한지 여부 • 원자재 공급계약서와 가격변화 추이 • 하도급 생산자와 원자재 공급자간의 계약서 • 경쟁제품의 생산단가 비교
	기 술	• 주력제품 기술 명제자료 • 기술의 자체개발 정도 및 기술제휴 • 각종 기술인증서 사본 • 보유기술의 지적재산권 확보여부 • 기술이전 실적 • 기술보유자 및 개발자 현황 • 대체기술과 보유기술간의 경쟁력 평가
시장성	시 장	• 주요제품 시장 가격변화추이 • 대체시장 존재여부 및 규모 • 주력시장의 시장규모와 성장률
	경 쟁	• 경쟁자의 시장 점유율 • 진입장벽의 고저
수익성	비용우위	• 생산비용의 비교우위 정도 • 원자재의 안정적 확보 유무
	고객관련	• 매출 중 수요 고객비중 • 브랜드 인지도
	영 업	• 최근 3년간 월별 매출 현황 • 매출채권 회수 현황 • 현재와 미래의 매출구성과 성장률
경영성	인력관리	• CEO의 전문성, 도덕성 등의 평가자료 • 특수관계인, 주주, 이사회의 현황 • 핵심인력 고용현황 • 노사분규 현황
재무건전성	차입금 의존도	• 자금운용계획 및 차입금 상환계획 • 차입조건
	담보여력	• 부동산 보유현황과 보증업체의 재무상황
	관계사	• 관계사 재무제표 및 연결 재무제표
	신뢰도	• 회계기준 및 감사인 선정의 적정성과 독립성

읽을거리

브루스 저드슨이 제안하는 1인 창업의 3가지 기본 원칙

사업은 돈이 많거나 훌륭한 아이디어를 가진 소수의 사람들만이 할 수 있는 것은 아니다. 또한 훌륭한 사업 아이디어라는 것도 뛰어난 천재만이 찾을 수 있는 것도 아니다. 급변하는 경제 환경과 인터넷 기술의 발달은 모든 사람들에게 창업의 문을 활짝 열어 놓고 있다.

미국 최고의 마케팅 전문가로 평가받고 있는 브루스 저드슨이 제안하는 1인 창업의 3가지 기본 원칙에 대해 알아본다.

1. 자신의 기술을 극대화 시켜라

성공적인 1인 기업 창업자는 보유하고 있는 기술을 적극 활용해 강한 역량과 확장력을 만든다. 창업자는 자신만의 독특한 기술이 다양한 외부자원을 활용한 서비스를 서로 결합시키는 역할을 하도록 만들어야 한다.

실질적인 수익을 발생시키는 1인 기업은 기술이 가진 역량을 효율적으로 적용시키며 외부자원을 잘 활용한다. 이 2가지 요소의 결합을 통해 상상할 수 없던 정도까지의 영향력을 확대시킬 수 있다.

2. 아웃소싱을 적극 활용해 잘할 수 있는 것에 집중하라

극도로 집중을 잘 하는 회사가 되어야 한다. 성공한 1인 기업 창업자들은 거의 전적으로 자신들의 개인적인 기술(가장 잘 할 수 있는 것)에 노력의 초점을 맞추는 방법을 찾아내 여타의 회사들과 차별화 시켰다.

극도의 아웃소싱은 1인 기업 창업자가 자신이 지닌 최대의 강점을 활용할 수 있도록 핵심기능을 제외한 모든 것을 완전하게 외부로 돌리는 것이다. 여기서 아웃소싱이란 회사의 특정 기능이 창업자의 회사가 아닌 외부업체에서 처리되는 것을 의미한다. 현재 이런 유형의 아웃소싱은 실시간 정보교환을 가능하게 해 주는 인터넷 통신기술의 발달로 인해 어느 때보다도 다양해졌다.

3. 반복 가능한 사업방식을 찾아라

성공하려면 기업체는 반드시 '반복성'이 있는 활동을 해야만 한다. "사업을 시작하기 전부터 알던 사이가 아닌, 진정한 고객이 한명도 없다면 그 사업은 성공한 것이 아니다"라는 말이 있다. 이 말의 요점은 이미 존재하는 관계를 이용한 창업과 알고 있는 사람들에게 서비스를 판매하는 것이 가장 쉽지만 결국에는 기존에 알고 있는 고객은 소진되게 마련이고, 사업이 번창하려면 보다 폭넓은 고객 풀(pool)에 서비스를 반복해서 팔 수 있는 프로세스가 필요하다는 것이다. 부단한 반복 가능성의 사업방식이란 정확하게 어떤 방식으로 사업체가 움직이게 될지를 결정해 줄 공정과 시스템을 만들어 내는 능력이다. 그 능력을 시험해 보는 가장 좋은 방법은 장래의 사업체가 어떻게 작동할지 모든 정보를 적어보는 것이다. 만약 적어보는게 가능하다면 부단한 반복 가능성을 만들어낸 셈이다.

[브루스 저드슨 : 예일대 경영대학원 교수]

제 7 장

창업과 재무

1. 창업의 위험요인
2. 창업재무의 원리
3. 손익분기 분석
4. 창업자금의 확보
5. 창업자금의 조달
6. 창업자금의 내용
7. 창업자금의 지원

▶ 읽을거리

인간을 조직사회를 구성하는 기본개체이며 영과 육의 행복추구를 목적하는 인격체로, 기업을 사회경제를 구성하는 기본적 단위이며 영리추구를 목적하는 독립적인 생산경영 단위체로 정리해 볼 때 사회조직과의 관계성 속에서 존재의미를 부여받고 있는 기업과 인간은 닮아 있음을 볼 수 있다.

그래서 인간신체의 각 기능을 기업조직기능과 비교해볼 필요가 있다. 그 중 회계흐름의 업무를 인간의 신체내부에 흐르고 있는 피와 비교해 본다. 산소와 영양, 그리고 질병예방 인자들을 관리하고 공급하는 기능에서 자본의 흐름을 상상할 수 있기 때문이다. “나의 자본이던 타인의 자본이던 시간의 흐름 위에서 부단히 이자율은 발생한다(부단한 산소 공급). 위험배제(기업의 질병예방 활동)에 기반을 둔, 경제인의 원리(risk 배제에 목적을 둠)에 바탕을 둔(영양공급 기능) 수익창출(행복추구)을 존재목적으로 한다.”

1 창업의 위험요인

기업조직 속에 이자를 생성하는 자본이라는 피가 흐르기 때문에 시간성 속에서 A라는 기업은 엄격한 의미에서 A라는 내용을 가진 실체는 아니다. 인간이 창조한 기업 인간을 닮아 생명력을 가지고 있기 때문이다. 더더욱 기업 의사결정의 전제조건으로 가치전제가 존재하기 때문이다.

재무 시스템을 자본의 조달과 운영이라는 흐름의 개념으로 먼저 인식하여야 함과 동시에 부 즉, 물질관리에 대한 개념을 정리하면 인간 마음의 관리와 비유할 수 있다. 학자 퇴계는 마음은 본시 지극히 허(虛)하고 지극히 고요한 것이라 하였다. 그러므로 마음이 물을 받아들이는 것은 마치 거울이 물을 비추는 것과 같다. 물이 오면 곧 비추어 주기는 하나, 그 물이 걸리지 않고 떠나가면 전과 다름없이 비고 맑아지는 것이다. 만일 물이 마음에 걸려 흘러가 버리지 않으면 그것은 거울에 진흙이 묻은 것과 같아서 도무지 비고 맑고 고요하고 한결같은 기상을 간직할 수 없는 것이라고 하였다. 理와 情이 합하여 心이 되고 心과 氣가 합하여 人性이 되며 心과 氣의 흐름의 容器를 体라하며 心과 氣와 体의 조화가 건강한 품성의 인격체를 만드는 것과 같이 재무관리는 자본의 흐름과 투자된 상태에의 효율적 순환의 관계에서 시작되어야 한다는 것이다.

21세기는 물질적 사회자본(social capital)뿐만 아니라 도덕적 자본(moral capital)과 새로운 아이디어를 이용하여 부를 축적해 가는 자에 대한 존중도 중요시되는 정신적 자본(mental capital)이 강조되는 사회다. 그래서 재무관리는 건강한 품성의 인격체를 만드는 것과 같이 자본의 흐름과 투자된 상태에의 효율적 순환의 관계에서 시작되어야 한다.

20세기 기업의 질병요인(business ailment)을 순이익의 부족, 재고자산의 과대, 매출채권의 과대, 고정자산의 과대, 자기자본 부족, 정보관리 능력 부족으로 정리할 수 있었다. 6가지 질병요인을 배제하면 건강한 자기관리를 유지하고 있는 상태에 도달했다고 할 수 있었다. 그러나 21세기 기업의 질병요인 중에 하나로 새로이 포함되어야 하는 것이 지식재산권(영업상 기밀, 상표권, 저작권 등) 관리 능력부족(웁스 요소: oops factor)이다. 7가지 질병요인을 관리하여야 한다.

그러나 자동차 운전에서와 같이 자기의 갈 길만을 살핀다고 운전을 안전하게 한다는 것이 아니다. 중앙차선을 넘어오는 음주운전자의 차를 항상 경계해야

하는 것과 마찬가지로 돌발적 상황의 가능성에 대한 방심을 해서도 아니 되며 자기 과신의 욕심을 부려도 아니 되는 것이 경영이다. 그래서 기업경영에서 유동성의 문제가 항상 강조된다. 경영전략 수립에 있어서 배수진은 금기 시 되어야 한다. 성공경영의 요체는 7가지 질병요인과 과욕과 방심의 배제에 있다. 더 미세하게 보면 수익성, 유동성, 안정성으로 요약됨을 볼 수 있다.

한의학에서의 發病은 인체의 하위시스템 상호간의 균형의 상실을 의미하는데 기업에서의 질병 또한 하위시스템 상호간의 불균형(imbalance)을 의미한다. 불균형은 두 가지 경로로 나타난다. 하나는 시스템의 내적 불균형(physical imbalance)이며 다른 하나는 내·외적 협력불균형(internal & external cooperative imbalance)이다.

심과 기와 체가 균형을 이루면 이상적이나 그러하지 못한 경우가 개인의 성향에서도 나타나기 마련이다. 심이 강한 사람은 직장인이나 판검사, 의사의 직업을 기가 강한 사람은 창업주의 길을 체가 강한 사람은 체육인의 길을 가면 성공 확률을 높일 수 있을 것이다.

구리에 철을 섞어 청동이라는 특이한 색상의 더 강한 금속이 만들 듯이 무관계성 속에서 관계성을 발견하여 상승효율(synergy effect)을 높이는 것 또한 시스템간의 퓨전(fusion)이며 유연성의 효율 경영이다. 말은 수레를 끈다. 소도 수레를 끈다. 그러나 말과 소를 한 수레에 매여서 끌게 해서는 안 된다.

생각의 포인트

사망아 네 쏘는 곳이 어디냐 : 욕심과 방심

사냥꾼의 화살에 맞아서 생긴 상처 때문에 한 눈이 멀게 된 사슴 한 마리가 있었다. 이 사슴이 생각했다. "바닷가에 가서 풀을 뜯어먹어야지. 못 쓰게 된 눈을 바다 쪽에 고정시켜 놓으면 나머지 성한 한쪽 눈으로 숲을 경계할 수 있으니까 말이야." 그리하여 사슴은 바닷가로 가서 풀을 뜯었다. 물론 수풀 쪽만을 경계하면서 말이다.

그런데 배 위에서 고기를 잡고 있던 낚시꾼들이 사슴을 발견하고서 바닷가로 배를 몰아오는 게 아닌가! 그들은 보이지 않는 눈 쪽으로 다가왔기 때문에 아무 어려움 없이 사슴을 생포할 수 있었다. 그래서 낚시꾼들은 그날 밤 청어구이 대신에 사슴 바베큐 요리를 먹을 수 있었다.

한 방향으로의 집착은 위험을 불러온다는 계영일상(戒盈一墒)이다. 경계할 계, 찰 영, 한 일, 세차게 흐를 상이다. 위험(risk)이란 미래 현금 흐름의 분산정도다. 기대효익이 크면 클수록 위험 또한 크다. 위험 중에서 제일 무서운 위험은 과욕이다. 미국의 장군 맥아더는 그의 아들에게 주는 기도 시(祈禱 詩)에서 우리 아들을 부하게도 마옵시고 가난하게도 마옵소서 하고 기도하고 있으며 지금으로부터 180여 년 전 시인 金笠(김삿갓)은 "부인곤부빈곤빈(富人困富貧困貧)... 원위불부불빈인(願爲不富不貧人)" 부자는 부로 인고를 당하고 가난한 사람은 가난으로 인해 곤란을 당하므로 富하지도 아니하고 貧하지도 않기를 노래하였다. 진리에 있어 동서고금의 차이가 있을까 한다. 기대효익(expected value)이 크면 클수록 위험 또한 크며 실패는 욕심으로부터 잉태된다. 잘 쓰기 위해서 많이 맡아 갖고 있는 것은 좋은 일이다. 합하여 선을 위하여 쓸 수 있으면 좋다. 그러나 잘 쓰지도 않고 묵혀두는 것은 죄악이다.

우려할 만한 패러독스는 우리 자신에게 가장 많은 이익과 적은 피해를 줄 것으로 여겨지는 선택을 가장 합리적인 방법으로 선택했다고 생각할 때 생긴다. 경영학을 학제적(interdisciplinary)으로 연구하는 것은 인간의 본성이 다른 시대적 상황 속에서도 유사성을 갖는다는 전제하에서 이루어지는 부분이 있다. 즉, 인생이란 언제나 똑같은 것이며 진리는 진리이다. 마귀와 싸우지 않고 마귀가 약속하는 떡과 세상의 지배권과 신의 가호를 획득하는 순간은 우리가 마귀의 노예가 되는 순간이다.

일본의 막부조직을 260년 동안 안정적으로 유지한 도쿠가와 이에야스의 인생 좌우명은염리예토(厭離穢土) 흔구정토(欣求淨土)였다. 욕심을 버리고 편안한 안식처를 얻으려면 용기를 내 당당히 싸우라는 의미다. 노력이 없는 성취 뒤에는 언제나 마귀가 있다는 것이다. 독버섯일수록 그 색깔은 화려하다. 실패는 자신의 내부에서 자란 허욕의 싹일지도 모른다. 공곡전성(空谷傳聲)이다. 골짜기가 깊고 비어 있으면 소리를 잘 전달한다는 의미다. 마음이 비어 있으면 우리를 넘어트리려 하는 공격의 화살 소리를 감지할 수 있게 되리라.

2 창업재무의 원리

재무계획은 첫째 자금조달계획이고, 둘째 자금지출을 통제하기 위한 계획이며, 셋째 지출결과의 평가를 하기 위한 계획이다. 재무계획의 구체적 내용은 총체적 조직의 협조로 자금계획(이익계획과 자금계획)을 수립하는 것이다.

① 자금계획(fund planning)은 재무구조계획이라고도 하는 데 합리적 조달과 효율적 운용계획으로써 설비자본계획, 운전자금계획, 현금수지계획으로 나누어지며 자금계획의 구체적 표현이 추정대차대조표이다.

② 이익계획(profit planning)은 기업목표 달성계획으로써 수익계획과 비용계획으로 구체적 표현이 추정손익계산서이며 이익계획을 위한 구체적기법의 대표는 손익분기분석이다.

제품단가(price : P) × 판매량(quantity : Q) = 고정비(fixed cost) × 변동비(variable cost : C) + α (profit=0)

$$\therefore Q = \frac{F}{P-V}$$

3 손익분기 분석

손익분기점이라 함은 직역으로는 '균형점'이라는 뜻이며, "기업활동에 있어서 비용과 수익이 동액이 되어 이익도 손실도 없는 매출액"을 말한다. 이를 도표로 나타낸 것을 이익도표라고 한다. 미국의 C. E. Knoepple이 1908년에 창안한 것으로서, 그는 이익도표를 경제상의 기압(氣壓)을 측정하고 손익의 변화를 명시하는 기업청우계(企業晴雨計)라고 하였다.

1) 생명열 확보의 기점 : 손익분기점(break even point, BEP)

일정 기간(1년)의 총수익(매출액)과 총비용(고정비, 변동비)이 일치함으로써 이익도 손실도 발생하지 않는 매출액점이라 한다. 이 점을 파악함으로써 최소한의 매출목표(판매예산)를 수립할 수 있으므로 이익관리를 위한 이익계획을 위해서는 손익분기점의 측정이 필요하다.

2) 특 징

① 매출액이 이 점보다 많으면 이익이, 적으면 손실이 발생한다.
② 이 점의 위치가 높을수록 수익성이 낮고, 낮을수록 수익성이 높다.
③ 매출액이 전혀 없으면 고정비만큼 손실이 발생한다.

3) 고정비(fixed cost)

생산량의 증감에 관계없는 비용
예 지급지대 및 이자, 건물 임차료, 감가상각비, 경영자층의 급료, 연구개발비.

4) 변동비(variable cost)

생산량의 증감에 따라 변동하는 비용
예 원료, 보조원료, 동력비, 운송비, 외주비, 판매수수료.

4 창업자금의 확보

1) 창업자금의 중요성

창업자의 창업성공의 기본적인 조건과는 다른 의미로 창업을 성공케 하는 결정적인 요인이 있는데 이는 바로 창업자금이다.

통계자료에 따르면, 창업을 한 후에 3년 이내 문을 닫는 업체가 70%를 넘는다고 한다. 창업자의 경영관리 미숙과 시장확보의 실패 또는 급변하는 사업환경에 능동적으로 대처하지 못한 여러 가지 사유가 있을 수 있겠지만, 결정적인 사업실패의 원인은 창업자금의 부족에 있다.

주변을 둘러 창업자들을 살펴보면 빠듯한 창업자금, 아니 오히려 적정규모에 모자라는 창업자금으로 사업을 시작하는 창업자들을 볼 수 있다. 숙련된 기술과 정열적인 노력으로 작업장이나 거래처를 열심히 뛰어다녀 보지만 사업초기는 모든 것이 뜻대로 되지 않는 경우가 많다. 며칠을 기다리던 결제가 지급기일이 3개월 정도의 어음으로 들어오는 경우도 있다. 이럴 경우에는 기술이나 신용이 없어서 혹은 물건을 못 팔아서가 아니라 몇 개월 버틸 수 있는 많지 않은 자금이 치명적일 수 있다.

창업기간 내에 회사를 움직이게 하는 핏줄과 같은 창업자금의 경화증은 그 동안의 꿈과 노력을 헛되게 만들 수도 있는 것이다. 따라서 성공적인 창업이 되기 위해서는 충분한 창업자금의 확보가 선행되어야 하며, 이는 곧 성공창업의 결정적인 요인이 된다.

2) 창업 소요 자금의 종류

창업자금 즉, 창업에 필요한 자금은 시설자금과 운전자금 및 예비자금으로 구분이 된다. 시설자금은 사업장을 확보하는 비용과 필요한 집기비품의 구입비, 그리고 제조업일 경우 제품생산에 필요한 생산설비의 구입비 등이며, 운전자금은 사업을 개시한 후 물건을 팔아서 회사에 현금이 들어올 때까지 회사운영에 필요한 재료비, 인건비, 경비 등이다.

일반적으로 사람들은 시설자금에 대해서는 어느 정도 근접하게 예상금액을 뽑아낸다. 여기저기 전화를 해서 가격도 알아보고 견적서도 받아서 비교해 보고 적정한 가격으로 시설리스를 뽑아본다. 그러나 중요한 것은 운전자금에 있다. 사업을 시작한다고 해서 곧바로 회사에 돈이 들어오는 것은 아니다. 제조업의 경우 제품을 만들어서 납품을 해야 하고 다음달에 결제되는 자금은 3개월 후에야 돈으로 만져 볼 수 있는 어음일 수도 있다. 그래도 사업을 시작하면서 곧바로 제품을 팔 수 있다는 것은 상당히 준비된 회사이다.

도표 7-1 소요자금의 분류

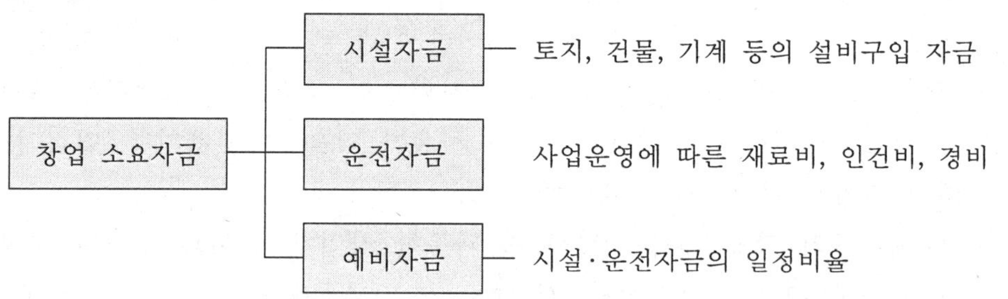

판매시장도 개척해야 하고 개발제품의 완성에 또 손이 가야 된다면 자금회수일까지의 기일은 더 걸릴 것이다. 유통업, 서비스업, 무역업 등도 마찬가지이다. 시작하는 회사이니 만큼 이름도 좀 알려져야 하고, 깔린 미수금이 조금씩 들어오려면 적지 않은 시간이 필요하다. 이렇게 영업활동으로 인하여 정상적인 자금유입이 이루어지기까지의 시간 즉, 1회전 운전자금의 기간을 일반적으로 제조업은 3개월, 기타 유통·서비스업 등은 1~2개월로 보고 있으나 여러 가지 원인으로 인해 그 기간이 더 길어질 수 있다. 그럼에도 불구하고 창업자들은 운전자금 소요기간을 짧게 잡거나 아니면 대충 얼마정도 필요할 거라는 주먹구구식 자금계획을 잡는다. 비용항목을 세부적으로 나누어 만든 자금계획이 아닌 경우 생각하지 못한 자금지출은 창업자를 당황하게 할 것이다.

3) 창업자금 조달 계획

소자본사업을 시작할 때 최소한 사업장은 자기자본으로 얻어 이자부담을 줄여야 한다. 그래야 사업이 안정기를 맞이할 때까지 궁색하지 않을 수 있고, 설혹 그 기간이 다소 길어지더라도 어려움을 견뎌낼 내구력을 가질 수 있는 것이다.

① 예상업종에 따른 소요자금을 예측한다.
② 자금조달은 장기적인 계획 하에서 준비한다.
③ 창업자금 중 일정비율의 예비자금을 준비한다.
④ 최소한 사업장의 임대는 자기자본금으로 한다.

5 창업자금의 조달

1) 소요자금표의 작성

창업자는 사업자금을 생각할 때에 자금조달의 방법부터 먼저 고민부터 한다. 그러나 자금 조달방안을 생각하기 전에 먼저 어느 곳에 얼마만큼의 돈이 들어갈 것인지에 대한 정확한 소요자금표 즉 자금운용표를 먼저 만들어야 한다.

소요자금표의 작성은 쉬울 듯 하지만 의외로 까다롭고 작성하기도 어렵다. 미처 생각하지 못했던 곳에 돈이 들어갈 수도 있고, 예상한 비용이었으나 생각보다 많이 들어가는 경우도 있다.

그러므로 다소 시간이 들더라도 일정한 형식을 갖춘 표를 만들어, 창업에 필요한 세부적인 비용 항목들을 열거한 후에 정확하게 추정하는 것이 필요하다. 정확한 소요자금표의 작성은 창업한 후에 돈 때문에 쫓아다니는 고생과 시간을 많이 덜어줄 것이다.

2) 창업 소요자금표의 기본구성

창업 소요자금표는 하고자 하는 사업의 규모, 종류에 따라 그 형태나 비용항목들이 다 다르다. 일반적으로 자금의 용도를 기준으로 하여 ① 자산을 구입하는 자금(시설자금) ② 경비로써 지출되는 자금(운전자금) ③ 예비자금으로 구분이 된다.

도표 7-2 창업소요자금 총괄표

구 분	비용항목	금 액
① 시설자금	유·무형고정자산 및 기타자산 매입비	
② 운전자금	재료비, 경비 등	
③ 예비자금	(시설, 운전자금의 일정비율 계산)	
계		

3) 시설자금 내역서 작성요령

시설자금은 회사의 유·무형 고정자산이나 기타 자산을 매입하는 데에 필요한 자금으로 나중에 재무상태표를 만들게 되면 일정한 감가상각비를 제외한 뒤 회사의 자산가치로 남게 되는 자금이다. 대부분 회사 외부로부터 매입하는 것이기 때문에 예상 매입처와의 계약서나 견적서를 바탕으로 하여 금액을 산출하는 것이 바람직하다.

도표 7-3 소요시설자금 내역서

구 분		금 액	비 고
시설자금	대지매입		세금 포함(취득세, 등록세 각종 부담금)
	건물건축		인·허가비용 설계비용 포함
	부대공사		전기, 통신, 상·하수도, 냉·난방 구축물 포함
	(사업장 매입)		세금 포함(취득세, 등록세)
	(임차보증금)		건물수선비용 포함
	생산설비		(생산설비내역서 기준)
	부대시설		전·후방 관련시설, 공·기구, 소모품 포함
	차량운반구		(견적서 기준)
	사무집기 비품		(세부내역서 기준)
	가맹비		(계약서 기준)
	인테리어비		(공사내역서 기준)
	기술사용료		(계약서 기준)
	회사설립비		주식발행비, 등록세 등 세금포함
소 계			

4) 운전자금 내역서 작성요령

운전자금은 창업초기에 사업을 운영하는 데에 들어가는 비용으로 크게 인건비, 재료비, 경비로 구분이 되는데 경비는 다시 여러 가지의 세부비용으로 나누어진다.

영업활동으로 인하여 회사에 정상적으로 자금이 유입할 때까지의 기간, 즉 1회전 운전자금의 기간은 업종에 따라 다를 수 있으므로 창업자는 이를 감안하여 그때까지 필요한 운전자금을 사전에 확보해야 할 것이다.

도표 7-4 소요운전자금 내역서

구 분		금 액	비 고
운전자금	인건비		기본급, 상여금, 수당 등
	재료비		초도상품비, 원·부자재비 등
	경 비		
	• 임차료		임대사업장인 경우
	• 관리비		전력비, 수도광열비 등
	• 외주가공비		하청업체 수수료
	• 운반비		포장하역비 포함
	• 교통비		차량유지비 포함
	• 세금과 공과		각종 공과금
	• 보험료		회사재산에 대한 보험료
	• 복리후생비		종업원 의료보험, 식대, 국민연금 등
	• 소모품비		공·기구, 집기비품
	• 기타경비		도서인쇄비, 연구개발비, 접대비 등
소 계			

5) 추정 소요자금에 따른 자금조달 계획표 작성

창업에 따른 소요자금표가 작성이 되면 이제 이를 조달할 수 있는 방안을 강구해야 한다. 창업자금의 조달은 크게 자기자금과 타인자금으로 구분할 수 있으며, 현금이 아니더라도 현물이나 시설을 빌려와서 쓸 수도 있을 것이다.

자기자금은 창업자, 그리고 동업자가 있다면 그들이 가지고 있는 현금이나 현물을 의미하며, 타인자금은 자기자금 이외에 외부로부터 조달하는 모든 차입금을 말한다. 이러한 차입금은 이자나 원금상환 등의 조건이 붙어 있어 꼬박꼬박 이자도 내야하고 정해진 날에 원금을 돌려줘야 하는 부담이 있는 돈이기에 자금조달계획을 수립할 때부터 차입규모나 방법에 있어 신중을 기해야 한다.

6) 자금조달 계획표의 기본 구성

자금조달 계획표는 창업자의 자금조달 여건이나 능력에 따라서 그 세부 내용이 여러 가지로 나타날 수 있는데 그 기본 구성은 ① 창업자 또는 동업자가 가지고 있는 자금(자기자금) ② 외부로부터 빌려오는 자금(타인자금)으로 구분하여 작성한다.

도표 7-5 자금조달 계획 총괄표

구 분	비용항목	금 액
① 자기자금	자본금, 동업자 출자금, 기타 투자자금	
② 타인자금	금융기관 차입금, 개인사채 등	
계		

7) 자기자금 내역서 작성요령

창업자는 사업을 구상하게 되면서부터 먼저 자기호주머니 사정을 살핀다. 한꺼번에 목돈을 만들려다 보니 적금도 해약을 하게 되고, 가지고 있던 부동산도 팔 궁리를 하게 된다. 자기자금내역서는 이렇게 창업자 또는 동업자가 가지고 있는 자금의 출처를 중심으로 그 내역서를 만드는 것이다.

도표 7-6 자기자금조달 내역서

구 분		금 액	비 고
자기자금	보유현금		
	예 금		
	적 금		
	퇴직금		
	유가증권 매각		주식, 채권
	부동산 매각		주택, 토지, 기타 부동산
	동업자 출자금		공동경영자가 투자한 현금, 현물
	주주 출자금		주식인수자가 납입한 현금
	기관투자 자금		창업투자회사 등 투자기관의 출자금
	후원금		친·인척 등 주변인의 후원금
	보유현물		사업장, 설비, 차량 등
소 계			

8) 타인자금 내역서 작성요령

전체 소요자금 중에서 자기자금을 제외한 나머지 모두 타인자금으로 조달을 해야 한다. 보통 타인자금은 금융기관의 대출이나 개인적으로 아는 사람을 통한 사채가 일반적인데, 차입처에 따라 돈을 빌려주는 조건이 다르다. 타인자금내역서는 차입금 상환계획을 수립할 때 기준이 되는 자료이므로 차입금별로 구체적인 차입조건을 명기하는 것이 좋다.

9) 담보제공 계획서 작성요령

한편, 타인자금을 조달할 경우에 돈을 빌려주는 측에서는 채권의 안전한 확보를 위해 창업자에게 빌려주는 돈에 상응하는 담보를 요구한다. 물론 창업자의 신용을 믿고 무담보로 돈을 꿔주는 경우도 있겠지만, 대부분 보증기관에서 발급하는 신용보증서나 부동산 근저당설정을 통한 담보대출을 하기 때문에 타인 자금조달계획을 수립하면서 담보제공계획도 같이 세워야 한다.

① 담보제공 방법

② 담보제공 내용

㉮ 부동산

㉯ 예·적금 등

㉰ 보증서 등

6 창업자금의 내용

기업경영의 중요한 업무 중의 하나가 자금관리이다. 자금관리란 자금을 운용하고 조달하는 것을 주요내용으로 한다. 즉 필요자본을 끌어들이고 적절하게 배분하여 투자하고 수입을 효과적으로 관리하여 더 많은 이익을 내는 등의 업무이다. 자금관리를 잘하고 못하고에 따라 경영활동의 결과는 크게 달라진다.

1) 창업자금 조달의 개요

창업에 따른 소요자금 규모가 결정되면 이제 이를 조달할 수 있는 방안을 강구해야 한다. 창업자금의 조달은 크게 자기자금과 타인자금으로 구분할 수 있으며, 현금이 아니더라도 현물이나 시설을 빌려와서 쓸 수도 있을 것이다.

자기자금은 창업자 그리고 동업자가 있다면 그들이 가지고 있는 현금이나 현물을 의미하며, 타인자금은 자기자금 이외에 외부로부터 조달하는 모든 차입금을 말한다. 이러한 차입금은 이자나 원금상환 등의 조건이 붙어 있어 정해진 날에 이자도 내야하고 정해진 기간 안에 원금을 돌려줘야 하는 부담이 있는 돈이기에 자금조달계획을 수립할 때부터 차입규모나 방법에 있어 신중을 기해야 한다.

2) 창업 소요자금 조달

창업자가 자금을 조달하려면 크게 두 가지 방법을 통하여 조달할 수 있다. 하나는 스스로 보유한 자금으로 충당하는 것이고, 또 하나는 대외적인 신용을 밑천으로 외부로부터 조달하는 방법이다. 따라서 창업자는 사업을 개시하는 데 필요한 자금이 얼마 정도인가를 산정하고, 그 다음에 자기가 준비할 수 있는 자금은 어느 정도인가를 검토하고, 친지들로부터 얼마나 조달할 수 있는가를 검토한다. 그리고 마지막으로 금융기관에서 빌려야 하는 금액과 방법을 검토한다. 자금계획은 사업을 결심했을 때의 예상금액과 실제로 사업준비를 해나가며 소비되는 구체적인 금액을 비교하여 단계별로 산정한다.

또한 자금흐름에 대한 예측도 필요하다. 이를 위해 우선 조사를 통해 예상고객수와 한 사람 당 매출액을 산정하고 매출전망을 계산한다. 그 다음 매출전망에 따른 매출원가와 경비를 예측하고 매달 유입 자금의 크기를 계산한다. 그리고 그 이익금으로 차입금의 원리금을 상환해 가는 것이 가능하다면 일단 전망은 밝은 것이다. 3년부터 5년 사이에 자기 자금의 회수가 가능할 정도가 되면 가장 이상적이라 할 수 있다.

나아가, 돈을 관리하는 계획을 세우는 것도 중요한 과정이다. 나가는 돈은 확실한데 들어오는 돈은 불확실하다는 것이 사업의 현실이다. 외상매출금의 회수가 가능한지 어떤지 알 수 없고 매출이 증가해도 돈의 회전이 원활하지 않게 되면 실패할 확률이 높아지게 된다. 외상매출금, 외상매입금, 미지급금, 현금을 관리하는 데 어떤 계획을 세우면 좋을지 또 자금회전은 어떤 방법으로 하는 것이 좋을 지에 대한 충분한 검토와 학습이 필요하다.

도표 7-7 창업자금 조달 방법

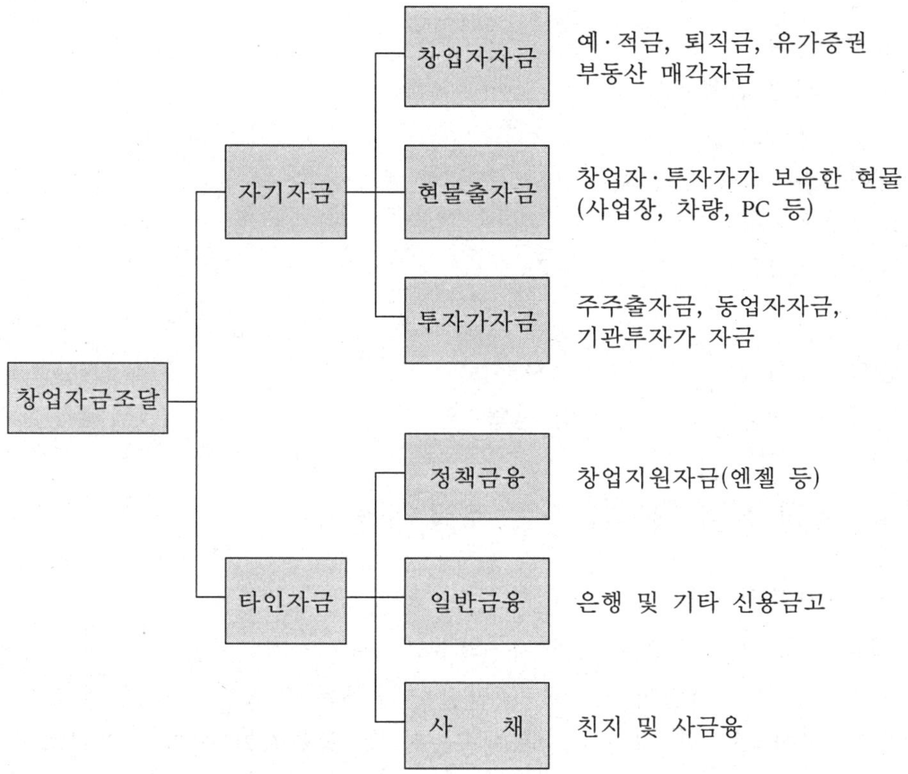

(1) 금융기관의 활용

지금과 같이 금융자율화가 시행중인 상태에서는 각 금융기관들의 상품이 다양해져 자신에게 유리하게 거래하는 은행과 상품을 선택하여 집중적인 거래를 해야 나중에 자금이 필요할 때 우대금리를 적용한 대출을 받을 수 있다. 입출금이나 단순한 적금가입뿐 아니라 은행의 입장에서 필요한 세금이나 관리비 등의 자동납부나 종업원 급여의 자동이체 등을 통하여 신용도를 쌓아두는 것이 유리하다.

(2) 대출 받을 금융기관 확인

사업하는 사람들에게 금융기관은 가깝고도 먼 곳이다. 금융기관을 잘 활용하면 대출에서부터 자금관리까지 여러 가지 혜택을 받을 수 있다. 창업자들에게 필요한 금융기관을 살펴보면 다음과 같은 것이 있다.

- 은행
- 창업투자회사
- 신기술사업 금융회사
- 상호신용금고
- 보험회사
- 신용보증기금
- 새마을금고
- 리스회사
- 종합금융회사
- 기타 기관(생산기술연구원의 창업자금 등)

3) 자금조달원 선정 및 타인자본 조달 검토사항

(1) 자금조달원의 선정

창업을 위한 자금조달은 회사 내·외부의 여러 가지 자금 조달원으로부터 이루어 질 수 있다. 기업이 자금을 조달할 경우에는 필요한 자금의 용도와 규모, 그리고 자금이 필요한 시기와 담보제공능력 등 종합적인 여건을 감안하여 최적의 자금조달원을 선정하여야 할 것이다. 자신의 실정에 맞지 않는 자금조달원을 선정하여 이를 진행하다가 결국은 필요한 자금을 조달하지도 못하고 시간낭비와 쓸데없는 비용을 지출하는 경우가 있다.

기업자금 조달 시에 사업자가 고려해야 할 사항은 크게 ① 자금조달비용, ② 자금조달의 안정성, ③ 자금조달의 난이도, ④ 정책자금의 조달 등이다.

① 자금조달 비용

자금조달비용을 구성하는 가장 큰 요소는 자금조달에 따르는 차입금리 또는 주식의 배당률이나 회사채 등의 발행금리이다. 이외에 자금조달 시 수반되는 인지대, 감정수수료, 등기비용, 지급보증료 등의 부대비용과 함께 차입에 따라 대응되는 구속성 예금의 가입이 요구되는 경우에는 차입금리와 예금금리의 격차 역시 금융비용으로 고려되어야 한다.

② 자금조달의 안정성

자금의 안정성이란 자금의 상환기간의 장단과 관계가 있다. 예를 들면 공장을 짓거나 생산시설투자를 하는 데 필요한 자금을 단기 차입금으로 조달하였다면 고정자산에 투하된 자본의 회수 전에 차입금의 상환기일이 도래하게 되고, 기업은 자금의 상환이 어려워지게 되므로 자금조달의 안정성은 떨어지게 된다.

따라서 재료비, 인건비, 경비 등의 유동자금은 단기차입금에 의해 조달을 하고 시설투자 등의 고정자산은 장기차입금에 의해 조달하는 것이 좋다.

③ 자금조달의 난이도

자금조달에는 융자절차 등에 있어 여러 가지 단계를 거쳐야하고 여하한 경우에는 자금조달의 제약이 있을 수 있으므로 각 자금별로 조달상의 난이도를 감안하여야 한다. 사채발행의 경우에도 발행회사의 재무면에 있어서의 발행한도에 제한을 두고 있으며, 일반 금융기관에서의 차입금 대출시에도 기업의 신용도, 담보제공능력을 본다. 특히 정책자금의 경우에는 신청회사의 업력, 업종, 생산품목, 기타 사업여건 등에 있어서 일정조건을 갖추어야 하기 때문에 자금조달이 더욱 까다로운 편이다.

④ 정책자금의 조달

이러한 자금조달 시에 검토해야할 사항 중에서 그래도 우선 순위를 택한다면 자금조달에 따른 비용을 먼저 생각하게 된다. 대출절차가 다소 복잡하고 자격요건이 까다롭다고 하더라도 상환기간이 긴 저리의 자금을 받을 수 있다면 기업경영에 많은 도움을 줄 수 있기 때문이다. 이러한 면에서 정책자금은 기업체 입장에서 최적의 자금이다.

(2) 타인자금 조달 시 검토사항

① 필요한 차입자금 규모의 정확한 고려

- 자금의 용도에 따라 기업에서 필요한 자금의 규모를 객관적으로 산출하여 제시한다.
- 구속성 예금을 계산에 넣는다.
- 금융정세에 따라 증액신청을 할 수도 있다.

② 담보 및 보증 가능성 검토

타인자금을 조달할 경우에 돈을 빌려주는 측에서는 채권의 안전한 확보를 위해 빌려주는 돈에 상응하는 담보를 요구한다. 물론 차입자의 신용 무담보로 돈을 꿔주는 경우도 있지만, 대부분 보증기관에서 발급하는 신용보증서나 부동산 근저당설정을 통한 담보대출을 하기 때문에 담보가 필요한 외부자금의 차입시에는 반드시 담보제공능력을 검토하여야 한다.

③ 상환목표의 수립

- 상환할 자금을 어떻게 조달할 것인가
- 구속성예금은 상환자금이 된다.
- 구체적인 차입금 상환계획을 제시한다.

④ 금융기관의 적절한 선택

일반적으로 금융기관은 예금통화 창출 기능이 있으면 통화금융기관, 없으면 비통화금융 기관으로 분류가 된다. 통화금융기관으로는 한국은행을 비롯하여 시중은행, 지방은행 등이 해당되고, 비 통화금융기관으로는 증권회사, 보험회사, 신탁회사, 신용금고 등이 여기에 해당된다. 흔히 제1금융권, 제2금융권으로 부르기도 한다. 그러나 자금을 조달하고자 하는 차입자 입장에서는 금융기관을 분류하는 성격이 중요한 것이 아니라, 어느 금융기관이 더 거래하기가 좋고 안정적이며 필요한 자금을 쉽게 대출 받을 수 있는가가 관심사이다.

⑤ 차입이유 합리성

차입을 신청할 때에는 금융기관에 대해 차입을 필요로 하는 이유를 확실하게 나타낼 수 있어야 한다. 예를 들어, 생산설비를 증강하기 위해 공장을 신설하는 것이라면 소요자금 중 어느 정도를 자기자금으로 조달하고, 어느 정도를 차입에 의존하는지를 세부적으로 설명할 수 있어야 한다. 더불어 계획의 세부적인 내용(용지면적, 건물면적, 주요 기계장치명세서 등)을 설명할 수 있는 구체적인 자료가 필요하다.

⑥ 적절한 차입시기와 차입기간

- 사전 자금계획에 의한 차입 시기 선택
- 차입금의 상환기간을 신중하게 협의하여 결정

⑦ 금융기관대출 상담 시 필요한 기본서류

- 법인등기부등본(법인인 경우)
- 사업자등록증 사본
- 공장등록증 사본(소기업은 임대차계약서 사본)
- 최근 년도 결산 재무제표
- 부가가치세 과세표준증명원
- 사업현황서 또는 사업계획서
- 해당 관청의 인가서 또는 허가서

창업자금의 조달과 운용의 내용을 정리하면 <도표 8-8>과 같다.

도표 7-8 단기 총괄 자금계획(××년)

(단위: 백만 원)

<table>
<tr><th colspan="3">소 요 자 금</th><th colspan="3">조 달 계 획</th></tr>
<tr><th colspan="2">내 용</th><th>금 액</th><th colspan="2">내 용</th><th>금 액</th></tr>
<tr><td rowspan="2">사업장</td><td>대지 매입
공장 건축
부대설비</td><td></td><td rowspan="2">자기
자본</td><td>발기인
VC회사</td><td></td></tr>
<tr><td>소 계</td><td></td><td>소 계</td><td></td></tr>
<tr><td rowspan="2">생산
설비</td><td>기계시설
부대시설</td><td></td><td rowspan="2">차입금
및
특수
금융</td><td>회사채 발행
(사채, 전환사채)
은행차입
제2금융기관차입
시설대여
진흥공단 지원
주주 일시차입</td><td></td></tr>
<tr><td>소 계</td><td></td><td>소 계</td><td></td></tr>
<tr><td rowspan="2">유형
고정
자산</td><td>차량운반구
기구비품 기타</td><td></td><td colspan="2" rowspan="5">B/S가용자금, 기타</td><td></td></tr>
<tr><td>소 계</td><td></td><td></td></tr>
<tr><td rowspan="2">운전
자금</td><td>원·부자재 구입비
기타 운전자금</td><td></td><td></td></tr>
<tr><td>소 계</td><td></td><td></td></tr>
<tr><td colspan="2">예 비 비</td><td></td><td></td></tr>
<tr><td colspan="2">합 계</td><td></td><td colspan="2">합 계</td><td></td></tr>
</table>

7 창업자금의 지원

1) 중소·벤처 창업자금

중소·벤처기업의 창업을 촉진하고 벤처기업가 정신의 우수한 창업자를 발굴하고 지원하기 위하여 아이디어, 신상품, 신기술 등을 사업화 하는 창업중인 예비창업자나 창업기업이 필요로 하는 창업자금(Startup Financing)을 지원한다.

Ⅰ. 기술신용보증기금을 통한 창업자금 지원

(1) 지원대상

중소기업창업지원법 제2조 제1호의 규정에 의한 창업을 준비중이거나 중소기업창업지원법 시행규칙 제3조에 의한 사업개시 일로부터 3년 이내에 있는 기업(신청접수일 기준)으로서 중소기업창업지원법 및 '벤처기업에 관한 특별조치법' 상의 업종이 해당된다.

예 시

- 대학·우수 연구기관 등의 추천을 받은 창업자
- 발명가, 특허권, 실용신안권 등 보유자
- 해외유학생, 해외기업 및 연구기관에 근무하는 한국인
- 창업보육센터에 입주하거나 졸업자 중 창업하려는 경우
- 기타 기술성이 있고 창업한지 3년 이내인 기업 등

(2) 지원조건

① 지원한도 : 동일기업 당 5억원 한도(단, 운전자금은 3억원 한도)
② 상환조건 : 5년 이내(2년 거치 3년 분할 상환)
③ 대출금리 : 저금리(시중실세금리 추세에 따라 변동될 수 있음)

(3) 지원신청 접수

① 신청 및 접수처 : 기술신용보증기금(이하 "기술신보"라 함) 기술 평가센터 및 전국소재 각 영업점

② 신청서류(소정양식)

㉮ 신청서(소정양식) 3부

㉯ 첨부서류 각 3부 : 사업계획서 등

(4) 심사·평가 보증서 발급(기술신보의 기술평가센터)

① 심사·평가기준 : 신청자의 기술성·사업성, 타당성 및 신용보증 가능 금액 등을 중심으로 기술신보에서 별도의 자체 업무지침으로 운영하고 있다.

② 평가 후 보증가능 금액을 사전에 심사하고, 중소기업진흥공단(이하 "중진공"이라 함)에 통보한다.

- 평가수수료 : 보증서발급 대상자에 한하여 건당 평가수수료 30만원을 평가기관에 납부하여야 한다.

(5) 최종지원 결정(중진공)

중진공이사장은 기술신보의 평가내용 및 보증가능금액을 근거로 지원금액, 분할지급시기, 방법 등을 정한다.

(6) 지원추천 및 자금지원

① 중진공이사장은 최종 지원결정사항을 창업자 및 기술신보에 즉시 통보하고, 금융기관에 융자 추천한다.

② 기술신보는 신용보증서 발급신청일 이후 특별한 결격사유가 없는 경우 15일 이내 신용보증서를 발급(다만, 예비창업자는 사업개시일 이후 대출신청 가능)한다.

③ 자금대여는 중진공과의 약정계약을 체결한 대출 취급기관을 통하여 지원한다.

(7) 사후관리

① 지방중기청장 및 중진공이사장은 창업지원자금을 받은 자에 대하여 자금의

사용여부 및 경영상황의 확인 등을 위하여 필요한 경우 관련 서류를 제출하게 하거나 소속직원으로 하여금 현장 점검하게 할 수 있다.

② 중진공이사장은 창업자금을 지원 받은 자가 허위 또는 부정한 방법으로 지원을 요청한 사실이 발견되거나 지원된 창업자금을 다른 목적으로 사용한 것이 확인되는 경우 즉시 지원중단 및 지원자금 회수 등 필요한 조치를 취할 수 있다.

(8) 융자절차

도표 7-9 기술신용부정기금을 통한 자금지원 절차도

자금지원 신청	• 업체 → 기술신보
⬇ 접수 및 평가결과 통보	• 기술신보 → 중진공
⬇ 자금지원결정 및 통보	• 중진공 → 업체, 기술신보
⬇ 융자금 지원신청 (보증서 첨부)	• 업체 → 중진공
⬇ 자 금 대 출	• 해당 금융기관

II. 중소기업진흥공단을 통한 창업자금 지원

(1) 지원대상

중소기업창업지원법 제2조 제1호의 규정에 의한 창업을 준비중이거나 중소기업창업지원법 시행규칙 제3조에 의한 사업개시 일로부터 3년 이내에 있는 기업(신청접수일 기준)으로서 중소기업창업지원법 및 '벤처기업육성에 관한 특별조치법'상의 업종이 해당된다.

(2) 지원조건

① 지원한도 : 동일 기업당 5억원 이내(단, 운전자금은 3억원 이내)

② 지원기간 : 5년 이내(2년거치 3년 분할상환)
③ 대출금리 : 저금리(시중실세금리 추세에 따라 변동될 수 있음)
④ 대출방법 : 담보대출, 신용 또는 보증부 대출(보증기관과의 부분 보증제도) 병행

(3) 지원신청 접수

① 신청서 접수처 : 중진공 지역본부
② 신청서류
㉮ 신청서(소정양식) 2부
㉯ 첨부서류 각 2부 : 사업계획서 등

(4) 지원의 타당성 평가 및 지원결정

① 중진공에서는 신청서 등에 대한 사업성, 기술성 및 지원의 타당성 등을 평가(세부사항은 중진공이사장이 별도 제정) "벤처기업육성에 관한 특별조치법"상 중소기업청장으로부터 확인 받은 벤처기업은 중진공이사장이 지원의 타당성평가를 별도로 제정하여 신속히 자금지원 결정한다.
② 신청자(업체)에 대한 평가 및 지원금액을 검토하기 위하여 중진공 각 지역본부에 「자금지원심의위원회」 설치·운영 「자금지원심의위원회」구성·운영과 심사 등에 관한 세부사항은 중진공에서 별도 제정한다.

(5) 지원추천 및 자금지원

① 중진공이사장은 「자금지원심의위원회」 심의결정 사항을 창업자 및 해당기업, 신용보증기관 및 대출 취급기관에 즉시 통보한다.
② 자금대여는 중진공이 직접 대출하거나 선정된 대출 취급기관을 통하여 지원한다.

(6) 사후관리

① 지방중기청장 및 중진공이사장은 창업지원자금을 받은 자에 대하여 자금의 사용여부 및 경영상황의 확인 등을 위하여 필요한 경우 관련 서류를 제출하게 하거나 소속직원으로 하여금 현장을 점검하게 할 수 있다.
② 중진공이사장은 창업지원자금을 지원 받은 자가 허위 또는 부정한 방법으

로 지원을 요청한 사실이 발견되거나 지원된 창업자금을 다른 목적으로 사용한 것이 확인되는 경우 즉시 지원중단 및 지원자금회수 등 필요한 조치를 취할 수 있다.

(7) 융자절차

도표 7-10 중소기업진흥공단을 통한 지원(담보보, 신용, 보증부)

자금지원 신청	• 업체 → 중진공
⬇	
접수 및 평가결과 통보	• 중진공
⬇	
자금지원결정 및 통보	• 중진공 → 업체
⬇	
자 금 대 출	• 중진공 직접대출 또는 간접대출

2) 소상공인 창업 및 경영개선지원 자금

(1) 지원목적

소상공인에 대한 창업 및 경영상담 기능과 자금지원을 연계함으로써 소상공인 지원효과를 극대화하여 신규고용 창출 및 산업간에 균형적인 발전을 도모시키는데 목적이 있다.

(2) 지원대상 및 요건

① 다음의 각호의 1에 해당하는 소상공업을 창업하고자 하는 자

㉮ 제조업, 광업, 건설업, 운송업 : 상시종업원 10인 이하

㉯ 전기·가스 및 수도사업, 도·소매업 및 소비자용품 수리업, 숙박 및 음식점업, 운수·창고 및 통신업, 부동산 임대 및 사업서비스업, 교육서비스업, 개인서비스업 : 상시종업원 5인 이하

② 소상공업을 영위하는 자로 경영개선을 하고자 하는 자

(3) 지원제외 대상자

① 사치성향적 소비나 투기를 조장하는 업종

② 금융기관의 불량거래자 또는 불량거래처로 규제중인 자

(4) 지원 조건

① 지원자금 규모 : 2,000억원

② 대출금리 : 저금리(시중실제금리 추세에 따라 변동될 수 있음)

③ 지원한도 : 5천만 원 이내

④ 상환기간 및 상환방법 : 5년(거치기간 1년 포함), 4년간 대출금액의 70%는 3개월마다 균등분할 상환하고 30%는 상환기간 만료시 일시상환

⑤ 대출취급 은행 : 국민·기업·부산·대구·광주·전북·경남·제주은행, 농협중앙회, 우리은행, 제일은행, 하나은행, 상호저축은행

도표 7-11 소상공인자금 지원절차도

절차	
창업 또는 경영개선상담 신청	• 업체 → 소상공인지원센터
⬇	
창업 또는 경영개선 상담	• 소상공인지원센터 상담사
⬇	
심사 및 취급은행에 추천서 발급	• 소상공인지원센터 → 업체
⬇	
취급 금융기관에서 채권보전 절차후 대출	• 해당 금융기관

(5) 지원절차

① 대출추천 신청 등

㉮ 신청·접수기관 : 전국 50개 소상공인지원센터

㉯ 신청기간 : 자금소진 시 까지

㉰ 구비서류

– 자금추천신청서, 사업계획서

- 사업자등록증 사본

② 평가 및 추천 : 필요시 현장 방문하여 확인한다.
- 소상공인지원센터의 창업 및 경영 상담을 거쳐 자금추천신청서, 사업계획서 등을 평가하여 종합평점 55점 이상인 경우에 추천된다.
- 신청인의 경영능력
- 사업계획의 실현가능성 등
- 자금조달능력, 신청금액의 적정성 등

③ 추천 심사 시 우대조건 : 여성창업자 및 소상공인에게 가점 5점부여

④ 자금추천 처리기간 : 자금지원 신청서 접수일로부터 7일 이내

⑤ 대출 : 신용대출 또는 채권보전 절차를 거쳐 대출

⑥ 은행 채권보전 방법 : 부동산 담보, 신용보증서, 순수신용

(6) 자금지원 후 사후관리

대출을 받은 소상공인이 지원자금의 유용 또는 불법사용 등의 사실이 있거나 부적격 지원대상임이 확인되었을 경우 대출자금 조기회수 등의 조치를 취한다.

3) 대학생 창업동아리 지원

대학 내 창업동아리 결성 및 활동을 지원하여 대학 재학중 창업에 관한 연구 및 조사를 통해 조직적인 창업준비가 이루어질 수 있도록 한다.

(1) 사업내용

① 지원규모 : 600백만 원(100개 동아리 지원)

② 창업동아리 지원

㉮ 지원대상 : 전문대, 대학(원)의 총장 또는 학장이 승인
- 한 동아리(서클)로서, 학교 내에 독자적인 사무실을 갖추고 있으며, 회원이 20명 이상인 교내 동아리

㉯ 지원내용 : 사무용품 구입비, 운영비 지원
(1개 동아리 당 600만원 한도)

③ 창업동아리 아이템개발비 지원

㉮ 지원대상 : 중기청 지정 창업 동아리 및 지역 연합회 소속 창업동아리

㉯ 지원내용 : 창업아이템 개발비 지원

(2) 지원절차

도표 7-12 대학생 창업동아리 지원절차

신청서 교부 및 접수	• 지방중소기업청
↓ 심사 및 선정	• 지방중소기업청 선정위원회
↓ 지원대상 확정보고	• 중소기업청(본청)
↓ 사업비 지원	• 지원자금 집행 : 중진공

읽을거리

성공하지 못하는 창업자의 10가지 유형

많은 사람들이 보다 나은 삶을 꿈꾸며 창업 시장에 뛰어들고 있다. 이들 가운데는 자신의 꿈을 이루며 사업에 성공한 사람이 있을 것이고, 다른 한편으로는 실패라는 쓰라린 아픔을 경험하는 사람도 생길 것이다. 성공하는 창업자와 실패하는 창업자의 차이점은 무엇일까? 창업 전문가인 임영서 맥창업 정보시스템 소장의 도움을 얻어 성공하지 못하는 창업자의 10가지 유형에 대해 알아본다.

1. 계획부재형

사업에 임하기 전, 사전에 구체적인 준비 없이 무작정 저질러 놓고 보겠다는 사람. 계획에 따른 여행보다는 무작정 떠나는 여행에 위기가 많은 법. 구체적이고 치밀한 사업계획 없이 창업전선에 뛰어 드는 것은 눈을 가리고 복잡한 거리로 나서는 것과 같다. 사업 전 계획은 간접경험을 체험하는 것과 같은 것으로 구체적으로 준비하는 것이 바람직하다.

2. 자신감 부재형

실패가 두려워 도전정신과 의욕을 상실한 사람. 실패는 성공의 어버이라고 했다. 실패가 두려워서 도전하지 못한다면 정상은 없다. 창업에서 가장 큰 적은 외부가 아닌 자기자신에게 있다. 그것은 실패에 대한 두려움으로 성공창업의 길을 막는 장애물이다. 창업자는 개척정신과 도전정신이 있어야 성공한다. 그것은 실패를 통해 더 큰 성공이 기다리고 있기 때문이다.

3. 나홀로형

시대의 흐름을 읽지 못하고 시류를 거꾸로 가는 사람. 현대사회는 변화속도가 더욱 가속화되면서 유망업종과 쇠퇴업종의 교체도 더욱 빨라진다. 변화의 흐름을 항상 감지하면서 그 변화의 속도에 적응해나가야 한다.

4. 관망형

남이 하는 것을 관찰하면서 사업진행을 하겠다고 하는 사람. '행동 없는 논리는 죽은 논리'라는 말이 있다. 갈수록 사업의 라이프사이클이 더욱 짧아지고 있기 때문에 머리로만 그리는 사업 구상은 필요 없다. 이런 사람에게는 창업 이전에 모든 기회를 상실한다. 신속하게 결단을 내리고, 결정을 내렸다면 빠르게 행동에 옮겨야 한다.

5. 자기무시형

적성과 경험을 감안하지 않고 돈만을 쫓아가는 사람. 창업자는 자기적성에 맞는 일을 한다면 휴식 없이 일을 하더라도 보람을 갖게 된다. 또 과대한 업무라고 해도 쉽게 지치지 않고 즐겁게 일 할 수 있을 것이다. 일에 대한 보람과 즐거움이 있다면 혹시 있게 될 어려움에도 쉽게 무너지지 않고 그 상황을 헤쳐나갈 수 있다.

6. 맹구형

자신과 업종, 업종과 입지 궁합을 맞추지 못하는 사람. 아무리 자기 자신에게 맞는 업종을 선정했다고 해도 업종에 맞는 입지를 선택하지 못한다면 모든 것이 허사가 되고 만다. 근본적인 문제를 모른다면 정답을 맞출 수 없다. 맹구의 동문서답식 창업 궁합 맞추기는 창업실패의 원인이다.

7. 무사안일형

점포의 취급상품만 좋으면 무조건 성공할 것이라고 생각하는 사람. 시대는 변하고 있고 고객의 욕구는 다양해지고 있다. 장사가 잘 된다고 해서 안주해서는 안 된다. 고객의 욕구의 흐름을 정확하게 읽고 그에 맞는 환경에 대한 인지능력을 키워 적절히 대처해 나가야 한다.

8. 유아독존형

자신만은 결코 실패하지 않을 것이라고 믿는 사람. 소자본 창업은 특별한 경험이나 경영 노하우를 요구하지 않는 반면 진입장벽이 거의 없다는 것이 특징이다. 그러므로 다른 업체와 치열한 경쟁을 통해 살아남을 수 있는 대책을 세워야 한다.

9. 현실안주형

새로운 변화를 두려워하고 현실에 안주하려는 사람. 잘나가던 과거에 연연하거나 큰 걱정 없는 현실에 만족하는 순간 미래의 희망은 없다. 급변하는 세상을 두려워하거나 도전을 중단해서는 미래는 없다. 자신을 세계의 중심에 놓지 못한다면 다른 사람들이 만든 변화의 물결에 휩쓸리게 된다는 것을 명심해야 한다.

10. 목표와 목적의 부재형

사업의 목표는 없고 돈만을 추구하는 사람. 창업전선에 나서기 전에 자신의 인생관은 무엇이며 비전은 구체적으로 어떤 것인가에 대해 생각해야 한다. 또 가정과 사회, 국가에 어떤 영향이 있으며 얼마나 큰 가치가 있는가에 대해서도 심도 있게 되새겨 볼 필요가 있다. 사업의 정확한 목표와 목적을 세우고 그것을 향해 전진할 때때로 역경과 장벽이 있어도 극복할 수 있는 모태가 된다. 자기 극복은 강한 목표설정에서 나오며 목표를 향해 매진할 때 비로서 성공이란 정상을 만날 수 있다.

임영서 소장은 “많은 예비창업자들이 핑크빛 꿈을 꾸며 창업전선에 나서지만 성공하는 사람들 보다는 실패의 쓴 잔은 마시는 사람들이 더 많다”며 “소수의 준비된 사람에게는 성공할 수 있는 기회를 주는 냉험한 창업 시장에서 실패하지 않기 위해서는 성공에 대한 강한 의지와 치밀한 준비가 꼭 필요하다”고 강조했다.

[http://kr.blog.yahoo.com/cho4890kr/12765]

제8장

창업과 생산

1. 시스템의 원리
2. 생산시스템의 원리
3. 생산시스템의 내용
4. 생산계획과 통제
5. 품질경영
6. 재고관리
7. 구매관리
8. 서비스 운영관리

▶ 읽을거리

경영시스템이란 상호작용의 맥락에서 이해하여야 한다. 지네는 언제나 걷는 방법을 알고 있다고 말한다. 그러나 누가 어느 발이 제일먼저 움직이느냐고 묻는다면 말문이 막힌다. 바이올린의 정확한 음을 한번에 하나씩 내보라는 것과 마찬가지다.

하나의 행동이나 낱말이 그 자체로 충분한 뜻매김이 된다고는 생각지 않는다. 하나의 행동이나 어떤 경험에 붙인 꼬리표는 언제나 맥락 속에서 보아야 한다. 그리고 모든 행동의 맥락은 인식론의 전체적인 그물 조직이고, 내포된 모든 체계의 상태다. 거기에는 그 상태에 도달할 때까지의 역사가 담겨 있다. 우리 자신이 무엇이라고 믿는 것은 우리 주변의 세계에 대해서 우리가 믿고 있는 바와 양립해야 한다.

생산시스템은 마케팅과 지원관리 시스템과 공존해야 그 존재의미를 부여받을 수 있다. 이것이 기업시스템 최소 3분법의 구성인자이다.

1 시스템의 원리

자본의 흐름을 우리 신체활동에서의 혈액의 흐름으로 비유한다면 기업활동에서 생산운영관리의 영역을 심장의 활동으로 비유할 수 있다. 각 기관에서 흘러들어온 혼탁한 혈액에 신선한 산소를 융합시켜 재공급시키는 과정을 투입-프로세서-산출의 피드백 루프로 비교할 수 있기 때문이다.

1) 투 입

생산관리 시스템의 투입이란 조직 내로 들어오는 모든 유형·무형의 자원을 의미한다. 이러한 자원은 제조에 사용되는 노동력, 자재, 재료, 장비 등을 일컫는다. 투입은 제조업체와 서비스 업체에서 이용되고 있는 인간의 지식, 지능, 정보, 경험 등을 모두 포함한다.

2) 변환과정

변환의 과정은 유형의 투입물과 인적자원의 활용으로서 제품이나 서비스를 산출하는 활동적인 공정을 의미한다. 변환과정은 투입을 산출로 전환시키기 위해 사용되는 규칙, 진행과정, 자원뿐만 아니라 개념, 업무절차, 무형의 기술까지도 포함하는 개념이다.

3) 산 출

산출은 변환과정의 결과이다. 생산 시스템의 산출은 자동차와 같은 유형의 기술까지도 포함하는 개념이다.

INPUTS	PROCESS	OUTPUTS
Man Machine Material	→ Transformation →	Goods Services Information

② 생산시스템의 원리

사회적 책임조직(소비자, 사회적 기대부응도에 부응)인 기업의 경영활동 중, Man Machine Material 을 활용 Input Process Output 과정을 통해 물리적·시간적·장소적 변화의 가치창조를 위해 계획·조직·통제 하며 제화나 용역(service)을 適(期, 價, 量, 所, 質)에 제공하는 기술적 활동 시스템이다.

① 기업의 5가지 경영활동 : 재무회계, 마케팅, 인사조직, 생산운영, 경영정보

② 서비스(용역)의 특질 : 무형성, 불가분성, 이질성, 소멸성

③ 시스템이란 : 특정한 목적을 가지고 이를 성취하기 위해 여러 구성인자가 유기적으로 연결되어 있으면서 동일한 목적달성을 위해 노력하는 것이다. 시스템도입의 근본 이유로 경영에 부과되는 과제의 증대, 자원조달의 제약 증대, 전체적 안목에서 활동계획 수립함으로서 부분최적(sub-optimization)의 배제의 필요성이 증대되고 있다.

심연에서 심연 사이를 왔다가 가는 인생을 마친 후 망각의 강 레테를 필히 넘어야 하듯이 생산시스템에서 필히 추구되는 3가지 균형 축은 수요와 공급의 균형, 비용최소화, 작업안정이라 할 수 있다.

— 전체는 부분의 합보다 크다 —

③ 생산시스템의 내용

생산시스템은 4대 하위시스템인 휴먼웨어시스템(humanware system), 소프트웨어시스템(software system), 하드웨어시스템(hardware system), 그룹웨어시스템(groupware system)의 종합(synthesis)으로 형성되어 있다.

휴먼웨어시스템(humanware system)은 끊임없이 변화하는 속성을 지니고 있는 마음(minds)과 능력(abilities)이라고 하는 가변적 무형자산(variable intangible assets)을 내포하고 있다. 마음과 능력의 선 순환적 메커니즘이 구축되면, 인적자원은 창조적 자원(creative resources)으로 전환된다.

휴먼웨어시스템(humanware system)은 한편으로 인적자원(human resources)을

개발할 뿐 아니라 그것을 창조적 자원으로 전환시킬 수 있고, 다른 한편으로 생산, 분배, 룰－메이킹시스템이라고 하는 3개의 시스템을 통합하는 기능을 한다.

그룹웨어시스템(groupware system)이란 부문이 가진 정보를 다양한 상호교류와 제공을 통하여 분편적이며 암묵적인 애매한 지식을 과학적으로 체계화하고 분류하여 명료한 지식으로 전환하도록 하는 것이다. 선행기술의 명확화를 도모하여 지식재산의 산업상 이용성, 신규성, 진보창의성 등을 기술(記述: description) 가능케 하여 지식이 가치를 가지게 하는 것으로 지식가치 인정시스템(knowledge of value recognition system)을 포괄하는 조직구조며 문화다.

또한 이질의 결합이라는 성격도 포괄하는 시스템이기도 하다. 이질 타입의 결합일수록 상승효과가 크다. 잡종강세의 강점이 나타난다. 이것을 우리는 퓨젼시스템(fusion system)이라고도 부른다. 시스템은 더불어 사는 삶의 축약어이다. 서로의 이익을 위해 함께 하는 삶 즉, 공생(共生)이야말로 진화상의 극적인 비약을 가능케 하는 최선의 수단이다.

생각의 포인트 인지시스템

인간은 시스템 속에 존재하는 피조물이기 때문에 인생노정에서 한번쯤 사랑할만한 사람을 만나야 한다. 사랑하면 얼굴이 변하고 마음이 변하고 삶이 변한다.

늙은 까마귀가 한 마리 있었다. 얼굴이 하도 못생겨서 제 짝도 아직 제대로 변변하게 만나지 못한 신세였다. 어느 날, 나뭇가지에 앉아서 훔쳐온 치즈 조각을 먹고 있었다. 마침 지나가던 여우가 이 광경을 지켜보고는 치즈에 눈독을 들였다. 여우는 고개를 쳐들고 까마귀를 불렀다. “넌 얼굴이 너무 못났으니까 그 못난 얼굴을 보충할 뭔가 장점이 있을 거야, 목소리는 어때? 짧게라도 네가 노래를 들려주면, 내가 그 방면엔 전문가니까, 사심 없이 평가를 해주지.”

이건 정말로 참신하고 즐거운 제안이 아닐 수 없었다. 나한테 성악오디션이라니! 까마귀 노처녀는 그래서 부리를 힘껏 벌리고 노래를 시작하려 했다. 그 통에 치즈가 땅바닥에 툭 떨어졌다. 이때를 놓칠세라 여우는 재빨리 치즈를 잡아채서 숲 속으로 달아나서는 느긋하게 먹어 치웠다.

“이런, 내가 생각이 너무 짧았구나.” 까마귀는 탄식했다. “손님한테 대접부터 하고 노래를 했어야지! 누군들 빈속에 노래를 듣고 싶은 마음이 생기겠어? 잘 사과를 하면, 혹시 친절하게 다시 한번 기회를 줄지도 몰라.” 그리하여 까마귀는 정중한 사과의 뜻을 담은 편지를 쓰면서 아울러 편지 말미에 자기가 마련한 음악 파티에 와 줄 수 없겠느냐는 초대의 뜻을 비쳤다. 여우가 초대에 응하자, 까마귀 노처녀는 노래를 부르기 전에 조심스럽게 차린 식사를 대접해서 여우가 양껏 먹게 해주었다. 공짜 식사에 기분이 좋아질 대로 좋아진 여우는 신나게 박수를 쳐 대고 앙코르까지 대여섯 번이나 요청했다. 그런 일이 있은 이후로 까마귀는 정기적으로 여우를 위한 음악 파티를 열었다. 그런데 그렇게 꾸준히 연습을 계속하다 보니 실제로 목소리가 좋아지고 성량이 풍부해졌을 뿐만 아니라, 성격까지도 긍정적으로 바뀌게 되었다. 균형이 잡히고 당당해졌으며 자신감이 넘치게 된 것이다. 오히려, 나쁘게 이야기하면 자만심까지 언뜻언뜻 비칠 정도였다. 이런 변화가 어느 노총각 까마귀의 마음을 움직이게 해서, 노총각 까마귀는 생김새야 못생겨도 상관없다는 듯이 노처녀 까마귀에게 구혼을 해 결국 결혼하게 되었다.

여우가 까마귀 처녀에게 위약을 투여했다는 우화다. 위약(僞藥: placebo)도 30%가량 환자에게 효험이 있게 마련이다. 이는 인식이 사물을 바꾸게 하기 때문이다. 거기서 유물론이 비일관성 또는 모순을 드러내는 거다. 심과 기와 체의 불균형도 노력하면 바꿀 수 있다. 고로 운명은 개척하면 된다는 논리가 성립한다.

인지심리학자들은 이를 기대이론(expectancy theory)으로 설명한다. 마음이 뭔가 일어나기를 기대한다면 그 일이 일어난다는 것이다. 그래서 긍정적 비젼이 성공의 열쇠가 된다는 것이다. 일 사, 많을 여, 원할 원, 같을 동의 사여원동(事輿願同)이다. 많은 일들이 원하는 데로 이루어지는 경우가 많다는 것이다.

물리적 특성이 없는, 심리적 영향을 강하게 받을 수밖에 없는 서비스 영역에서는 모호한 기준에 의한 영향을 받는다. 분위기 좋고 비싼 레스토랑의 커피 맛이 더 훌륭하게 느껴지는데서 가격 마케팅 포인트를 찾을 수도 있을 것이다. 고객은 그럴 여유만 된다면 더 좋은 서비스를 찾아 나서며 서비스에 대한 정확한 비교평가의 척도가 없기 때문이다.

4 생산계획과 통제

생산계획과 생산통제, 즉 생산관리의 내용을 개관하여 도시하면 다음과 같다.

도표 8-1 생산관리의 내용

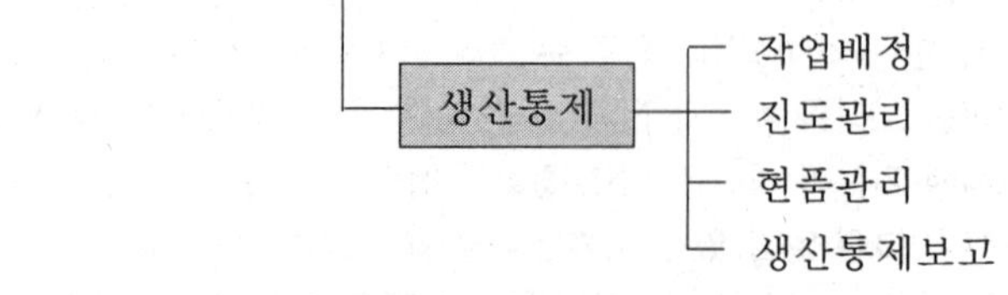

1) 생산통제를 위한 기본 양식

생산관리 부서에서는 생산진행 관리를 위하여 통상 작업지시서, 원재료 청구서, 보조재료 청구서를 발행한다. 3가지 서류의 발행 목적과 기본적 포함 내용은 아래와 같다.

- 작업지시서 : 생산계획에 의거한 최종 작업승인서로써 제조원가계산 시 노무비, 경비 배분의 기초자료가 되며 ① 일련번호, ② 작업부서, ③ 롯드번호(lot number), ④ 제조일자(manufacturing date : MFG date), ⑤ 제품유효기간(expired date), ⑥ 롯드의 크기(lot size), ⑦ 작업내용(작업방법 : detailed operations of process), ⑧ 표준작업시간, ⑨ 실제 작업수행 시간, ⑩ 작업수행 책임자의 서명 난이 포함된다.

2) 작업측정

(1) 작업측정의 목적

작업측정은 다음과 같은 여러 가지 목적에 사용될 수 있다.

① 작업자의 성과평가
② 필요한 노동력의 계획
③ 생산가능량의 결정
④ 제품의 원가나 가격의 결정
⑤ 작업방법의 비교
⑥ 일정계획수립의 용이
⑦ 임금 인센티브(wage incentive)의 결정

작업측정을 통해 생산표준(production standard)이 설정되며, 이는 시간표준(time standard) 또는 단순히 표준이라고 불리기도 한다. 여기서 표준이란 훈련된 작업자가 규정된 방법을 이용하여 정상적인 속도로 어떤 과업이나 활동을 수행하는 데 소요되는 시간으로 정의된다. 표준은 두 가지 방법, 즉 산출물의 단위당 소요시간 또는 역으로 단위시간당 산출량으로 표현된다.

3) 공급망 관리(supply chain management)

(1) 공급망의 정의

원재료나 부품의 공급자로부터 시작해서 최종 소비자에까지 이르는 상호 관련된 가치활동들의 흐름에서, 정보의 공유화와 업무 프로세스의 근본적인 변혁을 꾀하여 공급망 전체의 효율성을 극대화하는 경영활동이라고 정의할 수 있다.

(2) 공급망의 구성요소

공급망은 어느 특정 기업 중심으로 구성되는 것이 아니라 각 요소가 요구되는 본연의 활동을 수행하고 이들 요소가 상호작용을 원활히 한다는 전제에서 가능한 것이다. 다음은 생산 및 유통과 관련된 공급망을 구성하는 대표적 요소이다.

- 공급자(supplier, partner)
- 생산자(manufacturer)
- 유통업자(distributer)
- 판매점(store)
- 고객(customer)

5 품질경영

인간 평가에 있어서 손쉬운 방법으로 우리는 인격을 논한다. 이는 인간 개개인 누구나 독창적 인격을 소유하고 있기 때문이다. 인간의 창조물인 기업 또한 인간을 닮아 있기 때문에 품격을 갖는다. 기업환경 속에서 품격에 따라 눈에 보이지 않는 상대적 평가 점수인 등급을 갖는다. 품질은 기업의 품격이다. 그래서 품질경영이 필요하다.

1) 기업의 품격

기업환경이 능률 지향적 전술적 변수뿐 아니라 조직구성원 의식 속에 존재하는 프로세서의 품격까지도 경쟁요인으로 포함시켜야하는 상황으로 변화하고 있기 때문에 품질경영(quality management: QM) 체제의 도입이 필요하게 된다.

품질경영은 기초적인 공학과 통계적인 개념에 근거한 통계적 품질관리에서 출발하여 광범위한 조직의 모든 측면을 관리대상으로 하는 total quality management (TQM)로 발전하여 왔다. 이제 다시 품질경영의 개념이 국가별로 다른 고객욕구의 만족을 극대화할 수 있도록 제품과 제조공정을 범세계적으로 통합 경영(global quality management)하는 전략적 계획의 개념으로 변환하고 있다.

수요가 공급을 앞서는 산업사회 성장기의 소품종 대량생산 시스템에서 성숙기의 경쟁심화로 다품종소량생산 시스템으로 다시 다품종미량생산 시스템의 시대로, 이어 세계경쟁이 심화되는 정보화 시대의 생존전략으로 문화적 가치를 지닌 유일무이의 명품의 생산이 요구되는 상황이 도래되고 있다. 즉, 인간의 혼이 담긴 제품의 생산이 요구되어지고 있다. 그래서 21세기를 새로운 중세장인시대라 부르기도 한다. 인간의 두뇌 속에 존재하는 지식과 기술이 중요시되는 시대이며 인적자원이 기업자본 중에서 제일 주요한 자원이 되는 시대다.

이제 고객만족은 누구나 충족시킨다. 그래서 일반제품의 수준으로는 인된다. 고객감동이 필요하다. 그래서 명품의 생산이 요구된다.

품질은 기업의 의복이다. 의복은 지갑이 허락하는 한 훌륭한 것을 선택하되 부담스럽거나 눈에 거슬려서는 안 된다. 고급스러워 보이되 화려해서는 안 된다. 의복은 인품을 나타내는 한 변수다. 기업의 의복은 품질이다. 품질은 기업의 장점을 알리는 바디랭기지(body－language)며 기업 貴品의 한 변수가 되는 의복이기도 하다.

급하지도 느리지도 아니하며 어려울 때나 기쁠 때나 성격변화의 폭이 적으며 마주할 때 편안함을 주며 만나면 만날수록 크게 느껴지는 사람을 우리는 사귀기 쉬운 귀품의 인격자라 부른다. 사회성에 문제가 있는 사람을 사귀어 본 사람은 적어도 직관적으로 그 원인을 알고 있다. 관계를 손상시키는 것은 그 사람의 못된 행동이 아니라 그 행동의 지극한 불일치성의 예측할 수 없는 성질이다. 성격의 항상성과 마찬가지로 고객이 지극히 예측 가능하게 안정되어 있어야 하는 것이 품질이다. 신뢰도 품질이다. 그래서 인간을 닮아 있는 제품 또한 접하기 편하게(user friendly) 만들어져야 한다. 사람들은 작고 아름다운 것에서 편안함을 느끼는 경향이 있다.

모든 일을 할 때는 아주 자연스럽게, 기교를 부려서는 안 되며 그것에 대해 고민하거나 노력했다는 인상을 보이지 않게 해야 한다. 그렇게 해야 우아해 보이는 것이 아닐까? 아무리 중요한 것이라도 질질 끌거나 서투른 모습을 보이게 되면 낮은 평가를 받는다. 따라서 꾸민 듯이 보이지 않게 꾸미는 것도 일을 하는 데 있어서의(품질경영)기술이다.

문화적 가치를 지닌 명품은 정치, 경제, 기술, 이념, 상징 등 제반 요소간의 상관관계에 의해서 역사적 변이를 설명하는 총체적 접근에 의해 산출된 총체성의 상징물이라 할 수 있다. 따라서 이러한 제반 요소사이의—이들 중 어떤 요소도 부대현상(epiphenomena)으로 간주하지 않는—역동적 상호관계로 문화변동을 설명하는 이론적 대안이 요구된다.

명품을 산출하기 위해서는 먼저 명품의 이해가 전제된다. 명품을 이해하는 데 있어서 너무 생태학적이고, 또 하나는 너무 이념적이어서는 안 된다. 우리가 살고 있는 세계는 주관적 현상과 객관적 현상으로 구성되어 있다. 따라서 생태학적 요소 외에 정치적 전략이나 이념적 전략을 동시에 고려하는 폭 넓은 시각의 확대가 요구된다.

2) 품질경영

품질경영이란 패스트푸드점에서 햄버그가 촉촉하게 물기(soggy)가 있고, 따뜻하며(lukewarm), 약간의 기름기(fatty)가 윤기 있게 흐르는 상태로 제공되는 조화를 유지하려는 주인의 마음과 같은 것이다.

장자의 山木편에 직목선벌(直木先伐) 감천선갈(甘泉先竭)이라는 말이 있다. 곧은 나무를 먼저 베어 쓰고, 단 샘물이 먼저 고갈된다는 것이다. 고객과의 최단, 최고속도의 만남은 품질의 우수성에 있다 하겠다.

명품일수록 신이 창조한 원본에 가까운 素材가 사용되기도 한다. 저기 저 아름다운 백합꽃을 보라! 솔로몬의 찬란한 보석 옷보다도 더 아름다운 저 백합꽃을 보라!

아름다운 포장도 품질의 일부분이다. 고객은 잘생긴 미용사는 못생긴 미용사보다 기술이 훨씬 뛰어날 것으로 인식한다. 의사가 흰 가운과 청진기 없이 진찰한다면 그 서비스가 싱거울 것이다. 날아 갈 듯이 우아하게 차려입은 웨이트레스, 최고급 본차이나 그릇, 리넨 식탁보, 물 흐르는 듯한 깐소네, 비싼 음식값에 곁들인 커피 맛을 왠지 맛이 있게 느낀다.

비 대중적 고급지향의 개성추구경향인 스놉효과(snob effect)는 누구에게나 다분히 있다는 것이다. 그래서 소비자들은 차별화 전략으로서 제품에 높은 가격을 책정했을 때 한결 좋은 인상을 갖는다는 것이다.

길을 가다가 두 남녀가 싸우는 것을 본다. 미녀가 남자를 때리는 것을 보면 왠지 남자가 맞을 짓을 했을 것으로 생각하고 추녀가 남자를 때리는 것을 보면

'저년 사람 죽이겠네'라는 생각을 한다는 우스개가 있다. 사람들은 심지어 책을 겉표지로 판단하는 경향도 있다.

서울 국립박물관의 연꽃모양을 한 청자연적, 똑같이 생긴 꽃잎들이 정연히 달려 있었는데, 다만 그 중에 꽃잎 하나만이 약간 꼬부라져 있다. 이 균형 속에 있는 눈에 그슬리지 않는 파격의 조화, 이것을 추구하는 것이 품질경영 전략이다.

품질경영 전략의 실천은 서예의 한 획과 획의 관계보완과 같은 것이다. 일껏 붓을 가누고 조신해 그은 획이 그만 비뚤어 버린 때 우선 그 부근의 다른 획의 위치나 모양을 바꾸어서 그 실패를 구하는 조화다. 그리하여 어쩌면 잘못과 실수의 누적으로 이루어 진 듯한, 실패와 보상과 결함과 사과와 노력들이 점철된 그러기에 인간적 애착이 더 가는 한 폭의 서예가 풍기는 향기와 같아야 한다.

여러 가지 유형으로 서로가 서로를 의지하고 양보하며 실수와 결함을 감싸주며 간신히 이룩한 성취와 같아야 한다. 그중 한 자 한 획이라도 그 생김생김이 그렇지 않았더라면 와르르 열 개가 전부 무너질 듯한 심지어 낙관(落款)까지도 전체 속에 융화되어 균형에 한 몫 참여하고 있을 정도의 그 피가 통할 듯 농밀(濃密)한 상호연계와 통일 속에는 이슥고 묵과 여백! 흑과 백이 이루는 대립과 조화, 그「대립과 조화」그것의 통일이 창출해 내는 드높은 질(質)을 가질 때 명품이 된다.

이에 반하여 규격화된 대량생산품속의 하나일 듯한, 느낌이 없는 단순한 형태의 양적 집합이 갖는 냉랭함을 누가 더 이상 소유하고 싶어 할 것인가를 인지해야 한다. 이러한 느낌과 아울러 기능성도 예뻐야 한다. 옛날 우리들의 어머니들이 사용하던 다듬이 방망이, 남정네들은 모양이 유사하면 다 같은 것으로 생각하지만 엄청난 차이가 존재한다. 예쁘게 깎았다는 명품의 방망이에 대한 설명을 들어보면 이러하다. 배가 너무 부르면 옷감을 다듬다가 치기를 잘하고 같은 무게라도 힘이 들며, 배가 너무 안 부르면 다듬잇살이 펴지지 않고 손에 헤 먹기 쉽단다. 손에 꼭 알맞아야 한다는 것이다.

도표 8-2 품질사고의 진화

① 표준에의 적합성(fitness to standard)
② 사용에의 적합성(fitness to use)
③ 비용에의 적합성(fitness of cost)
④ 잠재적 요구에의 적합성(fitness to latent requirement)

품질사고의 진화추이가 작업현장 중심에서 전사적 경영의 문제로 대두되고 있음을 볼 수 있다. 품질경영을 위한 조직전체의 관심이 하나로 뭉쳐질 때 조직효율이 극대화되며 명품의 기업이 된다.

도표 8-3 발드리지상 범주와 채점

조사 부문/항목	최고 점수
1. 리더십(20점)	
1.1 조직의 리더십	80
1.2 공공책임과 사회적 공헌	40
2. 전략계획(85점)	
2.1 전략개발	40
2.2 전략전개	50
3. 고객과 시장중시(85점)	
3.1 고객과 시장지식	40
3.2 고객관계와 만족	50
4. 정보와 분석(90점)	
4.1 조직성과의 측정 및 분석	50
4.2 정보관리	40
5. 인적자원 중시(85점)	
5.1 업무 시스템	35
5.2 종업원 교육, 훈련 개발	25
5.3 종업원 복지와 만족	25
6. 프로세스 관리(85점)	
6.1 제품과 서비스 프로세스	45
6.2 비즈니스 프로세스	25
6.3 지원 프로세스	15
7. 사업성과(450점)	
7.1 고객중시 성과	125
7.2 재무와 시장성과	125
7.3 인적자원 성과	80
7.4 조직유효성 성과	120
총 점	1000

생각의 포인트

현대건설의 창업주인 정주영 회장

현대건설의 창업주인 정주영 회장은 한겨울 잔디를 깔아달라는 주문에 보리 싹으로 푸른 잔디 효과를 내게 한 사람이며 한겨울 레미콘 작업이 불가능한 시기에 비닐하우스를 만들어 작업을 가능케 하여 비닐하우스 건설공법으로도 유명한 사람이다. 또한 서산농장을 개발할 때 물막이 공법으로 유명하다. 간척지를 양안에서 둑을 쌓아 좁혀 와서 두 지점이 만나는 곳에서의 조류가 급류를 만들기 때문에 마지막 물막이를 위한 공사가 난감이었다. 이 때 거대한 폐선을 구입해서 급류를 막은 후 양안을 연결하고 폐선을 제거해 버림으로써 공사를 순조로이 마무리하였다.

어느 누구도 상상하지 못한 방법으로 물막이 공사를 완수하므로 세계를 깜짝 놀라게 했다. 그러나 새벽잠을 쫓는 커피를 마셔가며 심혈을 기울여 이룩한 서산 농장, 자기의 생을 마감하기도 전에 현대건설의 유동성 부족으로 매각을 선택할 수밖에 없게 된다.

도덕경 11장에 "삼십폭공일곡 당기무 유거지용"(三十幅共一轂 當其無 有車之用, Thirty spokes converge upon a single hub, It is on the hole in the center that the use of cart hinges)이라고 말하고 있다. 바퀴통 곡, 수레 거자를 볼 수 있다. "수레바퀴에 있어 서른개의 살이 중앙으로 모이는데 그기에 비어 있는 한 구멍, 곧 무가 있다." 이 무가 있어 바퀴는 그 기능을 발휘한다는 뜻이다.

품질경영이 전사적 경영문제가 되어야 함을 나타내주는 명구다. 발드리지 품질상의 평가항목을 보면 도덕경의 의미가 더더욱 의미심장함을 느끼게 된다. 기업전체의 균형된 우수성이 우수품질경영을 이룩한 기업으로 평가하고 있다.

영고성쇠의 무상함을 본다. 봄, 여름, 가을 겨울의 순환을 본다. 인간이 만든 기업, 그래서 인간을 닮아 있는 기업의 수명, 인간의 평균수명보다 짧다. 그러나 이러한 순환에도 예외의 원칙이 있다. 기업이 명품과 함께 할 때 영속한다. 몽블랑 만년필의 예다.

명품이 된다는 것을 고사성어에서 찾아보면 낙양귀지(洛陽貴紙)다. 호평을 받으면 종이 값을 올림과 동시에 귀한 대접을 받게 된다는 것이다. 중국에서 명품의 붓을 만들 때 귀하게 여기는 붓 털이 여우의 겨드랑이 털인데 이를 일호지액(一狐之腋)이라 한다. 일호지액은 명품을 의미하며 여우 호, 겨드랑이 액이다.

3) 信實, 품질경영

명품은 물리적 상품에만 한정되는 것이 아니다. 예를 들어 단골고객이 내일의 의식을 위해 검은 양복을 맡기면 내일까지 반드시 세탁해 주리라는 신뢰를 갖고 다음날의 계획을 세울 수 있도록 하는 서비스에도 붙일 수 있는 이름이다.

생각의 포인트

바디렝기지 품질경영

1976년 영국 남부의 해변도시 브라이튼, 아니타 로딕은 아르헨티나 여행에서 식물의 천연성분을 이용한 화장품에 대한 아이디어를 얻어 가게를 열었다. 실내장식을 할 비용이 없어 진한 녹색 페인트를 온 벽에 칠한 이 작은 가게가 바로 세계적인 화장품회사 '바디샵'의 시작이다.

돈을 빌리기 위해 은행을 찾은 아니타는 청바지에 티셔츠 차림의 주부였다. 두 아이를 데리고 힘들게 나섰지만 대출 받는 데 실패했다. 며칠 뒤 정장을 입고 남편과 함께 은행을 찾으니 6천 5백 달러를 대출해 주었다.

철이 지난 물건을 놓고 사장과 담당직원이 머리를 맞대고 있었다. "무슨 좋은 아이디어가 없을까?" 사장이 먼저 말을 꺼냈다. "사장님, 지방으로 보내면 어떨까요?" "이 사람아, 지방 사람이라고 철이 지난 옷을 입을 수가 있는가." "아닙니다. 사장님, 10벌씩 넣어 포장을 하되 계산서는 8벌로 써 넣습니다. 나머지 2벌은 회사의 실수로 돌리는 겁니다. 그 대신 옷값을 2벌치만큼 올리는 거죠." 사장은 무릎을 치면서 굿 아이디어라고 칭찬하고는 즉시 실천에 옮겼다. 그러나 몇 주가 지난 뒤 사장은 아이디어를 낸 직원을 불러놓고 노발대발하고 있었다. "이봐, 자네 때문에 난 이제 망했네, 망했어, 옷을 팔아주기는커녕 2벌을 빼먹고 8벌만 모두 반품해 왔어." 가격은 속여도 제품은 속이지 말라는 인도 설화가 있다.

4) 현시적 소비(conspicuous consumption)와 품질

광고와 판매기술의 핵심 기능은 필요의 수준 너머에 있는 욕구의 창조에 있다. 이전에 존재하지 않던 욕망들을 사람들에게 불러일으키는 것이다. 여기서 필요(needs)와 욕구(wants)를 구분하면 생존을 위해 우유를 필요로 하는 마음은 필요며 보다나은 멋과 풍미의 알프스 우유의 요구는 욕구라 할 수 있을 것이다. 욕구는 필요보다 훨씬 덜 중요하다. 필요는 우리의 내부에서 생겨나지만 욕구는 외부에서 주입되는 것이다. 그래서 기업주들이 광고를 하는 것이다. 광고는 시대적 공감대를 만들어 가며 새로운 문명의 단초를 제공한다. 외부적 욕구의 지속적 응집이 문명이다. 문명이란 결국 인간의 관심과 애정을 끌기 위해 경쟁하는 수많은 외부적 산물이기 때문이다.

생명체에서 필요 이상으로 나타나는 욕망 중에서 제일 먼저 나타나는 욕구 중의 하나가 현시 욕구다. 공작새가 생명을 걸고 암컷의 관심을 끌기 위해 덤불에 걸려 맹수의 밥이 될 위험을 무릅쓰고 꼬리를 펴고 현시(conspicuous)하는 도박을 한다. 인간의 세계에 있어서도 현시적 소비현상은 마찬가지다. 수년 전만 해도 옷 상표는 언제나 옷 안에 감춰져 있었다. 오늘날 디자이너의 이름은 언제나 셔츠, 넥타이, 블라우스, 양말의 바깥쪽에 보아란 듯이 박혀있다. 유명 상표도 마찬가지다.

현시적 심리를 자세히 들여다보면 그 뒤에 차별화된 품질이 존재함을 암시하고 있음을 감지할 수 있다. 가짜 명품을 입고 현시적 소비(conspicuous consumption) 욕구를 만족 시키고 있는 이면에도 가짜 명품을 입고 현시적 소비(conspicuous consumption) 욕구를 만족시키고 있는 이면에는 가짜인줄 알면서 자신의 필요와 욕구를 충족시키고 있다.

생각의 포인트

현시욕의 자극

원효대사가 득도의 고행 중에 산골 작은 절에 들어갔다. 자신이 원효라는 것을 감추고 주지 스님에게 머물기를 청했다.

'원하는 대로 머무르게, 객승이라도 놀고먹는 법은 없으니까 우리가 손해날 것은 없지.'

다음달부터 주지스님은 원효에게 청소와 장작 패는 일 그리고 공양 시중을 시켰다. 원효가 보기에 학승들은 각자 책을 지키고 앉아 열심히 외고는 있으나 머리로는 전혀 이해하지 못하는 것 같았고, 주지스님은 날마다 방에 누워 빈둥빈둥 누룽지만 먹는 게으름뱅이였다. 누구도 뒷마당에서 장작을 패고 있는 객승이 유명한 원효대사라는 것을 알아채지 못하는 것 같았다. 몇 개월이 지나 원효는 서서히 부아가 치밀고 이런 곳에 있는 스스로가 한심하게 느껴져 절을 떠나기로 결심했다. '내가 바로 원효인데...'

그가 떠날 채비를 하자 주지는 이렇게 성실하게 일 잘하는 객승은 처음이니 더 머물다 가라고 한사코 붙잡는 바람에 '내가 원효인데...'라는 마음을 지닌 채 3년이라는 세월을 보냈다. 어느 날, 더는 참을 수 없어 모두 잠든 새벽녘에 몰래 줄행랑을 치는데 그의 등뒤에서 '원효야!' 하고 부르는 소리가 들렸다. 주지스님의 목소리였다. 원효대사가 현시욕(顯示慾)을 깨우치는 순간이다.

일반 중생의 현시욕이야 더 말할 나위 있을까. 그래서 현시욕을 자극하는 것도 마케팅의 한 방법이라는 것을 알게 된다.

5) 품질경영 시스템의 조직화

(1) 품질목표의 설정과 달성

목표란 활동을 위한 계획의 기초가 되는 것으로 성취 가능한 달성점이라 할 수 있다. 합리적 품질수준의 결정과 관리의 방안 및 QM의 7가지 도구를 이용(그래프, 파레토도, 특성요인도, 체크시트, 히스토그램, 산점도, 관리도)할 수 있다.

① 그래프 : 많은 데이터를 기록용지에 기입하고 정리하더라도 전체의 경향이나 성질을 쉽게 파악하기 힘들다. 만약 이들 데이터를 그림으로 표현한다면 전체의 모습을 볼 수 있고 많은 정보를 얻을 수 있기 때문에 정확한 판단과 조처를 취할 수 있게 된다.

② 관리도 : 데이터의 움직임을 점과 꺾은선으로 이어준 그림이다. 꺾은선 그래프 안에서 점의 이상유무를 판단하기 위해서 중심선이나 관리한계선을 기입한 그래프가 관리도이다.

③ 히스토그램 : 길이, 무게, 시간, 등을 측정한 계량값 데이터가 어떤 분포를 하고 있는가를 알아보기 쉽게 나타낸 그림이다.

④ 산점도 : 두 개의 짝으로 된 일련의 테이터를 그래프용지 위에 플로트한 그림이다. 산점도를 작성하면 짝을 이루는 데이터의 관계, 즉 특성과 요인과의 관계를 조사하는 경우가 많지만, 특성과 특성, 요인과 요인의 관계를 조사할 수 있다.

⑤ 체크시트 : 불량개수, 결점수 등과 같이 셀 수 있는 계수값 테이터를 분류항목별로 어디에 집중되어 있는가를 알아보기 쉽게 나타낸 그림이나 표이다.

⑥ 파레토그림 : 불량, 결점, 고장 등의 발생건수 또는 손실금액을 항목별로 분류하여 크기순서대로 나열한 그림이다.

⑦ 특성요인도(cause and effect diagram) : 제조공정상의 어떠한 요인(4M : man, machine, material, method)이 품질특성(결과)에 어떠한 영향을 미치고 있는가를 즉시 알 수 있도록 그려진 물고기 뼈(fish bone)와 같은 그림이다.

6) 가치공학(value engineering: VE)

VE(가치공학) 또는 가치분석은 제품이나 서비스의 가치향상 및 전과정 제품수명비용(LCC)을 고려한 적정품질수준 유지를 위해서 주어진 목적에 적합한 수단을 강구하는 기능분석을 거쳐 불필요한 기능에 내포된 불필요한 원가를 제거시켜 시스템을 간소화시키며 품질 및 신뢰성을 향상시켜 가치개선을 추구하는 것이다.

6 재고관리

주요 유동자산 현금, 유가증권, 매출채권, 재고자산 중 유동성은 4위이나 투자 규모는 역으로 평가되어 관리의 요소가 된다. 재고자산이 과대할 시 보다 높은 수익실현 기회의 상실을 가져오며 과소할 시 공급능력의 부족으로 고객 서비스 수준의 최대화를 기할 수 없으므로 재고비용의 최소화와 함께 탄력성의 효익 확보, 공정간 대기성 확보, 경제적 로트 규모생산을 위한 관리가 필요 된다.

1) 재고비용

재고관리비용은 계량화 요인인 재고유지비용과 주문비용 및 비계량화 요인인 재고부족비용으로 구성된다. 비계량화 요인을 인식한 사고를 바탕으로 계량화 요인을 관리해야 할 것이다.

어느 날 창조주이며 절대권자인 신이 인간의 모습으로 세상에 와서 부자를 만나 자기를 신으로 믿으면 천당에 보내 주겠다고 권유한다. 그러나 부자는 그의 말을 믿지 않았다. 그래서 그는 지옥을 가게 되었는데 거기서 그는 세상에 살 때 자기 집에 자주 동냥오던 거지가 건너편 아름다운 천당에서 살고 있는 것을 발견하고 신에게 간청한다. 나를 한번만 세상에 다시 보내주면 내가 사랑했던 가족들에게 당신의 실존을 믿게 하여 천당에 보내게 하고 싶다고, 그러나 신은 이렇게 대답했다. 내가 직접 세상에 가도 나를 믿지 않았거늘 하물며 네가 가서 권하면 귀신의 이야기라 더욱 믿지 않을 것이라고.

신은 인간을 사랑하기 때문에 욕심의 한계장력을 줬다. 인간 죄성(罪性)에 대한 아량의 한계를 선물로 준 것이다. 그러나 인간의 신의 아량의 한계가 끝나는 한계점을 모르기 때문에 절제의 삶을 살아가야 하는 것이다. 즉 신의 주권의 영역이 존재하기 때문이다. 장력한계의 설정이 인간을 인간 되게 하는 정의(定意)이다. 푸른 초장을 초장 되게 하기 위해서 초장에 사슴만 둔 것이 아니라 사자도 함께 둔 것이다.

도표 8-4 재고비용의 계량적 요인 및 비계량적 요인

계량화 요인

재고유지비용(carrying cost)

동결자본비용, 보관료

보험료, 재산세

감가상각비, 진부화비용

주문비용(ordering cost)

발주비용, 선적 및 취급비용

소량구입 시 할인기회의 상실

비계량화요인

재고고갈로 인한 기회비용(running cost)

판매기회의 상실, 고객의 불신감

생산계획의 차질

그래서 인간이 만든 기업 또한 인간을 닮아 있기 때문에 기업 경영에 있어서 적정이라는 단어와 만족의 해라는 단어를 많이 사용한다. 적정 이상의 이익이 지속적으로 창출되는 곳에는 새로운 사자가 진입해 온다는 원리다.

삶의 과정에 있어서도 마찬가지다. 행복의 척도는 필요한 것을 얼마나 많이 갖고 있는가에 있지 않다. 불필요한 것으로부터 얼마나 벗어나 있는가에 있다. 홀가분한 마음, 여기에 행복의 척도가 있다. 소유물은 우리가 그것을 소유하는 이상으로 우리자신을 소유해 버린다. 내가 무엇인가를 가졌을 때 그 물건에 의해 내가 가짐을 당하는 것이다. 필요를 충족시키는 곳에서 자족할 줄 알아야 한다. 삶의 목표가 풍부하게 소유하는 데 있는 것이 아니라 풍성하게 존재하는 데 있어야 한다. 그래서 우리의 영이 空해야 한다. 빈곳에서 영혼의 청아한 메아리가 울려나올 수 있다.

아시아에서는 원숭이를 잡는데 교묘한 덫을 사용한다. 코코넛 열매를 파내고 그 속에 달콤한 향기가 나는 것을 집어넣는다. 그리고 그 열매 밑에 조그만 구멍을 낸다. 그 구멍은 원숭이가 손을 집어넣을 수는 있지만 무엇을 움켜지고 꺼낼 수는 없을 정도의 크기로 뚫는다. 그리고는 그 열매를 나뭇가지나 말뚝에 매어 놓는다. 이윽고 원숭이가 냄새를 맡고 다가온다. 그리고는 그 속에 손을 넣고 먹을 것을 움켜쥔다. 그러면 덫에 걸리는 것이다. 사냥꾼이 다가오면 원숭이는 놀라 질색을 한다. 그러나 도망갈 수가 없다. 누가 원숭이를 덫에 걸리게 했는

가? 다른 어떤 무력도 아니고 바로 원숭이 자신의 집착이다. 이론적으로 원숭이는 손에 잡고 있는 것을 놓고 손을 빼내기만 하면 자유롭게 된다. 그러나 원숭이로서는 그렇게 할 수가 없는 것이다.

사람들도 이와 같이 무상(無常)한 것에 집착한다. 사람들은 흔히 묻는다. 어떻게 놓을 수가 있단 말이오. 붙들고 있는 것은 알지만, 하지만 어떻게 놓을 수가 있단 말이오! 무상한 것에 집착함으로써 우리는 고통을 만들고 있는 것이다. 그것을 알게 되면, 우리는 자연스럽게 놓게 된다.

실패는 경영자 자신의 내부에서 찾아야 할 것이리라. 견리사의(見利思義)다. 눈앞에 이익이 보일 때 취해서 옳은 일인가를 먼저 생각해야 한다.

2) 재고관리 개략

(1) 재고자산의 최적규모 결정을 위한 경제적 발주

유동자산의 보유규모에 비례하여 유지비용(Cc : carrying cost)이 필요 되며 반대로 너무 잦은 유동자산조달은 주문비용(Oc : ordering cost)이 증대되기 때문에 최적규모 결정을 위한 고려가 필요 된다.

(2) ABC분석

ABC분석은 재고관리방식의 하나로서, 재고품의 과부족을 균형화 내지 평준화시켜 주는 수단으로 이용하기 위한 분석방법이다. 그 골자는 모두 부품 및 재료를 ABC의 3集群(Group)으로 분류하여, 코스트가 높고 수량이 적은 A품목, 반대로 코스트가 낮고 수량이 많은 것은 C품목, 그 중간을 B품목으로 하여, A품목에 대해서는 각별한 주의를 기울여 중점적으로 재고관리를 하고, B품목에 대해서는 적당히 하는 대신, C품목(혹은 그 이하)에 대해서는 최저 내지 최고재고량과 같은 다른 재고관리방법을 적용하는 방법이다.

도표 8-5 재고품 ABC 분석표

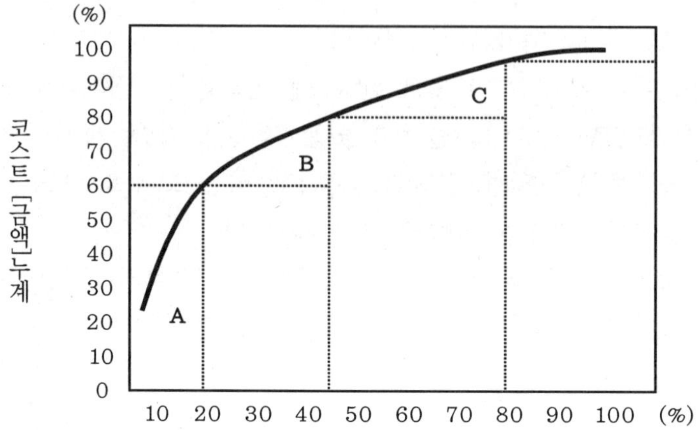

ABC유형의 비중

등급	가치정도	전품목 대비 비율	총재고 투자 비율
A	고가치품	10－20%	70－80%
B	중가치품	20－40%	15－20%
C	저가치품	40－60%	5－10%

7 구매관리

구매관리(purchasing management)는 생산 활동의 흐름 속에서 생산계획을 달성할 수 있도록 제품과 서비스 생산에 필요한 자재를 양호한 거래선(right source)으로부터 적정한 품질(right quality)을 확보하여 적절한 시기(right time)에 적정한 수량(right quantity)만을 최소의 비용(right price)으로 입수하기 위한 관리활동을 말한다.

구매계획은 자재를 구매하기 전에 구입할 자재의 양적인 측면과 질적인 측면을 면밀하게 조사 및 검토하는 조달계획(procurement plan)을 통해 이루어지게 된다.

1) 구매 관리전략

① 시작부터 품질에 초점을 맞춰라(build in quality from start)

② 작게 계획하라(design small)
③ 창조적으로 생각하라(think creatively)
④ 여러 곳의 구매처를 알아보라(shop around)
⑤ 시연을 보고 주문 제작하라(preview and customize)

8 서비스 운영관리

1) 서비스업의 정의와 중요성

- 서비스의 정의 : 물리적으로 접촉할 수 없으며 생산과 동시에 소비되는 상품을 의미한다.
- 서비스의 특징 : 생산과 동시에 사라지는 서비스는 서비스를 받은 흔적이 남을 뿐이며 그 자체의 소유권 이전은 논의하기 힘든 특징을 갖는다. 무형성, 불가분성, 이질성, 소멸성의 특질을 갖는다.
- 서비스 가치경영 : 초점화, 통합화, 단순화
- 서비스 중심 시대의 특질(real trend: what to say에서 how to say)
  ① 접속중심의 이종교환 기술
  ② 기술개념의 확대 : 핵심기술(function)에서 핵심역량(core ability)으로 변화
  ③ 상상이 중심(mental resource) : 기업구성요소의 순위변화(인간, 핵심기술, 자본)
  ④ 관계경영 : 조화로운 참여자(分給者imparter)
  ⑤ 내용이 중심(container에서 content중심으로 변화)
  ⑥ 서비스업의 개념변화 : 커피를 파는 곳에서 안락한 분위기와 환상적인 분위기를 파는 곳
  ⑦ 새로운 줄의 발견 : 동물우유에서 검은콩 우유로 생각의 확대
  ⑧ 구전마케팅의 중요성 : twinsumer(consumer to consumer)

도표 8-6 서비스와 생산재의 특성비교

서비스	생산제품
무형재의 산출	유형재의 산출
산출물의 무재고 형태	제품재고
광범위한 고객접촉	고객접촉이 적다
짧은 주문기간	긴 리더타임
노동집약	자본집약
서비스품질의 주관적 결정	제품품질의 객관적 결정
자동화가 어렵다	자동화가 쉽다
재판매가 난이	재판매 가능

서비스업의 범위

– 단순노동에서부터 전문적인 지식이 요구되는 것까지 다양
– 서비스업에는 도·소매업이나 음식·숙박업에서부터 유통, 금융, 교육, 의료 등 부가가치가 높은 부문까지 포함

서비스업의 중요성

서비스업은 그 자체적으로 부가가치를 창출하는 것은 물론 정보통신, 물류, 경영컨설팅 등과 같이 제조업 부문의 부가가치 창출에 결정적인 영향을 미친다. 자본과 노동의 물적 투입증대를 통한 제조업 중심의 성장에 한계상황이 도래되어 성장 동력으로서 서비스산업의 육성 및 고부가가치화가 시급한 과제로 등장되었다.

인프라 서비스와 거래 서비스가 제1차 산업과 제2차 산업을 연결하고 또한 소비자의 유통채널 역할을 한다. 따라서 인프라 서비스는 선진국형 경제발전에 매우 중요하다. 생산기술이 보편화되고 평준화됨에 따라, 제품은 유형적인 요소 보다는 기업이미지, 브랜드 등 무형적인 요소에 의해서 차별화가 이루어지고 있다. 제조업의 서비스화 라는 측면에서 볼 때 서비스산업의 발달은 필수적이라 하겠다.

서비스운영시스템의 관리단계

– 측정(시스템 개발 방향설정을 위한 환경이해)
– 계획
– 실행
– 평가

2) 서비스의 속성

- 서비스는 순간적 경험이며 재고로의 저장이 불가능하기 때문에 수요변화에 대한 완충장치를 도입하기 어려움
- 불규칙한 고객 도착패턴에 대비한 수요와 공급의 동시성 추구가 어렵다.
- 서비스 질에 대한 일관성 유지가 어렵다. 서비스 질의 가변성을 줄이기 위해 서비스 표준을 명확하게 설정하고 종업원에 대한 교육·훈련이 지속적으로 제공되어야 한다.
- 서비스 제공과정에 고객이 적극적으로 참여하므로 상호작용 및 접촉의 관계성이 중요하다.
- 서비스의 무형적 특성은 고객에게 서비스 질을 제대로 알리기 힘들기 때문에 광고·홍보와 브랜드의 중요성이 강조된다.
- 서비스는 제품에 비해 상대적으로 좁은 시장을 대상으로 하기 때문에 입지의 중요성이 강조된다.
- 서비스경영의 체계적인 접근방법의 개발이 쉽지 않다. 생산과 소비가 동시에 일어나기 때문에 데이터를 모으기가 어렵다.

3) 서비스 운영관리의 내용

- 서비스 운영관리는 고객에게 제공할 서비스를 창출할 서비스 프로세스의 설계와 운영에 관한 의사결정영역이라 할 수 있음
- 프로세스(process)란 투입물을 산출물로 변환시키는 과정을 말함
- 제조업체에서의 생산 프로세스 : 자재, 기술, 정보, 인력 등을 투입해서 물적인 생산시설에서 유형의 제품을 만들어내는 과정
- 서비스 기업의 경우 서비스 생산프로세스 : 서비스의 대상에 따라 다음의 세 가지 유형을 생각해 볼 수 있음
  - 고객에 대해 직접적인 서비스 제공 프로세스를 적용하여 무엇인가 변환된 결과물을 제공하는 경우 : 예를 들어 비행기나 택시 등을 이용해 한 공간에서 다른 공간으로 이동을 보조하거나, 호텔이나 여행서비스와 같이 즐거움을 제공하는 프로세스
  - 고객의 소유물에 대해 서비스를 제공하는 경우 : 예를 들어 자동차 수리, 컴퓨터 소프트웨어의 보수·유지, 세탁 서비스
  - 고객 관련 정보를 처리하는 프로세스 : 고객의 신용카드 처리, 법률이나

재정자문 서비스 등과 같은 서비스는 고객이 필요로 하는 정보를 제공하거나 필요한 정보관련 서비스를 대행해 주는 역할을 말함.

☑ **서비스 운영관리와 서비스 마케팅**

서비스 마케팅의 구성요소로 외부마케팅, 내부마케팅, 상호작용 마케팅을 들 수 있다.

- 상호작용 마케팅 : 고객과의 접촉과정에서의 행동양식
- 외부 마케팅 : 4P로 통용되는 전통적 의미의 마케팅
- 내부마케팅 : 고객과의 약속이 가능하도록 안에서 도와주는 내부 마케팅

☑ **서비스 운영부문에서의 단기 전략적 의사결정문제**

- 서비스의 디자인
- 서비스 시설, 기술의 선택과 자동화
- 서비스 시설의 규모 결정
- 상권분석과 입지 결정
- 서비스 창출 프로세스의 분석과 레이아웃의 결정

☑ **서비스 운영부문에서의 장기 전략적 의사결정문제**

- 서비스 품질의 통계적 관리
- 고객 대기시간 관리 및 고객 수요의 단기적 수용능력 관리
- 서비스 패키지에 포함되는 상품의 주문 및 재고관리
- 서비스 수요예측

4) 서비스 운영전략의 목표

서비스 운영관리를 담당하는 부서의 중장기 목표는 대개 품질(quality), 시간(lead time), 원가(cost), 유연성(flexibility)의 네 가지로 요약해 볼 수 있다.

(1) 품질(quality)

- 품질은 고객의 기대를 서비스에 반영한 정도를 의미한다.

(2) 시간(lead time)

- 시간단축 또는 스피드는 서비스 공급에 소요되는 시간의 단축과 새로운

서비스 개발시간의 단축이라는 두 측면이 있다.

(3) 원가(cost)

- 원가는 기본적으로 서비스 생산시설에 투입되는 설비투자비용과 이 시설을 운영하기 위해 필요한 물적·인적자본의 비용을 포함한다.

(4) 유연성(flexibility)

- 제공하는 서비스의 다양성과 신축성, 그리고 서비스 제공능력의 유연성으로 나눈다.

① 초점화의 원리

기존의 고객들을 유지하고 새로운 고객을 끌어들이면서 이들에게 끊임없이 무엇인가 새로운 가치를 제공하기 위한 조직의 운영에 있어 소비자중심주의에 토대를 둔다.

② 단순화의 원리

문제의 근원 파악을 위해 "왜"를 반복하여 단순화 시킨다.

③ 통합화의 원리

부문별 경계를 넘어서 서로 연결되도록 하여 개선의 고립화(island of excellence)를 방지한다.

④ 지속적 개선

경쟁적 니치(niches)를 발견하며 혁신과 지속적 개선을 추진하는 조직과 조직구성원이 되도록 지속적으로 교육 훈련한다.

생각의 포인트

산업별 계산법

100−1=99 제조업
100−1= 0 서비스업

읽을거리

도요타의 생산시스템

도요타 자동차는 경이로운 기업이다. 일본회사로서 세계 자동차 생산랭킹 2위에 올라섰고 2010년 안에 최고의 자리에 오르는 것을 지향하고 있다. 자동차 생산시스템에 있어서는 세계최강을 자랑하고 있으나 아직도 끝없는 가이젠을 추구하고 있다.

창업자 가족이 3대째 사장을 했고 지금도 막강한 영향력을 행사하고 있다. 미국식 경영시스템을 거부하고 일본식 문화의 전통과 조화를 이룬 경영을 고집하고 있다. 그래서 지난 10년간 불황 때에도 인원삭감을 하지 않고 종신고용을 끝까지 지켰다. 도요타는 위기의식과 무한개선정신을 성공DNA 로 갖고 있다. 1년에 1조 엔이 넘는 이익을 내면서도 임금을 동결했다. 더구나 지난 50년간 노사분규가 없는 회사이기도 하다.

도요타는 매우 신중한 경영판단으로 유명하다. 자동차를 만드는데 최선을 다하며 재테크나 위험한 투자에 결코 눈을 돌리지 않는다. 그 대신 기술개발에 무척 적극적이다. 기업문화도 소박하고 실질을 존중한다. JIT(Just In Time)등으로 널리 알려진 바와 같이 생산성 향상과 효율화에는 타의 추종을 불허할 정도이다.

요즘에는 디자인과 하이브리드 카에도 주력하여 세계 고급차 시장을 휩쓸고 있다. 친환경자동차 개발에도 선구자 역할을 하고 있다. 그래서 21세기는 도요타의 세기가 될 것이라는 예상이 나오고 있다.

1980년대 초반, 미국의 자동차 업계는 완전히 비상이 걸렸다. 그토록 자신했던 그들의 아성이 일본자동차들에 의해서 아주 빠르게 무너지고 있었다. 언론들도 사태의 심각성을 더욱 부각시키기 위해서, 자동차 호사에서 해고된 노동조합 근로자들이 시위를 하며 일제 승용차를 쇠망치로 두드려 부수는 장면을 보도하곤 했다. 그러한 쇠망치의 희생물이 된 일제차들의 대부분은 도요타 제품 이었다.

자동차산업은 종합산업이므로 나름대로의 강력한 이미지를 구축하지 않고서는 소비자의 관심을 끌기 어려워 경쟁하기가 여간 어려운 일이 아니다.

따라서 굴지의 자동차 회사들이 각자 독특한 평판과 면모를 가지고 있는 일은 당연한 일이다.

도요타는 세계 자동차 회사들 중에서도 독자적인 제조문화(생산) 창조에 가장 심혈을 기울였고 지난 30여년간, 전 세계 자동차 회사는 물론 모든 제조업의 연구대상이 되어왔던 것은 도요타자동차의 창업자인 도요타 기이치로의 경영철학에 기인한 것이다.

[http://k.daum.net/qna/file/view.html?qid=3OEoH]

제 9 장

창업과 마케팅

1. 창업과 고객
2. 창업과 마케팅
3. 창업과 수요조사
4. 수요예측
5. 상권예측
6. 상권분석

▶ 읽을거리

저명한 성공학자 카네기가 이렇게 말한 적이 있다. "나는 딸기를 좋아한다. 물고기는 지렁이를 좋아한다. 때문에 물고기를 낚을 때나는 딸기를 미끼로 하지 않고 지렁이를 미끼로 한다.

고객인식-바다에서 사는 새 한 마리가 원님 네 마당에 날아와 앉았다. 이런 새를 생전 본 적이 없는 원님은 이 새를 신령이 내려 보낸 신조(神鳥)라고 여기고 사람들을 시켜 사당에 모시게 했다. 원님은 매일같이 온 고을 사람들을 불러다 진수성찬을 차리게 하고 나팔을 분다. 북을 친다 하면서 신조를 위해 큰 잔치를 베풀었다. 이렇게 귀빈처럼 정성껏 공양했다. 그런데 원님의 이런 정성은 도리어 새를 두렵게 만들었다. 갈수록 무서워진 새는 온종일 겁에 질려 고기 한 점, 물 한 모금도 먹지 못했다. 결국 사흘이 지나자 새는 그만 죽고 말았다. 고객의 입장에 바탕을 둔 고객만족 전략의 수립이 필요하다. 고객인식은 고객의 입장에서.....

고객을 찾아 가는 길-어느 건축가가 녹지대 한복판에 여러 개의 사무실 건물을 세웠다. 조경을 맡은 사람들이 '건물과 건물을 잇는 보도를 어떻게 냈으면 좋겠느냐?'고 물었다. 그는 '그냥 잔디나 심어두라.'고 대답했다.

1 창업과 고객

1) 진실로 큰 능력(眞所謂 大能)? 고객과의 만남

金 笠의 평양기생과의 합작 詩
金 笠 : 平壤妓生何所能(평양기생에 무슨 재능이 있는가?)
妓 生 : 能歌能舞又詩能(음악과 춤과 또 시에 능하답니다)
金 笠 : 能能其中別無能(다능하다는 사람에게서 능함 보지 못했다오)
妓 生 : 月夜三更呼夫能(월야삼경에 정인을 불러오는 技能이 大能이 아닐런지요?)
그래서 평양기생이 김 삿갓의 발걸음을 하룻밤 붙들었다는 것이다.

생각의 포인트

소비자 중시

닛산(Nissan) 자동차의 광고를 따내기 위해 수많은 광고 대행사가 경합하였다. 그렇지만 아무도 신생의 '치아/데이 대행사'는 눈길을 주지 않았다. 그러나 프리젠테이션 이후에 180만 달러를 차지한 것은 바로 그 대행사였다. 왜? 닛산이 말하길, "다른 모든 대행사들은 자동차 비즈니스에 대해서 이야기 했다. 그렇지만 치아/데이는 자동차 구매자에 대해서 잘 알고 있었다."

한 신입사원이 얼굴에 미소를 가득 머금고 자신만만해서 그의 상사에게 보고서를 올렸다. 신입사원이 올린 보고서를 읽는 순간 상사는 놀라움을 금할 수 없었다. 상사는 믿어지지 않는 표정으로 신입사원의 웃고 있는 얼굴과 보고서를 몇 번이나 번갈아 들여다보았다. 어느 모로 보나 깔끔한 신입사원이 쓴 보고서라고는 할 수 없을 만큼 띄어쓰기와 철자법이 엉터리였고 격식도 갖추지 못한 것이었다.

'오널 나는 도니 한푼도 업을거 가튼 사람에게 물거늘 파랐습니다....'

"자네..."

너무 어이가 없어 말문이 막힌 상사는 신입사원에게 이렇게 엉터리 보고서가 어디 있냐며 다시 써오라고 돌려보냈다. 그런데 다음날 그가 다시 가져온 보고서도 어제와 별반 다를 것이 없었다.

한 줄을 마저 읽기도 전에 상사는 보고서를 던지며 신입사원이 자신을 놀리고 있든지 아니면 자신들이 자격을 갖추지 못한 엉뚱한 사람을 뽑는 실수를 했다는 생각이 들었다. 상사는 더 이상 이 상황을 두고 볼 수가 없어 사장에게 그 신입사원의 보고서를 보여 주고 그를 당장에 해고시킬 것을 건의했다.

한참만에 사장으로부터 결재서류가 내려왔다. 그런데 그 서류에는 상사가 바라던 대답은 단 한 줄도 없었다. 대신 이런 글이 적혀 있었다.

"우리 회사에 정말 피료한 인재가 드러왔소. 자네는 그의 틀린 철짜에만 신경스지 말고 보고서의 내용을 잘 일거보고 다른 사람들또 그를 따라서 물거늘 마니 파는 방법을 찾으시오." 명의(名醫)가 존경받는 까닭은 병을 정확하게 예언하기 때문이 아니라, 병을 치료할 수 있기 때문이다.

2) 창업과 고객만족

끊임없이 변환을 시도하는 변화의 출발점은 고객의 변화를 파악하는 일이다. 좋은 기업은 고객과의 계속적인 접촉을 제도화하여 그들의 변화의 니즈를 파악한다. 이러한 끊임없는 변신의 과정이 거듭나기이며 이 전략으로 업무프로세서의 재설계에 초점을 맞추는 경영 프로세서 리엔지니어링(BPR: business process re-engineering)과 거듭나기의 속도와 위치파악을 통해 운영실시효율의 극대화를 추구하는 벤치마킹이 활용되며 소비자 요구가 수용된 인지가치가격으로의 공급 즉, 소비자와의 만남의 접점을 제시하여 주는 것이 소비자 인지가치확장(PVE: perceived value enlargement))이라 하겠다.

벤치마킹을 통한 운영 실시효율의 증대로 고객만족을 도모할 수 있다. 운용 실시효율의 극대화를 추진하는 주요 요소 중 하나가 정보기술이다. 조직의 물리적 구성의 복잡성 제거 및 관리부서의 간섭을 배제시켜 전달체계의 중복성을 제거시키는 정보기술의 특성에 의해 조직기능이 교차기능적으로 조정 통합되어 조직효율이 효과적으로 증대된다. 이 때 BPR 추진의 중심핵이 인간이 되며 변화는 인간에 의해 구현된다는 것이다.

좋은 기업(good company)을 위한 BPR, benchmarking, PVE 경영혁신 방안들의 특질을 인간존중의 인적자원 관리, 환경에 대한 새로운 인식과 적응을 위한 정보기술, 운영 실시효율의 증대, 고객만족을 위한 인지가치 확장 경영으로 요약할 수 있다. 이들은 서로 연결고리를 갖고 있다. 각각의 혁신방안을 도입하여 변혁을 추진할 때보다도 서로 간 보완적 상관관계를 가진 혁신방안들을 통합된 시각으로 혁신을 추진할 때 그 효과를 극대화시킬 수 있을 것이다.

고객과의 관계(relationship)를 바탕으로 평생 고객가치인 LTV(life time value)를 최대화하기 위한 것이 CRM(customer relationship management)인데 CRM은 고객 데이터로부터 추출한 고객에 대한 정확한 이해를 바탕으로, 고객이 원하는 제품과 서비스를 지속적으로 제공함으로써, '한번 고객이면 영원한 고객'이 되도록 하여, 결과적으로 고객의 평생가치를 극대화하여, 기업의 수익성를 높이는 통합된 고객관리 프로세스라 할 수 있다.

"인식은 극히 복잡한 과정이다. 사람들이 파악하고 있는 자료의 양이 다르고 문제를 관찰하는 각도와 깊이가 다르며 연구하는 방법이 다르기 때문에도 진리와 오류간의 차이가 생긴다. 그리고 일부 낡은 전통, 습관, 편견 등으로 인해서도 진리는 불가피하게 투쟁 속에서 발전할 수밖에 없게 된다. 그래서 고객의 변화하는 니즈(needs)를 끝없이 추적해 가야하는 인고의 노력이 필요하다". 변화란 그것이 살아 있다는 것이다. 모든 살아 있는 것들은 변화한다. 변화하지 않는 것들은 죽은 것이다.

도표 9-1 CRM과 SCM의 비교

CRM : 고객의 니즈 발견
경영혁신방안들의 통합적용(사고의 유연성 확보)
고객의 평생가치극대화(life time value)
(고객의 니즈에 부합키 위한 3p의 지속적 유지
3p: 성과performance, 인지도presence, 개성personality)
SCM : 공급과 수요의 연계관리
생산계획과 구매시스템의 통합
정보공유의 동시성확보

생각의 포인트

CRM

미국의 코네티컷 주 노워크에 있는 스튜레오나드 식료품점 앞에는 6,000파운드가 넘는 화강암 위에 다음과 같이 새겨져 있다.

규칙 1. 고객은 언제나 옳다(The customer is always right).
규칙 2. 고객이 잘못일 경우가 있다면, 규칙 1을 다시 읽어라(If the customer is ever wrong, reread Rule # 1).

3) 고객의 니즈 발견

성공 마케팅의 요체 또한 고객의 니즈가 구매로 연결되게 하는 것이다. 커다란 상점의 지배인이 새로 채용한 점원이 한 사람의 고객과 몇 시간째 대화를 나누고 있는 것을 보았다. 손님과 노닥거리고 있는 것으로 생각한 지배인이 손님이 구매를 끝내고 가자말자 점원을 불러 못마땅한 어투로 묻는다.

"오늘 손님을 몇 사람이나 대했나?" "한 분요." 신입점원이 대답했다. "한 사람밖에 못 받았다구? 그럼 판매액은?" 지배인이 물었다. "5만 8999달러요." 점원이 대답할 때 지배인이 놀라며 어떻게 그렇게 많이 팔았느냐고 물었다. "제일 먼저 대나무 낚싯대 한 대를 팔았죠." 점원이 대답했다. "다음에는 릴을 팔았죠." 이어 제가 손님에게 어디서 낚시를 하실 거냐고 물었죠. 그러자 저 아래 바닷가에서 할거라고 하더군요. 그래서 나는 그럼 소형 모터보트가 필요할거라고 했더니 그 사람은 저 소형 모터보트를 사더군요. 그리고 나서 그 사람은 자기의 폴크스바겐이 모터보트를 끌지 못할 거라고 하더군요. 그래서 나는 그 사람을 우리의 자동차 판매부로 데리고 가서 커다란 레저용 차를 한 대 팔았죠.

놀란 지배인이 물었다. "낚싯대 하나 사러온 손님한테 그 모든 비싼 물건들을 팔았단 말인가?" "아닙니다. 지배인님." 그 사람은 실은 자기 부인이 골치가 아프다고 해서 아스피린 한 통을 사러 왔었죠. 그런 걸 제가 "선생님 이번 주말은 잡쳤군요. 차라리 낚시나 하러 가시죠 하고 권했죠." 점원이 대답했다. 기업이 광고 선전을 하는 것도 사람들에게 그전에는 존재하지 않았던 욕망들을 불러일으키는 것이다. 고객과의 만남의 방법론이 마케팅이다.

고객니즈의 창조적 발견이 광고와 홍보다. 기업이 광고 선전을 하는 것은 사람들에게 그전에는 존재하지 않았던 욕망들을 불러일으키는 것이다. 홍보는 이것을 아름답게 가꾸어서 알리는 방법론이다. 고객과의 만남의 방법론이 마케팅이다. 마케팅이란 제품과 서비스가 생산자에게서 소비자에게 전달되는 과정에 관련된 기업 활동을 계획하고 실행하는 과정 자체다.

역사상 가장 오래된 광고는 나일강변에서 발견된 로제타석에 쓰인 문구로, 기원전 196년 이집트 왕 프톨레미를 칭송하는 내용이다. 한편 우리나라 최초의 근대적 광고는 1886년 2월 22일자 '한성주보'에 실린 '덕상 세창양행 고백(德商 世昌洋行 告白)'이라는 제목의 순한문으로 된 24줄짜리 광고다. 한국에 있는 독일 계무역회사 '세창양행'에서 호랑이, 수달, 소가죽과 사람의 머리털, 옛 동전 등을 산다는 내용이었다. 글 끝에 '어린이와 노인이 온다 해도 속이지 않는다.'라고 쓰여 있음에서 광고의 속성이 과장에 있음을 볼 수 있다.

광고의 셰익스피어로 불리는 P. T. 바넘은 '평생 단 한 번뿐인 기회' '한정판' '폭탄세일' 등 우리에게 익숙한 과장광고는 바로 바넘식 표현이다. 그러나 역시 광고의 생명은 진실성에 있다. '약속, 거창한 약속이 광고의 영혼이라 하겠다.'

광고는 단순히 상품판매를 위한 수단이 아닌 감성을 자극하고 한 시대의 문화를 만들고 알리는 점에서 예술이라고 할 수 있다. 'CM송은 문명의 역사상 가장 널리 알려진 음악' '잘 쓴 카피는 한 줄의 감동적 시라는 말이 있을 정도다. 영혼을 울리고 순화하는 기능성을 발휘하기도 한다.

광고에서 피해 있는 시간이 잠잘 때와 기도할 때뿐이다. 때문에 광고는 생산자와 소비자 양자 모두에게 중요하다. 특히 생산자에게는 경쟁자가 잠잘 때도 쏘아 올리는 경쟁의 신호탄이기 때문이다.

2 창업과 마케팅

1) 통합과 조화

물리학의 양자론에서 밝혀낸 물질세계의 실상은 이 세계는 반드시 타(他)가 있어야 아(我)가 존재할 수 있는 상대성에 바탕을 둔 세계라는 것이다. 공즉시색 색즉시공으로, 보이는 것은 보이지 않는 것의 실상으로 신은 모든 것을 대칭적으로 창조했다. 있는 것이 없는 것을 규정하며 없는 것이 곧 있는 것을 규정한다.

어려움이 있어야 쉬움을 알게 되고
긴 것을 두고 짧은 것을 재는 법이며
높은 것과 견주어 낮은 정도를 보고
소리와 비교해서 음악을 알아듣고
앞이 정해져야 뒤가 따를 수 있음이다.

점(點)의 잠시성(ephemeral)이 선(線)의 영원성(permanent)으로 이어지며 삶 또한 불행과 행복을 씨줄과 날줄로 하여 짠 한 폭의 비단이리라. 빛과 어두움, 보이는 곳과 보이지 않는 것들. 유한과 무한, 큰 것과 작은 것, 물질과 정신, 좌뇌와 우 뇌, 지성과 감성, 武와 文, 명분과 실제, 주관과 객관, 자아와 타아, 탄생과 죽음, 가난과 부유함, 내 안의 큰 우주와 내 밖의 무한한 우주인 태아태극(太我太極), 그래서 창조자를 닮은 인간이 창조한 기업의 영역에 있어서도 계량화 요인(accountable factor)과 비계량화 요인(unaccountable factor)이 존재함을 인식한다. 경영의사결정에 있어서 동전 양면성의 원리가 존재하기 때문에 무형적(invisible factor) 요인의 중요성 또한 간과해서는 아니 된다.

통에서 중요한 것은 통 자체가 아니라 가운데의 빈 공간이다. 주전자에서 중요한 것은 주전자 자체가 아니라 비어 있는 공간이다. 통이나 주전자는 그 빈속에 무엇을 담기 위해 존재하는 것이다.

기업내부를 조직이라 하고 기업외부를 환경이라 할 때 그 균형유지를 위한 비율을 고려해야 한다. 환경을 구성하는 이해관계자 집단의 대표를 우리는 고객이라 할 수 있다. 고객이 존재하는 영역을 우리는 마케팅이라 부른다. 행복은 불행이 존재해야 그 의미를 부여받을 수 있듯이 기업의 존재의미 또한 마케팅이 건재할 때 생존의 가치가 있으며 저울의 무게중심 원리와 같이 적정의 율 결정이 요구된다. 마케팅이 있다는 것은 시장이 존재한다는 것이기 때문이다.

생각의 포인트

황금비율

르네상스 시대의 수도승 루카 바트리오는 황금분할(gold section)을 신성비례라 할 정도로 중요시하였다. 가장 조화가 잡힌 비율인 황금비를 분수로 표시하면 다음과 같다. $\frac{1}{1}$, $\frac{1}{2}$, $\frac{2}{3}$, $\frac{3}{5}$, $\frac{5}{8}$, $\frac{8}{13}$ ……. 1:1의 반반의 비율에서 근사치를 둠으로서 최고의 아름다운 비율을 만들게 한 것은 신이 인간을 사랑하여 자유의지의 영역을 주었기 때문이다. 즉 근사 영역에서 최고의 아름다움을 발견하도록 만들었다. 그래서 행동과학을 학제적(學際的)으로 연구해야만 하는 어려움도 있지만 그 연구의 과정에서 우리는 성취의 희열을 맛보게 된다.

황금비는 우리들의 생활 속에서도 허다하다. 담뱃갑이나 명함, 물건을 선택할 때 대부분의 사람은 무의식중에 황금비의 치수를 즐거이 취하고 있다. 이는 안정감을 주기 때문이다. 조직과 환경의 조화에서도 기업 특유의 체질에 맞는, 안정감을 주는 황금비를 찾아야 할 것이다. 마케팅조직 구성의 중요성 기업활동의 5영역(재무, 회계, 인사, 마케팅, 생산 및 정보)중에서의 단순비례인 $\frac{1}{5}$이 아니다.

2) 마케팅의 방법론과 전략

전통적 마케팅 성공요인이 잠재고객의 요구와 선호도를 과학적으로 표본조사를 통해 조사·분석하고 여기에 맞는 제품을 개발하기 위해 동질화된 고객의 요구를 발견하는 데 있었으나 개별화 대응전략(one to one marketing)이 강조되는 인지가치 마케팅의 시대에서는 각각 고객의 차별화 전략이 더욱 강조된다.

마케팅의 개념도 거래마케팅(transaction marketing)에서 관계마케팅(relationship marketing)으로 바뀌게 되어 이제 마케팅의 목표는 시장점유(marketing share)에서 고객점유(customer share)로 바뀌게 되어 기업경쟁력의 원천과 자산평가가 고객자산으로부터 시작되는 사회가 도래되었다.

(1) 간접 마케팅

마케팅을 위한 홍보를 직접적으로 하는 방법보다 간접적으로 강조하는 방법이 효과적일 수도 있다. 참치 속에는 두뇌활성화 영양요소가 있다. 이것을 소비자가 쉽사리 믿지 않으니까 일본의 영양학자로 하여금 참치의 영양요소에 대한 글을 출판하게 한 후 그 정보를 국내 매스컴에 제공하면 간접의 마케팅 효과가 국내 주부들의 교육열을 자극하게 되어 구매로 이어지게 한다는 등의 예다.

조선 태조 왕건은 궁예의 세력이 승승장구할 때 대대로 축적해 온 전 재산을 궁예의 궁성 축조를 위해 전부를 희사하고 후일 왕권과 함께 회수하는 전략을 수립하여 성공한다. 적은 것을 줄 때 줄줄 아는 성공전략이라 할 수 있다. 돌아가는 길도 존재함을 알 수 있다.

(2) 상황적합적 마케팅

탈무드의 짤막한 일화다. 총격전이 벌어지고 있는 전선의 참호 속에서 물을 팔고 있는 이스라엘 상인이 있었다. 그는 2개의 물 항아리를 지고 다녔다. “물 한잔에 15 프로토트요!” 그 때 적의 총알에 맞아 1개의 물 항아리에서 물이 새기 시작하였다. 상인이 재빨리 외쳤다. “물 한잔에 30프로토트요!”라고... 이것이 상황적합적 마케팅이다.

(3) 공포 마케팅

내부 잠재력과 외부로부터의 억제력이라는 데이비드 호킨스(David R. Hawkins)

의 책에 보면 사람은 살기 위해 다른 사람으로부터 에너지 공급을 필요로 한다. 그러나 어려운 점은 주위 사람이 그들에게 실질적 도움을 줄 수 있는 동기를 갖지 못한다는 것이다. 무기력보다는 낫지만 여전히 낮은 에너지 수준에 속하는 것이 슬픔이다. 충격을 받아 무기력한 환자가 울기 시작하면 회복되고 있다는 증거이다. 그들은 곧 음식을 먹고 걸을 수 있다. 두려움은 슬픔보다 더 광범위한 일반적 현상이고 위험에 대한 두려움은 건강한 반응이다. 기업과 광고업체들도 두려움을 이용하여 시장점유율을 높이는 경우가 있다. 우유를 바꾸면 설사를 한다던가 칫솔 속의 세균을 과장한다던가 하는 식의 광고는 두려움을 이용한 접근 방법이다.

(4) 요소공격 마케팅

시장의 상황에 따라 접근법을 달리 해야 한다. 이것이 시장 세분화 전략이다. 시장 세분화(marketing segmentation) 전략이란 소비자욕구의 이질성에 따라 수요자 층을 분할하고 목표 내지 표적시장(target marketing)으로 선정된 소비자집단의 욕구와 기호를 보다 정확하게 파악함으로써, 각 소비자계층에 대하여 집중적인 마케팅 공세를 취하는 '요소 공격식 마케팅전략'을 뜻한다.

2차대전 후 전쟁으로 피폐된 일본과 한국에서는 불결한 환경으로 말미암아 발생되는 피부부스럼 등의 질병들이 많이 발생하였다. 이 때 미국을 위시한 서방 선진국들이 항생제를 가져다 팔기 시작하였는데 같은 역가(力價: potency)의 약을 일본에는 경소단박하게, 한국에는 보다 크게 프라시보(placebo: 위약)를 섞어 판매했다. 일본인은 섬나라 체질로 작고 아름다운 것을 좋아했고 한국 사람은 보리밥체질의 사회적 특성을 가지고 있음을 간파하였기 때문이었다. 요소 공격식 마케팅전략이었다.

(5) 전환 마케팅

약점을 강점으로 바꾸어 생각해 보는 것 또한 마케팅이다. 보졸레 누보(beaujolais nouveau)는 프랑스 리옹의 보졸레 지역에서 갓 따낸 햇포도를 단기 숙성시켜 만든 와인이다. 6개월 이상 숙성시키는 일반 와인과는 달리 9월초에 수확한 '가메'라는 품종의 포도를 4-6주 발효 숙성시켜 만든다. 햇곡식처럼 한시적 희소성이 있는데다 숙성된 와인에서 느낄 수 없는 신선한 포도의 맛과 향을 느낄 수 있다. 또 탄닌이 적어 떫은맛이 적고 부드러워서 평소 와인을 즐기지 않는 사람도 부담 없이 마실 수 있는 것이 특징이다.

보졸레 누보는 보졸레 사람들이 2차대전 이후 처음 만들어 마셨는데 1950년대 초까지는 싸구려였다고 한다. 그러나 1970년대 죠지 뒤뵈프라는 양조업자가 '햇' 와인이라는 점을 강조하면서 약점을 강점으로 바꾸어 강조하면서 붐을 일으켰다. 숙성기간이 짧아 4개월 안에 마셔야 하는 단점을 신선한 햇포도주라는 장점으로 역전시킨 것이다. 특히 11월 셋째 주 목요일 0시를 기해 일제히 판매를 시작한다는 절묘한 마케팅 기법이 보졸레 누보를 대단한 와인으로 격상시켰다.

아이보리 비누는 제조과정에서 실수로 공기배합시간을 늘려 물에 뜨는 불량의 비누를 만들게 되었는데 반품되는 내용을 분석한 결과 '물에 뜨는 부드러운 비누'라는 마케팅에 착안하게 되었다. 부드러운 유아용세제시장에서 일약 유명하게 되었다.

(6) 절제 마케팅

많은 홍보를 한 후 고객이 요구하는 양 이하로 주력을 방출한 후 시장 구매력이 없는 제품을 대체 구입하게 하는 마케팅 전략이다. 비 인기품목 소진 전략이기도 하다. 고객이 대체상품을 구입한 후 일정기간이 지난 다음에 다시 주력을 공급하여 매출액을 높여가는 전략이다. 크리스마스 시즌에 인기 어린이 장난감을 일찍 소진시켜 고객을 감질나게 만들어 우리의 브랜드를 기억하게 만드는 방법이다.

생각의 포인트

고객창조

무명 시절 피카소는 화랑에서 자신의 그림을 사 주지 않자 한 가지 꾀를 냈다. 날마다 변장을 하고 화랑에 들러 "피카소 그림 있소?"라고 물었던 것이다. 피카소의 작품이 없어 손님을 놓쳤다고 생각한 화랑에서는 서둘러 피카소를 찾아가 비싼 값을 주고 그림을 사다가 전시하게 되었다. 위대한 예술작품도 마케팅에서부터 탄생하게 되었다.

잠재고객을 찾는 비즈니스 마인드는 자신에게 던지는 질문에서 시작된다.

첫째, 내가 관계를 맺을 수 있는 최고의 고객은 누구인가?

둘째, 어떻게 그들의 관심을 사는가?

셋째, 나를 알리는 최고의 방법은 무엇인가?

(7) 프레스티지 마케팅

3F(function, fun, face)가 강조되는 시장 상황이다. 1987년 이탈리아 경제학자 빌프레도 파레토Villfredo Pareto가 발견한 파레토 법칙이다. 파레토는 백화점의 하루 매상 중 80%는 그 백화점의 단골인 20%의 손님이 올린다는 것을 발견하면서, 이를 '20대 80원칙'이라고 명하였다.

파레토 법칙에 따르면 '모든 제품과 고객은 똑같지 않다. 그러므로 모든 제품과 고객들에게 똑같은 투자하는 것은 낭비이다. 중요한 20%를 찾아내어 그들에게 투자해야 최대의 효과를 얻을 수 있다'는 사실을 발견할 수 있다.

일을 더 많이 하는 것만이 능사가 아니다, 20대80의 원칙이라는 것은 적은 비율의 노력과 원인이 큰 비율의 결과로 나타나는 것을 의미한다. 그러므로 기업은 상위 20%의 고객을 주 목표시장(target market)으로 잡아, 서비스를 집중함으로써 수익성 극대화를 추구하게 된다. 이것이 바로 파레토 법칙이 마케팅에 적용되면서 나타나는 프레스티지 마케팅(prestige marketing) 또는 귀족 마케팅 전략이다. Face관리 마케팅이다.

프레스티지 마케팅은 여러 제품 중에서도 프레스티지(prestige), 즉 명성을 추구하는 제품의 경우 매우 중요한 마케팅 전략이다. 프레스티지 상품은 단지 비싸거나, 희소하거나 또는 최첨단의 기능을 갖추었다는 정도를 넘어서 소비자들이 그 이상의 '가치(value)'사회적 가치, 희소성가치, 품질가치)를 느낄 수 있는 상품을 말한다.

도표 9-2 상품에 따른 거래의 변화

거래대상	제공 방법	경쟁 포인트
1차 상품	채취	가격
제품	제조	기능
서비스	전달	품질
경험	연출	추억

도표 9-3 제품의 추구목표에 따른 횡단면적 분류

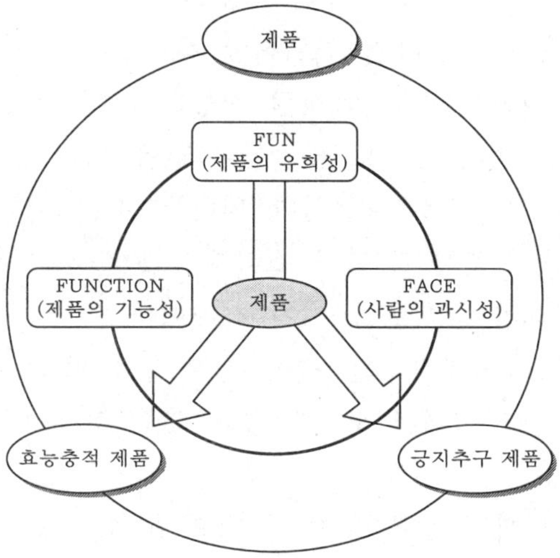

도표 9-4 경험 마케팅의 진행 단계

예를 들어 정사각형과 그에 내접하고 있는 원의 관계를 생각해 보자. 정사각형의 면적을 100이라 한다면 그에 내접하는 원의 면적은 약78이 되고 나머지는 22가 된다. 또 공기의 성분이 질소 78에 산소와 기타가 22인 비율로 이뤄져 있다는 것은 너무나 잘 알려진 사실이다, 사람의 신체도 수분이 78, 기타 물질이 22의 비율로 이뤄져 있다. 이 '78대22의 법칙'은 인간의 힘으로는 도저히 어떻게 할 수 없는 대자연의 법칙이다.

란체스터의 전략 모델식은 미분 방정식으로 유도할 때 아군의 피해를 최소로 하기 위한 아군과 적군의 병력비는 어떠하여야 하는가 하는 문제를 상정할 수 있을 것이다. 이때 나오는 숫자가 73.88이었다. 아군과 적군 전력의 합을 100이라 할 때, 아군의 전력이 73.88%이고 적이 전력이 23.12%이며 아군의 피해를 최소화하는 동시에 적의 피해를 최대로 할 수 있는 조건이라는 것이다.

100년 전, 이탈리아의 경제학자 파레토는 19세기 영국 사회의 부富의 분포를 연구하던 중, "전 인구의 20%가 전체 부의 80%를 차지하고 있다"는 사실을 발견했다. 이 법칙을 수렴한다면 인위적인 통제를 가하지 않을 경우 지구촌 인구 중 불가 20%만이 사람들만이 안정된 직장과 자아실현을 할 수 있는 여건 속에 살며 나머지는 반실업자 상태로 불안한 나날을 살게 될지 모른다는 우려이다.

기업이라면 종업원 모두가 열심히 일하는 것이 아니라, 불과 20%의 직원이 80%의 부가가치를 창출한다. 핵심 소비자의 20%가80%의 매출을 올려주며, 은행 예금의 80%는 20%의 고객들이 예치한 것이다. 뉴욕 시 당국에 의하면 범죄의 80%는 20%의 상습 범죄자라는 것이다. 여기서 나오는 80:20이라는 숫자 역시 란체스터의 전략 모델식에서 도출된 숫자, 73.88%:26.12%의 정수비라고 보면 될 것이다.

IBM의 연구에 의하면 컴퓨터 사용자들의 80%는 불과 20%에 불과한 프로그램만 사용했다고 한다. 이 연구를 바탕으로 IBM은 가장 많이 사용하는 운영 코드를 쉽고 간편하게 사용할 수 있도록 소프트웨어를 다시 만든다고 한다. 어느 학급의 한 달 동안 지각 횟수가 10이었다면 10명이 고르게 한 번씩 지각을 하는 게 아니라, 단골 지각생 두 명이 8번의 지각을 하고, 나머지 두 명은 어쩌다 지각을 한다는 것이다.

앞으로의 마케팅은 지금까지처럼 광고와 마케팅 비용을 산탄 공기총처럼 쏘아대는 형태가 아니라, 상위 20%에 해당되는 핵심 고객을 1:1로 설득하는 유형으로 발전해갈 것이다. 이것을 가능케 하는 것이 데이터베이스 마케팅이다.

도표 9-5 80/20 법칙

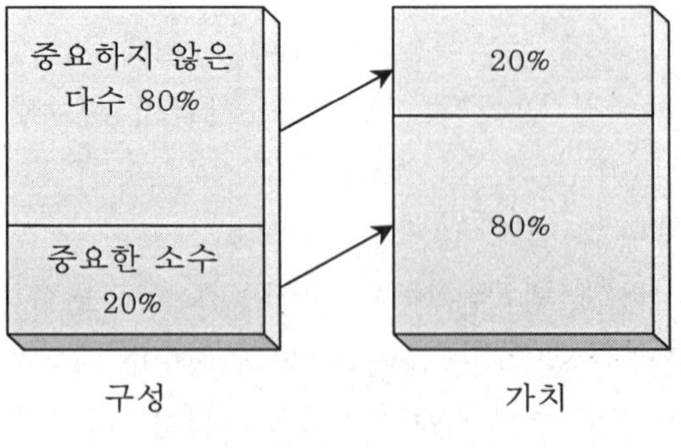

(8) 강자의 약점관리 마케팅

강자의 속성은 기득권 안주에 있다. IBM이 애플이나 델컴에 당했던 것이나 미국 최대 오프라인 서점 반센노블이 인터넷 서점 아마존에 당했던 것도 기득권에 안주했기 때문이다. 기득권에 안주하게 되면 변화를 민감하게 의식하지 못하거나, 변화를 감지했더라도 애써 외면하려 한다.

강자의 다음 속성은 비대해진 몸집 때문에 약자의 공격에 민첩하게 대응하지 못하게 된다. 공룡이 지구환경에 적응하지 못했던 것과 같은 맥락이다. 이처럼 강자의 장점은 그 자체가 약점이 되는 경우가 의외로 많다.

약자는 이처럼 강자와의 정면대결을 피하고 산 속이나 계곡에 숨어 우선 생존을 도모해야 한다. 그러고 나서 강자의 약점이 보일 때 이를 공격하라는 것이다. 베트남 전의 사례다. 시장으로 말하면 틈새시장일 것이다. 그러나 그것이 큰 흐름과 맞물렸을 때는 약자도 일순간에 강자가 될 수 있다.

강자는 강자의 길이 있고, 약자는 약자의 길이 있다. 그러나 이것이 쉽지 않다. 역사적으로도 권력의 후계자로 지목되던 2인자가 순조롭게 권력을 승계한 경우는 그리 많지 않다. 예비 권력자는 권력자 흉내를 내보다가 자신이 이미 권력자가 된 듯한 착각에 빠지게 되고, 결국 권력자의 눈 밖으로 밀려난다. 그래서 2인자의 자리에는 너무 오래 있는 게 아니라는 것이다.

마케팅에서 가장 빈번하게 나타나는 착각 역시 강자의 흉내를 내는 약자의 경우이다. 선두가 닦아 놓은 시장에 들어가 잘만 하며 시장을 나누어 먹을 수 있을 것이라는 생각이 전형적인 착각이다. 약자의 전략에 충실하지 않으면, 그런 일은 있을 수 없다. 농심의 '신라면'이 대대적으로 히트하자 후발들은 '핫라면', '열라면' 등의 브랜드를 내어 광고비를 쏟아 부었는데, 이는 광고예산의 낭비이며 신라면의 매출만 도와줄 뿐이다. 이는 '신라면'을 견제하기 위한 전략도 아니며, '신라면'을 이기려는 전략은 더구나 아니었다.

차별화는 좀더 적극적인 개념으로, 경쟁자와 상품과 서비스를 달리 하는 것이고, 세분화는 강자가 허술하게 방어하고 있는 좁은 영역에서 핵심 고객을 창출하는 것이다. 저명한 마케팅 이론가 마이클 포터 교수에 의하면 약자가 강자와 같은 장소에서 싸움을 하려면 상품을 차별화하고, 상품 차별이 여의치 않으면 싸움의 장소를 달리하고, 그것도 여의치 않으면 낮은 가격으로 승부하고, 그것도 여의치 않으면 틈새시장을 찾으라고 권고했다.

(9) 틈새 전략 마케팅

몇 년 전, 석공들이 돌을 캐는 장면을 목격한 일이 있다. 좋은 돌을 찾아 산을 돌아다니다가 질 좋은 바위가 나타나면 바위를 꼼꼼히 살피면서 크랙(Crack;갈라진 틈)을 찾는다. 아무리 단단한 바위라도 분명 어딘가에는 크랙이 있다는 것이다. 그 뒤 크랙에 쐐기를 박은 다음, 그 틈새로 물을 부었다. "물을 왜 붓느냐?"고 물었더니, 그들은 바위 틈 사이의 물이 얼었다 녹았다를 반복하는 동안 바위가 쪼개지기 때문이라고 설명했다. 그들은 처음부터 해머로 바위를 깨지는 않는다.

그것을 보고 "야하, 시장 침투전략도 바론 저런 것이어야 하는 거구나"하고 감탄한 적이 있었다. 바로 틈새 전략(Crack Strategy)이었다. 얼음을 깨는 것은 바늘이지 망치가 아니다.

세분 시장 중에서도 극 세분 시장이 틈새이다. 틈새는 언제 어디라도 있는 법이지만 새로운 흐름을 주도할 틈새는 대부분 변화의 와중에 있다. 어느 한 패러다임(Paradigm)이 오랫동안 지속되는 상황에서는 그런 틈새가 그리 많이 않다. 예를 들면 산업사회가 서서히 종료되고 소프트 사회, 네트웍 사회로 전환하는 이 시점이 거대한 변화의 한가운데라는 것이다. 그 변화의 틈바구니를 뚫고 일어선 기업들이 마이크로 소프트이며, 델컴이며, 아마존 서점인 것이다. 새로운 사회 현상이 나타나면 그 주위로 새로운 상품과 서비스가 나타나게 된다.

조그만 틈새에서 전국적인 규모, 아니면 세계적인 규모로 성장한 기업도 있다. 테트라(Tetra)는 세계 열대어 시장의 80%를 점하고 있으며, 호너(Honer)는 세계 하모니카 시장의 85%를 점하고 있다. 베호(Becher)는 세계 대형 우산 시장의 50%를 점하고 있다.

처음 웅진식품이 '아침햇살'을 낼 때만 해도 틈새시장이었으나 이제는 주력 시장의 하나로 떠오르고 있을 정도가 되었다. 틈새시장의 매력은 바로 이런 데에 있다. 성공만 하면 그곳에서는 내가 바로 강자인 것이다. 그러자 제일제당은 즉석밥 '햇반'을 내놓아 성공했으며, 이의 성공에 힘입어 쌀로 발효시킨 유산균 등을 내놓고 있다.

(10) 차별화전략, 싸움의 장場관리 마케팅

약자는 강자가 버티고 있는 장(場)에서 강자와 정면 대결을 해서는 안 된다. 자신에게 유리한 장에서 싸움을 벌여야 한다. 거북이도 토끼와의 달리기 시합을 바다에서 펼치면 백퍼센트 승리한다. 여기서 말하는 장은 장소만을 의미하는 것은 아니다. 장소든 무기든 싸움의 방법이든 강자와 정면 대결을 하지 말고 철저히 달리해야 한다는 것이다.

실제의 전쟁에서보다 기업 싸움에서는 이것이 좀더 중요하다. 왜냐하면, 전쟁은 상대적으로 우수한 무기만 있으며 비교적 단기간에 마무리 지을 수 있지만 기업간의 싸움은 결국은 소비자라는 아주 보수적인 강을 건너는 일이기 때문이다. 소비자의 뇌리에 새겨진 강자의 이미지는 그리 쉽게 지워지는 게 아니다. 따라서 차별화된 새로운 시장에서 자신만의 새로운 이미지를 심어야만 한다.

약자가 강자를 이기기 위해서는 무기와 싸움의 방법을 달리 하여야 한다. 차별화는 제품의 차별화, 포지셔닝과 이미지의 차별화이며, 가격의 차별화, 장소의 차별화일 것이며 싸움 방법의 차별화는 마케팅 요소의 믹스를 달리하거나 개념을 달리해야 한다. 어떤 의미에서는 차별화되지 않은 상품이나 서비스는 상품이 아니라고 보아야 한다.

차별화는 마케팅의 5가지 요소, 즉 제품(product), 가격(price), 유통(place), 촉진(promotion), 사람(people)모두에게 충분히 기존의 요소들과 구별될 수 있도록 달리하는 것이다.

(11) 더하기빼기 마케팅

차별화는 가장 쉽게 접근할 수 있는 방법이다. 기존의 것을 더하고 빼고, 곱하고 나누면 된다. 아니면 개념을 뒤집거나 반대로 해석해도 된다. 자전거 타이어 폭을 넓게, 못생기게 만들어 놓고 '레포츠 자전거'라고 깃발(포지셔닝)을 꽂으면 불티나게 팔려 나가는 것이 상품이다. 두루마리 화장지를 종이 상자에 넣어 '티슈'라는 이름을 붙이는 것도, 맨소래담 연고를 액상으로 만들어 로숀 타입으로 바꾸는 것도 차별화이다. 그러나 우리는 일상생활에서 접하는 것들을 당연시하며 받아들인다. 화장지는 원래 두루마리여야 하는 것 같은 선입견에 사로잡혀 있다는 것이다. 퓰리처상으로 유명한 '조셉 퓰리처'는 대규모 광고와 고속 인쇄를 결합해 신문의 부수를 파격적으로 높일 수 있었다.

진흙과 모르타르로 만들어진 콘크리트는 천년간 건축 재료로 사용되어 왔다. 그러나 로마인들은 그 반죽에 화산재를 넣으면 콘크리트가 더 단단해지고 빨리 건조된다는 사실을 발견했다. 발명가들은 자동차와 대포를 합해서 장갑차를 발명했고, 연필에 고무를 붙여 고무 달린 연필을 발명했다. 또한 펜과 잉크병을 합쳐서 만년필을 발명했고, 비행기와 배를 합해 수상비행기를 발명했다.

생각의 포인트

더하기 빼기 마케팅

어느 해 동짓날에 김선달의 집에서 팥죽을 너무 많이 쑤어서 시어버렸다. 아내가 이를 아까워하자 김선달은 장에 가서 팔아먹자며 꾀를 알려 주었다. 장에 가서는 자리를 깔아놓고 맛있는 팥죽이 한 그릇에 ○○전이라고 방을 붙였다. 손님들이 자리를 하자 선달의 아내가 손님들을 향해 묻는다.

"손님들 서울식으로 초를 쳐서 드릴까요, 아님 시골식으로 그냥 드릴까요?"

그러자 김선달이 그 말을 받는다.

"시골 사람들이라 초를 치면 시어서 먹질 못한다구!"

그러자 시골 사람들은 은근히 약이 올랐다. 사람 무시한다며, 이래봬도 입맛은 서울식이라며 이구동성으로 서울식을 달라고 주문했다. 그리하여 이들은 신팥죽을 초친 팥죽으로 너끈히 팔아 치운다는 얘기다.

바로 컨셉, 즉 해석의 문제다, 신팥죽은 먹지 못하지만 초를 친 서울식은 별미로 둔갑하여 맛있게 먹을 수 있는 게 사람의 마음이며 상품의 해석인 것이다.

(12) 숫자 마케팅

숫자 마케팅(number marketing)은 숫자를 이용한 광고나 촉진 그리고 네이밍 등 숫자를 활용하는 마케팅을 통칭하고 있다. 숫자와 제품명의 동거도 숫자 마케팅이다. 자일리톨333(333의 의미는 3가지 기능성과 3배의 풍부한 향, 그리고 3가지 맛의 함축), 덴탈크리닉2080(20개의 치아를 80세 까지), 187168의 코카콜라(청소년들이 가장 원하는 남자 키 187cm, 여자 168cm를 상징하는 숫자로 주 소비층인 청소년을 대상으로 설문지를 돌려 제품명을 선정했다), 888의 건강스낵(8가지 몸에 좋은 원료로 8등신 몸매의 평균 신장 180cm 시대를 만들겠다는 제품 컨셉), 이미 고전이 된 3000천리호 자전거, 600개의 알맹이로 구성되었다는 콘텍600, 사장 딸의 주민등록 번호로 만든 패션 브랜드로 소비자들의 의구심을 자극시킨 스톰=2925213 등이다.

브랜드뿐만 아니라 가격표에도 등장하고 있다. 3만원이나 2만 9900원은 사실상 가격차이는 없지만 소비자들은 2만 9900원이 훨씬 싸다고 생각한다. 0에 미치지 못하는 9는 부족하다고 느끼고 있어 마케팅 기법으로 숫자 9를 사용하게 된다.

숫자는 이미지 전달이 빠르고 제품의 특징을 함축적으로 전달하는 효과를 갖는다. 숫자에 의미를 부여한 숫자마케팅은 소비자들의 호기심을 자극해 제품을 각인 시키는 효과가 크다.

생각의 포인트

마법의 수

미국에서는 170여종의 담배가 판매되고 있으며 자동차는 290여종이 시장에 선보이고 있다. 인간은 평균적으로 한꺼번에 일곱 단위 이상을 처리할 수 없다고 한다. 전화번호가 흔히 일곱 자리고, 주민등록 끝자리도 일곱이고, 백설공주에 출현하는 난쟁이 숫자도 일곱이다.

고대 프러시아 군대 조직의 최하위 단위가 9명으로 구성되었다. 그래서 오늘날까지 군대조직의 1분대 구성이 거의 9명으로 구성되어 있는 나라가 많다.

7에서 9사이를 인간이 기억하는 효율적 관리의 수 마법의 수(span of magic number)라고 부른다.

마케팅에서도 마찬가지다. 소비자 머릿속에 첫 번째 상품이 보다 성공 가능성이 높아진다. 최소한 7등의 브랜드 네임으로 자리 잡아야 생존하리라.

(13) 색깔 마케팅

1930년대 제너럴모터스 사는 다양한 색의 자동차를 출시해 큰 성공을 거두었다. 그러자 우리 고객은 어두운 색을 좋아한다며 검은색을 고집하던 포드사도 결국 고집을 꺾었다. 애플사에서 오렌지색, 블루베리색을 비롯한 산뜻한 색의 매킨토시 컴퓨터를 선보이자 사람들이 앞 다투어 구입했으며, 베네통사는 다채로운 원색으로 최신 유행을 선도하며 세계시장을 석권했다.

우리나라에는 1980년대 컬러텔레비전의 등장으로 소비자들의 시각문화가 형성되면서 색의 중요성이 점차 높아졌다. 최근에는 색에 민감하고 튀는 것을 좋아하는 신세대를 대상으로 컬러마케팅이 늘고 있는데, 한 식품업체에서는 노란색 콜라를 출시해 젊은 소비자의 호응을 얻기도 했다.

하지만 제품에 상관없이 무조건 예쁜 색을 쓰는 것은 아니다. 색에는 저마다 성질이 있으며 다양한 색의 포장에는 소비자가 언 듯 눈치 채지 못하는 치밀한 계산이 숨어 있다. 빨간색이나 오렌지색은 눈에 잘 띌 뿐 아니라 식욕을 돋우므로 라면이나 과자 등 식품포장에 주로 사용되는 반면, 파란색 계열은 시원함, 깨끗함, 건강한 느낌을 주어 주류나 음료에 많이 사용된다. 소비자가 상품에 갖는 첫인상에 색깔이 많은 영향을 주기 때문에 컬러마케팅에 많은 연구가 거듭되고 있다.

(14) 계절 마케팅

수요의 순환성, 불규칙성, 계절성을 고려한 진정한 추세를 파악하여야 한다.

일본의 의류업체 유니클로는 2000년 가을 간절기가 길어질 거라는 예보에 얇은 점퍼 천오백만 장을 하여 보름 만에 준비한 물량을 모두 팔아 기네스북에 올랐다. 날씨예보에 맞혀 생산과 출하량을 조절해야 한다. 겨울 의류는 환절기인 10월 즈음, 체감온도가 15℃일 때부터 판매량이 증가한다. 빙 과류에서는 기온이 30℃ 아래면 아이스크림이, 30℃가넘으면 음료수가잘 팔린다. 초콜릿은 4월부터 녹는점을 체온보다 높은 38℃로 맞춰 만든다. 겨울처럼 34℃에 녹는점을 맞추면 더운 날씨에 쉽게 녹아 상품가치가 떨어지게 되기 때문이다. 주류는 30℃이하면 소주가, 30℃ 이상이면 맥주가 잘 팔린다. 계절적 대응 전략이 필요한 상품인가를 파악해야한다.

(15) 뉴로 마케팅

갈수록 까다로워지고 변덕스러워지는 고객의 마인드를 따라잡기 위해서 세계적 자동차 회사들은 잠재고객의 뇌 속을 읽는 이른바 뉴로 마케팅에 열심이다. 새로 출시할 차의 모습이나 광고를 보여 주고 고객의 뇌 혈류 분포가 어떻게 변하는지를 체크해 최종 디자인이나 사양을 결정하는 마케팅 방법이다.

(16) 구전마케팅

상품의 자랑을 입에서 입으로 전달하는 전위부대의 운용전략이다. 특별조직을 구성해 운영하는 방법과 자발적 전달을 유도하는 방법이 있다.

기타 체육마케팅, 큰 행사 틈새를 공략하는 매복마케팅, 강조의 경사를 구사하는 경사마케팅 전략들이 있다. 단순전략을 구사하든지 두 개 이상의 복합전략을 구사하던지 간에 사업시작과 함께 마케팅 전략의 구사를 병행해야 생존할 수 있다.

3) 생과 사를 건 마케팅

몇몇 종류의 동물은 자신의 생존을 위협하는 주위에 대한 경계 따위는 아랑곳하지 않고 오로지 선전 위주의 목숨을 건 도박에 나서기도 한다. 공작새가 그 대표적인 예인데, 그것의 커다란 꼬리는 육식 동물의 눈에 금방 띄는 것은 물론 숲 속의 가시덤불에도 잘 걸려 자신의 수명을 단축시키는 좋은 원인이 된다. 하지만 무사하기만 하다면 많은 암컷들을 손쉽게 거느릴 수가 있다. 죽을 때까지 자손을 번식시키는 일도 가능하다. 공작새의 유전자는 바로 그 점이 마음에 들었던 것이다.

필자가 사는 동네에서 출근하는 길목에 상가가 늘비해 있는데 6개월이 멀다하고 가게의 단장을 새롭게 꾸미고 있는 것을 보면서 즉, 망해나가는 것을 보면서 한국영화에 나오는 이야기 하나를 연상해 보았다. 옹녀라는 미인 과부 색녀가 살았는데 매일 저녁 그 동네 남정네가 한 명씩 몰래 찾아들어 정을 나누고 나면 정(精)이 소진해 죽어버려 종래에는 과부마을이 된다는 내용이다. 설마 나만은 망하지 않겠지 하고...

나만은 망하지 않겠지 하고 새롭게 입주해 와서 망해나가는 점주들을 보면서 망하지 않는 마케팅의 처음과 끝인 여섯 가지 창업의 고려요소를 꼭 전하고 싶어진다. 고객과의 접근(proximity to customer), 비즈니스 환경(business climate), 총비용(total cost), 사회간접시설(infrastructure), 노동의 질(quality of labor), 공급자(supplier)를 꼼꼼히 따져 바야 생존한다.

4) 마케팅과 생산과의 관계성

인간은 영과 육의 이원 현현체이다. 육으로 만의 상태로 존재하면 우리는 물질이라 부르며 영만이 존재하면 우리는 귀신이라 부른다. 생산과 마케팅의 관계는 제우스에 의해 각각 분리된 안드로규노스(Androgynous: 兩性具有: 원래 양성구유인 인간이 제우스에 의해 양성으로 각각 분리되었기 때문에 인간은 서로 떨어진 반쪽을 그리워하게 되어 연애감정이 발생하게 되었다고 한다)의 한 쪽이다. 영혼이 육체로부터 분리되면 불완전해진다. 그것은 마치 전체로부터 분리됨으로써 부분이 되는 것과 같다. 따라서 영혼이 인간 본성의 한 부분이라는 것은 극히 자연스러운 귀결이다. 인간은 영혼과 육체가 재결합되지 않을 때 궁극적인 행복에 도달할 수 없다. 일상적 경험을 통해 인간이 현세에서 궁극적인 행복에 이를 수 없다는 사실을 확인할수록 이것은 더욱 분명히 참이 된다.

감각능력이 이성능력을 동시에 갖추게 되면, 그것은 동물의 영혼과는 다르게 소멸 불가능한 것이 된다. 생산에서 수요와 공급의 균형적 만남을 희구하게 되는 원리이기도 하다. 생산에서의 비용최소화와 더불어 수요와 공급의 균형 추구는 인간이 신을 만나 영이 영생을 하는 것과 같은 출발의 의미를 갖는다. 발명가 에디슨은 '나는 세계의 수요가 무엇인가를 발견한 다음 전진하여 그것을 발명하였다'라고 말했다.

기업이 광고 선전을 하는 것은 사람들에게 그전에는 존재하지 않았던 욕망들을 불러일으키는 것이다. 광고는 기업이 인간의 욕망을 부풀리고 이를 이용해 돈을 긁어내는 합법적인 거짓말 또는 점잖게 마케팅 또는 광고학이라는 과학으로 인식된다. 따라서 광고를 하지 않고 사업을 하는 것은 마치 한밤중에 비단옷을 입고 가는 것과 같고, 어둠 속에서 마음에 드는 이성에게 윙크하는 것과 같다. 마케팅은 기업활동의 시작과 끝이며(Marketing is the entrance and exit of business) 생산이라는 내용을 담는 그릇이다.

인터넷 상거래에서 고객이 제일 걱정스러워하는 부분이 품질이다. 물리적 접촉이 없는 온라인 거래이기 때문이다. 온라인의 중요성이 부각되는 지식경영의 사회이긴 하지만 오프라인 즉, 물리적 제품품질의 중요성을 간과해서는 아니 된다. 마케팅 부서에서 열성적으로 판매실적을 높였다 해도 품질에 대한 크레임(claim)이 높다면 마케팅에 투자한 노력은 허사가 되며 비용 불꽃의 논리로 본다면 보다 큰 숨겨진 공장(hidden plant)을 만드는 것과 같은 것이다. 이것이 마케팅과 생산이 기업경영활동에서 강조되는 조화중에서 첫 번째 강조되는 조화이기도 이다. 그래서 고객들은 품질을 무의식적으로 먼저 생각하고 있기 때문에 브랜드를 찾는다. 브랜드는 인식(recognition)의 준거(referral)이기 때문이다. 심리학적 용어인 게쉬탈트(gestalt)다. 전체모양이라는 의미로서 마음에 그려지는 사물 혹은 이슈에 대한 심상(心象)으로 사전에 인지된 경험으로 그려지는 마음의 그림이다.

생각의 포인트

조화와 시스템

'인사가 만사'라고 뽐내며 엄지로 자부하는 인사조직과,
지속적 재화와 공급의 제시와 기업의 방향타인 검지의 역할을 자부하는 생산,
고객과의 최전선에서 만나며 제일 큰 키를 자부하는 중지의 마케팅,
중요한 재화를 관리하며 반지를 끼고 다니는 약지의 재무회계,
간지러운 귀속의 미세한 구석까지의 문제를 해결하는 애지의 경영정보',

다섯이 만나 서로를 뽐내며 앞으로 고개를 전혀 숙이지 않고 있었다. 이 때 손바닥이 말하길 나에게 붙어 있지 않으면 생명을 유지 할 자 있으면 나와 보라고 나무랬다. 그로부터 다섯 손가락은 겸손하게 안으로 굽어지게 되어 유기적인 기능을 발휘하게 되었다.

효율적 조직목적 달성을 위해서는 구성체 전체가 유기적으로 작용하면서 구성체 하나하나는 각자의 장점을 가져야 한다. 장기 말 하나하나의 장점을 살리지 않으면 장기에서 이길 수 없는 것과 같기 때문이다.

'스타그래프' '디아블로' 등 전략 시뮬레이션 게임으로 유명한 미국의 벤처기업 블리자드사에 근무할 때 빌 로퍼는 아이디어를 잘 규합하는 재능을 인정받아 게임개발 주역을 담당했다. 그는 자신보다 멋진 사람들과 함께 일한다고 믿는 습관이 있었다. 자신의 동료가 누구보다 뛰어나다는 믿음, 이것이 그의 성공전략이었다.

5) 마케팅 소재(素材)의 범유론(汎有論)

미국 영화 '슈퍼맨2'에 슈퍼맨의 고향인 크립튼 별에서 우주로 추방당한 세 악당이 등장한다. 이 악당들에게는 초능력이 있다. 안광이 어찌나 무시무시한지 이들이 초점을 맞추고 안광을 쏘면 불타지 않는 것, 녹아나지 않는 것이 없다. 그런데 이 세 악당 중의 하나가 대도시 한복판에 서 있던 유조차를 노려보려고 한다. 유조차가 폭발하면 대도시는 불바다가 될 판이다. 슈퍼맨은 어떻게 하는가? 악당이 유조차를 향해 안광을 쏘는 찰나 유조차의 백미러로 그 안광을 악당에게로 쏘아 보낸다. 악당은 제 안광에 목숨을 잃는다. 악당의 초능력이 오히려 죽음의 씨앗이 되는 것이다.

메두사는 그리스 신화에 나오는 괴물이다. 머리카락 한 올 한 올이 뱀으로 되어 있는 이 괴물을 누구든지 보면, 보는 순간 그 자리에서 석상으로 변하고 만다. 그래서 메두사가 기거하는 동굴 앞에는 돌로 변해버린 인간들의 석상이 즐비하다. 그런데 이 메두사를 돌로 만들어 버린 영웅이 페르세오스다. 페르세오스는 어떻게 메두사를 석상으로 만들어 버릴 수 있었던가?

페르세오스는 아테나 여신으로부터 방패 하나를 빌린다. 그는 이 방패를 반짝반짝 윤이 나게 닦아 들고는 동굴로 들어간다. 그는 메두사를 보면 안 된다. 보는 순간 그 자신이 돌로 변해 버릴 것이기 때문이다. 그래서 그는 방패로 자기 얼굴을 가린 채 메두사에게 접근한다. 메두사는 그 방패가 거울 노릇을 할 수 있다는 것도 모르고 있다가 방패에 비친 자기 모습을 보고는 돌이 되어 버린다. 말하자면, 메두사 자신의 권능이 자신을 돌로 만들어 버렸던 것이다.

미국군의 대공 요격 시스템 중에 '에이지스 시스템'이라는 것이 있다. '에이지스'는 '아이기스'의 영어식 표기인데 '아이기스'는 페르세오스가 메두사에게 비춘 바로 그 방패의 이름이다.

미국 핵잠수함 '트라이던트'는 바다의 신 '포세이돈'이 들고 다니면서 바람과 파도를 일으키는 삼지창이며, 브래지어의 상표 '비너스'는 아름다움의 여신 '아프로디테'의 로마 이름이다. 가스레인지의 상표 '베스타'는 부엌의 수호 여신 '헤스타'의 로마식 표기이며 '나이키'는 그리스의 승리의 여신 '니케'의 영어식 표기다. 고대 신화에 등장하던 영웅들은 사라진 것이 아니다. 오늘도 횡단보도 앞에서 신호등이 바뀌기를 기다리며 우리 옆에 서있다.

구슬 옥, 따를 종, 돌 석, 살 생의 옥종석생(玉從石生)이다. 보석도 돌에서 나온다는 말이다. 평범에서 기인하는 천재성이다. 옥돌도 갈아야 보석이 된다.

6) 고객변화의 무서움과 성공 마케팅

장편소설 '대망'에서 보면 일본 전국시대의 소 영주 도꾸가와 이에야스가 전국시대를 마감시키고 통일 일본의 막부시대를 연 성공의 요체는 무서움의 인지에서 출발되고 있음을 읽을 수 있다. 자기보다 강한 오다 노부나가의 무서움을 인지하고 스스로 패망하기를 기다리는 인내력, 그리고 어머니를 따르는 젖먹이와 같이 자신을 따르는 가신들이 종교적 갈등으로 자신을 돌아서는 사건을 접하면서 부하도 자신을 버릴 수 있는 상황이 존재할 수도 있다는 무서움의 인지를 통해 원만한 인간경영의 리더십을 스스로 훈련해 간다.

자신을 믿고 따르는 공급업자와 내부조직원, 그리고 자기회사의 제품을 최고의 제품으로 신뢰하며 구매해 주는 고객이 돌아설 수도 있다는 무서움을 전율할 줄 알아야만 성공 마케팅을 할 수 있다. 무서움의 인지는 곧 대비다.

오다노부나가의 카리즈마, 도요토미 히데요시의 처세술을 거쳐 도꾸가와 이에야스의 인간이해의 경영이 최후의 승리와 영광을 누린다.

도표 9-6 성공 마케팅의 구성과 내용

구성: marketing = market + ing
market = 시장분석
제품개발
경쟁자분석
ing = 제품전략(product)→고객가치
가격전략(price)→대가
장소전략(place)→유통편리성
촉진전략(promotion)→커뮤니케이션
관계전략(people)→평생고객
내용: STP = 시장세분화(segmentation)
표적시장관리(target marketing)
시장선점전략(positioning)

3 창업과 수요조사

직관은 경영자의 사전에서 자주 볼 수 있는 말은 아니다. 이성과 객관성 대신 직관에 의존하는 관리론은 20세기에 들어오면서 F. W. Taylor의 과학적 관리론이 제시되면서 이단시되어 왔다. 그러나 완고한 논리적 분석에 의존하기보다는 관습으로 내려오는 지혜를 따르는 것이 오히려 현명할 때도 있다. 경영의 세계에서는 언뜻 '왼쪽 뇌'의 쓰임이 압도적으로 많아야 하는 곳처럼 생각된다. 의견보다는 사실이, 비공식적인 것보다는 체계적인 것이 높이 평가되기 때문이다.

그러나 거기에는 한 가지 작은 문제가 있다. 과학자들에게는 '합리적 낙관주의'로 알려진 이러한 지극히 양적인 관리방식에 의해 얻어진 많은 해결책은 반드시 좋은 것만은 아니다. 즉, 양적인 모델의 유형으로 개조하고 적절한 분석적? 양적인 장치를 이용하며 컴퓨터의 프린트로 해답이 나올 때까지 기다린다는 것이다. 그러나 시간적 판단이 필요할 때가 있다.

앨버트 아인슈타인은 상대성이론의 발견으로 직감－순간 떠오르는 통찰력－의 가치를 증명해 보였다. '실제로 가치 있는 능력은 직관력이다'라고 그는 말했다. 헨리 소로도 같은 결론에 도달했다. "깨달음은 자세한 설명으로 얻어지는 것이 아니다. 하늘에서 순간적으로 번쩍하고 빛을 내는 번개처럼 온다." 직관은 기예(art)의 한 영역에 포함된다. 그러나 직관은 무(無)에서 갑자기 창출되는 것은 아니다 컴퓨터가 복잡한 계산을 소팅(sorting)해내는 순간과 같이 많은 경험 속에서 얻어지는 하나의 상황적합적 최적의 해(解)다. 그래서 사업의 영역에서는 오랜 경험에 바탕을 둔 경영자를 필요로 한다.

생각의 포인트

과학과 기예

원리에 기초를 둔 과학성(science)과 상황적합에 기반을 둔 기예성(art)은 상반되는 것이 아니다. 경영의 한 단면이다. 중고 자동차를 팔고 새 차를 살려는 사람에게 교통수단을 판다는 생각은 경영의 과학성이고 안락함과 그 시대의 시류에 맞는 미려함을 보태어 파는 것은 기예성이다.

원칙에 입각하는 경영과 변화에 기반을 둔 경영자정신이 상반된 역할을 하는 게 아니다. 동일한 목적지향 속성을 가진 두 가지 다른 측면이다. 경영의 원리를 배우지 못한 기업가는 오래 가지 못하고 지속적 변화의 경영자 정신이 부족한 경영자 역시 오래 가지 못한다.

시리기리(時利奇利)다. 시류에 맞는 혁신으로 큰 이익을 본다는 의미다. 시류에 존재하는 고객의 니즈 발견이 성공경영의 시작점이 된다.

사람의 몸은 다섯 개의 감각(시, 청, 후, 미, 청)을 지니고 있다. 사람이 생활하는 데 불편을 느끼지 않는 것은 이 오감 때문이다. 그런데 오감만큼이나 중요한데도 제대로 인식되지 않는 감각이 있다. 직감이라고도 부르는 육감이 바로 그것이다. 무의식속에서 자동적으로 작동하는 육감의 존재는 뒤늦게 발견되었는데, 그것에 '소유라는 개념의 라틴어 proprius에 어원을 둔 고유감각'이라는 이름을 붙인 것은 1890년대의 일이며, 그 기능이 분명하게 밝혀진 것은 20세기에 들어와서 이었었다. 고유감각은 많은 경험의 축적에서 발생되는 상황적합적 순발력이라고도 부른다.

노력 없는 명작의 즉흥곡은 없다. 깊은 영감, 오랜 기간 잘 길러진 감성이 어느 한 순간 화산처럼 분출하는 것이다. 기적이란 분명한 목표의식과 부단한 노력, 그리고 그 다음에 일어나는 것이 즉흥곡의 기적이다. 역사(役事)속에서 이룩된 역사(歷史)다.

1) 확률과 신의 예정론

때로 우리는 과거 경험을 바탕으로 의사결정하며 그 과정상의 효율을 도모하기 위해 수리적 모델을 만들기도 한다. 이는 우리 또는 다른 사람이 인생의 한 과정에서 시도했던 실험을 토대로 삼는 것이다. 그러나 우리 앞에는 신의 존재나 부재를 증명하는 실험을 할 방도가 없는 영역도 존재한다. 그래서 인간은 확률이라는 이론을 개발했다.

파스칼은 신을 믿는 것은 의사결정사항이 아니며 신의 존재에 대한 배팅과 부재에 대한 배팅 사이에서 선택할 수 있는 유일한 길은. 신이 존재하는 결과가 존재하지 않는 결과보다 더 바람직한지 또는 어떤 의미로 더 가치 있는지의 여부를 결정짓는 것이라 설명했다.

만일 실제로 신이 존재하지 않는다면 당신이 경건한 삶을 살든 죄악으로 가득한 삶을 살든 간에, 결과는 그리 달라질 게 없다.(신의 존재에 걸든 부재에 걸든 중요하지 않다.) 그러나 실제로 신이 있다고 가정해 보라 신앙적이고 성스러운 삶을 거부하는 것으로 신의 존재를 부정하는 쪽에 건다면 영원한 저주라는 리스크를 감수해야 한다. 반면에 신이 존재한다는 쪽에 거는 승자는 구원받을 가능성을 갖는다. 그렇다면 영원한 지옥보다 구원이 나을 게 분명하므로 신이 있다는데 근거한 행동을 택하는 쪽이 올바른 결정일 수밖에 없는 것이다. 어느 쪽으로 마음이 기우는가? 파스칼에게는 그 대답이 너무나도 분명한 것이었다.[효용이론]

1730년 아브라함 드 무아브르(Abraham de moivre)는 현재 '종(鐘)형 곡선'이라고도 알려져 있는 정규분포구조를 제시했고 표준편차의 개념도 발견해냈다. 또한 파스칼과 페르마의 공조가 있은 지 정확히 100년쯤 후에 토머스 베이즈(Thomas Bayes)라는 한 영국의 성직자는 구정보에 신정보를 수학적으로 혼합해 더 나은 정보를 바탕으로 의사결정을 하는 베이즈의 정리(定理)를 선보였다. 20세기 중반 슈하르트는 종형 곡선을 90도로 눕혀 관리도의 개념을 개발했다. 이 관리도의 개념이 컴퓨터와 만나 정보화 사회의 기초를 열었다.

이 사람들을 우리는 리스크의 통제권을 신의 영역으로부터 훔쳐낸 영웅들이라 부른다. 아울러 리스크 관리능력을 신의 능력과 같이 거의 완벽의 수준으로 향상시키고 싶어 하는 우리들 모두의 그림자이기도 하다.

2) 예측과 실사구시

인간의 사고능력은 ① 좌 뇌의 활용을 통한 정보축적인 지식과 ② 좌 뇌와 우 뇌의 공조를 통한 지혜와 ③ 좌 뇌와 우 뇌의 동조(synchronization)로 얻는 섬광 같은 창조적 사고인 직감으로 분류되는데 직감(intuition)과 직관은 오랜 경험에 의해 체득된 능력과 병행해서 생성된 순발력이다. 과거의 체험이며 기억의 축적인 잠재의식 주변에 존재하는 초의식(superconsciou－sness) 즉, 무의식이 외부상황과 절묘한 만남(encounter)에 의해 일어나는 현상이 직관이다. 컴퓨터가 축적한 많은 정보로 단일의 최적의 안을 순간적으로 소팅(sorting)해 내는 것과 같은 것이다. 초의식에 있는 정보를 현재(顯在)의식으로 인지하는 것이 직감인 것이다.

아인슈타인은 만일 이 세상에 음악이 없었더라면 상대성원리는 태어나지 않았을 것이라고 말한바 있다. 이는 바꾸어 말하면 과학에 관한 깊은 지식의 체득인 좌 뇌의 활동과 우 뇌와의 동조가 없었더라면 상대성원리는 태어나지 않았을 것이라는 의미와 같아진다.

우주의식과 자기의식의 파장이 맞을 때 쉽게 문제해결이 되며 형통하게 성장해 나가게 된다. 운이 좋았다는 표현이 여기에 해당되는 상황이다. 우주의식은 상식이다. 과학적 발견은 상식의 정연(整然)화인데 이것은 뇌 세포의 사용을 통하여 개발되어진 것이 아니라 발견되어진 것이다. 이것은 섬광과 같은 직감에 의한 것이며 보이지 않는 부분의 중요성이다.

그러나 풍부한 지식을 소유하지 않고 간고(艱苦)한 노력과 장기적인 탐색을 하지 않았다고 한다면 뉴턴이 사과가 땅에 떨어지는 것에서 만유인력을 발견할 수 있었겠는가? 와트가 주전자의 물이 끓어오르는 것으로부터 암시를 받아 증기기관을 발명할 수 있었겠는가? 아르키메데스가 목욕을 하다가 목욕물이 넘치는 것에서 부력을 발견하고 기뻐 뛸 수 있었겠는가?

생각의 포인트

이연연상

심리학자 케스틀러(A. Koestler)에 의하면 창조자들은 해결하려는 문제가 풀릴 때까지 모든 정열을 거기에 쏟아 부으며 계속 고민하고 방황한다. 그러다가 어떤 순간 그때까지 서로 관계가 없었던 어느 경험과 자신의 목표의식이 돌연 관계를 맺게 된다고 한다. 이런 관계형성을 케스틀러는 '이연연상(二連聯想)'이라고 불렀다. 이연연상으로 인하여 그동안 모호했던 생각이 적절하고 우아한 개념으로 머릿속에 번쩍이게 되는 것이다.

3) 일화적 증거와 하이젠버그 불확실성의 법칙

확률은 신을 버린 사람들의 발명품이 아니다. 신의 公義(필연성)와 사랑(필연성에 대한 경고와 계시)이 담긴 예정론(프로그램)이다.

승률 80%로 프로그램된 슬롯머신에 배팅하면 우연의 법칙과 불확실성에 의해 80%이상의 성취를 얻는 경우(악한 사람이 잘되는 경우)도 있다. 그러나 실행을 반복하면 -20%씩 잃어 가다가 종국에는 제로 상태의 빈손을 갖게 된다. 동전 던지기를 어느 정도 많은 회수를 던져야만 앞뒷면이 나올 확률이 같아지는 것이다.

슈뢰딩거는 양자역학의 창시자 중 하나로, 그는 1944년 [생명이란 무엇인가?]라는 명저를 남겼다. [생명이란 무엇인가?]가 제기하는 의문은 이런 것이다. 어떻게 세포가 유전과 관련된 일을 그렇게 치밀하고 정확하게 수행해 낼 수 있는가? 유전과 관련된 일들이 이루어지는 분자 수준에서는 유전자를 구성하는 분자들의 행동이 열역학적으로 무질서한데도 말이다. 슈뢰딩거는 물리학의 법칙들 대부분이 그토록 높은 정확성을 보이는 것은 이 법칙들이 엄청난 수의 분자들로부터 나온 평균값에 의존하기 때문임을 지적하는 것으로 이야기는 시작한다. 변화가 무질서하므로 평균값은 정확하다. 이것이 ?무질서로부터의 질서?라는 개념이고 보통의 기계는 모두 여기에 입각해서 작동한다는 것이다.

'통계'라고 불리는 독특한 지식이 우리에게 부를 안겨줄 것이라는 믿음으로 성공방정식을 찾느라고 차트, 모형, 도표 등의 나약한 먹이가 되어 버렸다. 미로속의 미아가 되었다. 크게 성공시켜 사소한 실패의 오차를 상쇄시킬 수 있는 가능성을 발견하기 위해 확률에 의존도를 높여 왔다. 그러나 문제는 여기에 있다.

확률이 보편타당한 진실은 이야기 하지만 위대한 아이디어는 지워 없애버리기 때문이다. 과학적이라고 말하는 인위적 실험적인 상황에서 나온 결론보다는 현실세계에서 나온 부드러운 증거인 일화적 증거가 더 믿을 만한 때가 많다는 것이다.

또한 비즈니스는 사람에 기반을 둔 것이기 때문에 더더욱 그러하다는 것이다. 사람들은 자신이 연구대상이라는 사실을 알면 행동에 변화를 일으킨다. 누구나 품위 있게 보이고 싶은 욕망의 감정을 가지고 잇기 때문이다. 만약 당신이 주최한 파티에서 파티에 참석한 손님들의 면전에서 파티가 어땠느냐고 묻는다면 사람들은 아마 엄청난 찬사를 퍼부을 것이다. 통계조사는 현상을 왜곡시켜 결과를 변화시킬 수도 있다는 것이다. 이런 현상을 '하이젠버그(Heisenberg) 불확실성 법칙'이라고 한다.

과학적 법칙이 유효한 자연과학의 영역에서조차 연구자의 의도대로 양성자와 중성자의 관계가 바뀔 수 있다는 사실이다. 이런 현상 때문에 통계 조사자들은 자신이 찾고자 원하는 것을 종종 발견하기도 한다. 자연과학자들은 이런 현상을 '참여적인 모집단(the participate universe)'이라고 부른다. 하물며 인문사회과학 영역에서야 말할 나위 있으랴. 그래서 사람에 기반을 둔 비즈니스에 있어서는 인간에 대해 아는 것이 전혀 없는 초심(草心)의 맑은 마음으로 돌아가 사람을 그대로 볼 줄 아는데 주안점을 두어야 한다. 확률의 자료는 미래예측(수요예측)의 참고가 되어야지 의존의 자료가 되어서는 아니 된다.

4) 예측과 실천과학의 본질

성공경영을 위해서 기업은 과거를 바탕으로 미래를 예측할 수 있는 능력배양이 필요 된다. 현재는 과거의 유산이며 미래의 출발점이라는 것이다. 과학에 바탕을 둔 미래학적 방법론은 이렇듯 철저하게 현재에서 미래를 발견하는 것이며 기예에 바탕을 둔 미래 환경 적응의 사고는 미래는 현재를 향하여 밀려오는 것이다. 그래서 현재는 과거로 밀려간다는 미래지향적 사고가 강조되는 것이다. 21세기 불확실성이 높은 시대에서의 비선형적 사고다. 이것이 바로 경영이 기본에 충실한 경영 즉, 과학(science)과 경험에 바탕을 둔 기예(art)의 양면성을 포괄하는 응용과학이라 부르는 이유이기도 하다.

21세기적 변화에 대한 적응의 사고는 종교적 깨달음의 종교혁명과 같아야 한다. 즉, 부활의 체험과 같아야 한다. 새로운 탄생을 경험하는 인식의 변화를 가져야 한다는 것이다. 지금껏 우리는 과학성에 바탕을 둔, 철저하게 현재에서 미래를 발견하는 것이다. 그러나 21세기적 기예에 바탕을 둔 미래 환경 적응의 사고는 미래는 현재를 향하여 밀려오는 것으로 인식해야 한다는 새로운 문제가 우리 앞에 던져진 것이다.

예측은 오차를 최소화하여 미래를 추정하는 과학이다. 생산관리에서 예측의 중요한 목적은 조직의 외부환경(고객수요의 변화, 산업수요의 변화, 생산관리 기술의 변화 등)의 미래 움직임을 예측하는 데 필요한 정보를 제공하는 것이다. 예측능력을 갖도록 하는 것이다.

세기적 인기 가수 엘비스 프레슬리는 군 복무기간의 공백을 대비하여 신곡을 미리 취입하여 두고 군에 입대 한 후 순차적으로 발표토록 하여 인기관리를 했다. 팬들의 기억에서 사라지지 않도록 철저히 노력했던 것이다. 일반적으로 우리는 남의 성공을 보면서 천부적 재질이나 우연에 의한 것으로 치부해 버리는 경향이 있다. 그러나 성공은 천재성과 우연성만의 것이 아니다. 성공 뒤에 숨겨진 피나는 노력이 있었음을 간과해서는 아니 됨을 본다.

5) 예측과 인간의 개입

바바라 터크만은 《실천적인 역사》(practicing history)에서 경영은 비과학적인 규율이라는 면에서 역사와 연관성이 있다고 주장한다. "만일 역사가 과학이라면 우리는 역사를 터득하고, 역사의 방식을 배울 수 있으며, 그 유형을 확립할 수 있고, 내일 무슨 일이 일어날지 예측할 수 있다. 우리가 그렇게 하지 못하는 이유는 무엇일까? 그 질문에 대해 내가 말할 수 있는 것은 예측할 수 없는 변수 즉 인간 때문이라는 것이다. 그리고 인간이라는 존재는 언제나, 그리고 끝까지 역사의 주체이기 때문이다. 역사는 모든 생물 중에 가장 매혹적이지만 비논리적이며 그래서 과학적인 체계화 방법에 영향을 받지 않으며, 끊임없이 많은 변수에 좌우되는 인간행동의 기록인 것이다. 역사와 마찬가지로 경영은 보이지 않는 변수로 가득 찬 비과학 그 자체이다"라고 역설하고 있다. 새로운 변화 추구는 새로운 시작 보다 더 어려운 요소를 갖는다. 더더욱 그 속에 인간이 존재할 때다.

인간의 행동에 대한 예측이 바로 그 행동에 영향을 미친다는 생각은 여러 가지 유형으로 존재해 왔다. 주식시장이 아주 좋은 예가 된다. 한번은 아주 존경받고 신뢰받는 주식 전문가가 주가의 폭락을 예언했다. 이 예측이 발표되자마자 팔자의 물결이 주식시장을 휩쓸었고 당연히 주가는 떨어졌다. 그런데 이러한 예측이 발표되지 않았으면 주식시장은 어떤 식으로 움직였을까를 실험에 의해 알 수 있는 장치를 인류는 아직 발명하지 못했다. 그는 미래를 정말로 예견한 것인가? 아니면 자신의 예측이 맞아떨어지도록 미래를 조작한 것인가?

이런 옛날이야기가 생각난다. 중세에 어떤 예언자가 있었는데 자기가 죽을 날을 예언했다. 그리고 예언의 정확성을 실증하기 위해 그는 그날 자살했다.

미래에 대한 지식에 있어 사회과학과 자연과학, 예를 들어 거시 물리학과 화학 같은 것들은 분명한 차이를 보여 준다. 천문학자가 역학의 법칙을 이용하여 혹성의 궤도를 계산한다고 해서 그것이 그 혹성의 궤도에 영향을 미칠 것이라고 생각하는 사람은 없다. 천문학자의 예측의 정확성은 천문학이라는 과학의 신뢰도를 측정하는 기준이 될 뿐이다. 그러나 사회학, 경제학, 그리고 이와 관련된 학문들은 이렇게 이론과 관측결과가 철저히 분리되어 있는데서 오는 혜택을 누리지 못하며 따라서 예측을 함에 있어 윤리적 부담을 항상 지게 된다.

현대는 위험과 발전이 공존하는 혼돈의 시대이다. 게다가 미래의 불확실성이 강하게 엄습해오면 물질적으로 풍요로운 사람도 정신적인 혼돈에 의해 균형감각을 상실하고 사회적 좌절감을 갖게 되기도 한다. 따라서 미래를 두려움을 가지고 대하기보다는 도전과 창조적 개척정신으로 헤쳐 나갈 수 있는 마인드를 갖추는 것이 중요하다. 자기가 개척한 좁은 길로 가야 생존한다. 사냥에 나선 독수리는 떼 지어 날지 않는다. 고뇌와 고독과 긴장은 사냥의 도구쯤으로 간주해야한다.

6) 예측과 목표관리

사람들은 신화는 신화일 뿐이라고 말한다. 그러나 상상력은 현실만큼이나 중요하다. 개념이 존재하면 인간은 만들어 낼 수 있다. 그러나 상상할 수 없는 것은 만들어 낼 수 없다. 창조는 상상력의 구현이다. 그리고 자연은 상상력의 원천이다. 자연은 신의 산 교육장이다. 21세기는 상상력의 세기이다. 과학과 기술력의 증진은 인간이 상상할 수 있는 것을 개념화할 수 있고 따라서 현실화시킬 수 있다. 시간문제일 뿐이다. 우리가 만들 수 없는 것은 오직 상상할 수 없는 것들 뿐이다. 상상력은 힘이고 자산이다. 상상력은 정신의 유연성 속에서 나온다.

상상은 현실세계의 경험을 바탕으로 새로 일구어낸 조합이다. 현실에 관계된 문제를 깊이 고뇌하면 영감이 떠오른다. 강박적인 목표가 일 추진의 원동력이 된다. 거역할 수 없는 목표를 세워 구성원들이 애정과 관심을 가지고 거기에 도달하기 위해 스스로를 관리토록 하는 것이다. 그래서 당신의 관리가 필요치 않도록 하는 것이다. 관리자가 조직을 이끌어 가는 것이 아니다. 목표가 조직을 이끌어 가는 것이다. 목표가 경영의 중심이 되면 머물 곳을 찾아가는 나그네의 발걸음과 같이 직원과 고객이 함께 와서 머문다. 변화의 시대에 접근하는 최상의 유연한 관리 방법이다.

4 수요예측

수요예측(demand forecasting)이란 제품이나 서비스상품에 대한 미래의 고객수요를 추정하는 것이다. 미래의 예측은 거의 대부분이 과거 또는 현재의 자료나 정보에 근거하여 이루어지게 되는데, 이 경우에 특히 환경변수의 정확한 분석이 요구된다.

도표 9-7 예측의 상황

	미래가 분명한 경우	몇 가지 경우의 수	미래의 범위	진정한 불확실성
의 미	• 명확하게 하나의 예측이 가능할 때	• 미래의 몇몇 서로 다른 결과	• 나올 수 있는 결과의 범위가 있을 때	• 미래에 예측할 근거가 없을 때
분석 도구	• 전통적인 전략 기법	• 의사분석 • 옵션평가모형 • 게임이론	• 잠재수요예측 • 기술예측 • 시나리오계획	• 유추/형태 인식 • 비선형 동적 모형
사 례	• 저가 항공사의 진입에 대한 대응	• 규제가 풀린 지역 • 통신시장 진입을 위한 장거리 전화회사의 전략	• 인도처럼 신흥 시장에 진입할 때	• 92년 러시아 시장 진입

1) 수요예측의 의의

개방시스템인 기업이 동태적으로 경쟁적 기업환경에 적응하기 위하여 과거의 자료를 바탕으로 미래의 불확실한 상황을 예측하며 목표 지향적 문제해결을 효과적으로 실현시키기 위한 정보활동을 의미하며 그 목표는 정확한 예측을 바탕으로 계획과 실시에 대한 오차를 최소화시키는데 있다.

2) 수요예측의 중요성과 효과

수요예측은 외부환경과 생산자원 활용의 관계를 연결시켜 주면서 경영계획의 기초가 되므로 매우 중요하다. 수요예측이 정확한 경우에는 다음과 같은 효과를 얻을 수 있다.

① 고객 수요 변화에 정확히 대응할 수 있다.
② 생산능력을 효율적으로 관리할 수 있으며, 재고에 대한 투자자본을 효율적으로 관리할 수 있다.
③ 제조예산편성을 잘 세울 수 있으며, 노사관계의 개선에 도움에 도움이 된다.

(1) 예산(business budget)

기업의 경영계획 및 활동을 계수적으로 표현한 것으로, 예산을 작성하는 것을 예산편성(budgeting)이라 하며 예산통제(budgetary control)는 그 편성으로 시작되는데, 이와 같은 예산편성(예산계획)과 예산통제를 합해서 '예산관리(budgetary management)'라 한다.

(2) 예산통제의 목적

① 경영방침의 숫자적 명확화
② 최고경영자의 경영방침의 표명
③ 경영구성원의 책임한도의 명시
④ 각 부문활동의 상호조정
⑤ 경영비용의 절감

3) 수요예측의 방법

수요예측은 정성적 예측기법과 계량적 예측기법으로 나눌 수 있는데, 정성적 예측기법은 시장조사법과 위원회토론방법, 델파이법으로 구분된다. 시장 조사법(market research)은 소비자의 의견 조사나 시장조사를 통하여 제품이나 서비스의 수요를 예측하는 기법이다. 위원회토론방법은 제품이나 시장에 대하여 전문적인 지식과 경험이 풍부한 사람들을 중심으로 모임을 구성하여 의견을 수렴하는 기법이다. 델파이법(delphi method)은 전문가로 구성된 위원회를 설치하여, 각 전문가들로 하여금 미래예측에 대한 의견을 제시하도록 하고, 이를 수집, 검토, 평가하는 방법이다.

계량적 예측기법은 명시된 과거자료를 바탕으로 계량적으로 또는 통계적으로 미래의 수요량을 추측한다. 이 기법에는 크게 시계열기법과 인과형기법으로 나눌 수 있다.

5 상권예측

1) 상권의 형성

상점 입지는 개별 점포 입장에서 보면 상점을 개설하기 위한 입지조건이 되지만 소비자의 입장에서 보면 상품을 구매할 수 있는 구매 시점이 된다. 이 때문에 소매업이나 외식업 또는 유흥 오락 산업은 입지 산업으로 불리며 특정 지점에서의 입지 선정은 사업의 성공과 실패를 좌우하는 가장 중요한 전략적 과제가 된다.

상권 설정이란 특정 점포가 고객을 끌어들이는 지리적 범위가 어느 정도인지를 파악하는 것을 말한다. 상권의 개념에는 거래권이라는 개념과 판매권이라는 개념 두 가지가 있다. 거래권은 주로 도매업에서 사용되는 것으로 거래 대상이 되는 고객의 거주지 범위라고 할 수 있으며, 판매권은 소매점이 판매 대상으로 삼고 있는 지역을 말한다.

상권과 비슷한 개념으로 사용되는 상세권(商勢圈)이라는 말도 있다. 상세권이란 어느 특정 상업 집단의 상업 세력이 미치는 범위를 말한다. 상권과 상세권은 동일한 의미로 사용되기도 하지만 상권은 개별 상점이 고객을 끌어들일 수 있는 지역적 범위를 말하며, 상세권은 동대문 시장이나 명동과 같은 상업 집단이 고객을 끌어들일 수 있는 지역의 범위를 말하기도 한다. 명동에 있는 백화점들이 다른 곳에 개별적으로 떨어져 있다면 각각의 실질적인 상권은 크게 줄어들 것이다. 그러나 명동 지역에 있는 백화점들은 명동의 다른 많은 상점들과 함께 하나의 거대한 상업집단을 이룸으로서 전국적인 상권을 가지게 되는 것이다. 상권은 인위적으로 형성되는 것이 아니라 자연적인 흐름에 의하여 형성되며 다음과 같은 특징을 지닌다.

(1) 소매점 영업 범위의 거리적 한계

소매점의 상권 크기는 상품 구색이나 가격, 서비스 등 상점 자체의 요인도 중요하지만 소비자와의 거리가 대단히 중요하다. 점포와의 거리가 멀어짐에 따라 일어나는 소비자들의 점포인지도 변화가 나타난다.

상품의 품질이 동일하면서 애프터서비스를 받아야 하는 상품일 경우에 소비자들은 되도록 가까운 곳에서 상품을 구입하려는 경향이 있다는 사실을 알 수 있다. 그렇지만 최근에는 자가용 보유 가구의 증가로 소비자들의 구매 이동 범위가 점점 더 넓어지고 있다.

(2) 소매점의 영업 범위와 입지조건

동일 상품을 취급하는 상점이라 하더라도 고립 지역에 있는 상점보다는 시장이나 상점가에 있는 소매점은 상권이 넓고, 주택가에 위치한 소매점의 상권은 좁다. 또한 인근에 강이나 하천, 산, 큰 도로 등이 있으면 이들 위치에 따라서도 상권은 크게 달라진다.

한때 지방도시에 위치한 대형 제과점들은 제조한 과자를 아무런 계약 없이 판매할 수 있었다. 그러나 도로 여건이 발전함에 따라 냉동시설이 갖추어지지 않으면 쉽게 먹기 어렵던 아이스크림도 서울에서 만들어진 것을 산간벽지에서도 쉽게 먹을 수 있게 되었다.

대도시 주변의 많은 재래시장들이 한결같이 고전을 면치 못하는 근본적인 요인도 교통의 발달로 상권이 크게 변경되었기 때문이다. 인구가 증가하면서 등장한 현대식 대형 쇼핑센터들로 인해 급속히 세력을 잃고 있다.

(3) 소매점 상권의 상품의 종류와 범위

동일 위치의 상점이라도 취급하는 상품이 종류에 따라 상권의 범위는 달라진다. 상품에 따라서 사람들의 이동 거리가 다르다는 것은 상품에 따라서 소비자들의 구매 패턴이 다르다는 것을 의미한다. 소비자들의 구매이동에 관한 분석에서 허친슨(Hutchinson)은 가정을 기점으로 발생하는 구매활동은 도시구조에 따라 거주지 부근, 부도심, 도심 등으로 구분된다고 밝혔다.

2) 상권의 범위

(1) 1차 상권의 의미

1차 상권은 상점 고객의 60~70%가 거주하는 상권 범위를 말하는 데 고객들이 다른 상권의 고객들보다 상점에 가장 근접해 있으며 고객 수나 고객 일인당 판매액이 가장 높은 지역이다. 1차 상권은 식료품과 같은 편의품의 경우 걸어서 500m 이내가 되며, 의류, 화장품 등 선매품의 경우는 버스나 승용차로 15분 내지 30분이 걸리는 지역이 된다.

(2) 2차 상권의 의미

상점 고객의 15~25%가 거주하는 상권 범위로서 1차 상권의 외곽에 위치하며 고객의 분산도가 아주 높다. 편의품일 경우에는 2차 상권 지역에서 약간의 고객밖에 흡인하지 못하지만 선매품의 경우에는 크게 보면 편의품의 2차 상권까지가 1차 상권일 수도 있다. 선매품의 2차 상권은 버스나 승용차로 30~60분 걸리는 지역이 포함된다.

(3) 3차 상권의 의미

1, 2차 상권에 포함되는 고객 이외의 나머지 고객들이 거주하는 상권 범위로 고객들의 거주 지역은 매우 분산되어 있다. 편의품의 고객들은 거의 존재하지 않으며 선매품이나 전문품을 취급하는 점포의 고객들이 5~10% 거주한다.

이 외에 호텔 내의 상점, 쇼핑센터 내의 스낵바와 같은 기생점포는 독자적인 고객 흡인력이 없기 때문에 기생상권을 갖는다. 이러한 상점들의 상권은 호텔이나 쇼핑센터의 절대적인 영향을 받는다. 그리고 업종에 따라 동일한 입지에 있는 상점이라 하더라도 고객 흡인력은 달라지기 마련이다.

상권파악의 기초

① 상세권의 허브(hub)파악

② 성업 업태의 존재파악

③ 허브에서 성업 업태와의 사이에 존재유무

④ 고객 접근용이 여부

⑤ 공급자 접근용이 여부

6 상권분석

1) 상권의 특성

(1) 상권 구성과 업종

상권이란 고객들의 분포지역을 말하는 것으로 고객을 얼마나 끌어 모을 수 있는가가 중요하다. 상권은 다시 1차 상권, 2차 상권, 3차 상권, 살아있는 상권, 죽은 상권 등으로 분리할 수 있으며, 고객들의 거주 및 활동지역을 거리로 따져서 가까운 곳을 1차 상권, 조금 먼 곳은 2차 상권, 더욱 더 먼 곳은 3차 상권이 된다. 또 고객의 왕래하는 숫자가 많으면 살아있는 상권, 뜸한 편에 속하면 일명 죽은 상권에 들어가는 것이다. 상권이 좋아야 좋은 상점들이 많이 모여들게 되고, 좋은 상점들이 많이 모여 있어야 좋은 상권을 유지하게 된다. 상권의 선택이란 개점을 하고자 하는 지역의 통행량, 주변 상점에 대한 분석, 고객접근의 용이성 등을 고려하여 결정한다.

상권을 입지별 특성으로 나눠보면 주택가, 아파트단지, 대로변 중심상권, 대학가, 지하상가 등으로 구분할 수 있다. 따라서 입지별 특징과 점포 구하는 요령을 연계지어 살펴보면 창업입지분석에 도움을 얻게 될 것이다. 업종을 선택하고 나서 점포자리를 고르다 보면 다른 점포들이 이미 좋은 자리를 차지하고 있는 것을 알 수 있다. 중요한 것은 업종과 상권, 즉 입지간의 관계를 살펴야 한다는 점이다. 나의 업종과 기존의 상권에 형성된 업종들과 호혜관계인가, 아니면 상극관계인가를 정확히 파악하여 결정하면 사업실패율을 낮출 수 있다.

(2) 업종과 상권의 관계

상권의 성격과 업종의 연관 성격에 따라 사업이 잘 되는 업종과 그렇지 못한 업종이 있다. 때문에 사업이 잘 되는 상권이라 하더라도 낭패를 보기도 하며, 좋지 않은 상권이더라도 업종의 성격에 따라 사업이 잘 되기도 한다. 상권이 작은 동네상권에서는 일정한 고객을 놓고 치열한 경쟁을 벌이게 되므로 호혜업종도 경합업종이 되기 쉽다. 그리고 상권이 커지면서 경합업종이 호혜업종으로 변화할 수도 있다.

(3) 상권의 변화

상권은 변하는 성질을 갖고 있으므로 그 지위도 변한다. 즉, 현재는 권리금이나 임대료가 싸더라도 사업을 정상적으로 올리면 중심상권으로 바뀔 수 있다. 이 경우 많은 노력이 필요하고 실패 위험도 크다. 권리금이란 주로 토지 또는 건물, 특히 상점에 부수하여 그 부동산이 갖는 장소적 이유의 대가나 그 장소에서의 홍보나 기득권을 성장시키고 자리 잡힌 대가로 임차인이 임대인에게 또는 임차권의 양수자인 양도인에게 지급하는 금전이라고 할 수 있다. 권리금이란 상점을 매입하거나 임차하려는 사람에게 붙었다 해서 언제든지 회수하거나 받을 수 있는 것은 아니다. 상권이 악화되거나 쇠퇴하는 지역에서는 권리금의 변동이 심하므로 사업성분석 못지않게 세심한 배려가 필요하다.

도시계획에 의해 새로운 지하철 노선이 생긴다던가 건물이 생기면 주변환경의 변화가 뒤따른다. 따라서 과거의 우세한 업종이 불리한 업종으로 바뀌기도 하며, 그 반대의 경우도 발생한다.

(4) 상품에 따른 상권변화

현실적으로 입지를 생각할 경우 어떤 의미에서건 집적지를 지향하는 것이 일반적이다. 특히 상업시설의 경우, 이러한 집적의 장점을 어떻게 살리는가 하는 것이 입지전략의 생명이다. 입지전략에 따른 상권을 검토할 때 가장 먼저 생각할 것은 상품에 따라 상권의 크기가 다르다는 것이다. 다시 말해서 상권의 형태에 따라서 상품의 형태가 다르게 대응한다.

(5) 새로운 상권의 출현

최근 세계적 유통망을 가진 대규모 유통업체를 중심으로 도심의 중심부형 지구에서 떨어진 교외에 상급품을 중심으로 판매를 하는 대규모 소매입지, 이른바 교외형 쇼핑몰이 활성화 또는 일반화되고 있다. 이처럼 교외입지는 기존 집적지에서 떨어져 상권의 넓이가 넓다는 사고를 바탕으로 한다. 이는 기존 집적지까지도 자기 상권에 포함시킬 수 있다는 가능성을 가지므로 상권의 넓이가 기존 집적지를 포함한 그 곳에서의 고객 흡인도 가능하다는 관점이다.

이런 입지 방식의 배경은 첫째, 도심부의 과밀화, 둘째, 인구의 외연화, 셋째, 자동차사회로 이행되는 배경에서 소비자의 구매행동이 극단적인 도심부 구심형에서 벗어나는 것이라고 볼 수 있다.

2) 상권조사의 방법

(1) 입지선정 과정과 상권조사의 방법

충분한 자금을 준비하고 나서 시작하는 사업의 경우는 드물다. 대부분 힘에 벅찬 출자를 하여 여유자금의 운영이 힘든 입장이다. 매출액이 계속 증가하여 인건비, 이자, 점포 임대료, 세금, 적정수익 등을 올리는데 지장이 없다면 문제가 없겠지만, 처음 창업하는 사업에서는 손익분기점까지 진입하는 데까지 어려움을 겪기도 한다.

초기 창업경영에서 가장 큰 부담은 점포의 임대투자금액이 되곤 한다. 상권이 활성화되어 있는 지역에는 많은 금액의 권리금, 시설비 및 임대료가 높다. 때문에 초심자의 경우에는 준비된 창업자금 한도에서 사업을 시작하려다 보면 다소 입지조건이 취약한 곳에 관심을 두기도 한다. 그러나 입지선정의 성공법에서 3L(Location, Location, Location)이란 용어가 있다. 이는 첫째도 입지요, 둘째도 입지요, 셋째도 입지라는 말로 상점의 성공은 입지선정에서 출발한다는 의미를 담고 있다.

창업이 안정적으로 진입하는 단계에서는 여러 가지의 사업경험을 통하여 투자금액을 점차로 증가시켜야만 한다. 때문에 초심자의 경우 무리하게 자본을 동원하여 고액의 점포를 구할 필요는 없다. 어느 정도의 사업경험을 쌓아 사업경영 안목을 높인 다음 옮겨도 충분하다. 그러므로 제일 중요한 첫 단계는, 점포별 적정매출액의 크기를 잘 계산하여야 한다.

(2) 상권지도의 작성

점포주변의 광역상권을 알기 위한 '광역지도'와 점포주변의 세부사항을 파악하기 위한 '세부지도'를 작성한다. 상권지도를 작성하는 목적은 상권으로 설정된 범위의 지리적 조건을 파악하고 고객이 유입되는 지역을 파악하기 위해서이다.

① 점포 주변의 수와 통행량
② 거주인구, 사무실, 종업원 수
③ 각종 기반시설(교통편의, 주차설비, 지점site의 역사)
④ 각종 단체활동
⑤ 경쟁점
⑥ 음지와 양지
⑦ 퇴근길 방향
  – 상권 내 소비지출의 경제력 조사가 필요 된다.

(3) 상권조사 방법 4단계

① 제1단계 : 상권 내 지역정보 수집

- 공공기관의 인구 통계 자료
- 상업 통계 및 특정기관조사정보(조사업체 자료 등)
- 지역 관련 점포 조사(점포 수, 위치 등)

② 제2단계 : 지역 상권 지도 작성

- 지구별 세대수 및 인구수
- 소매업종별 점포
- 교통기관별 파악(역, 정류장 등)
- 관련 유통점 파악
- 지형적인 특성
- 집객력이 있는 지역시설(체육관, 금융기관, 관공서 등)
- 경쟁점 파악과 표시를 하여야 한다.

③ 제3단계 : 상권 내 지역 도보 관찰

- 연령별로 구분한 차별화 가능성 파악
- 주거형태, 차량 소유 등을 통한 소득수준 파악
- 교통이용 현황을 통한 상권의 넓이 파악
- 혼잡한 점포, 인기 있는 점포 파악
- 쇼핑도로 및 접근통로 파악
- 고객들의 생활방식 및 상품의 구매행동 파악

④ 제4단계 : 그룹 방문에 의한 인터뷰 조사

- 지형특성, 편리함, 차량진입, 주차의 용이성
- 서비스, 접객태도, 영업시간, 종업원 수 파악
- 판촉활동의 영향력 파악
- 이동거리를 늘일 수 있는 방안 심층 조사
- 클레임 처리, 신용도 체크
- 사용빈도 조사
- 타겟(target) 마케팅의 가능성 파악

3) 상권별 유망업종

(1) 상권과 업종

소자본 창업에 성공하려면 업종 선택과 더불어 입지선정에 신중한 판단을 해야 한다. 업종선택 이상으로 입지선정이 성공과 실패를 판가름한다. 소자본 창업에서는 업종보다도 점포의 입지가 더 중요한 성공요인이다.

점포 입지가 좋은지를 판단하려면 먼저 상권을 제대로 이해해야 된다. 상권이란 물자 거래가 이뤄지는 상업 중심지로 아파트단지상가, 주택가, 학교주변, 사무실밀집지역, 지하철상가, 도심번화가 등의 권역으로 나뉘어 진다. 상권에 따라 성별 연령별 유동인구의 특징이 있고 배후지 고객의 소비성향이 다르기 때문에 어느 상권에 어떤 업종이 좋을지를 철저하게 분석해야 한다. 그래야 창업하고 난 후의 실패 가능성을 줄일 수 있다.

읽을거리

이색 창업아이템 마케팅 활용사례

전 세계적으로 기상이변에 대한 경각심이 심화되고 있으면서 들쭉날쭉한 기후변화들에 민감해지고 있다. 이런 기후와 날씨의 변화들을 예측해서 마케팅에 활용하는 부분은 생각 외로 광범위하고 폭넓게 활용되고 있다.

농업계통에서는 파종과 출하시기관리 등에 활용되기도 하고 유통업체의 밭떼기 선점계약이 진행되기도 하며 여행업계통이나 레저분야에서는 일정관리 등에 활용되고 건설 분야에서는 공기조절 등에서 활용되기도 한다.

그렇지만 일상생활에서 가장 많이 접하는 것은 여름과 겨울의 기온에 대한 수요예측에 따른 에어컨 업체의 생산량 조절 등이나 음료와 빙과류업체 그리고 의류생산업체의 공급시기조절 등에서 활용되는 사례가 대표적인사례가 될 것이다.

좀 더 실생활과 밀접하게 관련되고 있는 분야는 비가 오는 날을 미리 대비해 편의점 등에서 우산판매량을 미리 확보하거나 우산진열을 눈에 띄는 곳으로 끌어내는 진열하는 것이나 눈이 오는 날 장갑 등을 배치하는 것들이 대표적인 사례라고 할 수 있다.

보통 음료업계에서는 기온이 20도가 넘게 되면 매출증가가 시작되고 25도가 넘게 되면 매 1도가 높아질 때마다 20%이상의 매출신장이 있다고 한다. 이런 날씨와 관련한 정보를 마케팅 활동에 접목한 것을 날씨 마케팅이라고 하는 데 온도와 기온, 기상여건 등에 따라 판매전략 수립, 신제품개발, 제품진열, 판촉계획 등에 활용하는 개념이다.

물론 개별점포창업주나 경영주들 입장에서 이런 날씨정보를 활용해 대대적인 판촉마케팅을 벌인다는 것은 부담스러운 부분이다. 그러나 조금만 연구해 본다면 날씨를 활용하는 마케팅을 충분히 효과적으로 활용할 수 있는 부분은 없을까?

가령 중저가나 비교적 고가의 브랜드 의류점을 운영하는 점주라면 비가 오는 날씨정보를 활용해 장마철을 앞두고 치코트를 우선 진열하는 작은 부분에서 부터 구매고객에게 판촉물로 우산을 증정한다든가 아동복을 판매하는 매장이라면 아동용 비옷 등을 판촉물로 준비해 구매 욕구를 불러일으킬 수 있을 것이다.

미용실의 경우라면 미용에 신경을 쓰는 고객의 성향에 부합할 수 있도록 고가의 퍼머고객을 대상으로 무더운 땡볕시기를 겨냥해 선캡이나 소형 선크림 등을 증정하는 행사를 기획할 수 도 있다.

기상청(www.kma.go.kr)에 가면 도시별 예보 / 일일예보 / 주간예보/ 장기예보 / 주말기상정보 등 웬만한 예측정보들은 얻어낼 수 있다.

[www.sangganews.com"상가뉴스레이다"]

제 10 장

창업과 인적자원

1. 창업인적자본
2. 창업성과와 인적자원
3. 경영자의 권한
4. 창업과 인간관계
5. 창업정신
6. 갈등관리
7. 조직과 리더십

▶ 읽을거리

<사기>의 화식열전(貨殖列傳)에는 상즉인(商卽人)이라 했다. 상업이란 결국 사람에 의해 이루어지는 것이다. 성서 잠언 15장 22절의 내용에 의논이 없으면 경영이 파하고, 모사가 많으면 경영이 성립한다는 내용의 말씀이 있다. 경영의 진정한 의미는 사람과의 관계성에 있다는 것이다.

앤드류 카네기는 그의 묘비명에 “여기 자신보다 더 능력이 나은 사람을 알아볼 줄 알았던 한 남자가 잠들어 있다”라는 말을 남겼다. 동양적 사고로는 기화가거(奇貨可居)다. 여불위(呂不韋)가 진(秦)나라의 공자였던 자초(子楚)를 보고한 말이다. 지금은 드러나지 않지만 훗날 자신에게 큰 이득을 줄만한 인재라는 것을 알아보고 그에게 투자해 놓은 일을 말한다. 진리에 있어 동서고금의 차이가 있을까 한다. 인간경영의 중요성이다.

1 창업인적자본

1) 인간의 가치

'피자의 열역학'의 저자 모로위츠(해럴드 J. 모로위츠)는 어느 날 닫히는 문에 손가락이 끼는 바람에 오른손 둘째손가락을 다쳐 가운뎃손가락의 피부일부를 둘째손가락의 다친 부분으로 이식했다. 그로부터 몇 주 뒤 치료비 청구서가 날아들기 시작했는데 첫날입원비, 응급처치 및 성형수술비 등을 합쳐 4,731.43달러였었다.

몇 년 전 사람의 몸을 각 구성원소로 분해해서 값을 매겨놓은 것을 본적이 있는데 97센트라고 되어 있었다. 97센트를 주장한 기사에서는 원소만 나열했지 분자들이 유기적으로 결합되어 살아 있는 신체를 구성하는 과정의 비용에 대해선 계산해 놓지 않았었다.

이런 방식을 그의 손가락에 적용하면 새로운 문제가 생긴다. 어림잡아 떨어져 나간 그의 손가락 끝 부분의 무게는 1.3그램 정도이다. 이것을 원상태와 그의 비슷하게 복구하는 데 4,731.43달러가 들었다면 1그램당 3,639.56달러라는 계산이 나온다. 이 책을 기술하기 시작할 때 왜소한 열등의식에 사로잡혀 있었던 나의 체중이 62kg이었으니까 3,639.56×62,000=225,652,720달러의 값이 나간다는 얘기며 정상적인 사람의 평균값은 2억 5천만 달러 정도가 된다는 것이다. 그러니까 우리 몸뚱이는 금값 정도가 아니라 금값의 250배 이상이 된다. 지금은 나이가 들어 지식이 축적되니까 67kg이 되었다. 진실일까.

2) 인적자원의 속성

마르크스의 경제이론(노동가치설, 자본주의 쇠퇴론 등)과 사상은 오늘날 그가 보지 못한 내용들의 비판이 다음과 같다.

첫째, 성서에서의 어린이가 가진 5병(餠) 2어(魚)로 수천 명이 먹고 남았다는 이적을 현실 기록의 축약된 비유로 생각했다.

둘째, 자본, 기술, 경영관리 능력 등 다른 생산요소의 중요성을 무시했다. 특히 인적자원(human resource)이란 주요개념을 인식하지 못하고, 잉여가치의 창출도 노동과 자본, 기술 및 관리의 복합적 산물로 보지 않고 오직 인간의 노동에 의해서만 발생한다고 생각하였다.

셋째, 자기의 사상을 '과학적 사회주의'라고 말한 그는 인간의 창조적 적응능력을 과소평가하고 협동조합을 창시한 오웬을 '공상적 사회주의자'라고 매도하였다. 마르크스가 빠뜨린 것이 상상력, 독창성, 경영능력과 같은 것들이다. 부의 창출이란 유형(有形)의 투입만 가지고 되는 것이 아니다.

넷째, 이익추구는 인간의 가장 본성적인 부분이며 인간이 자연스럽게 살아가는 모습이며 개인의 부를 부인하는 것이 인간의 본성과 배치되는 것임을 인지하지 못했다.

그의 사상과 학설은 근세사에 많은 영향을 끼쳤지만 기계의 등장과 자본의 집중, 일부 자본가의 착취와 궁핍한 실직 노동자로 일시적 불균형한 상태로 있던 그의 시대(1820－1880)에만 적합한 것이었다. 시대를 막론하고 절대성을 지닌 理論은 없다. 그래서 경영에 있어서 상황적합적 의사결정이 중요시되며 깊은 바다 속과 같이 흔들리지 않는 원리의 과학성(science)과 시대상황에 바탕을 둔 인간적 기예(art)의 양면성을 영원히 포괄해 가는, 응용과학의 길을 가는 이유이기도 하다.

생각의 포인트

이기적 자아

레닌은 1917년 볼셰비키 혁명을 일으켜 제정 러시아를 무너뜨리고 세계 최초의 공산주의 국가인 소비에트 연방을 일으킨 인물이다. 자그마한 체구에 병약해 보이는 얼굴을 지닌 인물이었지만 20년 이상 유럽 대륙을 떠돌면서 공산주의 이론을 공부하고, 동지들을 규합한 이론가이자 선동가였다.

무산대중의 봉기를 일으켜 마침내 그는 소비에트 혁명을 완수하고 권좌에 올랐다. 그런데 그는 죽기 얼마 전에 세계 최고급 차인 롤스로이스를 9대나 주문해서 서방의 빈축을 샀다. 그는 그 차를 타보지도 못하고 건강 악화로 죽었다.

국민을 위한다며 군사 독재 타도를 외치던 민주인사들 중에 부정부패를 더 많이 저지른 사람은 없었는지.... 선동정치에 대한 생각의 여운을 남기는 이야기다.

3) 인적자본의 중요성

인적자원은 1+1=2만이 아니다. 기업경영에서 제일 중요한 자원이 인적자원임을 인식해야 한다. 세계화되는 과정에서의 구매자들의 인식이 기업내부 구성원에 대한 경영자의식이 조직원을 한 체제의 부속품으로 위치시키는 사고방식에서 탈피해 복합적 관계의 시스템 속에서 자율성을 보장하도록 하여 환경변화에 대한 적응력을 갖도록 하며 산업생태학적 사고를 포함한 건전한 기업철학 즉, 환경적합적 기업문화를 가진 좋은 기업의 제품을 구매요소로 인식하는 경향이 나타날 것이라 하였다.

생각의 포인트

구성원의 가치

회사에는 정확히 네 가지 유형의 직원이 있다. 첫 번째는 게으르고 멍청한 사람인데, 이들은 별해를 끼치지 않으니 그냥 놔둬도 좋다. 둘째로는 근면하면서 영리한 사람이다. 이들은 세세한 곳까지 신경을 쓰는 유능한 간부 직원이 될 수 있다. 세 번째는 근면하지만 멍청한 사람이다. 이런 사람은 엉뚱한 일을 만들어내 다른 사람에게까지 피해를 끼치므로 즉시 해고해야 한다. 마지막으로는 영리하면서 게으른 사람인데, 이런 직원은 회사의 최고 위치에 아주 적합한 사람이다.

'사람이 가장 중요한 자산'이라는 옛 격언은 틀렸다. 사람이 가장 중요한 자산이 아니다. 적합한 사람이 가장 중요한 자산이다. 누가 '적합한 사람'인지의 여부는 전문 지식이나 배경, 기술보다는 성격상의 특질이나 소양과 더 관련이 있다.

경쟁시장에서 어느 특정제품이 경쟁력의 우위성을 갖기 위해서는 그 제품생산에 관련된 해당기업 특유의 기술이 그 배경에 숨어 있으며 기술혁신이란 기업특유의 기술(firm specific technology)위에 기술자 특유의 기술을 더하는 과정에서 이룩되어진다. 일본의 간반시스템이나 미국의 어떤 우수한 경영기법이라 할지라도 그대로 우리환경에 적합한 것은 아니다. 물질적 축적을 중심으로 한 '하드웨어'기술축적 위에 인간적 축적을 중심으로 한 '소프트웨어'기술축적이 이루어질 때 경쟁력 있는 기술혁신이 달성되기 때문이다. 인간이 혁신을 추구하기 때문에 로봇과 다르며 21세기는 사람이 중심이 되는 사회라 정의되는 것이다.

과학적 기법은 물리적 법칙에 지배되는 대상에 적용되지만 경영기법은 인간을 대상으로 적용되며 그 결과의 성패는 개개인의 수행도에 달려 있기 때문이다. 즉 경영기법의 활용에 의한 성공여부는 이것을 사용하는 사람이 얼마나 사람을 잘 이해하느냐에 달려있다고 할 수 있다. 기업의 경영자는 고용인의 협조와 노력에 바탕을 두고 경영기법을 적용하여 바람직하지 못한 요인의 제거 내지는 경감을 목표로 노력하여야 한다.

물질적 축적을 중심으로 한 [하드웨어]기술축적 못지않게 주요한 다른 하나는 인간적 축적을 중심으로 한 [소프트웨어]기술축적으로 볼 수 있는데 기업특유의 기술(firm specific technology)과 기술자특유의 기능(engineer specific skill)의 융화로 변화하는 시장상황에 신속히 적응할 수 있을 만큼 유연하고, 어떤 경쟁사의 가격과도 경쟁할 수 있을 만큼 조직이 비대하지 않고, 기술적으로 앞선 제품과 서비스를 생산할 수 있을 만큼 혁신적이며, 최고의 품질과 서비스를 제공하는 데 헌신적인 자세를 지닌 조직을 만드는 것이 상황적합적 경영전략의 마련이라 할 수 있을 것이다.

성선설에 바탕을 둔 인간의 인식이 필요하며 경영 예외의 원칙에 따라 성악설의 인간도 인식해야한다. 에덴의 낙원에는 아담과 이브만이 있었던 것이 아니라 뱀도 함께 있었다. 인간이 어떻게 살아야 하는 것과 인간이 어떻게 살고 있는가는 현저히 다른 부분이 존재하기 때문이다. 그래서 인적자원 관리에 있어서 명확한 to do(이렇게 하여)의 제시로 to be(이렇게 되어 있도록)가 되도록 훈련하여야 한다. 약농중물(藥籠中物)이다. 약장 속의 귀한 약재와 같이 항상 조직이 필요로 하는 인간이 되도록 교육하여야 한다는 것이다.

위나라 혜왕과 복피가 묻고 대답했다.

"그대는 나에 대한 세간 평판을 듣고 다닐 것인데, 뭐라고들 하던가?"

"익히 듣고 다니는데 매우 자혜(慈惠)로우시다고들 합니다."

"그래, 어느 정도 자혜롭다고들 하던가?"

"나라를 망쳐 드실 정도로 자혜롭다고들 합니다."

"자혜는 미덕이 아닌가?" 자혜가 나라를 망쳐 먹는다니 무슨 말인가?

"'자'는 다른 사람의 고통을 그냥 보지 못하는 마음, '혜'는 사람들에게 베풀기를 좋아하는 마음입니다. 백성이 자혜롭다면 그것은 좋은 것입니다만 백성을 다스리는 분에게는 좋은 것이 아닙니다. 백성의 고통을 그냥 보지 못하면 백성에게 허물이 있어도 벌을 줄 수가 없을 것이고, 백성에게 주는 것을 즐기면 공이 없어도 상을 내리게 될 것이기 때문입니다. 허물이 있어도 벌주지 않고, 공이 없는데도 상을 내린다면 나라가 망하는 것이야 당연하지 않겠습니까? 이러한데도 주군의 자혜가 과연 미덕일 수 있을는지요?

순자(荀子)가 세운 법가의 이데올로기가 생각난다. 인간은 본래 선천적으로 욕망을 가지고 태어나는데, 이것을 방임하면 혼란이 오게 되는 만큼 후천적 교양과 적절한 법치를 통해 이것을 바로잡아야 한다는 주장이다. 좋은 것이 좋다고만 하는 사람은 무용지물이라 했다. 지화이화자(知和而和者) 무용지물야(無用之

物也)이라는 것이다. 부드러운 황금과도 같은 마음과 다이아몬드처럼 단단하며 예리하며 투명한 정신의 융화가 있어야 한다는 것이다.

4) 인력관리 개략

(1) 인력계획

인력계획이란 현재 및 장래의 각 시점에서 기업이 필요로 하는 종류의 인원수를 사전에 예측하고 결정하며 이에 대한 대내. 외의 공급인력을 예측하고 계획하는 것을 뜻한다.

(2) 경영조직의 3대 기본형태(구조)

경영이라는 내용을 실행하기 위해서는 인원이 필요하며 그 인원을 효율적으로 관리하기 위해서는 조직이라는 형식이 필요 된다.

① 직계식 조직(line organization)

이는 명령통일의 원칙에 의해 Top management의 명령이 상부에서 하부로 직선적으로 전달되는 조직형태이다. 부하는 오로지 한 사람의 상사로부터만 명령을 받는다.

② 기능식 조직(function organization)

이 조직은 관리자의 일을 전문화하여 수명의 기능적 직장(function foreman)으로 하여금 관리시키는 것으로 각 전문가는 그가 담당하는 전문영역에 대해서 모든 부하에게 명령을 할 권한을 가진다.

③ 직계·참모식 조직(line & staff organization)

그 특징은 직계식 조직의 지휘명령의 통일성을 살리는 동시에 그의 단점을 보충하기 위해서 참모제도를 병설시킨 조직이다.

④ line기능의 특징

기업의 고유목적을 달성하는 데 있어서 불가결한 기능인 집행적 관리기능을 담당하는 基幹部門을 라인부문(line department)라 한다. 여기에는 첫째, 명령 내지 지휘기능, 둘째, 수직적 내지 직선적 권한, 셋째, 집행적 권한이 있다.

⑤ staff기능의 특징

조직에서는 라인부문(경영자)에 필요한 지식이나 능력을 도우면서 이를 확대해 가는 부문을 스탭부문(staff department)이라 한다. 여기에는 첫째, 전문적 서비스제공, 둘째, 견제와 균형의 유지, 및 셋째, 책임일원화의 유지에 있다.

(3) 인적자원의 관리 : 직무기술서와 직무명세서

성선설에 바탕을 둔 인간의 인식이 필요하며 경영 예외의 원칙에 따라 성악설의 인간도 인식해야한다. 에덴의 낙원에는 아담과 이브만이 있었던 것이 아니라 뱀도 함께 있었다. 인간이 어떻게 살아야 하는 것과 인간이 어떻게 살고 있는가는 현저히 다른 부분이 존재하기 때문이다. 그래서 인적자원 관리에 있어서 명확한 To do의 제시로 To be가 되도록 하여야 한다.

① 職務記述書(job description : to be)

조직에 있어 각 구성원이 분담하는 여러 업무 내지 일을 직무라 하는 데, 이러한 직무를 능률적으로 수행할 수 있게끔 직무의 성격과 그 내용에 관한 가장 중요한 사항을 기재한 것을 직무기술서라 한다.

② 職務明細書(job manual : to do)

직무분석에 따라 기술된 항목을 정리 분류하여 성문화한 것으로 직무를 합리적으로 수행할 수 있도록 각 직무별로 책임과 권한 등을 명확히 할 목적으로 작성되는 명세를 직무명세서라 말한다.

③ 직무수행을 위한 표준작업시간(standard time)의 구성

표준시간이란 주어진 작업을 정상적인 능률로서 수행하는 데 필요한 시간으로서 근대적 노동관리 내지 공장관리의 기본적 척도로 이용되고 있다.

표준시간을 설정하는 목적은 첫째, 작업자의 작업수행도의 관리, 둘째, 인력 및 기계설비의 배치계획, 셋째, 공장관리에 있어서 기준일정이나 餘力調査, 넷째, 원가관리에 있어서 기준일정이나 여력조사, 다섯째, 원가관리에 있어서 공수관리, 여섯째, 원가예측 등에 이용하기 위한 것이다.

$$\text{표준시간(Ts)} = \text{순시간} \times (1 + \text{여유율})$$

2 창업성과와 인적자원

1) 인간행동의 이해

인간이 행하는 바 어떤 결과가 오직 한 가지의 원인에 반드시 귀착된다고 하는 단순한 낙관주의에 빠져서는 안 된다. 하나의 결과가 나오는 것은, 우리가 생각하는 것보다도 훨씬 더 많은 미묘한 카오스(혼돈)에 의한 것이며, 대부분의 경우 우리가 찾아낸 원인이라는 것은, 유기적인 카오스로부터 조금 떼어온 한 조각에 지나지 않는 것이리라, 물론 그 크고 작음의 차이는 있겠지만. 화가 난 거친 태도 뒤에는 따뜻한 마음이 있으며 친절하고 상냥한 말 뒤에 차가운 마음이 도사리고 있음에 인간행동의 이해가 쉬운 것이 아니라는 것이다. 인간(person)은 강약의 차이는 있지만 누구나 페르조나(persona: 사회적 가면)를 갖기 때문이다. 그래서 지성의 가면을 벗고 같이 부둥켜안고 소리 내어 울 수 있는 친구를 갖기 힘들다는 것이다.

예를 들면 일등에게 보내는 요란한 박수는 오래 동안 지속되지는 않는다는 것이다. 일등을 밋갈스러워 한다. 박수 뒤에 가려 진, 부러움 너머의 시기를 생각해야한다. 시기도 일종의 성취기회 상실에서 일어나는 감정의 변화이며 세상발전의 원동력이기도 하기 때문이다. 그래서 일등 뒤에 가려서 전진하는 이등의 위치에 있을 때가 제일 안전한 위치일지도 모른다.

"우리는 겨우 2등입니다. 그래서 더 열심히 뛰고 있습니다."라는 목소리를 고객에게 들려 줄 때 소비자들은 더 큰 서비스를 받을 수 있을 것으로 기대한다는 것이다. 자사 상품에 대한 구매를 의도적으로 줄인다는 의미의 디마케팅(Demarketing)이 필요 된다. 1보 전진을 위한 2보 후퇴 전략으로 때로는 독점기업이 마찰을 피하기 위해 일부러 나타내는 행동이다.

2) 인간성과

기업경영에 있어서 생산성의 향상은 기업성과의 향상을 의미한다. 이 기업성과는 인적 요소와 물적 요소의 결합에 의하여 성립된다. 이 중에서 기업성과의 향상에 대한 인적 요소의 공헌을 '人間成果(human performance)'라 한다. 이와 같은 인간성과를 결정하는 것은 바로 능력과 모티베이션(motivation)의 두 요소이다.

먼저, 작업자의 능력은 지식과 기술의 상승으로써 측정된다. 즉

지식 × 기술 = 능력

다음, 모티베이션은 특정 환경 하에서 인간의 태도로써 나타난다. 즉,

환경 × 태도 = 모티베이션

그런데 모티베이션과 능력은 다 같이 어떠한 활동에 있어서 인간의 성과를 결정한다.

따라서 다음과 같이 요약 표시할 수 있다.

지식 × 기술 = 능력
환경 × 태도 = 모티베이션
능력 × 모티베이션 = 인간성과
인간성과 × 물적 요소 = 기업성과

잘된 모티베이션 즉, 동기부여에 의해 일어나는 열정은 E=MC2 이다. E(enthusiasm: 열정), M(mission: 임무), C(congratulation: 격려)

생각의 포인트

칭 찬

격려 즉, 칭찬은 독창적인 시각으로 다른 사람이 보지 못하는 장점을 보는 것이다. 다른 사람을 칭찬하는 것은 바로 스스로에게 자신이 있다는 것이다. 다른 사람의 장점 안에서 자신의 안목을 확인하는 것이다.

칭찬은 손해 보는 것이 아니다. 칭찬을 받아들일 줄 아는 상대방을 만나면 그 세심함과 자상함에 감동을 주는 도구가 된다. 진심어린 칭찬은 다른 사람의 장점을 배우는 첩경이 된다. 모든 사물은 칭찬할 만한 가치를 가지고 있다. 긍정적인 마인드 컨트롤의 출발점이 칭찬이다.

인간성과에 좋은 인적요소가 더하여지면 기업은 영생한다. 비즈니스는 사람이 자본이라는 도구를 들고, 사람이 추진하고 결정하는, 사람들이 하는 사업이기 때

문이다. 사람과의 관계형성은 비즈니스의 출발이자 철학이 된다. 가장 기본적인 원칙은 만남 속에서 도움을 주고받는 것이 비즈니스이기 때문이다.

사람은 행동과 누적된 지식으로 힘을 발휘하는 사회적 존재다. 행동의 시작이 만남이다. 실제로 이 세상에서 누구의 도움도 주고받음이 없이 성공하는 사람은 없다. 일에 대한 열정으로 만남을 만들고 만남이 아름다운 관계가 되고 의미 있는 관계는 존재보람이자 힘이 된다. 인간관계를 가장 훌륭히 창조할 수 있는 사람이 되기 위해서는 재정적인 면, 이성적인 문제, 정신적 욕구를 잘 혼합하여 인간을 이해할 수 있어야 한다. 브랜드의 시대, 숫자보다 정서를 중시하는 오늘의 경영에서는 관계를 잘 만들어낼 수 있는 사람들이 힘을 발휘한다.

생각의 포인트

성공도

스탠포드 경영대학원 응용심리학 교수 토머스 하렐(Thomas Harrell)은 성공한 졸업생들의 성향을 조사했다. 그는 MBA학위를 받은 지 10년 후의 졸업생들의 성공도가 성적과는 아무런 관련이 없다는 사실을 발견했다. 성공한 졸업생들이 공통적으로 지닌 특징은 사교적이며, 의사소통에 능하며, 외향적인 성격이었다. 특히 사교적인 성향이 그들의 중요한 성공요소였다.

- 아랍의 어느 왕이 「오차」라고 하는 아주 맛있는 과일이 열리는 과수를 가지고 있었다. 그래서 그는 두 사람의 경비원을 두어 그 과일나무를 지키게 했다. 한사람은 키 큰 장님이었고 또 한사람은 난쟁이 절름발이였다. 그런데 이 두 사람이 흉계를 꾸며 한패가 되어 과일을 따먹자고 의논하였다. 그리하여 장님이 절름발이를 어깨 위에 올려 앉히고 절름발이는 방향을 가리켜서 두 사람은 맛있는 과일을 실컷 훔쳐 먹었다.
왕은 몹시 노하여 두 사람을 심문하였다. 장님은 앞을 볼 수 없기 때문에 자기는 과일을 따먹을 수 없다고 변명하였고, 절름발이는 저렇게 높은 곳에 자기가 어떻게 올라가 과일을 따먹을 수 있겠느냐고 반문했다. 왕은 그것도 그렇겠다고 생각했다. 어떤 일을 처리할 때 둘의 힘은 하나의 힘보다 훨씬 위대하다. -

3) 인간관계의 기저

인간관계에 있어서 율기솔신(律己率身) 해야 한다. 엄격한 개인 거리의 의미를 갖는 율기솔신의 정중함은 상대방에 대해서도 같은 정도의 예우를 요구하기 위해서다. "내가 이렇듯이 예의를 다하니 내게도 예의를 다해 주기 바라오." 이런 메시지를 발하고 있는 것이다. 이쪽에서 개인 거리를 지켜 주지 않으면 저쪽에서 개인 거리를 무시하고 쳐들어온다. 개인거리를 무시하는 데서 얼마나 많은 갈등이 빚어지는가?

생각의 포인트

관계거리 1

목에 뼈가 박힌 이리가 견딜 수 없이 아파서 누군가가 빼주기를 바라며 헤매고 다녔다. 마침 맞은편에서 해오라기가 오기에 "뼈를 빼다오, 답례를 할게."하고 부탁했다. 해오라기는 이리의 목 깊숙이 머리를 집어넣고 뼈를 빼준 후 답례를 하라고 했다. 그러자 이리가 말했다. "내 입안에 들어갔다가 머리에 상처 하나 없이 나올 수 있었던 것만으로도 충분한 답례다. 뭘 더 바라는 게야."

'거리'라는 것을 생각해보자. 승부를 가릴 때 가장 위험한 '거리'는 무엇일까? 서로 떨어지면 떨어질수록 위험에서 멀어지지만 승부인 이상 상대에게 다가가지 않으면 안 된다. 호랑이를 잡으려면 호랑이 굴 가까이 가야한다. 적진 깊숙한 곳이 가장 위험하지만 가장 효과적 공격 장소다.

일찍이 시성(詩聖) 백낙천도 "인생행로의 어려움은 물에 있는 것도 아니요, 산에 있는 것도 아니다." 간관계의 어려움에 있다고 말했다. 인간관계가 다른 환경요인보다도 중요함을 알게 하는 말이다.

생각의 포인트

관계거리 2

피곤하고 졸린 두 고슴도치가 추위에 떨며 서로 끌어안고 있었다. 그러나 서로의 몸에 가시가 있어 찔리지 않기 위해 어느 정도 거리를 두고 있었다. 그러다 추위를 못 견디면 다시 모였다.

이러기를 몇 차례, 결국 두 마리 고슴도치는 적당한 거리를 찾아냈다. 서로의 온기를 얻으면서도 서로에게 찔리지 않는 거리였다.

백치(白痴)의 미(美)라는 말이 있는데 그 원조는 이러하다. 친구들로부터 바보라 불리는 한 사람이 있었는데 실은 이 사람이 바보가 아니라 그의 마음이 너무 크고 맑아 그를 속이고자하는 사람의 마음이 투영되어 의도하는 바를 미리 알아버리는 사람이 있었다. 이 사람은 어지간하면 속아 줘버리고 그러하지 아니한 경우에는 바보처럼 비시시 웃기만 하는 것이었다. 그래서 그의 미소를 백치의 미라 불렀다. 친구들은 사람을 잘못 본 것이다. 일단 모든 사람이 나보다 나은 생각을 가지고 있을 것이라는, 내가 가진 확신이 틀렸을 수도 있을 것이라는 마음으로 인간관계를 시작해야하는 것이 사람을 바로 보는 율기솔신의 두 번째 의미다. 인간경영에 실패하지 않는 비결이다. 기욕난량(器欲難量)이다. 그릇'기' 하고자할'욕' 어려울'난' 헤아릴'량'으로 사람의 기량은 넓어 헤아리기가 어려운 부분이 있음을 알아야 한다는 뜻이다.

이 덕무의 선귤당농소(蟬橘堂濃笑)라는 책에 춘우윤(春雨潤), 초아분(草芽奮), 추상숙(秋霜肅), 목성손(木聲遜)이라 했다. 남을 향한 마음을 봄비처럼 지니고, 내 자신의 마음자리를 가을 서리 같이 엄숙히 지닐 수만 있다면 그 삶이 비로소 헛되지 않으리라. 율기솔신의 세 번째 의미다.

율기솔신의 네 번째 의미는 인간행동의 책임은 전후좌우 관계성 속에서의 책임뿐만 아니라 간접적으로 준 상처에 대한 책임도 질줄 알아야한다는 것이다. 종교인의 이기, 교육자와 지도자의 위선 등이 주는 간접적 상처가 예로 된다.

율기솔신의 다섯 번째 의미는 남의 약점을 다른 사람에게 말하지 말며 남의 약점을 말하는 사람을 신뢰하지도 말라는 것이다. 그 이야기를 듣고 같이 웃는 웃음의 반은 다음 번 희생자가 자신이 될 수도 있다는 불안감에서 나온 웃음일 것이다. 망담피단(罔談彼短)이다. 나의 단점을 남에게 말할 필요가 없고 남의 단점을 말할 필요도 없다는 것이다.

4) 자기인정과 자기발견

한 사람이 있었다. 31세에 파산했다. 그리고 그 이듬해에는 선거에서 패했다. 34세에 다시 파산했고, 35세에는 첫사랑의 여인을 땅에 묻어야 했다. 44, 46, 48세에 각각 또 선거에서 패했다. 누가 보아도 한심한 사람이었다. 그러나 그는 자신을 믿고 있었다. 60세에 드디어 가장 위대한 미국 대통령 중의 한 사람이 되었다. 그의 이름이 에이브러햄 링컨(Abraham Lincoln)이다.

폴 고갱은 23세에 증권 중개소에 취직했다. 25세에 덴마크의 한 여인과 결혼하여 10년 사이에 다섯 아이를 두었다. 그는 그 동안 증권 중개업자에서 은행원으로, 은행원에서 방수포 판매원으로 전전하다가 끝내는 남태평양으로 도망가 버렸다. 그 후 잠시 프랑스로 귀국했다가 1895년 타히티로 돌아가 버렸다. 1903년 5월, 무일푼으로 세상을 떠날 때까지 마지막 8년 동안 그는 100여 점의 원색의 아름다운 그림과 400여 점의 목판화, 그리고 20점의 조각과 목각을 남겼다. 그는 그리고 싶으면 그렸고, 살아지는 대로 살았다. 그는 거기서 "너무나 자연스럽게 빨강 옆에 파랑을 칠하는" 순수한 열정을 배웠고, 문명의 혜택이 없음에도 그들 나름의 문화와 풍습을 발전시키고 영위해 나가는 것을 보면서 그 가운데서 숨은 인생의 진리를 배웠다. 가장 행복하고 가장 가치 있는 시간을 8년간 보내다가 갔다.

생각의 포인트

선택이 잘못되었으면 과감히 되돌려라.

미국 전자제품의 선봉이라고 불리는 헬스는 전기난로 제작에 성공한 후, 자신의 농촌 고향에 파려고 4년간 열심히 뛰어 다녔지만 실패한다. 석탄난로에 익숙한 그들은 변화를 싫어했기 때문이다. 낙후된 사람들의 생각을 돌이킬 수 없다는 것을 발견한 헬스는 과감히 고향에서의 판촉활동을 접고, 현대화된 대도시 시카고로 넘어와, 마침내 전기난로 시대를 열었다.

인간 의사결정영역에는 단일의 최적안이 존재치 않는다. 그래서 태산과 같은 자긍심과 들풀과 같은 유연성으로 세상에서 승리하는 의사결정을 해야 할 것이다. 로마인을 봐라. 그리스인보다 못한 지력(智力), 켈트인보다 못한 체력, 카르타고보다 못한 경제력, 에트루리아인보다 못한 기술력으로 천년제국을 이룩하지 않았는가.

그래서 사이몬(Simon)은 1947년 인간행위에 대한 완전한 정보를 수집하고 학습하는 데 비용과 시간의 제약으로 불가능하다는 것을 알고 만족할만한 수준 혹은 제한된 수준에서 행동하는 경제적 행위자들의 한정적 합리성의 개념을 제시하고 의사결정이론을 발표하였다.

생각의 포인트

생각의 포인트 - 자기발전

호모 에렉투스나 호모 사피엔스는 인간의 조상들을 부르는 학명이다. 직립하고 생각하는 종이란 뜻이다. 사람이란 동물은 다른 동물에 비하면 정말 가진 게 없었다. 적을 만나면 쥐보다 더 잘 숨지도 못하고 토끼보다 빨리 도망갈 수도 없었다. 사냥을 나서면 돼지보다 느리고 표범보다 힘이 약했다. 떨어진 열매 줍기에는 다람쥐의 상대가 되지 못했고, 수달처럼 헤엄을 칠 줄도 몰랐으며 원숭이처럼 나무를 탈 줄도 몰랐다. 노루보다 멀리 보지 못하고 개처럼 후각이 예민하지도 못했다.

어떻게 보면 인간이 지구상에서 가장 나약한 종인지도 모른다.

하지만 수만 년을 살아오면서 인간은 약점을 장점으로 삼아 조금씩 자기발전을 거듭하였고 지구상에서 가장 강력한 종을 이루게 된 것이다. 약점을 강점으로 바꾸는 생각이 필요하다. 우리의 현재 약점과 강점은 무엇일까?

3 경영자의 권한

1) 인간적인 인간성을 지닌 경영자

기업이 처한 오늘의 현실이 대량산업사회의 종말기를 지나 정보화의 시대를 맞이하고 있다. 규격화·획일화에서 개성화 되고 세분화된 '전자식 시골집'으로 우리를 격리시켜 개인적 경쟁을 첨예화시키고 있을 뿐 아니라 따뜻한 이웃의 체온을 잊어버리게 만들고 있다. 이러한 사회구조의 재형성으로 말미암아 기능주의적인 지식산출이 우월시 되므로 인하여 이른바 입술과 가슴의 분열현상을 일으키고 있을 뿐만 아니라 인간적인 인간성에 대한 갈증현상을 느끼게 하고 있다.

그래서 오늘날 경험에 바탕을 둔 환경인식을 하며 인간적인 인간성을 가진 경영자를 이해관계자집단은 필요로 한다. 숨 돌릴 틈 없는 경쟁의 틈바구니 속에서도 인생을 관조할 수 있는 인격을 가진 경영자를 원한다.

그러나 경영자는 "시(詩)를 좋아하되 시인이 되어서는 안 된다" 왜냐하면 시인이 인생을 관조한 듯한 폭 넓은 가슴을 묘사할 줄 안다는 것은 그것을 감지하고 묘사할 수 있는 섬세함을 가졌으되 폭넓은 가슴을 소유하고 있지 못하기 때문에 즉, 현실적 부족의 질병을 앓고 있는 상태이기에 예술성을 발휘할 수 있게 되기 때문이다. 시적(詩的)으로 되는 것은 홀로 있는 한 그루 나무 같은 것이다. 예술은 영혼의 연약함과 고독 속에서 창조되지만 경영은 인간적 관계성 속에서 성공한다.

아름다움의 여신 아프로디테와 사랑을 나누기도 한 헤르메스는 제우스의 심부름을 도맡는 전령신이다. 상업을 주관하는 신이기도 하며 또한 '도둑의 신'이다. 제우스는 헤르메스를 전령신으로 삼으면서 지팡이 하나와 날개가 달린 마법의 외짝 가죽신을 내렸다. 올림퍼스의 신들 중에서 제우스의 심부름으로 이승과 저승을 자유자재로 오르내리는 신은 헤르메스밖에 없다.

그리스 로마 신화에는 신발의 이야기가 자주 나온다. 아득한 옛날 그리스인들이 잃어버린 자존심, 황금빛 양의 털가죽을 찾아오는 영웅인 왕자 이아손이 아버지의 복수를 하러 나타났을 때 외짝 신 모노산달로스(monosandalos: 모노는 하나라는 의미이며 산달로스는 오늘날 우리가 샌들이라고 부르는 신발의 이름이다)를 신고 나타났다.

헤라클레스와 함께 그리스를 대표하는 영웅 테세우스의 아버지는 여행길에서 나중 테세우스의 어머니가 되는 여인을 만나 동침한 후 아들이 태어나면 자기를 찾을 수 있는 칼과 외짝 가죽 신발을 신표로 남긴다. 신발이 신화에 자주 등장하는 이유는 무엇일까?

'달마도'에 나오는 소림사의 소림권법을 창시한 달마대사가 들고 있는 지팡이에는 신발 한 짝이 매달려 있다. 신데렐라는 무도회에서 잃어버린 유리 구두 한 짝으로 말미암아 왕자와 재회하며 우리나라 고전 소설 콩쥐팥쥐에서의 콩쥐는 꽃신으로 말미암아 행운을 맞는다. 이들 역시 모노산달로스가 아닌가. 신발은 만남의 상징어가 아닐까.

신발은 발이 움직일 때 안전하게 하는 보호막이다. 양말도 발을 보호하는 장치가 아닌가. 크리스마스이브 날 산타클로스는 착한 사람의 한쪽 양말 속에 선물을 담아두고 간다지 않는가. 인간관계의 중요성을 은유 하는 것은 아닐까? 어떠한 삶을 살았는가를 묻고 있는 것은 아닐까? 신발은 만남의 상징이기라도 한 것일까? 고객과의 실존적 만남의 보호막은… 인간적인 인간성을 지닌 사람을 만나기 위해서는…아름다운 만남의 결실은…

헤르메스가 가진 날개가 달린 외짝가죽신이 속도와 만남을 상징하며 오늘 우리가 살고 있는 21세기의 세상에도 그대로 적용되고 있다는 생각, 너무 비약된 생각일까?

생각의 포인트

만남의 경영학(Relationship management)

A.D.502-549년 사이에 중국 양(梁)나라 무제(武帝)가 학명이 높은 주흥사(周興嗣)를 시기하여 죽이기 위해 하루의 말미를 주면서 한편의 詩를 짓도록 한다. 사자일구(四字一句)의, 소위 사언고시(四言古詩)로서 도합 250구(句)요, 125대구(對句)의 글로 한 글자 이외에 999자는 중복이 없으며 우주의 형상에서부터 삶의 모든 내용을 포함해야 한다는 조건을 붙여서 만들어 오라고 명했다. 여기에 쓰인 한자가 모두 일천자(一天字) 이므로 오늘날 천자문이라 칭하게 된 것인데, 氣를 전부 소진하여 쓴 후 천자문을 바칠 때 백발로 변했다는 전설에 의해 백두문(白頭文)이라고도 부른다.

천자문에서 단 한자(一字)의 유일한 중복이 있는데 이것이 아우를 병(並)자다. 만나 아우른다는 의미인 병(並)자는 두 사람이 나란히 서있는 모습의 설립(立)자 두개(立+立)로 쓰여 진 병(竝)자와

두 사람이 창이달린 방패(방패 간 : 干)를 들고 있는 병(幷)자로도 쓰인다. 아름다운 만남의 모습인 병(竝)과 적대적 만남의 모습인 병(幷)을 은유하고 있는 것은 아닐까한다.

작은 씨앗이 좋은 토양과 만나면 엄청난 새 생명의 창조력을 발휘한다. 남과 여의 바른 만남은 사랑을 창출하며 인간과 신의 인격적 만남은 구원과 해탈을 낳는다. 기업과 고객이 아름다운 만남을 만나면 거래관계를 낳아 서로에게 이익을 준다. 기업영생의 비법은 만남의 지속성에 있다.

2) 무상을 발견한 넉넉한 마음의 경영자

우리는 무상함이라는 진리 이면에 깔린 광대한 뜻을 반복해서 발하는 섬광을 만나야 한다. 어느 것도 실재하지 않고 어느 것도 지속되지 않는다는 두려움 때문에 우리는 가장 훌륭한 친구와 마주치게 되는 것이다. 왜냐하면 이런 두려움 때문에 우리는 이렇게 자신에게 되묻게 되기 때문이다. 모든 것이 소멸되고 변한다면 참된 것은 도대체 무엇인가? 현상 뒤에는 무엇이 있는가? 이런 의문들에 절박하게 매달려 깊이 심사숙고하게 되면, 우리의 세상을 보는 안목이 바뀌게 되고 자아가 넉넉하게 변하게 된다. 그리하여 감사와 기쁜 마음으로 변화를 넘어선 진리와 죽음을 넘어선 진리와 마음의 한량없는 본성을 발견하게 되는 아름다운 마음의 경영자가 된다.

복연선경(福緣善慶)이다. 복 복, 인연 연, 선할 선, 경사 경이다. 복이라는 인연은 선을 베푼 결과인 경사로 나타난 것이다. 복잡계에 긍정적 영향으로서의 인연이다. 고로 이익의 창출은 복의 근원이 되며 경사라는 결과로 나타난다. 당대가 아니면 후대에라도 좋은 일이 일어난다는 동양적 사고다.

3) 시련에서의 리더십

인간이 존경하는 지도자 상의 우선되는 변수가 역경에서 시련을 극복한 능력의 검증이다. 이것이 평화와 번영을 함께 누리게 만드는 능력을 가진 지도자보다 더 사랑을 받게 하는 변수다. 리더의 스타일이 네 가지가 있다. 영리하면서 부지런한 영부, 영리하면서 게으른 영게, 멍청하면서 부지런한 멍부, 멍청하면서 게으른 멍게다. 이중에서 바람직한 리더십이 영게다. 영리하면서 본인은 약간 게으른 듯한 모습을 부하에게 보이며 부하의 아이디어를 존중하는 스타일이다. 아이디어 제공에 있어서도 힌트만 줄뿐 지시나 명령조로 하달하지 않는다. 부하는 자기의 아이디어인양 신이 나서 추진한다. 성공의 확률이 높아진다. 이것이 경영학에서의 바텀업(bottom up) 시스템이며 이것이 한 걸음 진보하면 미들 업다운(middle up-down) 시스템이 된다.

복사기 제조회사의 텔레비전 광고를 한번 보자. 한 젊은 수도승이 열심히 기도서와 문서들을 일일이 손으로 베끼고 있다. 사제가 다가와서 두꺼운 두루마리 책을 한 권 주면서 옮겨 적으라고 한다. 수도승은 근심에 싸인다. 그때 문득 한 구석에서 복사기를 발견하고는 하늘을 우러러보며 기적이라고 외친다. 자, 이 획기적 복사기의 발명으로 인한 피해자가 없을 손가? 수많은 필사(筆寫)담당 수도승들은 실직될 판이다. 잘 조직된 수도승 위원회가 복사기를 부숴 버릴 것을 주장하면서 도심을 향해 시위행진을 벌이는 장면을 상상해 보라. 어떤 리더십이 필요 될까를...

1899년 만 24세의 중추원 의관 이승만은 고종을 협박, 이강에게 양위시키고 일본에 망명 중이던 개화파 박영효를 맞아들여 혁신내각을 수립한다는 일종의 쿠데타 계획에 관계했다가 체포되어 사형에 처해질 위기까지 갔다. 그는 미국인 선교사들의 구명운동 덕분에 종신형으로 감형되었다. 그 뒤 약 6년간 한성감옥에서 생활한다. 이 옥중이야말로 그 뒤의 이승만을 만들어낸 극기의 교육장이었으며 리더십을 인정받는 시험장이 되었다.

수기치인(修己治人)이다. 리더는 자신의 수양과 극기를 이루고 난 다음에라야 타인을 이끌 수 있게 된다는 것이다. 자신을 다스리기 위한 수기(修己)가 없으면 타인이 진심으로 추종하는 치인(治人)을 할 수 없다는 것이다.

생각의 포인트

도전과 기회

올바르게 뿌리를 내린 나무는 폭풍이 불어오기를 기다린다. 그것은 하나의 도전이다. 폭풍이 불어올 때 나무는 자신이 얼마나 뿌리를 잘 내렸는가를 알게 된다. 힘과 생명력을 느끼게 된다. 폭풍은 결코 적이 아니다. 모든 먼지와 권태를 씻어가는 하나의 도전이다. 살아 있음을 느끼며 다시 젊어진다. 폭풍은 나무를 보다 젊고 강하게 만드는 새 생명의 씨앗이다.

4) 경영자의 경영의지와 권한

지식사회는 투명성의 사회이지 나누어 가지는 민주주의가 아님을 알아야 생존한다. 경영의 과정을 의사결정이라고도 부르는 것은 그 과정상에 결단력과, 창의력 등 문무의 기예가 종합적으로 필요 되어지기 때문이다. 한국이 선진국이 되지 못한 이유 중 하나가 민주주의적 경영의 요구다. 이는 강한 근로자의 목소리가 개별 사업장에서 나오면 자유시장경제체제가 될 수 없다. 사업을 크게 또는 작게 혹은 하지 말아야하는지는 사업주가 신속히 결정 할 수 있어야 한다. 국가가 그 목소리를 듣는 시스템이 되어야 하며 시장 원리에 의해 진퇴가 결정되어져야 한다. 이것이 21세기적 생존 대처방안인 유동성이다. 생존의 비밀이 여기에 있다. 위기에서 급하면 도마뱀의 꼬리를 버릴 수 있는 권한을 경영자가 가지고 있어야 한다. 인간이 생존의 욕망을 갖는 한 완전한 자유와 평등은 환상이다.

삶의 단기적 과정에서는 사계절이 존재하며 장기적 변화로 생로병사의 길을 간다. 기업의 과정도 이와 같다. 경영이 어려울 때 겨울이 오기 전 가을을 준비할 수 있는 즉, 낙엽을 떨굴 수 있는 자유로움이 경영자에게 주어져야 한다. 이것이 유동성이며 신진대사다.

신진대사는 바로 살아 있다는 실증이다. 인체 내의 적혈구는 평균 120일을 생존하는 데 한 사람의 체내에서 매일 약 2,000억 개에 달하는 적혈구가 죽고 새로운 적혈구가 끊임없이 탄생한다.

국가 시스템은 민주주의가 이상형일지도 모른다. 그러나 기업 시스템에서는 아니다. 세포의 속성과 구성체의 속성이 같으면 세포의 속성이 존재하지 않는다는 논리다. 기업경영에는 강력한 리더십이 요구되는 선에 바탕한 독단도 필요되는 시스템이다.

히말라야 눈 덮인 산을 등정하는 등산 팀의 리더는 위기의 한계상황(marginal situation)이 닥쳤을 때 생명줄을 제거할 권한을 갖는다. 생명줄을 제거할 권한이 주어지지 않고 민주주의 표결 방식을 논하면 몰살한다는 이야기다. 버티칼 리미트라는 영화에 나오는 이야기다.

부도덕한 기업 잘되는 경우도 있지만 큰 흐름 속에서는 정직한 기업이 잘 된다는 논리가 시장경제다. 그래서 기업 경영자에게 유동성을 관리할 권한이 주어져야 한다. 메가첼린지 시대에 메가트렌드로 나타나는 첫 번째 현상인 투명성(transparent)은 부도덕성에 관한 문제뿐만 아니라 시장흐름의 투명성이다. 이익을 남기지 못하는 기업의 자연도태 원리다. 대기업이라 전체사회에 미치는 영향을 고려하여, 금융기관의 신뢰성만을 고려하여 부실대출로 부실해진 은행에 공적자금으로 수혈하는 등의 조치는 시장경제의 투명성을 흐리는 행위며 관치경제의 인정이다. 시장경제는 살아 있는 물의 흐름과 같아야 한다는 태일생수(太一生水)다.

4 창업과 인간관계

1) 기예와 관조

경영학을 실천과학인 동시에 경험과학이라 부르는 것은 경영에 있어서 경험적 실천(art)이 없이는 합리적 인식(science)이 없다는 사고를 바탕으로 하고 있기 때문이다[경영학(business science)=과학(science)+기예(art)].

성공경영은 이성적 판단을 주관하는 좌 뇌의 역할과 직관적이고 본능적으로 판단하는 우 뇌의 조화로 이룩되어진다. 오랜 경험을 가진 어부는 배에 앉아서 물소리만 들어도 물밑에 어떤 고기 떼가 놀고 있는가를 알 수 있으며, 경험이 많은 사냥꾼은 밤에 산짐승의 눈에서 반사되는 빛을 보고도 호랑이인가 여우인가를 판단해 낸다. 이들의 이런 재능은 하늘에서 떨어졌거나 뱃속에서 가지고 나온 것이 아니라 바로 실천에서 얻은 것이다.

그래서 가능하면 직종을 바꾸지 않는 것이 좋다. 물을 찾는 가장 좋은 방법은 무엇인가? 1피트 깊이로 백 개의 샘을 팔 것인가? 아니면 물이 솟을 때까지 계속 하나의 샘만을 팔 것인가. 기예는 경험의 축적에서 나온다. 일을 중도에서 그만두면 아무 쓸모가 없어진다는 단기지계(斷機之戒)다. 맹모단기(孟母斷機)에서 유래되었다.

사마천<사기>에 대도 도척이 졸개도적에게 가르치는 도적의 5도(道)가 있다. 그중 1도를 성(聖)이라 하여 집안에 간직한 재물을 밖에서 추측할 수 있는 능력이라 하였고 2도를 용(勇)이라 하여 선두에 서서 남의 집에 들어가는 것이라 했다. 3도를 의(義)라 하여 나중에 나오는 것을 말하며 4도를 지(知)라 하여 성공확률을 가늠하는 것이라 했으며 맨 나중의 도를 인(仁)이라 하여 훔친 재물을 공평하게 나누는 것이라 했다. 성공하는 도적에 있어도 이와 같은 어려운 도가 있음을 볼 때 하물며 성공하려는 기업인이 인종(忍從)의 상도(商道)를 연구하고 숙지하지 않아도 될까.

생각의 포인트

행동과 역량

세상에 쉬운 일은 없다. 모든 일은 인내심을 갖고 착실하게 해나가야 한다. 잘하면서 빨리 끝낼 수 있는 일은 매우 드물다. 급하게 성공을 이루려고 하거나 눈앞의 이익에만 급급하면 잘못을 저

지르기 쉽다. 높은 누각도 땅에서부터 시작된다. 꾸준히 쌓아갈 때 질적인 비약을 할 수 있다.

밭을 가는 경험을 축적하면 농부가 되고 나무를 쪼개고 파는 경험을 축적하면 목공이 되며 물건을 파는 경험을 축적하면 상인이 된다. 성공은 직선이 아니고 곡선이다. 성공은 완만한 누적 과정이자 학습과정이다. 높은 봉우리에 오르기 위해서는 한 발 한 발 내딛는 것부터 시작해야 하며 한 순간에 산 정상을 밟을 수는 없다. 성공은 지식 속에 있는 것이 아니라 지속적 행동 속에 있다.

기예의 유연성은 오랜 실천적 경험의 산출물이며 경륜이라는 단어로 표현되기도 하는 것이다.

삼국사기를 보면 한민족을 만든 민족사 제1인물이 김유신임을 알게 된다. 병권(兵權)을 쥔 제2인자로서 수십 년 간 태종무열왕과 문무왕을 모시고 통일대업에 정진할 수 있었던 비결은 무엇이었을까. 1인자인 왕과 병권을 쥔 2인자가 오랫동안 공존한 예는 세계 어느 나라에서도 발견하기 힘들다. 1인자가 군대를 장악한 2인자를 의심하는 순간 2인자의 운명은 형장이거나 쿠데타에 의한 역습이다.

김유신은 지성으로 1인자를, 왕들은 존경으로 그를 대했다. 부리는 왕과 부림을 받는 김유신 사이의 이런 신뢰관계가 과연 어떻게 형성된 것인가. 김유신은 꾀를 부려 누이 문희를 김춘추에게 시집보냈고 김춘추와 그 누이한테서 난 딸을 아내로 맞았다. 당시는 근친결혼의 풍습이 있었다. 문무왕은 김유신의 여동생의 아들, 즉 생질이기도 했다. 신라에 정복당한 가야왕실의 후손인 김유신은 이런 혈연관계를 통해서 신라왕족과 두 왕의 안심을 산 뒤 자신의 야망－삼국통일을 해낸 것이다.

권모술수와 전략전술을 겸비한 김유신이야말로 정치군인의 한 전형이었다. 「전쟁은 군인에게 맡기기엔 너무 큰 일이다」는 말이 있듯이 김유신이 순수한 군인이었다면 삼국통일은 불가능했을 것이다. 김유신은 권모술수에 통달하되 그것을 개인의 영달이나 집권이 아닌 민족통일국가 건설이란 보다 큰 차원의 명제로 승화시킨 인물이다.

권모술수를 좋은 말로 표현하면 유연성의 전략전술 중 하나다. 절대적으로 남성이거나 절대적으로 여성인 사람은 재미가 없다. 진정한 인간은 이 두 부분이 뒤섞여 있는 하나의 전체이다. 좌 뇌와 우 뇌. 이성으로 판단하는 부분과 직감적이고 본능적으로 받아들이는 부분의 조화가 필요하다. 사람들은 이 두 가지 특징을 전형적인 남성성과 여성성으로 여기는 경향이 있지만 전체를 포괄하는 홀리스틱(holistic)이다.

경영에 있어서 과학성은 무(武)의 의미를 갖는 기술이고 문(文)은 기예다. 문무의 겸비는 기술과 기예의 조화를 의미한다. 무(武)의 뜻을 지닌 기술이 없으면 그 경영은 허구로 끝난다. 그래서 우리는 경영학을 과학과 기술을 포괄하는 실천학문이라 부른다.

2) 관조 그 기예(技藝)의 세계: 기술자 특유의 기능

현철(賢哲) 「장자」어록에 이런 이야기가 있다. 제나라의 환공이 방에서 책을 읽고 있자니까, 뜰에서 수레바퀴를 깎고 있던 편씨 노인이 망치와 끌을 놓고는 뜰 위로 올라와 환공에게 공손하게 물었다.

「방해해서 죄송합니다만 지금 읽고 계신 책이 어떤 책인지요?」

「성인의 말씀이라네.」

「살아 계신 성인의 말씀이신지요?」

「아니, 이미 이 세상을 떠나셨다네.」

「하면 성인이 뱉어놓은 찌꺼기를 읽고 계시는군요?」

「네 이놈, 그게 무슨 말버릇이냐? 어째서 내가 읽고 있는 것이 성인이 뱉어놓은 찌꺼기라는 말이냐? 그렇게 말한 까닭을 설명해 보아라. 제대로 설명해 내지 못하면 목숨을 부지하지 못할 것이다.」

「제가 잘할 수 있는 일은 수레바퀴 깎는 일밖에 없으니까 이 일로써 설명하겠습니다. 수레바퀴 깎는 일 중에서 가장 어려운 일이 바퀴의 굴대 구멍을 깎는 일입니다. 왜 어려운고 하니, 너무 넓게 깎아놓으면 굴대를 끼우기는 쉬워도 헐렁해서 바퀴가 심하게 요동하고, 너무 좁게 깎아 놓으면 굴대가 빡빡해서 못 쓰기 때문이지요. 그런데도 저는 마음먹은 일을 손으로 잘할 수 있어서 크지도 작지도 않게 굴대 구멍을 깎을 수 있습니다. 깎을 수는 있어도 이것을 언어로 설명할 수는 없습니다. 그래서 제 아들에게 가르쳐주고 싶어도 가르쳐줄 수 없고, 제 아들은 배우고 싶어도 제가 설명할 수 없으니까 배울 수가 없습니다. 제가 일흔 살이 넘도록 이렇게 수레바퀴를 깎고 있는 것은 바로 이 때문입니다. 제가 제 기술을 아들에게 전하지 못하듯이, 공께서 읽으시는 그 성인도 정말 전하고 싶어 하던 것은 전하지 못하고 세상을 떠났을 것이니, 그 책에 씌어 있는 것은 고작 그 성인이 깨달은 바의 찌꺼기 같은 것이 아닐는지요?」 그래서 제 환공은 관조의 세계 : 기술자 특유의 기능(Engineer specific skill)이 있다는 것을 깨달았다는 것이다.

불립문자(不立文字)다. 깨달음은 말로서 이루어지는 것만이 아니라 마음과 마음의 교통에서 이루어지는 부분이 많다는 뜻이다.

이것이 언어와 문장으로 표현할 수 있는 형식지식과 다른 표현을 통하여 객관화 할 수 없는 절대암묵지식이다. 즉, 숙련된 노하우인 절대암묵지식을 공유할 수 있게 하기 위해서는 인간존중의 경영과 지식공유의 장(場) 및 그것을 수용할 수 있는 조직문화가 필요 된다.

3) 소프트웨어의 상승효과

인간의 능력발휘 즉, 소프트웨어의 상승효과(synergy effect of soft-ware)는 기업특유의 기술(firm specific technology)위에 기술자 특유의 기능(engineering specific skill)이 더하여 질 때 나타난다. 기술자 특유의 기능은 적당한 동기부여가 주어지면 상승효과는 배가된다.

매슬로우는 '인간이라는 동물은 순간을 제외하고는 만족할 줄을 모른다. 일단 한 가지에 만족하면 또 다른 욕구를 위해 움직인다.'라고 말했다. 베블린은 고잉 콘선(going concern)이라고 말했고 필자는 영원한 도망자라고 표현했다. 기대상승 신드롬(escalating expectation syndromes)이 존재하기 때문이다.

도표 10-1 욕구와 관련된 가치관의 이론

	매슬로우	허쯔버그	알더퍼	맥클리랜드
상	자아실현의 욕구	동기유발요인	성장의 욕구	성취욕구
	자존의 욕구			
↑	소속의 욕구		대인관계욕구	권력욕구
	안전의 욕구			
하	생리의 욕구	위생요인	생존의 욕구	친화욕구

예를 들면 고객만족도 측정이 중요한 것이 아니다. 그 만족도를 향상시키기 위한 노력이 중요하다. 진행형으로의 역사를 만들어 가야 생존한다는 것이다. 현 상태를 불만스럽게 생각하는 인간의 성향이 다시 현 상태를 개선시키는 추진력이 된다. 뒤 짚어 생각해보면 인간의 이런 성향이 곧 고객의 성향이다. 그래서 사고의 유연성을 강조하는 것이다. 그래야 고객에 앞서 고객의 마음을 읽게 된다.

4) 노동과 임금

임금이란 근로기준법 제18조에서 규정한 바와 같이 사용자가 근로자의 보상으로 근로자에게 임금, 봉급 기타 어떠한 명칭으로든지 지급하는 일체의 금품을 말한다.

(1) 노동대가로서의 임금
(2) 노동력 수급가격으로서의 임금
(3) 노사의 교섭가격으로서의 임금

노사 당사자의 교섭가격으로 임금을 결정하는 주요 요인으로 다음 3가지, 즉 생계비, 기업지불능력, 생산성을 들 수 있다.

법률적으로 임금은 노동의 대상으로 지급되는 일체의 금품으로 정의되지만 임금개념의 범위는 기본급에서부터 노무비 혹은 인건비에 이르기까지 다양한 범위로 해석되고 있다.

협의의 임금은 경제적 임금으로서 기본급, 기준임금, 통상임금, 월정임금, 정액급여, 총액임금 및 평균임금 등 수많은 용어로 개념을 정의하고 있다.

한편 구미의 경우 이러한 경제적 임금개념보다 큰 범위의 임금개념으로서 보상(compensation)이라는 용어를 사용하고 있다.

우리나라 기업에서는 현재 근무라는 종업원들에 대해서 기본급, 수당, 상여, 복리후생 외에 회사를 퇴사하는 사람에게 퇴직금을 지급하고 있다.

퇴직금은 종업원의 퇴직으로 고용관계가 소멸된 경우에, 노동계약이 정해진 규정 등에 따라 사업주 또는 퇴직 관리기관으로부터 해당 종업원에게 지급하는 급부로서 퇴직 시에 지불하는 퇴직일시금과 퇴직 후 계속적으로 일정기간 지불하는 퇴직연금을 총칭한다.

퇴직금의 성격에 대해서 지금까지 논의되고 있는 주요한 견해로는 임금후불설, 공로보상설, 생활보장설 3가지를 들 수 있다.

5) 21세기의 노사관계: 지배 없는 발전

분쟁 없는 노사관계를 유지하기 위한 경영자의 기본 마인드가 생이불유(生而不有)가 되어야 한다. 살아 있으되 존재치 않는 듯한 겸양의 의미와 함께 소유가 없는 생산의 의미로도 해석될 수 있다. 인간존재의 최대비극은 바로 자기가

生하는 모든 것을 자기가 소유하려는데 있다. 자식을 낳아도 자식을 "내 자식"이라 하여 소유하려 하고, 내가 깨우쳐 얻은 지식은 "내 지식"이라 하여 나만 소유하려고 애쓴다. 내가 애써 만든 회사를 "내 덕분에 이루어진 회사"라 하여 내가 좌지우지하려 하고 그 속에서 왕 노릇 하려고 애쓴다. 인간의 모든 행태가 이러한 독점 소유의 패턴 속에 있기 때문에 소유쟁탈이 일어나게 된다. 그러나 자연의 마음을 배워 보라! 풀 한 포기도 새로 솟아나게 한 새싹을 헌 싹이 소유하려고 하지 않는다. 새싹은 헌 싹에 의하여 소유되지 않기 때문에만 또 다시 새싹을 낳을 수 있는 것이다. 헌 싹이 새싹을 소유하면 그 새싹은 끊임없이 생성할 수 있는 길을 차단당하게 되고 곧 시들어버리고 마는 것이다.

지배하려하지 않는 장이부재(長而不宰: development without domination)의 마음을 가져야 한다. 生하되 生한 결과를 내가 독점하여 소유하지 않을 때, 당연히 지배나 권위나 고착적 가치가 성립하지 않을 것이다. 즉 생은 끊임없는 생성의 과정이며 한 시점의 창조가 아니라 영속되는 시점의 창조인 것이다. 그러므로 생이불유(生而不有)의 生은 영원한 과정일 수밖에 없다. 그래서 인간이 生하게 한 기업경영에 있어서도 과정이 중요시된다.

진정한 생이불유는 득어망전(得魚忘筌)할 줄 알 때 이루어진다. 득어망전의 첫째 의미는 베풂을 받은 인간은 그 사실을 쉽게 잊어버린다는 뜻이며 둘째 의미는 한 가지 소기의 만족이 있으면 목적 달성에 기울인 공을 잊어버려야 한다는 것이다. 그래야 소유하지 않은 섭섭함이 남지 않는다는 것이다. 강을 건넌 후 뗏목은 버려야한다.

손자병법에 상하동욕(上下同欲)이라는 말이 나온다. 상하간의 동일한 목적을 가진 자가 승리한다는 뜻이나 인간은 높은 사람이나 낮은 신분의 사람이나 동일한 욕심을 갖는다는 의미도 갖는다. 욕망을 가진 인간이해에 도움이 되는 말이다. 내가 원하는 만큼 상대도 원한다는 것을 알면 실패의 확률을 줄일 수 있다.

국내 요식업 폐업원인 1위가 종업원의 비협조로 통계되는데 이는 종업원의 문제이기에 앞서 업주의 나눔의 마인드 부족에서 기인하는 현상이다. 고객의 수 증가에 비례하여 종업원의 피로도가 상대적으로 증가한다는 것을 볼 줄 알아야 한다. 볼테르는 논어(論語): 계씨(季氏)편을 인용하여 갈등의 근원을 '가난한 것이 문제가 아니라, 고르지 못한 것이 문제며, 적은 것이 문제가 아니라 차별이 문제라 하였다.'

생각의 포인트

토사구팽

한 무리의 사냥개가 포수와 함께 십여 년을 지내면서 많은 일을 해왔다. 그러나 나이가 들면서 다리의 힘이 빠지고, 눈도 나빠져서 잡아오는 사냥감의 양이 점점 줄어들었다.

어쩔 수 없이 포수는 젊은 사냥개를 사왔다. 늙은 사냥개의 지혜와 젊은 사냥개의 활력이 조화되어 잡아오는 사냥감이 늘어나 포수는 매우 기뻐했다. 주인이 기뻐하는 것을 본 젊은 사냥개는 더욱 열심히 일했다. 그러나 늙은 사냥개들의 상황은 세월이 가면서 더욱 참담해졌다. 얼마 후 포수는 이 늙고 비실비실한 사냥개를 탕국의 재료로 써 버렸다.

그날부터 젊은 사냥개가 파업을 시작했다. 포수가 화가 나서 말했다. "내가 너에게 못해준 게 뭐있냐, 아늑한 잠자리에서 살게 해줬지, 때때로 쉬게도 해줬지, 너는 은혜도 모르는구나, 어떻게 이렇게 양심이 없냐!"

젊은 사냥개가 그에게 말했다. "주인님, 지금 내가 건강하고 강해서 먹을 것도 있고 마실 것도 있지만, 늙으면 예전의 사냥개처럼 탕에 넣어버릴 것 아닌가요?"

생각의 포인트

오늘의 경영

성공하기 위해서는 항상 순간에 살아 있어야 한다. 현실 적응의 순발력이기도 하다. 지나간 과거나 불확실한 미래 때문에 순간을 소홀히 스쳐 보내는 것이 아니라, 항상 순간순간은 있는 그대로 맞을 수 있을 때 성공의 길로 접어들 수 있는 것이다. 또한 세상에 태어나 삶이 주어지는 가장 큰 목적은 삶을 풍요롭게 하는 데 있다. 삶을 풍요롭게 하는 것은 현실에 충실했을 때 가능하다. 과거에 사로잡히면 과거의 어둠이, 미래에 사로잡히면 미래의 수많은 상념들이 그를 짓누른다. 그래서 과거와 미래로부터 자유로운 사람이 적극적인 삶을 살 수 있으며 행복의 콧노래를 흥얼거릴 수 있다.

생각을 들여다보자. 생각은 떠올랐다 잠시 머물고 곧 사라진다. 과거는 이미 지나갔고, 미래는 아직 오지 않았다. 또한 우리가 지금 겪고 있는 현재의 생각은 금세 과거가 된다. 우리가 실제로 지닐 수 있는 유일한 것은 바로 이 순간뿐이다.

결과에 관심을 집중시키면 과정에 기울이는 힘은 약해진다. 체계는 무너지고 변명과 비난이 난무하는 가운데 에너지가 상실된다. 또한 내일 하겠다는 자선은 선이 아니다.

길을 가다가 비를 만난다. 햇살이 비칠 날을 기다린다. 오늘은 일곱 빛깔 무지개와 함께 맑게 갠 하늘을 만났다. 내일의 날씨는 내일이 걱정해줄 일로 미루고 오늘은 기쁜 감사의 노래를 부른다. 삶의 진정한 의미는 그 과정에 있다. 연속되는 현재에 자신의 선택을 즐길 줄 아는 능력, 그것이 진정한 자유다. 우리는 지금 이 순간을 산다. 어제의 비로 오늘의 옷을 적시지 말고 내일의 비를 위해 오늘 우산을 펴지 말아야한다.

실체는 고정된 현상이 아니다. 어제의 생각으로 오늘을 대비하면 실패한다. 어제의 생각으로 고정된 의사결정을 한다면 그 것은 이미 죽은 경영이다. 내일이 오면 내일을 기쁨으로 맞지 못하게 된다. 오직 그때의 반응만이 실체와 부합할 수 있다. 그래서 오늘이 제일 중요한 때이며 오늘 만난 사람이 가장 중요한 사람이다. 오늘의 일은 오늘의 살아있는 정신으로 처리해야 한다.

5 창업정신

21세기의 초를 경제활동에 참여하는 모두가 느끼게 되는 불확실성의 시대 즉, 새로운 도전의 시대라 부른다. 자세히 들여다보면 하나의 거대한 변화의 흐름이 존재함을 알 수 있다. 아울러 변화의 적응을 위한 고뇌와 갈등이 발전의 자양분이 되고 있음을 감지할 수 있다. 달의 중력(lunar gravity)에 의해 일어나는 간만현상이 찰랑거리는 파도의 표면이라는 불확실성을 일으키나 정체되어 썩지 아니하는 심연을 만들어 가는 것과 같다.

배의 예를 보자. 시대의 변화에 따라 배를 만드는 소재와 그것을 움직이는 동력의 종류까지도 바뀐다. 그러나 배의 방향을 결정하는, 조타기능을 수행하는 키의 존재 목적은 변하지 않는다는 것이다. 이와 같은 부분이 경영에도 있다.

神이 창조한 피조물의 인간은 신을 닮아 있다고 한다. 그래서 인간이 창조한 기업 또한 인간을 닮아 있을 것 같은 생각이다. 경영은 인간 드라마를 펼치는 건곤의 무대활동이며 비즈니스는 인간적인 관계성 속의 적자생존을 위한 고뇌이기 때문이다.

삶의 과정에서도 마찬가지의 간만현상이 존재한다. 인간은 神이 선물로 부여해준 자유의지에 의해 보다 나은 무엇을 추구하며 고뇌하는 의사결정의 연속적인 과정 속에서 수월성을 획득하기도 하며 이의 비교를 통하여 행·불행을 가름하기도 한다. 이러한 과정 속에서 인간은 자기현존의 불완전성을 느끼게 되며 보다 완전에 가까운 불완전을 성취하기 위해 투쟁한다. 과부족의 환경 제약조건들(constraints)을 최대로 극복하고 평형(equilibrium)의 상태를 확보하기 위해 노력하며 이의 달성이 성취되는 순간 또다시 드높은 목표달성을 위해 과부족이라는 부등호의 상태를 느끼게 된다.

그래서 인간은 인간 스스로 만든 수월성 추구의 욕망에 의해 영원히 좇기는 도망자 신세가 되어 버렸다. 이것을 부등호의 삶이라 하며 이러한 과정을 창조적 파괴를 통한 도망이라 부른다. 삶의 조석현상이라 할 수 있겠다. 그래서 삶의 진정한 의미는 善에 바탕을 둔 투쟁의 연속선상에서 찾을 수 있다.

수 천년 전 노자는 가장 좋은 마음의 덕목은 물과 같은 것이다라고 하여 상선약수(上善若水)라 하고 자연의 모습을 유지하기 위한 꾸밈이 없는 무위(無爲)의 마음을 갖도록 노력하여야 한다고 주장하였다. 빔의 뜻을 가진 여기서의 '무위'

는 노력의 행위를 수반한 위무위(爲無爲)를 뜻하는 데 이는 오늘날 우리가 경영학에서 이야기하고 있는 환경제약 요인들을 최대로 극복하고 평형의 상태를 확보한 상황을 은유하고 있는 것이다. 행위가 현실과 절묘한 조화를 이루기 때문에 괴리가 없다는 것이다. 선악미추 장단고저를 거울에 비추어 보듯 꾸밈이 없는 자기인정의 상태며 행복의 순간이다.

생각의 포인트

빔

어느 부자 사업가가 바닷가를 지나다가 한 어부가 배 곁에 드러누워 빈둥거리고 있는 것을 보고 어처구니 없어하며 물었다.

"왜 고기잡일 안 나가시오?"

"오늘 몫은 넉넉히 잡아 놨지요."

"필요한 것보다 더 많이 잡으면 되잖소?"

"그래서 뭘 하게요?"

"그러면 돈을 더 벌 수 있지요. 그 돈으로 당신 배에 알맞은 발동기를 살 수도 있고, 그러면 더 깊은 데로 가서 고기를 더 많이 잡을 수 있고, 그러면 또 돈을 더 장만해서 나일론 그물을 갖출 수 있고, 그러면 또 더욱 고기를 많이 잡을 수도 있고, 그만큼 많은 돈을 벌 수 있지요. 그리고는 얼마 안 가서 당신은 거대한 선박을 여러 척 거느리게 될지도 몰라요. 그렇게 되면 당신도 나처럼 부자가 되는 거지요."

"그리고는 뭘 하죠?"

"그리고는 편안히 앉아서 삶을 즐길 수 있죠."

어부는 흐뭇한 미소를 지으며 이렇게 말했다.

"당신은 지금 내가 뭘 하고 있다고 생각하시오?"

평형 즉 빔은 무위적 질서의 상징으로 출발을 준비하고 있는 허(虛)로써 중앙의 무규정성(the unconditioned)을 의미하는 것이요, 무한한 가능태를 의미하며 조석현상의 경계점이다. 잠태로서의 虛는 인간 본연의 욕망에 의해 끝없는 유혹을 받기 때문에 고뇌와 갈등이 없이 유지되지 않는 잠재성(potentiality)이기도 하다. 함이 없음(無爲)은 아무 것도 하지 않음이 아니다. 빔을 유지하려는 것이며, 자연스러움(what is so of itself)의 평형유지를 위한 긴장이며 투쟁이다.

허로서의 공(空)은 달성할 수 없는 무능력을 감추는 자조가 아니다. 이것은 모든 것을 던져 버려서 아무 것도 없는 텅 비어 있는 상태의 느낌보다는 오히려 더욱 풍부한 열림의 세계로 뛰어들게 되는 경험이다. 그러기에 공은 배제하기보다는 포용한다. 부정하기보다는 긍정한다. 이것은 실제로부터 움츠러드는 도피가 아니라 툭 트인 광활함의 상태로 마음이 열리는 것이다. 허(虛)의 공(空)함은 청정함의 어떤 의미를 갖기도 한다. 우리는 지혜로운 수동성이라고 표현하는 데, 그것은 마치 뛰어오를 준비를 한 호랑이, 혹은 작전준비를 끝내고 공격명령을 기다리는 군대처럼, 사려 깊고, 생기 충만하며, 그리고 완전히 깨어 있는 상태이다. 깨어 있다는 것은 긴장과 스트레스의 상태이다. 그래서 감내할만한 스트레스는 삶의 활력소라 부르기도 한다(stress is the spice of life).

또한 그는 우주의 근원을 살아 있는 물이라 보고 태일생수(太一生水)라 하였다. 물은 흐르지 않으면 썩는다. 물은 차이가 있을 때는 흐르지 않는 법이 없다. 그러나 평균에 이르게 되면 스스로 멈춘다. 이것이 물의 의로움이며 형평작용(equilibrium function)이다. 기업경영에 있어서는 만족의 해다. 적응성(accommodation)이다. 물은 자기 홀로 항상 밑으로 간다. 이것의 물의 겸양의 미덕이다. 낮춤이야말로 도(道)가 깃드는 곳이요. 왕자의 그릇이다. 수평이야말로 모든 형량의 으뜸이며 물의 무색이야말로 모든 색깔의 바탕이다.

그러나 물은 자신을 낮추지만 사실 아니 올라가는 곳이 없으며 위기의 변화에 극적으로 순응한다. 급강하는 상황을 만나면 폭포의 웅혼한 목소리를 내기도 한다. 모세관작용을 통해, 기화작용을 통해, 훨훨 타오르는 불구멍에까지 없는 곳이 없다. 자신을 항상 낮추면서도 무소부재(omnipresence)의 능력을 보지하고 있는 것이다. 이것이 21세기 승리하는 경영자의 물의 지혜를 의미한다. 자본주의에서 최고의 미덕으로 간주되어온 효율 극대화(efficiency maximization)가 갖는 불안전성 즉, 비극을 보완시켜 주는 것이 虛의 道다. 즉 유연성(flexibility)의 여유이기도하다. 군자표변(君子豹變)이다. 변화를 수용해야할 상황에서는 과감한 변화를 도모할 줄 알아야 한다는 것이다. 그래서 손자는 병형상수(兵形象水)라는 단어를 자주 사용했다.

유약자생지도(柔弱者生之徒)다. 사람은 부드럽고 약하게 태어나서 죽으면 뻣뻣하게 굳는다는 것이다. 굳으면 죽음이 가까이 오고 있음을 감지해야한다. 그래서 물의 마음을 배워야 한다. 한국대학교의 입시 커트라인이 380점이라고 하자. 그런데 우리는 내 자식이 380점으로 합격했을 때 환호성을 지르며 최고의 선택이었다고 말할 것이다. 그러나 이것은 비극이다. "380－380＝0의 虛"이기 때문에 학업을 제대로 성취할 수 없게 된다. 그 과정은 괴로움의 연속이 되며 무간지옥(無間地獄)이 된다. 유동성의 상실이다. 경영은 순간 최대 능력을 발휘하는 역도의 용상들기가 아니다. 항상 여력이 남아 있어야 언제 어느 방향에서 불어올지 모르는 변화의 바람을 견딜 수 있게 된다.

기업들은 경쟁력 확보를 통한 생존을 위해 새로운 관리방안들과 혁신기법들의 개발을 통해 수월성을 추구하며 끝없이 달려가게 되며 경쟁자의 추월을 염려(concern)하는 영원한 도망자가 된다. 변하지 않는 것이 없다는 제행무상(諸行無常)이다. 과거 성공경험의 포로가 되어 안주하면 도태된다는 의미다.

긍정적 사고에 의한, 발전을 위한 현실부정을 우리는 창조적 파괴라 부르며 이를 위해 끝없는 고뇌를 하게 되는데 이것을 경영학적 용어로 고잉컨썬(going concern)이라 부른다. 여기서 컨썬이 주는 염려와 고뇌의 의미와 워리(wary)라는 단어가 가진 염려와 고뇌의 의미가 다르다. 워리는 잘못된 것에 대한 염려의 의미가 강하며 컨썬은 잘하고 있으나 보다 더 나은 방향으로의 발전을 희구하는 깊은 애정이 포함된 염려, 즉 관심를 의미한다.

공자의 학즉불고(學則不固)다. 자기수정을 위한 새로운 지식의 습득은 아집과 집착으로 고착화된 마음을 여는 것이라 했다. 즉 마음의 유연성 확보다. 베블린의 고잉컨썬과 같은 내용이다. 베블린은 근대의 경영학자이며 공자는 수 천년전의 사상가이며 정치가다. 진리에 있어 시간과 공간의 차이가 없음을 본다.

1) 전략적 기업가

기업가는 언제나 변화를 탐색하고, 그것에 대응하고, 그것을 기회로 활용하여 독특한 방법으로 생산성과 성과가 낮은 분야에 투입된 자원을 생산성과 성과가 높은 분야로 이동시키며, 적절하고도 이익이 기대되는 분야에서 기존의 자원이 갖고 있는 부를 창출하는 잠재력을 향상시키며 이를 최적으로 활용하는 사람이다. 구매는 소비자가 만들어 내는 것이 아니라 기업가가 만들어 낸다는 생각을 가진 사람이다.

2) 전략적 기업가정신

기업가정신이란 개인적인 개성과 성격의 문제라기보다는 경영의 개념과 경영기술을 적용하는 실천적 행동양식의 문제다. 기업가정신의 기초는 행동과 정책과 실천의 문제라는 개념과 이론에 바탕을 둔 직관력이다. 경제와 사회에 대한 이론과 실천적 경영이론에 기초를 두어 보다 효율적인 방향을 향해 고유한 특성을 만들어 가는 현상파괴정신이 기업가정신이다. 현상파괴정신이란 새로운 것 그리고 기존의 것과 다른 것을 꾸준히 창출하려 하는 고뇌정신이다. 변화를 위한 고뇌는 갈등의 모체가 되며 갈등은 생명현상이다. 갈등의 끝은 새로운 기업(起業)의 출발점이며 조직이 살아 역동하고 있다는 증거다. 지식 경영의 시대에서는 조직구성원 또한 외부적 보상요인으로서는 조직의 동기부여가 되지 않는다. 조직구성원 자신들로부터 우러나오는 정신에서 기인된다.

3) 전략적 기업가정신의 발휘

기업가정신의 발휘는 변화의 과정에 존재하는 위험의 수위를 경영의 합리적 방법으로 최소화시켜 성공확률을 높이는데 있다. 이는 경영의 과학성과 실천적 경험에 기초를 둔 기예성을 바탕으로 목표 지향적 혁신을 추진하는 데서 얻어지는 결과다. 자신들이 하는 일이 무엇인지를 분명하게 규명하며 신념을 가지고 추진한데서 얻어지는 결과다.

단순한 투자사업가와 기업가가 다른 점은 경영의 개념과 기술을 적용하고, 시간낭비의 조직구조상의 문제점을 해결하고, 표준화하여 생산성을 향상시키고, 프로세스와 기구를 디자인하고, 종업원이 해야 할 일을 분석하고 훈련시키는 경영관리의 과정을 적용시키는 등의 창조적 파괴 정신을 가지는데 있다. 목표를 달성하는 경영자의 임무는 개개인이 가진 온갖 강점, 능력, 야망을 활용하고 그리고 그의 때(know your time)를 알게 하여 조직의 전반적인 성취능력을 크게 증진시키는 것이다. 궁극적으로 기업가 정신의 방향이 고객중심의 행동양식을 가지고 조직구성원의 생존발전에 맞혀져 있어야 투자사업가와 구분될 수 있다.

생각의 포인트

실천적, 창조적 파괴

오니스카 기하치로는 농구화 밑창이 미끄러워서 운동하기가 어렵다는 선수들의 불평을 듣고 새로운 농구화를 개발하기로 마음먹었다. 오랫동안 연구하며 고민하던 어느 날, 문어요리 식사를 하던 중 문득 문어 다리에 달려 있는 동그랗고 커다란 빨판을 보게 되었다.

"옳거니! 농구화 밑바닥을 이 빨판 모양으로 만들면 되겠군!"

그는 이 구상을 실행에 옮겨 빨판 모양의 밑바닥을 가진 농구화를 만들었다.

6 갈등관리

1) 갈등이론

칡과 등나무 덩굴은 서로 감고 올라가는 방향이 다르다. 칡은 오른쪽으로, 등나무는 왼편으로 감아 올라가며 자란다. 그래서 둘이 같은 장소에서 자라면 얽히고설키며 서로를 옭아맨다. 칡 갈(葛)과 등나무 등(藤)의 얽힘과 다툼이 바로 갈등이다.

창조적 파괴과정에서 컨플릭트(conflict)가 발생할 수 있다. 이는 기업갈등 또는 기업대립이라고 번역되는데, 그것은 일정 목적을 달성하기 위해 대체안 수단의 합리적인 선택을 행하는 의사결정의 표준적 메커니즘이 저해되어 의사결정에 도달할 수 없는 사태의 순간을 말한다. 이와 같은 갈등에는 개인적 갈등, 조직적 갈등, 조직간 갈등의 3종류가 있다. 갈등은 양면성을 포용하지 못하는 것에 대한 심려를 뜻한다. 갈등은 존재의 여백이요, 포용의 여지다. 갈등은 남김이다. 갈등은 평형에서의 운명적이며 부득이한 새로운 출발이다.

갈등의 발생은 반드시 역기능적인 것만 아니고, 그것은 "진보나 혁신을 낳게 하는 모체의 역할을 하기도 한다. 그러나 조직내의 투쟁이나 파벌조성으로 악용되거나 최악의 경우에는 조직의 협동체계가 허물어지는 결과를 가져올 수도 있다. 따라서 갈등은 건설적으로 해결되어야 한다. 그러나 그것이 쉽지 않기 때문에 경영이 쉬운 것이 아니라는 것이다."

갈등은 살아 있다는 증거며 신이 인간에게 내린 축복중의 하나며 발전의 원동력이다. 갈등은 관계성 속에서 일어나는 생명현상이다. 관계성이 좋을 때 갈등이 미세해져 인식하지 못할 뿐이다. 만남의 중요성이 적을 때 인간은 갈등을 회피할 수 있다.

회피 할 수 없는 만남이 지속적이고 반복적으로 이루어 져야하는 영역이 있다. 그 것이 만남이 핵심이 되는 비즈니스이다. 그래서 경영이 어렵다는 것이며 건강한 기업가정신을 소유한 리더의 리더십만이 갈등을 실타래위에 실을 질서정연히 감아 가듯이 원만히 해결해 낼 수 있다.

2) 생명체이론

세계 최고의 부자인 빌게이츠는 (빌게이츠@생각의 속도)라는 그의 저서에서 기업체를 생명체 또는 인체의 신경계에 견주어 고찰하고 있다. 기업의 디지털 신경망이 어떻게 구축되어 활용되고 있느냐에 따라 기업의 우열이 결정된다고 보는 것이다. 이것은 새로운 21세기의 문명체계가 생명사상을 바탕에 깔고 있음을 말해주는 것이기도 하다. 우주의 체계와 생명의 체계, 나아가서 인간의 신체조직의 체계가 별것이 아니고, 기업경영 또한 이러한 체계와 동떨어질 수 없다는 이야기다.

생물체는 자기조직화에 의해서 영위되며, 인간이 간섭하지 않는 한 훌륭하고 효율적으로 균형을 잡아간다. 글로벌 경제를 포함한 모든 시스템은 자기조직화에 의해서 기능을 발휘하고 있다. 그리고 자기조직화가 허용되면 될수록 생존이나 진보의 기회도 증가하는 것이다. 시장경제의 원리이다.

생명체가 갖는 하나의 특질은 정보환류의 고리를 사용함으로써 자기수정이나 자기조절이 이루어진다는 점이다. 이것은 유기체 모두에서 나타나는 생물의 기본적인 특징이다. 인간의 체온조절은 잘 알려진 예이다. 신체는 춥거나 더운 환경에서 환류된 정보에 반응하고 이것을 기초로 해서 근육의 움직임이나 땀의 양을 조절한다. 이 경과의 관계에서도 그 고리는 중요하다. 그리고 회전의 세계에서 환류는 상당히 엄밀하기 때문에 살아남기 위해서는 자기수정을 가해야 한다. 그렇지 않고 그 생명체가 환류를 무시하거나 충분한 자기수정을 거부할 경우 도태된다. 살아 있다는 것은 정보의 능동적인 유지와 교환이라고 표현할 수 있을 것이다.

글로벌 경제의 예에 있어서도 마찬가지다. 글로벌 경제가 기계와 같은 구조가 아닌 것은 분명하다. 경제를 움직이고, 정확한 경제예측을 가능하게 하는 기계적이고 결정론적인 법칙은 전혀 존재하지 않는다. 우리가 벤처기업의 정신과 인적요소를 크게 강조함으로써 명확히 하고자 생각하는 것은 경제가 거대한 생물체라는 것이다. 어떤 특정한 목적이나 의도에 따라 움직이고 있다는 의미에서 그러하다는 것이 아니다. 이는 경제가 어떠한 생물체 혹은 생물사회에서 나타나는 원칙에 의해서 작동되고 있기 때문이다.

물리학의 모델이나 예는 기계론적인 세계관을 위주로 한 산업시대에는 적절하게 잘 사용되어 왔다. 상징적인 예를 들면 에너지 집약적, 직선적, 거시적, 결정론적, 확대지향적이라는 용어들이다. 이들 개념은 경제이론이나 모델에서도 크게 활용되어 왔다. 주로 거시적인 경제의 견해를 바탕으로 직선적이고 결정론적인 경제예측이 이루어졌다.

경제학에서의 기회비용이론을 보자. 세계 최대의 거부인 마이크로소프트의 빌 게이츠가 길을 가고 있는데 10만원이 떨어져 있다고 하자. 이 때 돈을 줍는 것이 현명한가? 그냥 지나치는 것이 현명한가? 그의 재산이 900억 달러이고, 창업한지 대략 25년이 되니 이자수익을 무시한다면 매초당 114달러, 즉 14만원 가량을 버는 셈이다. 기회비용을 이해하고 있는 경제학자는 그냥 지나치라고 권한다. 그가 허리를 굽혀 돈을 줍는 시간의 기회비용이 줍는 돈보다 많기 때문이라는 것이다. 그러나 경영학에서는 그가 허리를 굽혀 돈을 주우면서 자기의 갈 길을 동시에 가라고 권한다. 인간은 동시성 추구가 가능한 다기능적 존재로 인식하고 있기 때문이다.

지식산업의 시대에 대한 특징으로서 직선적이고 결정론적인 것이 사라진 것은 분명하며, 거시경제학자의 '안목'을 갖고서는 지금부터 일어나는 경제발전의 원천적 동력을 이해하는 것은 불가능하다. 그래서 미래는 분명 과학과 예술(science and art)의 영역을 포괄하는 실천학문인 경영학의 시대다.

자연이나 생물학을 중시하며 기업을 생명체로 표현하며 이 책을 기술하는 것은 그 속에서 배울 것이 많다고 생각하기 때문이다. 자연이나 생명체는 혼돈스럽거나 복잡하게 보일지도 모르지만, 전체적으로 보면 아름다운 조화를 유지하고 있다. 자연은 패러독스(paradox)와 잘 공생하고 있으며, 패러독스 위에서 번영하고 있다고 말해도 좋다. 그리고 그것이 앞으로 우리들이 마음의 준비를 함에 있어 필요한 것이다. 혼돈 속의 조화나 조화 속의 혼돈과 같은 것은 가능할 뿐만 아니라, 오히려 건강한 생물체마다 나타나는 자연적인 상태인 것이다.

- 달의 인력에 의한 간만현상과 소금성분에 의해 바닷물은 썩지 않는다. 인간에 있어서는 군자불기(君子不器)다. 남다른 자는 그릇처럼 국한되지 않는다는 것이다. 보다 크고 넓은 적응성을 가진 자를 일컫는다. -

7 조직과 리더십

1) 경영활동과 조타의 기능

기업을 배라면 경영활동을 조타의 기능이라 할 수 있다. 경영에 있어 경제지표 등 분편적 이론들은 목표설정을 위한 참고자료이지 경영활동의 지표가 되어서는 아니 될 것이다. 경영학은 경영에 관한 인식론이다. 경영지식이 주는 유용성의 폭에 대한 인지가 어려운 영역이 존재하며 대학교에서 대학의 여러 기능들을 둘러 본 후 대학교는 어디에 있느냐고 묻는 범주오류(category mistake)를 범할 영역이 존재하는 학문이기도 하다. 그래서 경영 의사결정은 행동시스템(behavioral approach)에 기반한 학제적(interdisciplinary approach) 접근을 해야할 것이다. 감성적이 아닌 이성적 접근을 통한 경영관리를 추구해야 하지만 감성훈련도 충분히 되어 있어야 한다.

삶도 마찬가지다. 시간성으로 보면 뜬구름 한 점 모였다 흩어짐과 같다. 허무라는 범주오류를 범한다. 그러나 역사성으로 보면 새로운 역사의 한 페이지를 만들어 가는 발걸음이며 보람이다. 그래서 경영학에서의 능력배양 훈련은 향기가 옷에 배어드는 듯한 훈습(燻濕)의 역사와 같은 의미를 지닌다. 향기로운 사람 즉, 유용한 경영인이 된다는 것이다.

높이뛰기를 할 때 맨손으로 뛰어오르면 몇 미터를 뛰어 오르지 못한다. 그러나 긴 장대 하나를 손에 쥐어 주면 몇 배의 높이를 뛸 수 있게 된다. 이것이 경영이다. 본서를 통하여 기업의 유지·성장과 경쟁의 역동적 원리를 이해하여 경쟁력을 갖기 위해서는 찰랑거리는 파도의 표면이 아니라 흔들리지 않으면서 정체되어 썩지 아니하여 생명력을 영존 시켜 가는 깊은 바다의 안목 즉, 원리에 깊은 뿌리를 두고 변화를 추구하는 기업관리의 기본원리를 이해하게 되기를 바란다. 비 오는 날에도 가려진 뒤편에 태양은 있다. 그것은 늘 거기에 존재한다.

기업경영이라는 배의 조타수가 리더다. 주역괘사(周易卦辭)에서 리더를 의리적 측면에서 해석한 왕필(王弼)의 정의를 보면 건원형이정(중천건괘)(乾元亨利貞(重天乾卦))을 하늘이라 하였다. 크고 형통하고 이롭고 바른 것으로 해석하였다. 리더는 하늘이 사계절의 변화에 따라 만물을 소생하게 하고 자라게 하고 열매 맺게 하고 갈무리하게 하듯 조직의 처한 상황이나 성장단계에 따라 그에 맞는 리더십을 펴야 한다. 리더는 상위자와 하위자 간의 관계가 선하고 변함이 없고 바른 관계가 되도록 함으로써 서로 아끼고 따르고 도울 수 있는 풍토를 만들어야 한다. 조직 구성원이 일을 보다 더 잘 수행할 수 있도록 만드는 사람이다.

생각의 포인트

리더의 덕목

고대 그리스·로마 시대의 리더십을 정리해 본다. 리더라면 영악하고 혈기왕성하며 신중하고 사나우면서도 눈치도 빨라야 한다. 온화하면서도 잔인하고 직설적인 동시에 계산적이고, 파수꾼이면서도 도둑이자 후하면서도 탐욕스럽고 아낌없이 주면서도 챙길 줄 알고, 방어적인 동시에 공격적이어야 한다. 표면적으로는 민주주의자이나 사실상 일인지배의 독재를 추구하는 자이다. 그 밖에도 많은 자질들이, 타고났든 아니면 연구해서 얻든 훌륭한 리더가 되려는 사람이 지녀야 할 것들이다.

진정한 리더가 갖추어야 할 덕목－설득력, 인내심, 풍모, 수용, 인자함, 일관성, 정직.

훌륭한 리더들의 공통점－박학다식, 관용의 성격, 진보적 성향, 강한 자신감, 굳은 의지, 창의적인 사고, 날카로운 통찰력, 정책 결정 능력, 협력 의지, 조직능력.

조타, 현명한 관리란 독단적으로 판단하지 않고 민주적으로 다수의 의견에 전적으로 의지하지 않으면서 때로 홀로 행하는 것이다. 민주적 관리는 만병통치약이 아니다. 그것이 유일한 리더십이 아니다. 때로 투표할 시간조차 없는 상황도 많다. 그래서 경영에 있어서는 선(善)에 바탕을 둔 덕망 있는 독재자가 필요하다. 경영이 어려울 때 '지금 이 정상의 자리에는 저 혼자입니다'를 외칠 수 있는 경영자가 되어야 한다.

도표 10-2 노부나가, 히데요시, 이에야스의 리더십 유형 분석

	오다 노부나가	도요토미 히데요시	도쿠가와 이에야스
리더십 스타일	카리스마형	상황 판단형	인화형
원 칙	결단력 추진력 무단(武斷)	기지와 수단 용의주도 지모(智謀)	인간 관리 관계조정
특 징	과감한 추진 공격성(적극성) 독선적인 경향	변화 인식 상황 판단 탄력적인 대응	인간 관리 관계 조정
기업에의 적용	창업단계인 기업에 적합 (과감한 경영을 통한 경쟁에서의 승리)	성장기의 기업에 적합 (탄력적인 경영을 통해 조직의 성장 유도)	성숙기의 기업에 적합 (안정적인 경영을 통해 효율성, 안전성 극대화)

생각의 포인트

도불원인(道不遠人)

중용(中庸) 제13장에 나오는 단어로 길 도(道), 아닐 불(不), 멀 원(遠), 사람 인(人)의 도불원인(道不遠人)이 있다. 직역하면 도가 사람에게서 멀리 있지 않다는 뜻이다. 사람이 도요 도가 곧 사람이니 사람의 도리로써 사람을 다스리다가, 즉 나를 미루어 남을 다스리다가 그 사람이 허물을 고치면 더 이상 말하지 않고 그쳐 멀리하지 않도록 하는 것이 도불원인(道不遠人)이다. 중용에서의 리더십이다.

리더십이란 조직 목적달성의 방향설정 및 동기부여를 통하여 조직구성원들로 하여금 조직목표를 달성토록 영향을 주는 것이다. 이러한 리더십은 물질적 보상의 제시나 벌의 위협 또는 부하들의 과업환경 조정에 중요성을 두는 것이 아니라 비전을 제시하고 영감을 가져다주는 메시지, 무언의 교감을 통한 커뮤니케이션, 이상적 가치관에 호소하는 행동과 배려, 지적자극 제공, 확신적 태도의 제시로 과업수행과 목표달성의 의미를 갖도록 해주는 것이다.

조직은 리더의 생각과 마음의 크기만큼 성장한다. 리더가 편협한 시각과 한정된 경험을 갖고 있으면 조직전체가 역동성을 잃어버린다. 리더의 마인드는 눈이 녹기를 기다리지 않고 눈을 밟아 길을 만들어 간다.

미 육군에서는 리더십을 다음과 같이 정의한다.

“Leadership is the process of influencing others to achieve missions by providing purpose, direction and motivation.”

유대 율법에서 출발한 리더십은 ‘젊은 사람부터 발언하게 하라’에 있다. 젊은 사람들의 자유롭고 재기 발랄한 의사를 사전에 차단할 우려가 있다고 판단했기 때문이다.

생각의 포인트

리더십

리더십: 지도자의 리더십이 작용하지 않는 시간은 오케스트라의 연주전 각자가 가진 악기의 조율을 위해 내는 시끄러운 소음이 엉켜 참기 어려운 괴로움을 일으키는 순간과 같다. 지위자가 지휘봉을 들고 연주를 시작하면 아름다운 화음을 생성한다. 이것이 관계성의 조화다.

순기능의 아름다움을 창조해 낸다. 이것이 리더십이다.

도표 10-3 리더십 이론의 발전 과정

이론	내용
특성추구 이론	타인과 구별되는 독특한 특성(기질)을 지닌 리더십 스타일 탐구
행위이론	리더의 행위와 성과간의 관계를 기준으로 유형을 구분하여 가장 바람직한 유형을 제시
상황이론	상황에 따라 리더십을 나타내는 유연성 발휘

도표 10-4 경영평가 : 리더십과 경영성과

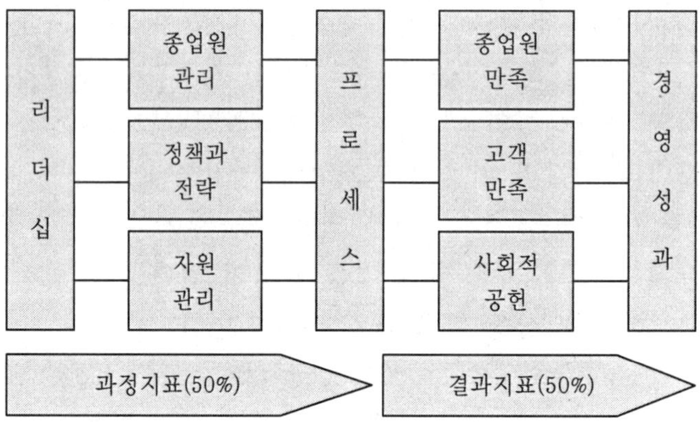

2) 혁신과 추진력

고려 제31대 공민왕은 100년 간 존속한 쌍성총관부를 쳐서 폐지하는 등 빼앗긴 영토를 회복하고 신돈을 등용하여 정치개혁의 성과를 올린 영민성을 가지고 있었으며 그림에도 뛰어난 고려의 대표적 화가의 한 사람이다. 그러나 수구파의 주장에 밀려 신돈을 역모죄로 처형한 후 정치개혁의 의지를 잃고 만다. 미소년 집단의 자제위(子弟衛) 출신인 홍륜이 익비를 범하여 임신시키자, 이를 은폐할 의도로 홍륜, 최만생 등을 죽이려다가 오히려 그들에게 살해되었다. 궁지에 몰린 쥐에게 물려 죽은 꼴이 되었다.

개혁의 준비는 답답하다고 느껴질 정도로 치밀하게, 그 실행은 노도와 같이,

독수리가 먹이를 챌 때의 나래 짓 같아야 성공한다. 조선조의 건국과 함께 기득권층이었던 고려의 권문세족들은 가지고 있던 모든 것을 잃었다. 목숨도 역시 잃고 말았다. 그들은 그렇다면 무엇을 위해 개혁에 반대했던가? 특권을 가지고 있는 사람들은 사회와 조직에 대해 의무 역시 가지고 있다. 그들은 자신들이 밟고 서 있는 사람들의 삶을 돌보지 않았다. 그들이 죽으면 자신들도 죽는다는 사실을 알지 못했다. 기득권자들은 언제나 불리한 개혁에 찬성하지 않는다. 아직 견딜 수 있으리라 생각하여 버틸 수 있을 때까지 개혁에 저항한다. 그들이 포기할 때는 이미 늦는다. 모든 것을 잃은 다음이기 때문이다. 그래서 변화가 새로운 시작보다 어렵다는 것이다.

생각의 포인트

리더의 설득력

어떤 숲에 가뭄이 들어 먹을 것이 부족했다. 그래서 모든 동물들이 같이 모여 음식을 어떻게 나눠먹을지 의논했다. '내가 보기엔 모든 동물이 똑같은 양을 받아야 한다고 생각해.' 토끼가 대담하게 말했다. '너 말 한번 잘 하는구나.' 사자가 말했다. '너에게 우리와 같은 발톱과 이빨이 있었다면 네 말이 좀더 설득력이 있었을 텐데 말이야.'

지도자의 결단력과 지도력과 덕망이 중요시됨을 한 번 더 강조하게 된다.

「선원들이 키의 방향을 두고 싸우고 있네. 그들은 훌륭한 선장이란 모름지기 계절의 진행과 운행하는 별, 바람의 현상과 같은 항해에 필요한 지식을 갖추어야 한다는 점을 이해하지 못하네. 그 모든 것이 선장에게 꼭 필요한 기술이지. 선장은 학습에 의해서든 경험에 의해서든 키를 조종하는 기술을 익혀야 하며, 선원들 중에 반대하는 사람이 혹 있더라도 목표를 향해(management by objective) 키를 조종해야 하네. 만일 그런 선장이 있다면 항해도중 별을 관측하는 전문가를 따로 고용할 필요가 없지 않은가? -플라톤-」 효과적인 리더십의 기초는 그 조직의 사명을 충분히 생각하고, 명확하게 그것을 정의하고 구축하는 것이다. 지도자는 목적을 세우고, 우선순위를 정하며, 기준을 정하고 유지시킨다.

성공적 개혁을 위한 방안의 하나로 기득권층의 이득은 그대로 두고 새로운 개선의 방안을 제시한 후 스스로 과거를 버리고 새로운 시스템 속으로 들어오게 만드는 것이 제언 된다. 파괴를 통한 개혁은 실패할 확률이 높다.

개혁은 시스템의 변화다. 일반기차는 시속 100km를 달린다. 그런데 철로와 차량을 잘 정비하면 120km 정도의 속도로 운행은 가능 하다고 한다. 그러나 아무리 정비를 잘 한다고 해도 시속 200km는 낼 수 없다고 한다. 다시 설계하고 시스템을 바꾸어야 가능하다는 것이다.

3) 과정지향인 경영활동의 의미

루이스(C. S. Lewis : 1898－1963)의 스크류테이프 편지<Screwtape Letters>는 그 속에 등장하는 상좌 마귀가 인간들을 타락케 하는 방법을 조카에게 알려주는 편지다. 그는 조카 마귀에게 인간들이 과거와 미래만을 생각하도록 만들라고 당부한다. [절대로 현재에 살지 못하게 하라는 거야. 과거와 미래는 시간 속에 있지만 현재는 시간에 묶이지 않고(무집착 : 無執着) 영원하다는 거야.] 과거의 기억은 상처, 애착, 원망과 회한 그 모든 것이며 그것은 미래에 투사된다는 것이다. 현재가 없는 미래는 내일이라는 덫이다. 내일의 덫에 걸리면 진정한 행복은 없다는 거다. 어린아이가 어머니의 품에 전적으로 자신을 맡길 수 있는 그 어떤 기반을 발견하기 위해서는 심리적 시간의 종식이 필요하다는 것이다. 영원한 현재 속 즉, 집착이 없는 시간 속에 진정한 자유와 행복이 있다는 거다. 진리와 함께 한다는 것이다. 즉, 진리가 우리를 자유롭게 한다. 쾌락의 시간이 지난 후 허탈이 오면 진리의 길이 아니다. 그러나 진리는 순간순간의 충일(充溢)한 감정으로 연결되어 느껴지는 것이며 자유다.

생각의 포인트

천국과 지옥의 인재관리

천국은,

경찰관은 영국인이고, 요리사는 프랑스인이고, 기술자는 독일인이고, 애인은 이탈리아인이며, 스위스인이 모든 조직을 관리하는 곳이다.

지옥은,

요리사는 영국인이고, 기술자는 프랑스인이고, 애인은 스위스인이고, 경찰관은 독일인이고, 이탈리아인이 모든 조직을 관리하는 곳이다.

－ 롤프 브레드니히의 <위트 상식사전> －

읽을거리

"창업하려면 열정·도전정신 가져라"

"밤을 새우며 자신이 하고 싶은 일을 했던 적이 있나요?" 1999년 26세라는 젊은 나이에 당시에는 생소했던 취업사이트를 만들었던 이광석 인크루트 대표. 그가 매경·서강대 CEO 특강에서 강조했던 것은 도전과 열정이었다.

그는 "회사를 창업하기 위해서는 내일을 기다릴 수 없을 정도로 가슴 뛰는 일을 하는 열정이 꼭 필요하다"고 설명했다. 항상 적극적으로 본인이 하고 싶었던 일을 했던 과거사례를 들며 창업을 꿈꾸는 이라면 도전하는 정신이 필요하다고 당부하기도 했다. 이 대표는 중학교 1학년과 대학교 입학 시절 스스로 반장과 과대표가 되겠다고 손들었던 이야기와 1996년 디렉토리 검색사이트를 개발하기 위해 노력했던 이야기 등을 들려줬다.

'반장이 됐으니 컴퓨터 한 대 사주세요'라고 아버지를 졸라 중학교 시절 구입한 컴퓨터는 이 대표의 인생을 바꿔놓기 시작했다. 고등학교 때 학교 소식지를 아래한글을 이용해 만들어 주위사람들의 부러움을 샀던 그는 다들 손으로 쓰던 대학교 리포트도 컴퓨터를 이용해 정성스럽게 만들어 교수님들의 눈을 사로잡기도 했다.

다른 이보다 한발 먼저 앞서나가는 이 대표의 모습은 1996년 디렉토리 검색사이트 `ZIP`를 개발하는 과정에서도 잘 나타났다. 모교인 연세대 주변 신촌의 한 인터넷 카페에 들어가 사장님께 일을 도와 드리는 대신 컴퓨터를 쓸 수 있게 해달라고 간청한 끝에 카페 한구석에 자리를 마련할 수 있었다. 결국 그는 그곳에서 인터넷 연구모임은 만들었고 ZIP라는 사이트를 개발할 수 있었다. 이후 이해진 씨(NHN 창업자)가 ZIP 사이트를 보고 함께 일을 해보자고 제안하기도 하는 등 희망의 빛이 보이기 시작했지만 국내 기업들의 본격적인 마케팅으로 ZIP는 실패하게 됐다.

밤을 새우며 만들었던 사이트가 실패했지만 이 대표는 다시한번 창업 정신을 발휘했다. 청년실업이 심각했던 외환위기 이후 취업 정보에 목말라 하던 취업생 들과 기업들을 위해 취업사이트를 만들겠다고 생각한 것이다. 지난해 매출액 175억원 정도로 아직은 작은 규모지만 그는 사람들이 즐길 수 있는 직업을 쉽게 찾기 위한 사이트를 만들어 나가겠다는 생각이다.

이 대표는 "직장인들이 '내가 왜 여기서 일을 하고 있나, 사업이나 장사를 하지' 하면서 회사 생활을 어렵게 생각하는 경우가 많다"면서 참을성과 끈기 등을 좀 더 기를 것을 주문하기도 했다. 또 '세상이 나를 부르지 않는다면 내가 세상을 초대하겠다'는 생각으로 적극적으로 자신을 알리는 자세가 필요하다고 덧붙였다.

[이광석 인크루트 대표 서강대 특강자료]

제 11 장

창업과 회계

1. 창업회계
2. 사업자등록 및 법인설립신고
3. 부가가치세
4. 소득세 및 법인세
5. 소득세의 원천징수
6. 회계의 원리
7. 회계거래 관리

▶ 읽을거리

바람직한 기업의 창업 - 독특한 유전자 코드(DNA code)를 가지고 있으면서 안정적 수익을 내면서 건강하게 성장하는 조직을 만들어 가는 것이다.

벤처기업의 창업 - 핵심기술의 독특한 유전자코드(DNA code)를 가지고 있으면서 고도의 성장을 추구하기 위해 모험(risk taking), 도전(challenge), 열정(enthusiasm), 에너지(energy)를 가지고 시장침투만을 위한 자금사용과 비즈니스 프랜을 세워 가는 조직을 만들어 가는 것이다.

1 창업회계

1) 원가관리(cost accounting management)

원가관리는 외부보고용 재무제표를 작성하고, 내부관리용 경영계획을 수립·통제하며, 특수한 의사결정을 내리고 경영자의 성과를 평가하는 데 필요한 각종 정보를 수집·분류·요약·분석하여 보고하는 경영관리 활동 중 하나이다. 즉, 원가관리는 재무상태표상의 재고자산 가액을 결정하고 포괄손익계산서상의 매출원가를 결정하는 데 필요한 정보를 제공하며, 예산설정, 경영활동의 통제, 가격결정, 경영성과 등과 같은 관리적 의사결정을 수행하는 데 필요한 각종정보를 제공하는 중요한 회계분야 이다.

2) 원가통제(cost control)

원가의 실제발생비용 및 금액이 원래 계획된 내용이나 수준에서 벗어나지 않도록 관리하고, 만일 이를 벗어나는 경우 그 원인을 분석하고 필요한 수정조치를 수행하는 활동을 가리키며 실제 발생원가와 예산을 비교하는 것이다.

도표 11-1 제조원가흐름

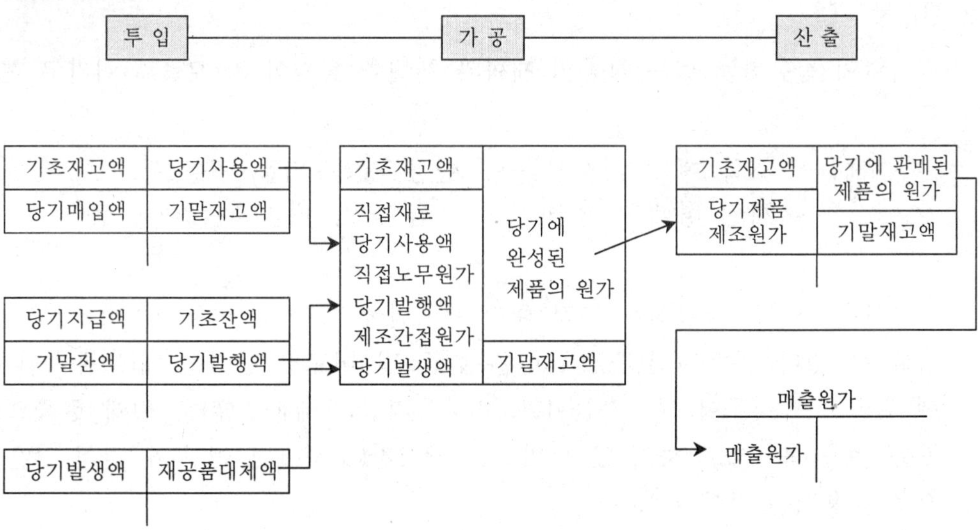

이때 상위경영자는 실제발생액이 예산과 크게 차이가 나는 부분에만 관심을 집중함으로써 시간적 효율을 높여야만 하는 데, 이것이 예외(例外)에 의한 관리(管理 : management by exception)개념을 적용한 것이라 할 수 있다.

3) 제품원가계산(product costing)

기업이 생산하는 재화나 용역의 원가를 측정하는 과정으로서, 원가자료를 확인집계·분류하여 특정원가단위(제품)와 연관시키는 것을 말한다. 기본적인 원가범주는 보통 直接材料原價, 直接勞務原價, 製造間接原價의 세 가지로 구분된다.

제품원가계산을 위해서는 직접재료원가, 직접노무원가, 제조간접원가를 집계하고 이들 원가를 특정제품과 관련시키는 배부과정이 필요하다. 그러므로 제조기업의 회계시스템에서는 재료가 완성품으로 전환되는 과정을 나타내는 계정인 在工品計定(work-in-process account)이 매우 중요한 계정으로 다루어진다. 즉, 생산공정에 아직 투입하지 않은 直接材料(direct materials), 생산공정에 투입하였지만 완성되지 않고 가공 중에 있는 在工品(work-in process) 등이다.

당기재료투입액과 당기가공원가, 즉 직접노무원가와 제조간접원가를 합한 가액을 당기제조원가라 하고 이 중 완성된 제품의 원가를 당기제품제조원가라 한다.

4) 부기원리의 이해를 위한 정리

(1) 자 산

기업이 소유하고 있는 각종의 재화와 채권을 통틀어 자산(資産)이라고 한다.

예) ┌ 재화 형태의 자산 —— 현금·상품·비품·건물 등.
　　└ 채권 형태의 자산 —— 예금·외상 매출금·대여금 등.

자산은 그것을 소유하는 목적 내지는 기간에 따라 유동자산과 비유동자산으로 나눌 수 있다. 유동자산(流動資産)은 현금 및 비교적 단기간 내(보통 1년 이내)에 현금으로 바꾸어지는 자산이고, 비유동자산(非流動資産)은 원래 현금으로 바꾸는 것을 목적으로 하지 않고 비교적 장기간(보통 1년 이상)에 걸쳐 같은 유형으로 사용되는 자산이다.

(2) 부 채

기업이 앞으로 현금 또는 상품 등의 자산으로 갚아야 할 채무를 부채(負債)라고 한다.

예) ┌ 현금으로 지급할 부채 —— 외상매입금·차입금 등.
　　└ 상품으로 상환할 부채 —— 선수금·상품권 등.

부채도 그 지급기한에 따라 유동부채와 비유동부채로 나눌 수 있다. 유동부채(流動負債)란 비교적 단기간 내(보통 1년 이내)에 지급되어야 할 부채이고, 비유동부채(非流動負債)란 비교적 장기간 동안(보통 1년 이상) 지급하지 않아도 좋은 부채를 말한다.

예) ┌ 유동부채 — 외상매입금·지급어음·미지급금 등.
　　└ 비유동부채 — 장기차입금·사채 등.

(3) 자 본

자산 총액에서 부채 총액을 공제한 것, 즉 순재산액을 자본(資本)이라고 한다. 이러한 관계를 표시한 등식, 즉

자산 총액 - 부채 총액 = 자본

을 자본등식(資本等式)이라 한다.

(4) 재무상태표

자본 등식으로부터

자산 총액 = 부채 총액 + 자본

의 등식이 유도될 수 있는데, 이것을 재무상태표(財務狀態表) 등식 또는 회계등식이라고 한다.

재무상태표(statement of financial position) 등식에 의하여, 일정시점(一定時點)

에 있어서의 기업의 재정상태(財政狀態)를 표시하는 일람표를 작성할 수 있는데, 이것을 과거에는 대차대조표(貸借對照表; balance sheet, B/S)라고 한다.

재 무 상 태 표

차변: 운용의 변　　　　대변: 조달의 변

<table>
<tr><td rowspan="2">자산 (₩ 3,000,000)</td><td>부채 (₩1,000,000)</td></tr>
<tr><td>자본 (₩2,000,000)</td></tr>
</table>

(5) 순손익과 포괄손익계산서

순손익은 자본의 순증감분이므로, 자본의 총 증가분 즉 수익 총액과 자본의 총감소분 즉 비용 총액을 비교함으로써 계산할 수 있다. 손익 계산서 등식에 의하여 일정기간(一定期間)에 있어서의 기업의 경영성적(經營成績)을 표시하는 일람표를 작성할 수 있는데, 이것을 포괄손익계산서(statement of comprehensive income)라고 한다.

포괄손익계산서

<table>
<tr><td>비 용
(₩1,500,000)</td><td rowspan="2">수 익
(₩1,800,000)</td></tr>
<tr><td>당기순이익
(₩300,000)</td></tr>
</table>

포괄손익계산서

<table>
<tr><td rowspan="2">비 용
(₩1,800,000)</td><td>수 익
(₩1,500,000)</td></tr>
<tr><td>당기순손실
(₩300,000)</td></tr>
</table>

[주] 1. 순손익을 손익 계산서에 표시할 때는 “당기순손익”으로 하여, 붉은색 글씨(이하, 고딕으로 표시한다)로 기입하는 것이 보통이다.

2. 포괄손익계산서와 재무상태표의 순손익의 금액은 일치하며, 위치는 서로 반대이다.

도표 11-2 세전 순이익 및 당기순이익 산출과정

매출액
－매출원가
매출총이익
－판매비와 일반관리비
영업이익
＋영업외수익
－영업외비용
경상이익
＋특별이익
－특별손실
세전순이익
－법인세 등
당기순이익

(6) 계정기입법칙

거래는 반드시 거래 요소의 결합관계표의 왼쪽과 오른쪽으로 분해(分解)되어, 차변(왼쪽)의 요소는 관계되는 계정의 차변(왼쪽)에, 대변(오른쪽)의 요소는 관계되는 계정의 대변(오른쪽)에 기입된다. 이러한 관계를 계정기입법칙(計定記入法則)이라고 한다.

① 자산의 계정……증가를 차변에, 감소를 대변에.
② 부채의 계정……증가를 대변에, 감소를 차변에.
③ 자본의 계정……증가를 대변에, 감소를 차변에.
④ 수익의 계정……발생을 대변에, 소멸을 차변에.
⑤ 비용의 계정……발생을 차변에, 소멸을 대변에.

[주] 계정 계좌에 차변과 대변은 언제나 증가와 감소라고 하는 반대의 성질을 가지고 있다. 따라서 계정 기입에서는 빼낼 금액이 증가 쪽의 반대편에 기입된다. 각 계정의 잔액(殘額)은, 차변·대변 양쪽의 합계를 우선 계산하고 양자(兩者)를 비교함으로써 산출된다.

도표 11-3 계정기입 법칙도

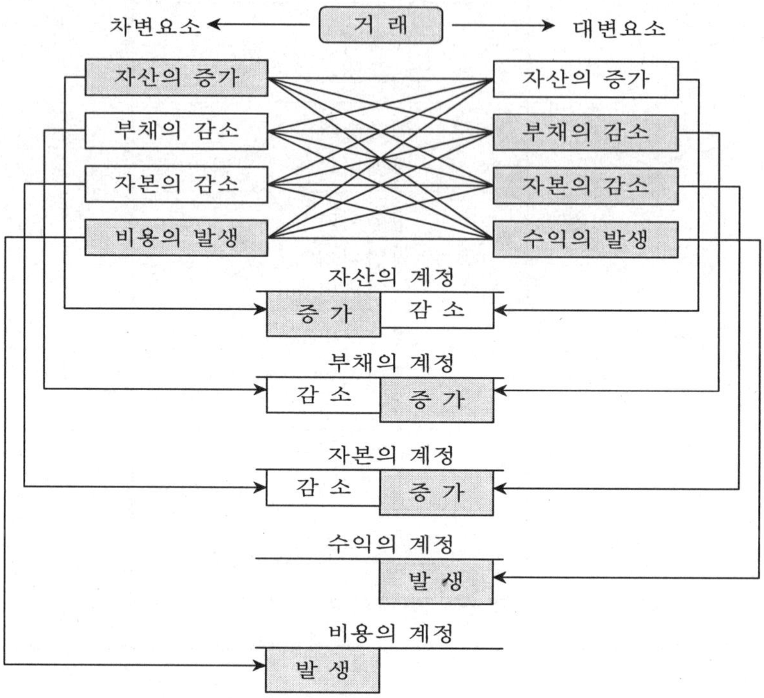

5) 재무비율관리

(1) 재무분석의 의의

재무비율분석(financial ratio analysis)이란 재무제표상의 두 항목을 비율로 산출하여 기업의 재무상태와 경영성과를 분석·판단하는 것을 의미한다.

재무비율분석은 미국의 은행이 자금대출시 자금 차입자의 단기채무 지급능력을 판단하기 위한 신용분석의 수단으로 사용한데서 비롯되고 오늘날 전문적인 투자자들의 투자분석수단으로 이용되기에 이르렀다. 따라서 재무비율분석은 종전의 재무상태에 대한 분석에서 미래지향적인 입장으로 분석방향이 바뀌었다.

(2) 재무비율의 종류

재무비율분석의 유형을 살펴보면 우선 정태비율분석과 동태비율분석이 있다. 정태비율분석은 일정한 시점의 기업재무자료를 이용하여 분석하는 방법으로 대차대조표에 나타난 자료에 관한 비율분석이고, 동태비율분석은 일정기간 동안의 기업경영성과를 분석하는 것으로 손익계산서 항목에 관한 비율분석이다.

그 외 분석유형은 관계비율분석과 구성비율분석이 있다. 관계비율분석은 재무제표상의 항목과 항목간의 관계를 비율로 나타내어 분석하는 방법으로 항목비율분석이라고도 한다. 구성비율분석은 손익계산서의 총매출액을 100%로 하여 각 항목을 총매출액에 대한 백분율로 표시하고, 재무상태표의 총자산을 100%로 하여 각 항목을 총자산에 대한 백분율로 표시하여 분석하는 방법이다.

① 유동성비율(liquidity ratios)

기업의 단기채무 지급능력을 측정하기 위한 비율로 유동성비율과 당좌비율이 있다.

$$유동비율 = \frac{유동자산}{유동부채} \times 100$$

당좌비율(quick ratio)은 유동자산에서 재고자산을 뺀 당좌자산을 유동부채로 나눈 비율이다.

$$당좌비율 = \frac{유동자산 - 재고자산}{유동부채} \times 100$$

② 레버리지비율(leverage ratios)

기업이 어느 정도 타인지본에 의존하고 있는가를 측정하기 위한 비율이며 부채성비율이라고도 한다.

ⓐ 부채비율(debt ratio) : 자본구성의 안정성을 측정하기 위해 부채비율과 유동부채비율이 사용된다.

$$부채비율 = \frac{타인자본}{자기자본} \times 100$$

유동부채비율은 부채비율의 보조비율로 유동부채의 과대여부를 측정하는 비율이다.

$$유동부채비율 = \frac{유동부채}{자기자본} \times 100$$

ⓑ 자기자본비율(net worth to total assets) : 총자본 중에서 자기자본이 차지하는 비중을 표시하는 대표적인 재무구조 지표이다.

$$자기자본비율 = \frac{총자본 - 타인자본}{총자본} \times 100$$

ⓒ 이자보상배율(times interest earned) : 이자 및 납세 전 이익이 타인자본의 사용으로부터 발생하는 이자비용의 몇 배에 해당되는가를 나타내는 비율로서 기업이 부채에 대한 이자를 지급할 능력을 갖고 있느냐를 파악하는 데 이용되며, 이자보상배율은 낮아도 1배 이상이 되어야 이자를 정상적으로 지급할 수 있다.

$$이자보상비율 = \frac{이자및납세전이익}{이자비용}$$

③ 활동성비율(activity ratios)

기업의 자산이 얼마나 효율적으로 활용되고 있는가를 나타내는 비율군으로 매출액에 대한 주요자산의 회전율로 나타난다.

ⓐ 재고자산회전율(inventory turnover) : 연간매출액을 재고자산으로 나눈 비율로 재고자산의 회전속도이며 재고자산이 일정기간 동안 당좌자산으로 몇 번이나 전환되었는가를 나타낸다. 회전율이 높을수록 적은 재고자산으로 효율적인 판매활동을 수행한다는 것을 의미한다.

$$재고자산회전율 = \frac{매출액}{재고자산}$$

ⓑ 매출채권회전율과 평균회수기간 : 매출액을 외상매출금과 받을 어음 등의 매출채권으로 나누어 매출채권의 현금화 속도를 측정하는 비율로 매출채권회전율이라 한다. 측정비율이 높을수록 매출채권관리가 잘되고 현금화 속도가 빠른 기업으로 기업에게 유리하다.

$$매출채권회전율 = \frac{매출액}{매출채권잔액}$$

평균회수기간은 매출액이 평균적으로 며칠 동안 매출채권으로 묶여 있는가를 나타내며, 상품매출 후 현금을 회수하는 데 걸리는 기간을 의미하고 매출채권회전율의 보조비율로 사용된다.

$$평균회수기간 = \frac{매출채권}{1일평균매출액}$$

*1일 평균매출액은 매출액을 365일로 나눈 값이다.

ⓒ 고정자산회전율(fixed assets turnover) : 고정자산과 매출액의 비율로 고정자산의 효율적인 이용 정도를 나타내고 유동성분석의 보조지표로 이용된다. 비율이 높을수록 고정자산의 이용정도가 양호한 상태를 나타내고 낮으면 고정자산의 이용정도가 낮고 고정자산 투자가 과대하다는 것을 나타낸다.

$$고정자산회전율 = \frac{매출액}{고정자산}$$

ⓓ 총자산회전율(total assets turnover) : 매출액을 총자산으로 나눈 값이며, 총자산이 1년 동안 몇 번 회전되었는가를 나타내는 비율로 기업이 투자한 총자본의 운용능력을 총괄적으로 표시하는 지표이다.

$$총자산회전율 = \frac{매출액}{총자산}$$

④ 수익성비율(profitability ratios)

기업의 경영정책과 의사결정 및 경영활동 등을 나타내는 결과로서 일정기간동안의 경영성과를 의미하며, 경영활동의 성과를 종합적으로 측정하는 비율이다.

ⓐ 매출액이익율(profit to net sales ratio) : 매출액과 매출총이익, 영업이익, 당기순이익을 비교하는 비율 중에서, 매출총이익과 매출액을 비교하는 비율로서 매출액총이익율은 기업의 판매능력, 생산효율 등을 측정하는 비율이다.

$$매출액총이익율 = \frac{매출총이익}{매출액} \times 100$$

기업의 주된 영업활동에 의한 성과를 판단하기 위한 지표로서 제조 및 판매활동과 직접 관계가 없는 영업외손익을 제외한 순수한 영업이익만을 매출액과 대비한 것으로 영업의 효율성을 나타낸다. 즉 매출액에서 매출원가, 판매비 및 일반관리비를 차감한 영업이익과 매출액을 비교하는 비율로서 매출액영업이익율은 고유한 경영활동의 수익성 및 영업활동능력을 측정하는 비율이다.

$$매출액영업이익률 = \frac{영업이익}{매출액} \times 100$$

납세 후 순이익과 매출액을 비교하는 비율로서 매출액순이익율(Net income

to sales)은 기업의 전체적인 능률과 수익성을 판단하는 비율이다.

$$매출액순이익율 = \frac{당기순이익}{매출액} \times 100$$

ⓑ 자본이익율(return on assets ratio) : 기업에 투자한 총자본이 얼마나 효율적으로 운영되고 있는가를 측정하는 비율로서 총자본 또는 총자산과 순이익을 비교하는 총자본이익율과 주주가 기업에 투자한 자본에 대한 수익성을 측정하는 자기자본과 순이익을 비교하는 자기자본이익율이다.

$$총자본이익율(ROA) = \frac{순이익}{총자본} \times 100$$

$$자기자본이익율(ROE) = \frac{순이익}{자기자본} \times 100$$

ⓒ 주당이익율(earnings per share : EPS) : 1주당 순이익이 얼마나 되는가를 나타내는 비율로 비율이 높을수록 주주에게 돌아가는 이익이 많아진다.

$$주당이익율 = \frac{주당이익}{1주당액면액} \times 100$$

*주당이익은 순이익에서 방행주식수를 나눈 값이다.

⑤ 성장성비율(growth ratios)

기업의 당해 연도 경영규모 및 기업 활동의 성과가 전년도에 비하여 얼마나 증가하였는가를 나타내는 지표이다.

ⓐ 총자산증가율 : 기업에 투하되어 운영된 총자산이 당해연도에 얼마나 증가하였는가를 표시하는 비율로 기업의 전체적인 성장규모를 측정하는 지표이다.

$$총자산증가율 = \frac{당기말총자산 - 전기말총자산}{전기말총자산} \times 100$$

ⓑ 자기자본증가율 : 내부유보 또는 유상증자 등을 통해 자기자본이 당해연도에 얼마나 증가하였는가를 표시하는 지표이다.

$$자기자본증가율 = \frac{당기말자기자본 - 전기말자기자본}{전기말자기자본} \times 100$$

ⓒ 매출액증가율 : 매출액이 당해연도에 얼마나 증가하였는가를 표시하는 비율이며, 기업의 성장률을 판단하는 대표적인 비율이다.

$$매출액증가율 = \frac{당기매출액 - 전기말매출액}{전기매출액} \times 100$$

ⓓ 순이익증가율 : 기업 활동의 최종성과의 순이익이 당해연도에 얼마나 증가하였는가를 나타내는 비율이다.

$$순이익증가율 = \frac{당기순이익 - 전기순이익}{전기순이익} \times 100$$

⑥ 생산성비율(productivity ratios)

기업 활동의 능률 내지 업적을 측정, 평가하고 발생원인과 성과배분의 합리성 등을 분석하는 데 사용되는 비율이다. 최근 생산성은 기업경영의 성과를 부가가치생산성이라는 개념으로 측정하고 있다.

여기서 부가가치란 기업이 외부로부터 구입한 생산물에 노동과 자본을 투입하여 생산 활동을 거쳐 새로운 가치를 창출한 부문으로 부가가치는 법인세차감전순이익, 인건비, 금융비용, 임차료, 조세공과, 감가상각비로 구성된다.

부가가치는 생산활동에 노동과 자본을 투입하여 창출되므로 부가가치생산성은 노동생산성과 자본생산성으로 구분한다.

ⓐ 노동생산성(종업원 1인당 부가가치) : 노동력 단위당 성과를 나타내는 지표로 종업원 1인당 부가가치생산액을 의미한다. 노동생산성이 높다는 것은 노동력이 효율적으로 이용되고 많은 부가가치를 창출했다는 의미로 개별기업의 동종 산업에 대한 경쟁력 측정은 물론 국민경제 측면에서 해외경쟁력을 비교할 수 있는 중요한 지표이다.

$$노동생산성 = \frac{부가가치}{종업원수}$$

ⓑ 자본생산성(총자본투자효율) : 기업에 투하된 총자본이 1년 동안에 얼마의 부가가치를 산출하였는가를 나타내는 비율로서 이 비율이 높다는 것은 총자본이 효율적으로 운영되었음을 의미이다.

$$자본생산성 = \frac{부가가치}{총자본} \times 100$$

⑦ 안전성비율(stability ratios)

조달된 자본이 기업의 자산에 얼마나 적절히 배분되고 있는가를 측정하며 장기적으로 기업의 경기변동과 시장여건 변화 등에서 잘 적응할 수 있는가를 검토하기 위한 비율군이다.

ⓐ 고정비율(fixed ratio) : 조달된 자기자본을 고정자산에 얼마나 안정적으로 배분하고 있는가를 나타내는 비율이다. 조달된 자본의 합리적 배분으로 자본의 효율적 이용과 기업의 지급능력을 유지한다는 측면에서 중요하며, 동비율은 고정자산 투자는 상환기간이 없는 자기자본을 충당하는 것이 안전하다는 이론적 관점에서 재무안전성 분석지표의 하나로 사용된다.
자기자본이 고정자산에 투입된 자본의 고정화 정도를 측정하는 비율로 고정자산을 자기자본으로 나눈 비율이다. 고정비율은 일반적으로 100% 이하이다.

$$고정비율 = \frac{고정자산}{자기자본} \times 100$$

ⓑ 고정장기적합율 : 자기자본과 고정부채를 고정자산에 얼마나 안정적으로 배분하고 있는가를 나타내는 비율이다.

$$고정장기적합률 = \frac{고정자산}{자기자본 - 고정부채} \times 100$$

(3) 표준비율

이상과 같이 재무비율분석으로 기업의 여러 가지 비율을 알고 있다 하더라도 결과에 대한 좋거나 나쁜 판단기준이 없는 한 재무상태나 경영성과를 구분하기에는 어렵기 때문에 비교할 수 있는 기준이 필요하다. 재무비율이 유동성, 수익성, 활동성의 측면에서 양호한가 불량한가를 판단할 수 있게 하는 비교기준이 되는 비율을 표준비율(standard ration)이라 한다.

① 동종기업의 평균 실적비율

분석대상기업과 동일한 업종에 속한 기업들의 평균비율이며 현재 우리나라에서는 한국은행 「기업경영분석」과 산업은행의 「재무분석」등에서 매년 업종별, 규모별로 산업평균비율을 산출하여 발표하고 있다.

② 과거의 평균비율

분석대상기업의 과거 수년간의 재무자료를 이용하여 산출한 평균비율이다.

③ 일반적인 경험비율

과거의 경험에 의하여 일반적으로 인정된 비율이다.

④ 실현가능한 목표비율

당해기업이 실현가능하다고 인정하는 인상적인 목표비율이다.

6) 이윤동기와 비용관리의 기원

이윤동기의 힘은 고대의 여러 격언에도 나타나 있다.

모든 사람은 자신의 이익을 따지는 데는 전문가로서, 까다로운 입맛을 보인다.
– 플라우투스, 「표독스런 남자」

그리스·로마 희극의 인용문들에서 보면 이윤 방정식의 비용항목들이 주목받고 있음을 알 수 있다.

사람은 부를 증대시킴으로써, 그리고 지출을 줄임으로써 좀더 부유해진다.
– 아리스토텔레스, 「수사학」

또 다른 글 역시 손익계산 측면에 초점을 맞추고 있지만 그 전에 투자가 있어야 함을 인식하고 있다.

돈을 얻으려는 사람이라면 누구든 비용을 들여야 한다.
– 플라우투스, 「당나귀의 희극」

다음 인용문은 더 나아가서 비용지출이 이윤을 넘지 않도록 신중히 관리해야 한다고 주장한다.

지출이 없었다면 이윤이 창출되기란 불가능할 것이다. 그러나 지출액이 그보다 많을 경우엔 이윤이 지속되지 못할 것이다.
– 플라우투스, 「포에눌루스(작은 카르타고인)」

지자(智者)는 이익과 손실 양면에서 사물을 생각한다. 즉, 이익을 생각할 때에는 손실도 고려한다. 그렇게 하면 모든 일은 순조롭게 진행된다. 반대로, 손실을 생각할 때에는 그것 때문에 발생하는 이익도 고려한다. 그렇게 하면 쓸데없는 걱정을 하지 않아도 된다.

지자지려(智者之慮), 필잡어이해(必雜於利害)....

— 손자「구변편」

2 사업자등록 및 법인설립신고

1) 사업자등록증신청

부가가치세법 제5조의 규정에 의하면 신규로 사업을 개시한 법인이나 개인은 사업개시일로부터 20일 이내에 사업자등록을 하도록 되어 있다. 그리고 사업자등록증을 교부받지 않은 경우에는 부가가치세 매입세액을 공제 받지 못하도록 되어 있다. 사업자등록증신청 시 다음의 서류를 첨부해야한다.

① 사업자등록신청서
② 사업허가증사본(관허사업인 경우)
③ 임대차계약서사본(자가인 경우는 건축물대장등본)
④ 사업장 도면(상가건물 임대차보호법의 적용을 받는 경우)

부가가치세가 면세되는 사업을 하는 사업자일지라도 법규정에 따라 반드시 면세사업자등록증을 신청해야한다.

부가가치세가 면세되는 사업자라고 해서 면세사업자로 등록을 하지 않으면 부가가치세가 부과되지는 않지만 상거래에 있어서 매입·매출활동에 불편을 가져올 수도 있다.

2) 법인설립신고

법인기업은 회사의 설립등기가 끝나면 그 설립등기를 한 날로부터 30일 이내에 본점관할 세무서에 법인설립신고를 하여야 한다. 법인설립신고는 설립등기일로부터 30일 이내에만 하면 되겠지만 법인설립신고서가 제출되어 있지 않은 상태에서는 사업자등록증 교부신청을 할 수 없다.

따라서 법인설립신고서를 제출하지 않으면 사업자등록증을 교부받지 못하게 되어 개업 시 비품 등을 구입할 때 징수당한 부가가치세(매입세액)를 공제받지 못하는 등의 불이익을 당할 수 있다. 그래서 법인설립시고와 사업자등록신청을 동시에 하는 것이 바람직하다.

법인설립신고서를 제출할 때는 다음의 서류를 첨부하여 함께 제출하여야 한다.

① 설립된 법인의 등기부등본
② 회사의 정관
③ 주주명부
④ 기타 필요한 서류

3 부가가치세법

1) 부가가치세 과세기간

부가가치세란 재화나 용역이 생산되거나 유통되는 모든 거래 단계에서 창출된 부가가치를 과세대상으로 하여 과세하는 간접세이다. 부가가치라 함은 매출액에서 기업이 부담한 외부 구입가액(매입액)을 차감한 금액을 말한다.

(매출금액×세율)-(매입금액×세율)=매출세액-매입세액

* 현재 일반과세자의 적용세율은 10%이다.

부가가치세 과세기간은 1년을 2개의 과세기간으로 나누어 매 6개월을 하나의 과세기간으로 하고 있다.

부가가치세 과세기간은 1월 1일부터 6월 30일까지를 제1기로하고, 7월 1일부터 12월 31일까지를 제2기로 하여 각 과세기간의 사업실적에 대하여 그 과세기간이 끝나는 달의 다음달 25일(7/25, 1/25) 까지 사업장 소재지 관할세무서에 부가가치세 확정신고서를 제출하고 그 세액을 납부해야 한다.

또한 각 과세기간 중 앞 분기 3개월 동안을 예정신고 기간으로 하여 그 기간 동안의 사업실적에 대하여 그 분기가 끝나는 달의 다음달 25일(4/25, 10/25)까지 부가가치세를 신고, 납부하여야 한다.

다만 개인사업자는 원칙적으로 예정 신고할 필요 없이 관할세무서에서 예정

고지된 세액을 납부하면 되고 세액이 없는 경우나 당해 과세기간에 신규로 개업한 사업자는 부가가치세 예정신고 납부를 하여야 한다. 부가가치세를 신고, 납부할 때는 소정의 [부가가치세 신고서] 외에 [매출매입처별 세금계산서 합계표]와 [기타 관련 서류]도 함께 관할세무서에 제출하여야 한다.

[신고기간 및 신고납부일]
제1기 예정신고기간: 1월 1일 - 3월 31일 신고납부일 4월 25일
확정신고기간: 4월 1일 - 6월 30일 신고납부일 7월 25일
제2기 예정신고기간: 7월 1일 - 9월 30일 신고납부일 10월 25일
확정신고기간: 10월 1일 - 12월 31일 신고납부일 다음해 1월 25일

2) 부가가치세 계산

사업자가 재화용역을 공급받는 경우 그 공급가액의 10%만큼이 부가가치세로 과세된다. 따라서 매출의 경우 재화용역을 공급하는 사업자는 공급가액의 10%를 부가가치세 매출세액으로 하여 거래 상대방으로부터 징수하고, 반대로 매입분에 대해서는 매입금액의 10%만큼을 부가가치세 매입세액으로 징수 당하게 되는데 부가가치세 신고 시 납부할 세액은 매출세액에서 매입세액을 공제(차감)한 금액으로 계산하게 된다.

(1) 일반과세자

매출세액(과세표준×세율)－매입세액＝납부세액

(2) 간이과세자

과세표준×부가가치율×10%＝납부세액

[업종별 부가가치율]
- 제조업, 소매업, 전기가스 및 수도사업 20%
- 건설업, 부동산임대업, 농수산 기타서비스업 30%
- 음식업, 숙박업, 운수창고업 및 통신업 40%

간이과세자는 연간매출액이 4천8백만원(서비스 중 도급·중개·대리·주선업은 1천2백만원) 미만인 사업자이다.

3) 부가가치세 면세사업자

부가가치세 면세사업자는 부가가치세 납세의무자가 아니므로 자기 매출 분에 대하여 부가세를 거래 징수할 의무가 없으며 세금계산서도 발행하지 않는다.

따라서 면세업자는 소득세법상의 [계산서]를 발행해야 한다. 또한 면세사업자는 직전 년도의 사업수입명세금액 등을 기재한 [사업장 현황 보고서]를 매년 1월 31일까지 관할 세무서에 제출해야 한다.

4 소득세 및 법인세

1) 소득세 및 법인세 신고 납부

사업자는 1년 동안 벌어들인 소득에 대하여 소득세를 신고 납부하여야 한다. 이때 개인사업자가 납부하는 세금은 종합소득세라고 하며, 법인사업자가 법인소득에 대해서 납부하는 세금은 법인세라고 한다.

종합소득세는 직전 년도(1. 1 ~ 12. 31)의 소득에 대하여 원칙적으로 사업운영으로 인하여 그 해에 벌어들인 사업소득은 물론 부동산 임대 소득 및 이자소득, 기타소득 등을 모두 합산하여 매년 5월 31일까지 신고 납부해야 하며, 법인세는 법인이 벌어드린 모든 소득에 대하여 정관상 정해진 사업 년도 종료일 후 3개월 내에 신고 납부해야 한다. 종합소득세 관할세무서는 개인사업자의 주소지 관할 세무서이며 법인은 본점 소재지 관할세무서다.

2) 소득세 및 법인세의 계산방법

(1) 소득세

소득세는 다음 순서로 계산한다.

① 총수입금액-필요경비=소득금액
(무기장 사업자일 경우는 총수입금액×표준소득률=소득금액)

② (소득금액-소득공제)×세율=산출세액
③ 산출세액-(세액공제+감면세액)=결정세액
④ 결정세액-이미 납부한 세액=자진 납부할 세액

(2) 법인세

법인세는 다음 순서로 계산한다.
① 익금총액-손금총액=각 사업 연도 소득
② 각 사업 연도 소득-(이월결손금+비과세 소득+소득공제)=과세표준
③ 과세표준×세율=산출세액
④ 산출세액-(세액공제+감면세액)=결정세액
⑤ 결정세액-이미 납부한 세액=자진 납부할 세액

3) 소득공제

소득공제란 소득세의 과세에 있어서 과세소득에서 미리 일정한 금액을 공제하는 것이며 이러한 공제는 최저 생활을 유지케 하는 데 그 목적이 있다.
① 기본공제 – 가족 수 1인당 150만원씩 공제(본인 포함)
② 추가공제 – 기본공제 외에 해당금액을 곱하여 계산한 금액을 추가로 공제
– 70세 이상인 경우 100만원, 장애자인 경우 200만원
– 6세 이하의 직계비속이 있는 경우 100만원
– 배우자가 없는 여성으로 부양가족이 있는 세대주 50만원
– 출생한 직계비속과 입양 신고한 입양자의 경우 200만원
③ 특별공제 – 근로소득이 있는 경우: 항목별공제와 표준공제(100만원) 중 선택
* 항목별공제의 종류 : 보험료공제, 의료비공제, 교육비공제, 주택자금공제, 기부금공제
– 근로소득이 없는 경우 : 기부금공제와 표준공제 60만원 합산
– 근로소득이 없는 경우 성실사업자 : 기부금공제와 의료비, 교육비공제와 표준공제 100만원 합산

4) 소득세 및 법인세 세율과 절세

개인사업자의 경우 사업규모가 커지면 법인으로 전환하는 것이 유리할 수 있다. 개인기업의 사업규모가 일정규모 이상이 되면 대외 신용도를 제고하기 위하여 또는 자금조달의 원활화를 기하기 위하여 법인전환 여부를 고려하게 된다. 세금부담 면에서 볼 때도 과세표준이 4천만 원을 넘을 것으로 예상되는 경우에는 미리 법인으로 전환해 주는 것이 절세 상 유리할 수 있다.

사업소득세(종합소득세)율 체계가 6%~38%까지 5단계 초과 누진세율로 되어 있는 반면 법인세율체계는 과세표준 2억~200억 원을 기준으로 10%, 20%. 22%로 3단계 초과 누진세율로 되어 있을 뿐만 아니라 최고세율도 개인이 법인보다 훨씬 높기 때문이다(여기서 과세소득이란 총 매출액에서 경비, 일반관리비 등을 차감한 순소득을 말한다).

5 소득세의 원천징수

종업원에게 지급하는 급여 및 상여금에 대해서는 갑종근로소득세를 원천징수해야 한다.

징수된 갑근세는 급여 등을 지급한 달의 다음달 10일까지 은행 등에 납부하고 [원천징수이행상황신고서]를 사업장 관할세무서에 제출하여야 한다. 또한 갑급세 원천징수 시에는 지방세법에 의한 소득할 주민세로 갑근세의 10%를 함께 징수하여야 한다.

매월 지급하는 급여 등에 대한 갑근세액은 [간이 세액표]에 의거하여 징수하면 된다. 이렇게 징수된 갑근세액은 다음 해 1월 급여 지급 시 직전 1년간의 총 근로소득에 대하여 종합소득 계산방식에 준하여 연말정산해야 한다.

한편, 상시고용인원 10인 이하의 사업장의 경우에는 관할 세무서장의 승인을 받아서 원천징수한 세액을 반기별(6개월 단위)로 신고 납부할 수 있다.

6 회계의 원리

1) 복식장부

사업자는 원칙적으로 매일매일 발생하는 거래에 대하여 증빙을 갖추고 복식부기원리에 따라 모든 거래 사실이 객관적으로 파악될 수 있도록 장부에 기록 관리하여야 하며 소득세, 법인세 신고 시에는 소득세, 법인세 신고서와 함께 기장에 의하여 작성된 재무상태표, 포괄손익계산서, 합계잔액시산표 및 조정계산서와 기타 세법이 요구하는 명세서를 첨부하여 관할세무서에 제출하여야 한다.

2) 간편장부

직전 년도 수입금액이 일정금액 미만인 개인사업자는 복식부기에 의한 기장을 하지 않더라도 국세청장이 정하는 간편장부에 의하여 거래사실을 기록하고 관련 증빙을 보관하는 경우에는 기장의무를 이행한 것으로 보게 된다.

간편장부란 복식부기에 의한 기장능력이 취약한 중소개인사업자가 장부를 쉽고 간편하게 작성할 수 있도록 국세청장이 고시한 약식장부를 말한다. 간편장부에 의한 기장방법은 거래일자, 거래내용, 거래처, 수입(매출)란, 경비란, 고정자산 매입란 등 6가지로 구분하여 매일 매일의 거래내용을 날짜순으로 기록, 관리하고 관련증빙을 보관하면 된다.

7 회계거래 관리

거래 증빙을 보관하고 있으면 동 금액은 세법이 허용하는 범위 내에서 경비로 인정받음으로서 세금을 절세할 수 있다. 복식부기에 의한 기장의무를 이행하면 당해연도에 비록 결손이 나더라도 지난해낸 소득세에서 결손금액에 해당되는 세액만큼을 환급 받을 수 있을 뿐만 아니라(중소기업 사업소득 결손금 소급공제), 다음 사업 년도 이후 5년간 발생하는 소득에서 결손금액을 차감하여 과세소득을 계산하게 되므로(결손금 이월공제) 그만큼 세금을 절약할 수 있다.

그래서 개인이나 법인의 소득을 계산하는 가장 기본적인 요소는 매출액과 매출원가 및 기타 경비로서 소득은 매출액에서 매출원가 및 일반관리비 등 경비를 차감하여 계산하는 것이다. 따라서 소득을 정확하게 계산하기 위해서는 거래증빙을 확실하게 갖추어 놓아야 한다.

1) 거래증빙의 종류

① 세금계산서
② 계산서
③ 신용카드 매출전표
④ 영수증

2) 법정 영수증

복식부기 의무자인 개인사업자와 법인이 경비로 인정받기 위하여 지출증빙을 수취할 때는 원칙적으로 세금계산서 또는 계산서, 신용카드 매출전표를 교부받아야 한다. 거래증빙으로 일반 영수증을 교부받게 되면 경비로 인정되기는 하나 영수증 금액의 10%만큼의 증빙불비 가산세로 부과되어 그만큼 세금을 더 내는 불이익이 있다. 다만 거래 건당 금액이 세법이 정하는 경우에는 예외적으로 일반 영수증 수취가 인정된다.

읽을거리

소규모 창업 사업자 등록

최근 취업난이 심각해지고 조기 퇴직자가 많아지면서 많은 사람들이 창업에 관심을 두고 있다. 소규모 창업을 앞두고 있는 사람이 알아두면 좋은 세무상식과 절세방안을 알아보자.

개업비용 많이 들면 일반과세자로 등록하자 프랜차이즈 가맹점처럼 사업 초기에 각종 시설이나 실내장식 등으로 비용이 많이 들어가는 가게를 열 경우엔 간이과세자보다는 일반과세자로 사업자등록하는 것을 생각해보자.

일반과세자는 매출에 대해 10%의 세율이 적용된다. 그 대신 각종 장비나 물품을 구입하면서 낸 부가가치세 매입세액을 전액 공제받기 때문에 초기 투자 비용을 줄일 수가 있다. 반면 간이과세자로 등록하면 매출에 대해 2~3.5%의 낮은 세율이 적용되지만 매입세액도 같은 비율로만 공제받는다.

처음에 일반과세자로 등록했다 해도 나중에 1년간의 매출이 4천8백만원에 미달하면 간이과세자로 변경된다. 한편 건물이 아닌 시설비용 등은 1과세기간(6개월)마다 25%씩 감가상각되는 것으로 보기 때문에 개업 후 2년이 지나면 간이과세자로 변경하더라도 개업 시에 환급받았던 세금을 도로 내지 않아도 된다.

만일 1년 후 간이과세자로 변경한다면 시설의 50%는 감가 상각됐다고 보고 나머지 50%에 대해서만 부가세를 납부하면 된다. 단 건물의 경우엔 완전히 감가 상각되는 기간이 2년이 아니라 10년이다. 따라서 부동산 임대업 등 건물로 인해 부가세를 환급받은 경우엔 간이과세 포기신고를 하고 계속해서 일반과세자로 남아있는 게 유리한 경우가 많다.

사업개시 후 20일 이내에 사업자 등록을 하자 사업을 개시한 후 20일이 지나도록 사업자등록을 하지 않으면 사업자등록 신청을 한 날이 속한 분기 말까지의 매출에 대해 가산세를 물게 된다. 또 개업시에 구입한 비품이나 시설비용에 대한 부가가치세도 환급받을 수 없다.

만약 관할 세무서에 사업자등록을 하기 전에 개업물품을 구입해야 하는 경우엔 본인의 주민등록번호를 기재해서 세금계산서를 받아 놓으면 나중에 물품가격의 10%에 해당하는 세금을 환급 받을 수 있다.

가족 사업은 소득 적은 사람의 출자지분이 많게 세법에서는 배우자나 생계를 같이하는 부모. 자녀. 형제가 공동으로 사업을 하는 경우엔 공동 사업장에서 발생하는 소득 전부를 공동 사업장의 지분이 가장 많은 사람의 소득으로 간주해 세금을 내도록 한다.

가족들이 공동으로 음식점 등 소규모 창업을 하고자 할 경우 사업자금의 출처가 분명하다면 가족 중에서 소득이 없거나 적은 사람의 출자지분이 많도록 하면 종합소득세를 절세할 수 있다.

[http://www.dsd114.com]

제3부

창업 문화

- 제12장 기업과 목표관리
- 제13장 창업과 혁신
- 제14장 창업과 미래산업

제 12 장

기업과 목표관리

1. 창업과 창업가 관계
2. 창업과 적성
3. 창업과 경영평가
4. 경영목표
5. 기업 및 경영자의 사회적 책임

▶ 읽을거리

브라질의 커피농장에서 알게 된 일이다. 커피 역시 사과처럼 빨간 열매에서 가공된다. 커피나무의 묘목을 만들기 위해, 작은 모래주머니에 씨앗을 두 개씩 심고 있었다. '왜 하필이면 두 개를 심습니까?' '두 개를 심어야 서로 경쟁하면서 자랍니다. 몇 달이 지나면 그 중에서 잘 자란 것 하나만 종묘로 사용하고 다른 하나는 버리지요.' 커피 씨도 경쟁을 한다. 하물며 기업경쟁 영역에서야.......

1 창업과 창업가 관계

1) 창업자의 창업마인드

우리나라에는 해마다 수 만개 이상의 중소기업이 새로 설립되는 것으로 추정된다. 일정한 규모와 체계를 갖춘 주식회사 형태에서부터 종업원 5명 이내의 소규모 기업인 소상공인, 심지어는 사장 1인이 모든 업무를 총괄하는 소매점도 창업되고 있다. 또한 기회와 여건만 주어지면 언젠가 한번쯤 자기 회사를 차려 사장이 되고 싶어 하는 예비창업자와 기업의 환경변화에 따라 창업을 하게 되는 창업자도 많다.

창업을 성공적으로 이끌기 위해서는 창업자가 가져야 할 바람직한 자세가 필요하다. 창업자세는 어떠해야 하는지 먼저 생각해 봐야 할 필요가 있다.

① 창업에는 신념과 비전의 확립이 필요하다.
② 적성에 맞는 업종선택이 중요하다.
③ 전략과 기본에 충실한 경영이 필요하다(정견명견(正見明見)).

2) 소자본 창업은 종합예술

평생직장 개념이 깨지면서 샐러리맨 층이 대거 창업대열에 합류하고 있다. 그만큼 창업자의 수준이 전반적으로 높아졌다. 그렇지만 학력이 높다고, 경력이 화려하다고 해서 창업에 반드시 성공하는 것은 아니다.

창업의 성공과 실패 요인은 헤아릴 수 없을 만큼 다양하다. 흔히들 기업경영을 종합예술에 비유하는 데 소자본 창업 역시 종합예술이다. 더욱이 소점포 운영은 대기업과는 달리 혼자서 창업준비, 자금마련, 가게 운영을 해야 하고 책임도 혼자서 다 걸머지고 있다.

어느 악기 하나라도 불협화음을 내면 오케스트라의 음악 전체가 망가지듯이, 창업과 경영에서도 하나의 요인이라도 어긋나면 전체 사업이 실패로 끝날 수도 있다. 더구나 창업인구가 많아지면서 창업자를 위협하는 요인은 갈수록 많아지고 있지 않는가.

경기변화, 경쟁자의 출현, 엉뚱하게 터지는 불리한 사회적 이슈들, 이런 외적인 요인은 변화무쌍하고 날로 치열해져 가는 경쟁사회에서는 불가피한 요인들이다. 이런 불투명한 장애물들을 극복할 수 있는 역량을 키우는 것이 사업성공의 핵심이다.

이를 위해 창업자는 우선 스스로를 신뢰해야 한다. 나폴레옹의 말처럼 '굳은 결심은 가장 유용한 지식'이다.

둘째, 소자본 창업이라도 경영인만큼 기본적인 경영원칙에 충실해야한다. 실무에 대한 기본적인 지식 없이 성공을 기대하는 것은 복권이 당첨되기를 기대하는 것과 같다.

셋째, 단기적인 시각이 아니라 생애설계차원에서 업종을 선택해야한다. 특히 퇴직 후 처음 정하는 업종은 대학의 전공을 택하는 것과 같다. 몇 십 년이 지나도 처음 정한 업종의 범위를 벗어나기 힘들다.

넷째, 욕심 대신 정열을 가져야 한다. 필요하다면 성격도 바꾸어야 한다. 창업과 점포운영에 적합하지 않은 성격은 아예 처음부터 창업을 하지 않는 것이 좋을 것이다. 일단 창업했다면 그에 걸맞게 적극적인 성격으로 바꾸어야 한다. 욕심이 아닌 열망과 정열은 사람을 내 편으로 만드는 힘이 필요 된다. 고객을 자기편으로 만드는 힘, 그것이 바로 성공경영이다. 성공의 요체는 관계성이다.

3) 창업정신

창업에는 결심하기까지의 고뇌에서부터 사업아이템의 선정, 창업자금 조달, 동력자의 물색, 입지 선정, 사업장건설, 관계기관과의 접촉, 판매처와 공급자의 확보를 위한 일련의 인고의 과정인 경영의 과정이 요구된다. 기업경영의 활동을 계획·조직·충원·지휘·통제함으로써 기업의 모든 결과를 최종적으로 책임지는 위험부담기능을 수행하게 한다. 그래서 창업자의 사업성공에 대한 확고한 신념과 의지 없이 사업에 도전하면 실패확률이 높아진다.

인고를 기업경영의 기저(基底) 또는 성공을 위한 자양분으로 수용하는 창업자만이 성공경영인이 될 수 있다. 성공한 창업자들이 하나같이 행동 지향적이었고 실천 지향적이었음을 볼 수 있다. 따라서 창업자는 새로운 사업을 창업하여 경영함에 있어 특히 뚜렷한 기업가 정신이 있어야 한다. 기업을 창업하면서 온갖 모험과 도전을 극복하고 성장해 가는 과정에서 많은 어려움에 직면할 때마다 남다른 지도력과 투철한 신념을 가지고 각고의 노력을 기울여야 한다. 성공적인 기업가 정신의 특성으로 살펴보면 다음과 같다.

(1) 개인적 속성

① 높은 성취욕구
② 독립성의 희구
③ 미래 지향적 자신감

(2) 행동적 특성

① 기술적 능력
② 대인관계 능력
③ 의사결정 능력

(3) 성공하는 사람의 성향

① 정통파로서 동료와 가족들 간에 평판이 좋은 사람
② 종업원 관리능력이 우수한 사람(리더십)
③ 고객에 대한 서비스정신이 있는 사람
④ 신용도가 높은 사람
⑤ 신속성과 사무처리능력이 있는 사람
⑥ 자세가 진취적이고, 과거에 집착하지 않는 사람

반면, 실패한 창업자의 일반적 성향을 정리하면 아래와 같다.

(1) 실패한 사람의 성향

① 과시하고, 자기욕구가 강한 사람
② 무리한 차입자금계획으로 시작한 사람
③ 이론이 앞서고, 극단적으로 앞서가는 사람
④ 행동이 따르지 않고, 불만만 하는 사람
⑤ 결단력, 판단력에 결함이 있는 사람
⑥ 의타심이 있어 자주성이 없는 사람
⑦ 타인에게 지시를 내리지 못하고 명령만 받는 습성이 있는 사람

생각의 포인트

5달러를 위한 일한 사람

앤더슨이 미국 서부 철도회사 사장으로 부임하여 현장을 순시하는 중에 다음과 같은 일이 있었다.

많은 직원들이 새로 부임한 사장을 환영하였습니다. 환영객 중에 수염이 덥수룩한 한 노인이 새로 부임한 사장의 손을 덥석 잡고 말했습니다. "자네 앤더슨이 아닌가. 날세! 나야. 날 알아보겠는가? 자네와 나는 20년 전 텍사스에서 하루 5달러의 임금을 받기 위해 같이 일하였었지. 정말 반갑네."

이 말을 듣고 앤더슨 사장도 그를 알아보고는 정말 반가와 하며 포옹했습니다. 그리고는 "정말 오랜만이군. 그간 어떻게 지냈는가? 그런데 말이야, 20년 전 자네는 5달러 임금을 벌기 위해 일했는지 모르지만, 나는 완전히 철도를 위해 일 했었다내"라고 말했다.

앤더슨 사장의 이 한마디 속에 어떻게 막 노동을 하던 그가 미국 서부 철도회사라는 거대한 회사의 사장이 되었는가를 잘 설명하고 있다.

2 창업과 적성

성공적인 창업은 주어지는 것이 아니라 계기를 만드는 것이며 계기와 만나도록 노력하는 것이다. 많은 전문가들은 창업의 성공여부는 개인의 기질과 밀접한 관계가 있다고 한다. 그렇다면 '나에게는 창업가의 기질이 있는가?' 사람은 누구나 스스로 내리는 결정에 따라 성장해 나간다고 본다. 기질은 만들려고 노력하면 만들어지는 것이다. 바로 그 결정이 자기 곁에 있는 '기회'를 잡는 것이기도 하고 지나쳐 버리는 것이기도 하다. 자기의 잠재력을 최대한 발휘해 나감으로써 성공경영인의 길을 다져 나갈 수 있을 것이다. 그러기 위해서는 우선 나의 창업자질을 체크하여 적성에 맞는 아이템을 선택하여 성공적인 창업을 이루도록 노력하는 하는 것이 중요하다.

생각의 포인트

위기의식

한 야생 멧돼지가 나무에 입 밖으로 삐죽 나온 이를 갈고 있었다. 지나가던 이리가 보고는 사냥꾼도 없는데 누워서 쉬지 이는 왜 가느냐고 물었다. 멧돼지가 대답하기를 "사냥꾼이 들이닥쳤을 때 이를 갈면 너무 늦잖아!" 이 멧돼지에게는 '위기의식'이 있었던 것이다.

1) 직업선택 요인과 성격유형

(1) 개인적 요인

자신에게 맞는 하나의 직업을 선택하는 데 있어서 개인적 요인이 중요한 영향을 주는 요인이다. 이런 개인적 요인은 내적 요인과 외적 요인으로 나누어 살펴볼 수 있다.

내적 요인에는 직업선택에 영향을 줄 수 있는 유전적 소질, 신체적 조건, 그리고 인지적 특성 등이 포함될 수 있다. 구체적인 내용은 다음과 같다.

첫째, 직업 선택 이론에 의하면, 가장 중요한 직업 결정 요인으로 연령을 들 수 있다.

둘째, 성별의 차이가 영향을 줄 수 있다. 직업선택이나 직업에 대한 관심에서 성별의 차이를 보인다. 남성의 경우에는 전문직, 행정직, 기술직, 생산직, 서비스직 등 다양한 영역을 선택하는 특성을 보이는 반면에, 여성은 제한적인 직종을 선택하는 경향이 있다. 그러나 이러한 차이는 점점 감소되는 추세를 보이고 있다.

셋째, 지식과 적성을 들 수 있다. 특정 영역에서의 전문적인 기술을 필요로 하는 직업일수록 지식과 높은 관계를 보이고 있다. 또한 특정 영역에서의 개인의 능력과 성공 가능성의 지표가 되는 적성이 직업선택에 중요한 영향 요인이 되기도 한다. 일반적으로 적성과 생산성과는 높은 상관이 있는 것으로 알려져 있다.

넷째, 성격의 성향을 요인을 들 수 있다. 자신의 성격에 적합한 직업을 선택할수록 생산성과 직무만족도는 높다.

다섯째, 학력 요인도 직업선택에 영향을 준다. 학력 수준에 따라 사회적으로 요구되는 직업선택이 다르게 된다.

여섯째, 신체적 조건을 들 수 있다. 일반적으로 직업에서 요구하는 최소한의 신체적 능력뿐만 아니라, 특정 직업에서 특별하게 요구되는 신체적 능력이 있을 수 있기 때문에 신체적 능력은 직업선택의 중요 요인이 되기도 한다.

또한 외적 요인으로 가정배경, 사회·경제적 지위, 종교적 특성, 그리고 직업가치관 등이 있다.

(2) 사회적 요인

직업 결정 시에 고려할 사회적 요인으로는 사회구조의 변화요인, 산업기술의 혁신요인, 인구증가 요인, 그리고 사회적인 직업가치관의 요인을 들 수 있다. 이상과 같은 요인과 직업세계의 현황을 잘 고려하여 자신에게 적합한 유망한 직종을 선택할 수 있어야 한다. 상황적합적 의사결정이 요구된다.

2) 인성이론

홀랜드(J. L. Holland, 1985)는 개인의 성격 유형이 직업선택에 영향을 주며, 모든 인간은 6가지 기본성격 유형으로 분류할 수 있다고 하였다. 개인의 성격적 유형과 직업이 요구하는 특성이 일치할수록 개인은 만족된 직업 생활을 경험하게 된다고 하였다.

(1) 기본성격유형

① 현실적 유형

사람과의 관계성보다는 사물을 더 좋아하며, 과거나 미래보다는 현재에 초점을 맞추고 관습적 태도를 가지고 있는 사람이다. 이 유형의 사람은 조작 활동을 선호하며 사회적 기술이 낮은 특성을 보인다. 이 유형의 사람들은 기계적이고 기술적인 능력을 필요로 하는 기술직 등이 적합하다.

② 탐구적 유형

분석적이고 호기심이 많으며, 창의성이 높은 반면에, 관습적 태도나 대인관계 기술이 부족한 사람이다. 이 유형의 사람은 추상적이고 논리적이고 과학적인 직업에 효과적이다.

③ 예술적 유형

풍부한 감정과 표현력, 창의성, 심미적인 특성을 보여 규범적 기술에는 능력이 부족한 사람으로, 예술적 유능함과 성취도를 고무시킬 수 있는 직업이 효과적이다.

④ 사회적 유형

인간관계를 중시하여 타인의 요구에 민감하지만, 도구나 기계를 조작하는 능력은 부족한 사람으로, 지적이고 타인을 보호할 수 있는 교육, 사회 복지와 같은 직종이 효과적이다.

⑤ 진취적 유형

타인을 통제하는 것을 선호하는 사람으로, 공격적이고 자기만족적이고 권력이나 지위를 매우 중요시하는 사람이 해당된다. 이런 유형의 사람은 체계적인 활동을 싫어하며 과학적 능력도 부족하다.

⑥ 관습적 유형

실제적이고 구조화된 상황을 선호하는 사람으로, 체계적으로 자료를 정리하고 기록하는 직업을 선호하며 매우 의존적인 특성을 보인다.

3 창업과 경영평가

예전에 기업은 망해도 기업가는 망하지 않는다는 말이 있었다. 그러나 정보화의 사회에서는 맞지 않는다. 정보화 사회가 갖는 개념이 공간적으로는 세계화를, 내용적으로는 정보의 공유로 말미암아 투명성을 의미하고 있기 때문에 경영의 성과와 경영자는 그 운명을 같이 하여야하는 상황의 도래로 볼 수 있기 때문이다.

Man, who is born of women, Is short-lived and full of turmoil.

여인에게서 난 사람은 사는 날이 적고 괴로움이 가득하며

Like a flower he comes forth and withers.

그 발생함이 꽃과 같아서 쇠하여지고.

He also flees like a shadow and does not remain.

그 그림자같이 신속하여 머물지 아니하거늘.

Thou also dost open thine eyes on him, And bring him into judgement with Thyself.

이와 같은 자를 눈을 들어 살피시나이까 나를 당신 앞으로 이끌어서 심문하시나이까!

Who can make the clean out of the unclean? No one!

누가 깨끗한 것을 더러운 것 가운데서 낼 수 있으리이까 하나도 없나이다.

Since his days are determined, The number of his months is with Thee,

그 날을 정하셨고 그 달의 수도 당신께 있으므로.

And his limits Thou hast set so that he can not pass.

그 제한을 정하여 넘어가지 못하게 하셨사온즉,

Turn thy gaze from him that he may rest,

그에게서 눈을 돌이켜 그로 쉬게 하사,

Until he fulfills his day like a hired man.
품꾼같이 그 날을 마치게 하옵소서.

– 욥기 14:1–6 –

경영에 대한 품꾼인 경영자에게 경영평가의 날이 틀림없이 온다. 품꾼(hired man)은 품꾼의 날을 마칠 때 일의 성과에 따라 상급 또는 약속된 보상을 받게 된다. 이것은 삶이라는 바닷가에서 모래성을 쌓고 놀든 아이들이 저녁이 되어 집으로 돌아갔을 때 숙제를 마치지 않고 놀다가 온 아이들은 어머니로부터 야단을 맞는다는 것이다. 누구나 한번은 맞이하는 죽음이라는 필연이다. 결산의 날이 삶의 전 과정을 마감하는 사건이다. 그래서 삶 속에서의 일 추진에 있어 씨를 뿌릴 때가 있고 거둘 때가 있으며 곳간에 드릴 때가 있음을 알아야한다. 결산의 그 날을 엄숙하게 준비해야한다는 것이다. 신의 공의에 의한 인간통제가 있음을 알아야 한다는 것이다.

4 경영목표

행복한 삶을 살았다는 것은 진리와 함께 한 삶이다. 진리란 무엇인가? 또 어떻게 진리라는 것을 알 수 있는가. 현재의 끝에서 미래가 시작되지 않았을 때 느끼는 충일(充溢)한 기쁨이 함께 하면 행복한 삶으로서 진리와 함께 한 삶이다. 기업의 길도 마찬가지리라. 우리는 행복이란 또는 성공이란 욕망을 만족시키는데 있다고 믿게끔 길들여져 왔다 그러나 그것이 아니라 충일한 감정의 퇴적이다.

그래서 우리는 틈틈이 나는 지금 무얼 하고 있는가? 지금 나는 어디에 있는가를 물어야 한다. 그 물음의 대답은 존재론적인 대답이 아니라 지금 진행되고 있는 것에 대한 인격적이고 열정적인 현존에 대한 대답이어야 한다.

공곡전성(空谷傳聲)이다. 계곡이 비어 있으면 메아리를 전할 수 있는 것과 같이 마음이 맑으면 삶의 깊은 의미를 볼 수 있게 된다는 것이다.

5 기업 및 경영자의 사회적 책임

기업환경이 투명화의 지식경영사회로 변함에 따른 은행여신심사기준의 변화의 내용을 보면 CEO가 주중골프를 한다든지 등의 이완된 행위를 하면 재무 및 손익지표가 양호하게 나타나는 기업이라도 여신심사에서 불량으로 평가되는 상황이 도래하였다.

- 사장이 주력제품의 원가를 모르는 경우
- 재무, 구매라인을 사장의 친인척이 차지하고 있는 경우
- 속칭 힘 있는 사람이 연결하는 경우
- 사장실에 권력자와 찍은 사진, 각종 상패 감사패 등을 진열한 경우
- 다짜고짜 술부터 권하는 사장, 중요한 판단을 술기운으로 하라는 경우
- 사장실에 보지도 않는 웹스터사전 등 영문서적 등을 진열한 경우
- 안내데스크나 경비가 불친절한 경우
- 화장실 식당 자재창고 등이 더럽고 정리가 안 된 경우
- 골프를 못 치는 CEO : 종전에는 반대였으나 골프는 경영과 같다는 인식의 전환

읽을거리

창업에 대한 적성검사
("나의 창업 적응훈련은 어느 정도일까"체크하세요)

- □ 나의 생활방식을 다른 사람에게 구체적으로 설명할 수 있다.
- □ 일을 계획적으로 하는 편이다.
- □ 일을 맡으면 적극적으로 하고 싶은 생각이 든다.
- □ 실패해도 실망하지 않는 편이다.
- □ 약속을 지키는 편이다.
- □ 창업을 위해 정보를 수집하고 있다.
- □ 친구가 많다.
- □ 다른 사람이 나와 다른 의견을 내도 귀를 기울이는 편이다.
- □ 어려울 때 함께 고민해줄 친지가 세 명 이상 된다.
- □ 도전 정신이 왕성한 편이다.
- □ 자신의 의사가 확고한 편이다. (그 의사를 타인에게 전달 할 수 있다).
- □ 건강에 자신이 있다.
- □ 기초적인 재무지식이 있어 재무제표 정도는 이해할 수 있다.
- □ 좋아하는 일이라면 먹고 자는 일도 잊어버린다.
- □ 창업을 하는 데 있어 가족들을 설득할 자신이 있다.
- □ 잘 될 줄 알았던 일이 생각처럼 안되어도 곧 잊어버릴 수 있다.
- □ 즐겁지 않은 모임에 가서도 참고 즐길 수 있다.
- □ 누군가에게 맞으면 반드시 반격을 한다.
- □ 외부사람이 말을 걸어오면 일단은 들어준다.
- □ 친한 친구의 출세가 마음에 걸린다.

【결 과】

- 12개 이상, 당신은 "A 타입"입니다. 창업할 수 있는 환경이 성숙되어 있고 창업자로서의 자질도 충분합니다. 자신이 추구할 업종을 검토 하고 그 업종과 관련된 전문정보를 수집했다면 언제든지 개업해도 좋습니다.

- 11개-6개, 당신은 "B 타입"입니다. 그럭저럭 창업할 만한 환경이 성숙되어 있습니다. 그러므로 자신이 운영할 업종을 눈여겨보고 폭 넓게 창업 정보를 수집하기 바랍니다.
- 5개 이하, 당신은 "C 타입"입니다. 창업을 해야 할 동기가 명확하지 않습니다. 이런 사람은 OO체인점, 월수입 1,000만원 식의 숫자에 현혹 될 위험성이 높습니다. 그러므로 다시한번 자신에게 맞는 업종이 무엇인지를 진지하게 생각해 보기 바랍니다. 또한 창업관련 세미나도 참가하고, 창업 정보를 수집하는 일도 게을리 해서는 안됩니다.

[http://www.magicsystem.co.kr/]

제 13 장

창업과 혁신

1. 제품의 생명주기
2. 경영혁신
3. 기업환경의 변화
4. 미래사회의 특징
5. 조직변화의 특징
6. 기업실패 관리
7. 경영과 정보시스템
8. 지식경영

▶ 읽을거리

변화를 만들어 가는 가장 강력하고 극단적인 방법은 혁명이다. 혁명을 규정하는 정의들 중에서 패러다임의 변화가 있다. 패러다임이 바뀌기 위한 전제는 정상으로 보이는 일상적인 것들에 대한 파괴와 단절을 가정하는 것이다. 혁명 속에는 항상 과거를 단절시키는 과정에서 발생하는 피의 냄새가 나는 이유는 여기에 있다. 핏속에는 언제나 죽음의 냄새가 난다. 그러나 피는 또한 새로운 탄생을 상징한다. 우리는 피를 흘리며 죽기도 하지만 어린아이는 어머니의 핏속에서 탄생한다.

1 제품의 수명주기

1) 제품수명주기(Product life cycles)

제품이 신제품으로 개발되고 시판되어, 매출액이 증가하면서 성장상품이 되었다가 마침내는 사양품목이 되어 소멸되기까지의 과정을 나타내는 것으로 도입기, 성장기, 성숙기, 포화기, 쇠퇴기를 갖는다. 그래서 기술의 동태성을 먼저 이해하고 기술혁신의 방향과 속도를 예측하여야 한다.

2) 제품이 신분상징물(status symbol)로서의 기능 상실기

시계 17세기 도입 대중화되기까지 약 300년
자동차 T형 포드이후 약 100년
가전제품 약 반세기
가스라이터 약 10년
전자계산기 4-5년
PC소프트웨어 1년
디지털 기기 0.5년

그리스 로마 신화에 나오는 시간의 신 크로노스는 한 손에는 모레시계, 다른 한 손에는 낫을 들고 다니면서 시간은 이 세상에 태어난 모든 것을 소멸시킨다는 메시지를 전하고 다닌다. 제우스의 아버지인 크로노스는 아내가 낳는 자식을 낳는 족족 삼키는 버릇이 있었다. 그래서 크로노스의 아내는 고민 끝에 대지의 여신 가이아에게 부탁하여 제우스를 피신시킨다. 청년이 되어 자기의 내력을 알게 된 제우스는 정체를 숨기고 크로노스의 시중꾼으로 들어가 크로노스에게 신찬(신들이 먹는 음식)과 신주를 드릴 때마다 은밀히 토제(吐劑)를 넣어 삼킨 것을 토하게 했다. 그래서 일찍이 삼킨 다섯 명의 형과 누나들을 토하게 하여 구해낸다.

세상으로 다시 토해 나온 이들은 아직 어린아이 상태 그대로였다. 태어나기는 먼저였지만 제우스보다 어린 상태였다. 제우스는 이로써 나중 태어났지만 가장 먼저 자란 맏이가 되었다. 크로노스가 5남매를 토해낸 사건은 신들의 시대에 일어나는 세대교체의 신호탄이었다. 성서에도 "나중 된 것이 먼저 될 수 있다."라는 말씀이 있다. 청출어람(靑出於藍)이다. 쪽에서 나온 물감이 쪽보다도 더 푸르다는 것이다. 제품에 있어서도 마찬가지리라.

생각의 포인트

소라껍질 이론

기업의 위험은 대개 두 번 있다고 한다.

하나는, 창업에서 막 궤도에 오르기 전까지이다. 이때는 기존의 대기업이나 경쟁자들이 호시탐탐 노리고 있을 시기다. 바닷가에 사는 어느 종(種)의 게는 소라껍질 속에 들어가 자신의 몸을 보호한다. 그러다 몸집이 자라면 기존의 소라껍질은 너무 작아서 더 큰집을 찾아야 한다. 바로 이때, 더 큰집을 찾아갈 때 새들의 먹이가 되는 경우가 가장 많다는 것이다. 이때의 위험을 가리켜 소라껍질 이론이라고도 부른다.

두 번째는 궤도에 오르고 나서 욕심을 부리는 경우이다. 한 분야에서 성공하고 난 다음이라 매사에 자신을 갖게 되는 때다. 이때 힘의 역학관계를 철저히 따져 보지 않고 여러 분야에 손을 뻗다가 기존의 사업마저 손을 떼어야 하는 경우이다.

2 경영혁신

피터 드러크(Peter F. Drucker)교수는 그의 저서 '자본주의 이후의 사회'에서 사회변화의 근본을 지식이라고 지적하고 미래사회를 지식조직사회인 탈자본주의 사회로 정의하고 있다. 지식적용의 과정을 3단계로 구분하고 첫 번째(1759－1850)는 지식이 작업도구 제조공정 그리고 제품에 적용되어 산업혁명을 일으켰고, 두 번째는 지식이 작업에 적용되어 생산성 혁명을 일으켰고, 세 번째는 지식이 지식에 적용되어 경영혁명(management revolution)을 가능케 하여 자본주의 아래서 생산의 기본요소인 자본과 노동이 퇴색하고 지식이 최고의 생산요소로 등장했다고 주장하고 있다.

탈자본주의사회 즉, 지식사회에서는 지식이 개인 속에 존재하며 개인으로서의 사람이 중심이 되며 지식은 언제나 사람 속에 구현되어 있고, 사람이 갖고 다니며, 사람에 의해 창조되고 증대되거나 개선되어진다는 것이다. 통신망을 사회하부구조로 하여 정보가 사회를 지탱하고 이끌어 가는 기본요소가 되며 물건을 생산하는 것이 중요한 것이 아니라 새로운 정보인 지식을 생산하는 것이 중요한 일이 된다.

따라서 유통구조에 있어서는 정보가 물건으로 중시되고 물건 아닌 것이 물건으로 판매되며 근대사회에서 강조되어온 '규모의 경제'라는 사고방식으로는 이해할 수 없는 조직규모의 소규모화의 성향과 개인을 한 체제의 부속품으로 위치시키는 사고방식에서 탈피해 복합적 관계의 시스템 속에서 자율성을 보장하도록 하여 환경변화의 적응력을 갖게 한다는 것이다. 거대조직은 환경변화에 적응 못하고 사라져버린 공룡과 같은 운명을 갖게 될 것이다. 이런 뜻에서 인적자원관리 방안의 변화가 과거의 산업혁명보다 훨씬 큰 의미를 지닌 인적자원관리의 혁명기를 맞게 될 것이다.

3 기업환경의 변화

정보화사회의 심화로 정보통신 기술의 급격한 발달을 불러와 산업구조가 하이테크 및 서비스 주도형 산업으로 전환되는 과정에서 기업의 신진대사가 급격히 진행되어 다산다사(多産多死)의 경향을 두더러 지게 나타내고 있는 구조적 개편과정에 있다.

'93년 미국의 월스트리트 저널에 의하면 향후 10연내 미국의 사기업에 종사하는 9천만 근로자중 24%에 해당하는 2천 4백만 명이 리엔지니어링의 결과에 의해 일어나는 새로운 기술의 적용으로 직업을 잃게 될 것으로 예고하였는데 실제 이러한 추세를 나타났다.

미국뿐 아니라 전세계가 지금 정보화사회로의 심화로 정보통신 기술의 급격한 발달을 불러와 산업구조가 하이테크 및 서비스 주도형 산업으로 전환되는 과정에서 기업의 신진대사가 급격히 진행되어 다산다사의 경향을 두더러 지게 나타내고 있는 구조적 개편과정에 있으며 일시적 경기후퇴 현상이 아니라는 것이다.

그 변화의 특색들을 정리하여 보면 단순한 육체노동은 로봇이나 컴퓨터로 대체되게 되므로 기업의 하부조직은 점차 줄어들며 프로젝트팀과 같은 활동이 증가되어 중간관리자중심의 중간조직기능이 강화되어 기업내부 조직구조가 삼각형에서 다이아몬드형으로 변혁을 초래한다.

이 과정에서 지식과 정보가 산업사회에서의 자본과 노동의 역할을 대신하게 될 것이기 때문에 사회적 인간을 파악함에 있어 종래 인간의 기초를 노동에서

구했으나 지금은 의사소통 즉, 정보처리의 능력에서 찾아야 할 것이다.

국제 무역장벽의 제거 및 정보기술의 발달로 시장경쟁의 규모가 세계화되어 유통구조의 변화를 가져와 일반상품에 있어서는 세계적 유통구조를 확보할 수 있는 세계적 초일류 기업과 새로운 기술특성을 가진 무수히 많은 기업들로 사회조직의 양극분해가 일어나며 아울러 유통구조가 극도로 단축되어 사회구조가 급변해 가면서 부의 양극화 현상이 심화되어 중산층의 몰락을 가져오며 부의 계층화가 뚜렷해 질 것이다. 그래서 감성에 치우친 재벌기업의 해체주장은 재고될 필요가 있다. 한국에서 만들어진 연필 한 자루를 보라. 지우개의 공급지, 나무의 공급지, 연필심의 공급지, 그리고 생산지와 최종의 소비자를...

이론적 지식의 경험주의에 대한 우위, 즉 직감과 경험에 의한 의사결정시대에서 이론적 지식과 과학적 지식에 의한 예측과 계획의 시대로 옮겨진다. 산업사회를 주도해온 보편사상이 민주주의(democracy)라면 정보화사회의 보편사상은 개인의 능력이 중시되는 자유경쟁주의(meritocracy)라 명할 수 있다. 정보의 공유가 신속 정확하게 이루어지는 과정에서 부의 축적과정이 투명화되며 그 폭이 급속도로 줄어들게 되어 경제인들의 심성을 각박하게 만드는 상황이 도래한다.

이러한 상황에 대처하여 각박한 환경이 고착화되기 전에 경쟁력을 확보하며 위기를 기회로 만들기 위해서는 국제화에 대한 열린 마음으로 문화와 언어를 국제표준에 맞추어야 한다. 정보화 마인드로 시간과 공간의 영향이 극소화됨을 인지해야 한다. 크고 많은 것만이 최선이 아니라는 사고의 축을 재구축해야 된다.

정보통신 산업후기사회 하에서는 전통적 사고의 답습으로는 미래의 경쟁력을 낙관할 수 없다. 변화와 적응시간의 초단기화와 적시성 및 새로운 기술로 특색있게 설계된 제품이 새로운 관리기법에 의해 저렴하게 생산되어 신속하게 공급되어질 것이 요구된다.

이는 정보화로 신속하게 전이되는 오늘과 같은 패러다임하에서 기업 생존의 힘을 기를 수 있는 길은 환경을 잘 이해하고, 잘 설계된 조직으로 하여금 능률적으로 그리고 유효하게 경영을 실행케 하는 것이라 할 수 있다.

4 미래사회의 특징

지식과 정보가 산업사회에서의 자본과 노동의 역할을 대신한다.

새로운 의미의 육체에 밀착된 기술이 필요하게 되어 생산은 인간 對 기계의 관계에서 인간 對 인간의 관계로 변화하게 된다. 미래의 기술은 중세장인의 기술, 손재주와는 달리 인격적 인간내면의 기술, 인간의 감수성과 상상력이 포함된 기술로서 인간내부이외에 자리 잡을 영역이 없게 되는 새로운 의미의 중세장인 시대의 도래가 되어 인간의 유용성이 재평가 될 것이다.

이제까지 기업의 발전은 작업자의 전문기술에 의한 능률향상에 밑바탕을 두어 왔다. 사실 기업은 잘 훈련된 전문가와 기능인들로 구성된다. 지금까지 각 부서는 각자의 일만 만족하게 처리하면 그것으로 족했다. 즉 영업사원은 물건을 파는데 완벽하고, 재무담당자는 기업의 이익이나 부채비율을 잘 계산하면 그만이었다. 전문가를 필요로 하기 이전에는 사실 장인(craftsman)이 대장일도 하고 여러 가지 잡다한 일을 처음부터 끝까지 처리해 왔다. 산업혁명 이후 규모의 경제나 분업화가 등장함으로써 장인들의 장점인 예술미는 역사의 뒤안길로 사라져 버렸다. 그러나 분업에 기초한 전문가들만으로는 효과적인 부서간의 대화나 동료간의 협력을 도출해낼 수 없다.

현재 우리는 탈공업화와 지식경영의 사회에 살고 있다. 이러한 시대에서 기업이 격렬한 경쟁에서 살아남고 지속적으로 성장하려면 기업의 조직구성원 모두가 생각하고 실천하는 새로운 형태의 조직으로 바뀌어야 한다. 과거의 기업조직은 계층적(hierarchy)인 조직유형을 바탕으로 하고 있기 때문에 각 부문 또는 부서가 서로 독립된 유형을 취한다. 이는 기업조직이 부문 또는 부서라는 장벽으로 격리되어 있음을 의미한다.

지식경영의 사회에서는 조직은 수평적으로 운영된다. 이는 정보처리기술(information technology)의 활용이 불가피해진다. 이 조직은 빠르게 변화하는 소비자의 욕구에 바로 대응할 수 있는 유연하고 순발력 있는 조직이 된다. 기업내부의 사람들뿐만 아니라 상품유통에 참여하는 외부 협력업체들, 나아가서 시장을 구성하는 고객까지도 서로 밀접한 의사소통이 가능한 통합조직이 된다.

5 조직변화의 특징

1) 반(反) 산업사회

소규모화의 아름다움이 강조되는 사회가 될 것이다. 전통적 산업사회 조직구조인 삼각형 조직구조에서 생산공정이 컴퓨터화 내지 자동화되므로 일선 작업원이 점차 감소하여 무인화 되고 기계관리, 메인트넌스, 체크시스템 등 새로운 의미의 기술이 필요 되는 중간 관리층의 증대를 가져와 다이아몬드형 조직유형으로 바뀌어 갈 것이다. 따라서 자동화에 수반하여 작업의 내용이 단순화되는 부분이 증가하게 되기 때문에 미숙련 작업자가 수행 가능한 작업의 발생이 증가하는 반면 수요의 다변화로 인한 작업의 빈번한 변환에 적응 할 수 있는 다기능숙련 작업원이 필요하게 되어 노동의 양극화 현상이 두드러지게 될 것이다.

기술혁신의 특색을 슘페터(J. A. Schumpeter)는 21세기를 향한 신기술 내지 신상품의 기술혁신 분야를 신소재, ME(micro electronics), 바이오테크놀로지로 분류하였다. 상품의 특성이 경소단박(輕小短薄)화되고 있으며 생산의 실체를 이루는 공장이 컴퓨터 제어시스템의 도움을 입은 省力化 즉, ME화를 추구하게 될 것으로 예견하고 그 추구하는 목적지는 컴퓨터 통합제조시스템(CIM: computer integrated manufacturing)이며 달성코자 하는 내용을 융통제조시스템(FMS: flexible manufacturing system)이라 하였다. ME기술의 진보는 고성능화, 저가격화가 동시에 진행되고 가속화되어 응용분야가 폭발적으로 넓어지고 있다. 그것은 인간에게 편리를 주는 것은 물론이고 기계의 유형을 완전히 바꾸게 됨으로써 기업조직 내부구조에도 영향을 미쳐 하부조직은 점차 줄어들며 프로젝트팀과 같은 특수목적의 시스템 활동이 증가되어 중간관리자 중심 중심부분의 조직기능이 강화된다. 또한 산업구조에도 변혁을 가져오고 인간의 역할에 큰 변혁을 초래하기 때문에 이를 또 하나의 산업혁명 또는 ME혁명이라고 표현하고 있다.

ME시대는 과거의 산업사회시대와는 반대로 진행될 수도 있다. 제품의 대량화가 소량화로, 규격화가 다양화 또는 다품종으로, 집권화가 분권화로, 컨베이어시스템이 완충장치로, 종신고용이 일용 및 시간제고용으로 바뀔 수도 있다. ME혁명은 지금까지 밟아 온 산업사회와는 방향과 원리, 내용에서 판이하게 다르다. 구 산업시대의 원리를 답습해서는 실패할 것이다. 이제부터 적응해 나가야 할 새로운 고도정보사회는 산업사회와는 원리가 다른 반 산업사회인 것이다. 제2차 산업혁명에 뒤진 나라들이 후진국이 되었듯이 제3차 ME혁명에 뒤진 나라는 또 후진국을 면할 수 없을 것이다.

지금의 컴퓨터, 전자상거래, 인터넷과는 별로 관계가 없는 신종산업이 향후 20년간 수없이 나타날 것이다. 신종산업은 누가 주도해야 하는가? 지금과 같은 주주 우선주의의 경영방식은 바람직하지 않다. 정보혁명은 지식혁명이기 때문에 지식전문가가 주도해야 한다. 드러커는 영국이 산업혁명 이후에 장인(craftsman)

을 신사(gentleman)로 격상시키지 않았기 때문에 독일이나 미국보다 기술개발이 늦어졌다고 주장하였다.

2) 정보의 권력화

정보시장이 예술에 제공할 한 가지 새로운 역동성은 시각적·청각적 몰입, 촉각적 상호작용, 온도변화, 냄새변화를 통해 여러 가지 감각과 근육을 활용하는 것이다. 이런 시스템이 발전하면, 예술가들은 서로 다른 다양한 감각을 조합해 새로운 소설도 쓰고 매혹적인 명령도 내릴 수 있게 해준다.

정보는 곧 권력의 핵심이다. 아톰은 과거의 것이고 비트는 미래의 것이다. 아톰 즉 원자의 세계가 우리를 지배해 왔다. 우리는 중력의 무게를 느끼며 물리학적 역학세계를 거니는 것으로 만족했다. 그러나 '비트'의 세계가 출현하면서 우리의 일상과 세계를 변하게 했다. '비트'는 색깔도 무게도 없다. 그러나 빛의 속도로 여행한다. 그것은 정보의 DNA를 구성하는 최소단위다. 아톰의 원리가 실제로 만지고 경험하는 '아날로그'의 세계를 창출했다면, 비트의 원리는 실제 이상의 '하이퍼 리얼'한 것으로 다가오는 디지털 세계를 창조한다.

하늘의 별을 관찰하면서 걷다가 우물에 빠진 후 발 밑 걱정을 하라는 하녀로부터의 핀잔을 받은 철학자로 유명한 탈레스가 '만물의 근원은 물'이라고 주장한 일은 지극히 사소해 보인다. 하지만 탈레스의 '물'은 헤라클레이토스의 '불' 아낙시메네스의 '공기' 엠페도클레스의 '지수화풍' 테모크리토스의 '원자'로 깊어지면서 마침내 형이상학의 도화선이 된 후 아톰의 시대를 지나 이제 비트의 시대로 가고 있다. 시작은 미약했으나 끝은 이토록 창대함에 경이로움을 느낀다.

그러나 원자에서 비트로의 발전과정만을 생각하면 비트의 진가는 원자의 이동을 보다 자유롭게 하는 데서 발휘된다는 사실을 못 보게 될 수도 있다. 지식경제의 흐름은 단지 원자에서 비트로의 변화만 눈여겨봐서는 보이지 않는다. 원자에서 비트로, 다시 비트에서 원자로 회귀하는 과정을 총체적으로 볼 수 있는 시야가 필요하다. 정보기술의 가장 강력한 기능 중 하나는 함께 일하는 사람들을 직접 연결해서 함께 얼굴을 맞대고 토론할 시간과 장소를 약속할 수 있도록 하는 것인 것 같다.

3) 복잡적응계

21세기의 초를 경제활동에 참여하는 모두가 느끼게 되는 혼돈의 시대 즉, 메가첼린지(mega−challenges)의 시대라 부르며 자세히 들여다보면 거기에도 분명 메가트랜드(mega−trend)가 존재함을 인지할 수 있다고 했다. 메가첼린지(mega−challenges)의 시대라 부르는 것은 기술의 융합과 유사한 회사끼리의 조합을 통한 경쟁력 확보, 통신의 네트워크화, 개인용 통신 컴퓨터의 일반화로 불확실성의 의미가 강조되기 때문이다. 이러한 4가지 현상은 4가지의 일정한 추세를 나타내고 있는데 투명성(transparent)과 기회와 발전이 공존하여 새로운 기업이 생성토양을 확보할 수 있는 역설(paradox = 위험과 기회)적 현상과 이러한 현상에 적응하기 위해 자율을 통해 자기관계적으로 스스로를 유지해 가는 자기조직화(auto−position)와 경제가 국가의 개념과 분리인식 되는 이원주의(dualism)의 대두를 메가트랜드라 부른다.

자기조직화의 원어는 auto−poiesis로써 동물적 감각에 의한 생명활동의 의미를 갖는다. 시스템이 문턱에너지를 넘어 '초임계 상태'가 되면 자동 촉매 즉 환경인식을 하게 되어 자기강화에 의한 생명탄생을 한다. 이때의 시스템은 복잡적응계(complexity system)이다.

복잡적응계에서의 네트워크는 독립적(선형적)이지 않고 상호작용(비선형적)의 중합체 작용을 일으킨다. 즉 서양식 요소환원주의, 분석주의의 한계인식과 동양식 전체론으로의 회귀다. 이 때의 조직구성의 요점은 조화로운 협동관계의 구축에 있으며 '전체는 부분의 총합보다 크다'는 개념이다.

이 때 조직이 창조적 모델이 되기 위해서는 행동원칙 즉 도덕성으로서의 이념이 방향타가 된다. 심리학의 세계에서 불이행 계층(default hierarchy)이라고 불려지고 있는 것과 같은 원리로 성립된다. 요컨대 조직을 생명체로 본다면 생명의 본질은 이념, 가치관에 있다는 것이다. 이러한 이념, 가치관에 의해 창발(emergent: 하나님의 손에 의하지 않는 생명의 발생과 창조적 자기진화) 즉, 이노베이션이 가능해 진다는 것이며 조직을 생명론적으로 볼 때 참다운 창조모델에 도달한다는 것이다. 이것이 기업문화론의 중요한 의미이기도 하다.

문화론의 구성 DNA는 인간에서부터 출발한다. 그래서 기업을 인간의 관계성으로부터 출발되는 창발로 본다. 창발에는 생식이나 탄생이라는 개념의 유추로 이해되는 생명의 불어넣음과 같은 생산이 건강한 암묵지들이 형식지의 탄생에 정수(essence)가 된다. 이때의 조직은 DNA의 합이 생명체의 속성을 만들어 가는 것과 같이 상호교차론적, 또는 환경적합이론(contingency theory)으로 보는 시각이다.

그래서 산업생산성은 설비의 수준과 임금에 의한 인센티브 시책에서 보다 조직운영의 방법에 의해 달라진다는데 관심을 둔다. 예를 들면 생산성은 '신뢰'와 '빈틈없는 배려' 그리고 '친밀함' 등에 의해서도 좌우될 수도 있다는 것이다.

4) 타임베이스

새 시대 성공의 요체는 유동성의 개념을 포괄하는 기동성이다. 즉, 속도다. 자본 유동성의 영역에서도 마찬가지다. 과거 2천년 동안 세계사에 가장 큰 영향을 끼친 민족은 로마민족과 몽골민족이라고 할 수 있다. 로마 민족은 헬레니즘과 헤브라이즘을 통합한 서양문명을 만들어 내었다. 몽골민족은 동양문명과 서양문명을 연결시켰다. 이 두 민족 모두 말을 최대로 활용한 민족이었다. 2천년 전 로마는 말을 이용한 교통·통신을 원활히 하기 위한 도로건설을 통하여 세계를 지배했다.

8백 년 전 몽골의 기마 민족 징기스칸의 군대는 중원을 제패하고 중앙아시아를 거쳐 러시아와 동유럽까지 물밀 듯이 점령한 후 세계를 정복했다. 정복의 최대 무기가 말이었다. 고대사회에 있어서도 오늘날과 같은 스피드의 자극은 여전한 것이었다. 중국말로 '빨리 오라'는 말은 '馬上來'라고 한다. 그 후 배로 속도를 지배한 국가와 비행기로 세계를 선도한 국가가 차례로 나타났다.

미래는 인터넷을 통한 기동성의 전쟁이 전개될 것이다. 인터넷상에서 요구하는 정보가 5초안에 떠오르지 않으면 네티즌은 더 이상 기다리지 않고 다른 곳으로 떠나가 버릴 것이다. 인터넷 국내 쇼핑몰에서 미국의 플로리다 쇼핑몰로 이동하는 데 1초밖에 걸리지 않는다. 인터넷 세상에는 국경이 없으며 거리 개념도 없다. 단지 속도의 개념만 존재한다. 고대사회의 말의 개념을 대체하고 있다.

일년치 전세계 생산량의 몇 배에 해당하는 금융거래 자금이 하루만에 움직이는 상황이 도래했다. 실로 빛과 같은 속도로 이윤사냥을 위해 세계를 누비고 있다.

변화의 흐름을 볼 줄 알아야 생존한다. 현대인들의 삶의 많은 부분이 너무 빠르고 힘들고 냉정하다고 생각한다는 것을 알아야 '도피하여 쉬기에 좋은 안식처'를 제공할 비즈니스의 아이디어를 창출해 낼 수 있게 된다.

고객이 정말로 원하는 것을 알고 진정 그들이 누구인가를 알고 싶다면 그들이 인터넷을 사용하는 동안 그 어깨를 들여다보라. 그들은 검색하는 정보를 얻기 위해 화살표를 차분히 내리는 사람은 없다. 스크롤 하지 않는다. 그저 상자 안에 금방 나타나는 것만을 읽고 사이트를 옮겨간다. 그래서 고객과 대화는 단 한 번에 해야한다. 극찬, 때우기 등의 수식어는 건너뛰고 그냥 고객에게 말해야 한다. 고객의 요구에 답하기 위해 빨라질 줄 알아야 한다. 진실만을 간단히 이야기해야 한다.

손자병법의 병지정주속(兵之精主速), 승이지불급(乘人之不及), 유불려지도(由不虞之道), 공기소불계야(攻其所不戒也)다. 군사작전은 신속함이 가장 중요한 것이며, 적의 준비가 미치지 못하는 곳을 취하고, 생각하지도 못한 길을 이용하여 적의 경계가 없는 곳을 공격한다는 것이다. 오늘날의 타임베이스 경쟁전략이다.

타임베이스 경쟁전략은 원가와 품질에 더하여 신속한 시간 대응력(responsibility)을 경쟁력 요소로 추가하는 것이다. 시간 대응력은 신속한 공급이라는 창(矛)과 회전율(return rate) 증대라는 방패(盾)를 확보하는 것과 같은 것이다.

주위상계(走爲上計)라는 고사성어가 있다. 36계략 중에 역부족하면 도망치는 것이 최상의 계략이라는 뜻인데 이 때의 주자는 도망할 주자의 의미를 갖기도 하나 달릴 주자의 의미도 갖는다. 열심히 움직이는 사고(思考)의 유연성을 생각해볼 필요성이 있는 말이다.

6 기업실패 관리

1) 도산의 원인과 징후

기업이 환경에 적응하지 못하거나 최소한으로 요구되는 필요이익을 확보하지 못한 경우 또는 기술적 지불 불능 상태에 빠진 경우, 기업은 도산(bankruptcy)하게 된다.

미국의 신용조사기관인 던 앤드 브래드스트리트사는 도산을 다음과 같이 정리하고 있다.

- 강제집행, 유질(foreclose), 재산압류
- 미지급부채를 남긴 채로 자발적 영업정지
- 관리인 선임, 정리절차에 따른 법원계류
- 채권자의 자발적 협약에 의한 영업정지

일반적 도산원인이 방만한 경영, 경영계획 실패, 경기변동에 의한 판매부진, 업계부진, 외상매출금 회수난, 과당경쟁, 경영자의 유고, 수출부진, 노사관계 갈등, 기술인력의 차질, 재해 및 계열하청의 재편성 등이며 두드러지게 나타나는 징후는 매출감소, 비용상승, 자금부족 및 타인자본 의존도 상승, 기업활동력 저하, 내부관리 실패빈도 증가 등으로 정리된다.<도표 13−1>

도표 13-1 기업의 도산원인과 과정

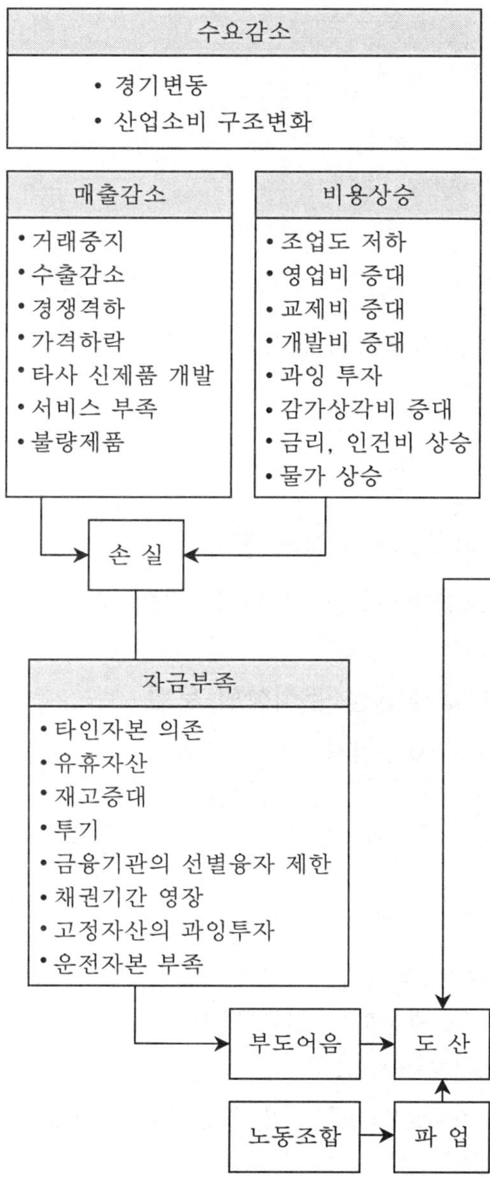

2) 사업실패에 이른 사업계획의 문제점 정리

(1) 시장성 분석상의 문제

- 제품 동향파악의 미비
- 경쟁기업에 대한 정보파악 미흡(점유가능 시장점유율)
- 마케팅 전략 불비

(2) 기술성 분석상의 문제

- 비전문적 기술타당성분석
- 기술사활 요소분석결여
- 기술변화 추이분석력의 결여

(3) 수익성 및 재무적 타당성 검토상의 문제

- 합리적 자본조달결여
- 효율적 자본운영결여

(4) 계획사업 수행능력 및 적합성 평가상의 문제

- 사업수행능력 배양 및 효율적 조직관리 능력부족의 문제

(5) 기업환경요소(위험요소) 및 성장성 분석상의 문제

- 계획사업에 대한 위험요소 분석결여
- 성장성 분석결여

3) 회사의 해산

회사의 해산이란 법인으로서 회사가 그 법인격을 소멸시키는 원인이 되는 법률요건이 발생했을 때 회사를 해산하는 것을 말하는 데, 해산은 다음과 같은 해산이유가 발생했을 경우에 이루어진다.

- 회사 존립시기의 만료, 기타 정관에 정한 해산사유의 발생
- 회사의 합병
- 회사의 파산

• 해산명령
• 해산판결
• 주주총회의 해산결의

이상에서, 자주적인 해산이 아니라 해산명령 또는 해산판결에 의한 해산은 ① 법원이 회사가 정당한 사유 없이 그 설립 후 1년 이내에 개업을 하지 않고, 또 1년 이상 영업을 휴지 할 때나, ② 업무집행사원, 이사나 감사가 법령 또는 공서양속(公序良俗)에 반하는 행위를 한 경우에 회사의 존립을 허용하지 못할 이유가 발생했을 때, 이해관계인 또는 검사인의 청구에 의하거나 직권으로써 회사의 해산을 명할 때 이루어진다.

회사가 해산했을 때 합병과 파산의 경우를 제외하고는 소정기간 내에 해산의 등기를 해야 하고 청산절차에 들어간다.

7 경영과 정보시스템

경영에 부과되는 과제의 증대에 반해서 자원조달의 제약이 증대되었으며, 정형적 의사결정 영역보다 비정형적 의사결정 영역의 중요성이 증대되어 제약된 합리성(bounded rationality)속에서 최적의 해를 도출시키며 조직 전체적 안목에서 활동계획을 수립하기 위해서 사용자－기계(user－machine system)시스템을 도입하는 것이다. 사용자－기계시스템이란 어떤 업무는 인간에 의해 가장 잘 수행될 수 있고 어떤 업무는 기계가 수행할 때 더 효과적이라는 것이다.

완벽한 시스템이란 세상 어디에도 존재하지 않는 허상에 지나지 않는다. 중요한 것은 제도와 체제 속에 숨어 이를 움직이는 인간의 정신이다. 어떤 시스템이든 정신이 죽으면 껍데기만 남게 된다. 그리고 그 시스템은 장점으로 기대된 역할을 수행하지 못하고, 단점만 부각되고 확대되어 무력한 시스템으로 남게 된다.

좋은 시스템이란 생산적인 혁신을 도모하는 조직이다. 조직 구성원들이 강박관념 없이, 단순히 입에 풀칠을 하기 위해 억지로 일한다는 생각으로 강제 노동하듯 수모와 설움을 당하지 않으면서 일 할 수 있는 기업이다. 자신의 일과 매일의 삶을 사랑하는 사람들로 가득 찬 기업체 보다 무엇이 더 생산적일 수 있다는 말인가.

8 지식경영

플라톤 이래로 지식은 자신을 성찰하고 도덕적으로 혹은 정신적으로 성장하게 하는 기능을 가진 것으로 이해되어 왔다. 그것은 무엇을 할 수 있는 실용적 능력이 아닌 know-what의 개념이었다. 지금까지 우리는 know-what의 개념으로 인식해 왔다. 그래서 알려진 사실의 전달에 치중한 한국의 교육에 문제가 있다는 것이다.

그러나 know-what 외에도 중요한 지식의 요소가 많다는 것을 알아야 한다. 그 중의 하나가 바로 know-why이다. 이것은 자연현상에 대한 과학적 지식이라는 특징을 가지고 있다. 왜 그렇게 될 수밖에 없는지에 대한 이유를 구명하는 것이 지식 활동의 주요 목적이다. 또 하나는 know-how이다. 이것은 어떻게 그것 혹은 그 일을 하는지 그 방법을 알고 있다는 의미이다. 바로 기술능력을 의미한다.

또 다른 영역은 know-who이다. 이것은 주로 무엇을 알고 있고, 할 수 있는 사람들과의 네트워크를 형성하고 있다는 것을 의미한다. 또 다른 영역은 know-where로서 지식의 원천이 어디 있는지 알고 있음을 말한다. 우리가 보통 지식이라고 할 때, 이러한 모든 영역에서의 앎과 숙련을 의미하는 것이다.

지식경영에 대한 정의는 다양하다. IBM의 최고지식경영자로 있는 로렌스 프루삭은 조직 구성원이 가지는 내재적 지식을 인식하고 이를 다른 구성원들이 활용할 수 있도록 자산화 하는 것이라고 하였다. 이는 그의 사고 속에 인간과 개인이 지식경영의 요체로 자리 잡고 있기 때문이다. 한편 피터 드러크는 일하는 방법을 바꾸고, 기존의 틀을 깨뜨리는 혁신을 통해 확보되는 것이 새로운 지식이라 하고 이것을 체계적으로 관리하는 것을 지식경영이라 하였다.

지식사회가 단순히 전문 기술력을 가진 사람들이 부를 분배해 가는 살벌한 사회의 수준을 극복하려면, 바로 어렸을 때부터 자신의 가치를 발견하고 그 속에서 삶의 아름다움과 창조의 즐거움을 터득한 젊은이들로 가득 찬 사회일 때 비로소 가능하다. 학교에서는 너무 많은 과목을 너무 깊게 가르친다. 어디다 쓰려고 그러는가? 이제 그것을 물어야 할 때다. 비연속적 혁신과 융합적(fusion) 혁신이 태풍처럼 일어나 번개처럼 지나가는 시대다. 세계와 인간에 대한 이해가 풍부하고 창의적이며 유연한 인간이 필요한 시대다. 그래서 확실성을 어떻게 하느냐 하는 것보다 불확실성을 어떻게 다루어 나갈 것인가를 가르쳐야 할 때다. 대학의 프리미엄은 이제 전문성의 프리미엄이 가지는 가치를 따라갈 수 없게 될 것이다. 외환위기의 시기가 온 결정적 이유중의 하나가 이미 와 있는 지식사회의 새로운 원칙에 적절하게 준비해 오지 못한 결과가 아닌가 한다.

지식경영 시대의 창조적 인간의 특징을 정리해 본다. 주위의 몰이해나 거부에의 도전, 위험성에 대해 자신을 기꺼이 내던질 수 있는 의지, 강력한 확신감과 자기 주장성, 자신에 대해 긍정적이고 덜 비평적인 면, 열중하며 쉴 줄 모르는 부지런함, 사회문화적 외적 압력에 대한 자유로움을 가진 사람이리라.

생각의 포인트

지혜경영의 유연성(agility)

슈로이메는 바싹 여위었고 병약한 행상인이다. 그는 햇볕이 쨍쨍 내리쪼이는 길을, 등에 짐을 지고 다리를 질질 끌며 걸어가고 있었다. 그때 힘이 장사이고 돈 많은 농사꾼 이완과 만났다. 슈로이메가 이완에게 부탁했다.

"이완, 이 짐 좀 져다 주지 않겠나? 그러면 그 대가로 20크로이차를 주겠네."

이완은 화가 났다. 제 놈의 짐을 나한테 져다 달라니……. 그는 한 마디로 거절했다. 두 사람은 나란히 걸어갔다. 슈로이메는 더 이상 견딜 수 없을 만큼 지쳐 있었다. 그때 슈로이메의 머리에 기막힌 아이디어가 떠올랐다.

"이완, 자네는 부자이고, 나는 요즈음 돈 때문에 곤란한 지경일세, 어떤가? 높은 이자를 붙여 줄테니 5굴덴만 꾸어 주게나, 그 담보로 이 물건을 잡히겠네."

슈로이메는 짐을 끄르고 그 속에 있는 잡화를 이완 앞에 펼쳐 놓았다. 이완의 눈이 빛났다. 이완은 얼른 슈로이메에게 5굴덴을 주고 짐을 넘겨받았다.

두 사람은 다시 나란히 걷기 시작했다. 저녁때가 되자 신선한 바람이 불고 저 멀리 마을이 보이기 시작했다.

"이완 !"

갑자기 슈로이메가 말을 꺼냈다.

"아무래도 돈을 꾸지 말아야겠어, 자네에게 꾼 5굴덴은 여기 있네. 그리고 이것은 잠깐 빌려 쓴 이자 5크로이차야, 어서 그 담보물을 돌려주게나."

생각의 포인트

지혜경영의 유연성(agility)

아들이 일곱 있는데 막내만 생김새가 특이하다. 아하, 와이프가 바람 펴서 난 아이구나. 그날부터 그 남자는 그 아이만 괴롭혔다. 밥도 안주고 잠도 안 재우고 용돈도 다른 아들의 반의반의 반의… 30년 후 죽을 때가 돼 물어본다. 솔직히 말해주구려, 그 놈 누구 자식이요? 그러자 부인이 말한다. 사실 그 애만 당신 자식이에요. 고정관념에 사로잡히면 문제해결의 실마리를 찾지 못한다.

읽을거리

창업 혁신의 법칙 "머리로 돈을 번다"

오늘날 창업가정신의 아버지라고 불리는 오스트리아 출신 경제학자 죠셉 슘페터는 정통 경제학의 수요와 공급의 법칙을 부정했다. 시장에는 수요와 공급의 균형이 존재하지 않는다는 것이다. 시장은 실질적으로 혼돈이라고 했다.

그는 창조적 파괴를 통해 경제발전이 이루어지며, 그 주역이 창업가라고 했다. 창업가들이 혁신을 통해 기존의 질서를 깨뜨리고 새로운 질서를 만드는 과정에서 부를 창출한다는 것이다.

200여년쯤 전에 프랑스의 경제학자 세이가 창업가(Entrepreneur)라는 말을 사용했을 때에도 그것은 질서를 어지럽히고 조직을 파괴한 사람이라는 의미를 가지고 있었다. 많은 세월이 흐른 오늘날에도 창업가들은 기존 질서와 조직의 파괴자로 남아 있다. 그러나 그들은 창조적 파괴자이다.

창조적 파괴력은 두말할 것도 사람들의 머리 속에서 나온다. 단초는 머리 속에서 한줄기 빛처럼 스쳐 지나가는 영감(Inspiration)이다. 영감이란 짧은 섬광이 아니라 한 사람이 오랫동안 가슴 속에 품고 있는 집념과 열정의 결정체라고 할 수 있다.

창업가는 사업기회를 노린다. 좋은 사업기회란 상품이나 서비스의 우수성으로 인해 시장에서 수요를 불러일으킬 수 있는 역동적인 힘이다. 구체적으로 연간 20%의 성장성과 40%의 이익률, 원활한 현금흐름 등의 특성을 가지고 있다.

사업기회는 항상 변화하는 상황에 의존한다. 시장이 불완전하면 그 만큼 기회는 더욱 커진다. 변화의 속도와 불연속성, 그리고 혼란이 크면 클수록 사업기회는 많아지는 것이다.

창업가가 사업기회를 포착하고 이를 잘 구상하여 제품을 만들어 냈을 때 가치와 부를 창출한다. 이익이란 창업가가 기회를 사업으로 전환한 것에 대한 보상이라고 할 수 있다.

[유재수 한국창업개발연구원장, www.changuptoday.co.kr]

제 14 장

창업과 미래산업

1. 미래직업의 전망
2. 미래충격의 변화
3. 국제환경의 변화
4. 분업과 자유경쟁시장
5. 성공 기업의 기초
6. 지식재산권
7. 특허권과 벤처기업
8. 가치경영

▶ 읽을거리

경영학을 한다는 것 또한 선행자의 뒤를 묵묵히 따라만 가는 것이 아니라 도도히 흐르는 강물 위에 한 쪽박의 물을 더하는 것과 같은 보탬을 추가하는 것이다. 口(입 구)+鳥(새 조)=鳴(울 명)의 뜻으로 새의 부리라는 뜻이 아닌 '울다'의 뜻이 나온다는 것을 유추할 수 있는 능력배양의 과정이기도 하다.

1 미래직업의 전망

1) 직업의 의미와 바람직한 직업관

우리는 일상생활에서 수많은 선택을 하면서 살아간다. 사람들은 일생 동 안 배우자, 친구, 인생관, 가치관 및 직업 등의 선택을 하며 지혜로운 선택의 결과로 행복감과 자아실현의 기쁨을 얻을 수 있다. 이와 같은 많은 선택들 중에 직업의 선택은 가장 중요한 핵심이 되는 것이다. 왜냐하면 그것은 인생전체 활동의 대부분을 차지할 뿐만 아니라, 매일매일 그 사람의 활동을 결정하고, 원만한 사회생활과 자아실현의 가장 중요한 수단이기 때문이다. 이러한 직업을 바르게 선택하고 직업생활을 성공적으로 이끌기 위해서는 직업에 대한 바른 인식과 태도를 가져야 한다. 직업관은 사람에 따라서 다양하나 크게 보수의 획득이 목적인 "보수지향적 직업관", 이타주의에 기반을 둔 "기여지향적 직업관", 자신의 능력발휘와 가치관의 실현이 목적인 "자아실현 지향적 직업관" 등으로 크게 구분할 수 있다. 현대사회는 기술의 발전과 사회구조의 변화 등으로 인하여 직업이 전문화, 세분화되고 있다. 자신의 소질과 적성, 가치관과 소망에 따라 선택할 수 있는 직업의 종류도 많아지고 있다. 특히 오늘날의 직업은 전문성과 창의성을 실현할 수 있는 수단이며, 자아발전과 성취욕구의 터전이 되고 있다. 따라서 어떠한 직업이 자신의 자아를 충족시켜 주는가를 잘 이해하고 탐색하며 준비해야 할 것이다. 한번 선택한 직업은 일생을 좌우하게 되므로 신중해야 하며 이를 위해 스스로의 능력과 적성, 개성들을 고려하여 직업을 선정하는 태도가 필요하다.

2) 21세기 산업과 직업

우리 사회는 지금 세계화, 정보화라는 대전환속에서 산업구조의 급속한 변화와 함께 국가간, 기업간 무한경쟁 상태에 직면해 있다. 이와 관련하여 과학기술의 발전은 노동시장의 변화를 가속시키고, 직업의 전문화·세분화를 촉진시키고 있다. 이러한 측면은 직업을 처음 구하는 사람이나 이직·전직을 생각하는 사람들의 직업선택에 혼란을 가중시킨다. 따라서 변화하는 직업의 세계와 그 주변에 대한 이해는 올바른 직업선택을 돕는 기본지식이 될 것이다.

① 직업은 계속 분화하여 다양화되고 있다.
② 지식·정보화의 진전은 새로운 기업환경과 산업구조를 만들고 있다.
③ 사이버 공간을 통한 기업활동이 증대하고 있다.
④ 삶의 질을 높이는 산업비중이 증가한다.
⑤ 지식기반산업과 첨단산업의 발전은 산업의 비중을 변화시킬 것이다.
⑥ 새로운 상품과 서비스의 등장은 직업을 탄생시키기도 하고 소멸시키기도 한다.
⑦ 평생직장은 사라지고 평생직업이 남는다.
⑧ 기계화와 자동화의 진전은 여러 복잡한 직무내용을 단순화시키고, 이에 따라 직업도 기계화·자동화가 불가능하거나 사람이 기계보다 효율성이 높은 일에 집중될 것이다.

☑ 미래사회의 키워드

- 글로벌 모빌리티(global mobility)
- 지식(knowledge)
- 다양성(diversity)
- 창의성(creative mind)

3) 향후 5년간의 직업전망

① 1차산업 및 제조업에서는 전반적으로 고용의 감소가 예상된다.
② 서비스 관련 직종에서는 대부분 고용이 증가할 것으로 예상된다.

독일 최대의 기업 중 하나인 코닥 필름이 최종 부도처리 되었다. 2002년도만 하더라도 전 세계에서 최대 매출을 자랑하던 기업이었다. 디지털 카메라와 디카폰이라 불리는 핸드폰의 출현으로 세계굴지의 대기업인 코닥 필름이 부도를 당하게 된 것이다. 미래를 정확히 예측하고 변화를 주도해야 생존한다. 변화를 당하게 되면 퇴출된다.

2 미래충격의 변화

얼마 전에 친한 사람들끼리 모인 칵테일파티에 참석한 적이 있다. 그런데 아주 친절해 보이는 여자가 마티니 잔들이 놓인 쟁반을 받쳐들고 나타났다. 그 여자가 권하는 마티니를 거절하는 것은 결례일 것 같아 한 잔을 받아들 수밖에 없었다. 잔을 눈높이로 들어 속에 든 액체를 물끄러미 바라보며 난 마티니와 관련해서 인간이 성취한 기술적 승리에 대해 생각해 보았다.

발효는 아마 문명만큼이나 긴 역사를 갖고 있을 것이다. 인류학자들이 이제까지 발견한 모든 문명은 어떤 유형으로든 술을 개발했다. 4,200년 전의 메소포타미아 토기에는 양조과정이 새겨져 있다. 구약은 포도주에 대해 186번이나 언급하고 있다.(칵테일파티에서의 교양인에게는 이런 것이 아주 유용한 지식이 될 것이다.) 서기 800년경의 유럽 수사(修士)들은 포도주를 만드는데 있어 상당한 수준의 기술과 생산성을 갖고 있었다.

손에 든 잔 밑바닥에는 큰 녹색의 올리브 열매 하나가 조용히 가라앉아 있었다. 사실 인간이 어떤 경로를 거쳐 올리브 열매를 먹게 되었는가를 오랫동안 궁금해 했었다. 오늘날 올리브 처리 기술이 문제를 드러내 보여 준다. 생 열매는 글리코사이드라는 아주 쓴 성분을 함유하고 있어서 그대로 먹을 수가 없다. 그래서 올리브는 수확하자마자 묽은 잿물에 푹 담근다. 그 후 알카리 용액 속의 하이드록사이드(OH)는 몇 번의 세척을 거쳐 제거하고 올리브는 다시 진한 소금물에 절인다. 몇 주 뒤에 발효를 지속시키기 위해 설탕이 들어간다. 그리고 6개월 후 올리브는 병이나 깡통에 포장되는 것이다.

고개를 드니 어떤 사람이 말을 걸려고 다가오고 있었다. 그에게 이렇게 말했다. 「오늘날 마티니가 있기까지의 기술적 발전에 대해 생각해 본 일이 있으신지요?」.

우리의 사회가 미래충격(future shock)을 받은 것은 처음이 아니다. 2백년 전 산업혁명이 영국에서 시작되었을 때, 사람들은 상품에는 가치와 같은 것이 있을 수 없다고 말했다. 당시 실재하고 존속하는 유일하고 절대적인 가치는 자연자원, 토지, 건물이라고 생각했다. 이러한 것들은 장기적으로 존재하고 못쓰게 되는 제품에 참된 가치가 있다는 것을 생각지도 못했던 것이다. 그렇지만 머지않아 시간적 차이를 극복하고서 새로운 상황에 적합한 사고방식이 나타났다. 즉 산업사회에 적합한 경제이론이 발전하고, 사회주의와 자본주의라는 두 개의 이론이 경합을 벌이게 되었다.

그러나 오늘의 정보화 사회에서 현재 사람들은 다시 다음과 같은 의문을 품고 있다. 언젠가는 사라져버리는 컴퓨터 스크린상의 순간적인 데이터에 불과한 정보에 도대체 어떻게 어떤 가치를 부여할 것인가를 고뇌하게 되었다. 지금은 정보에 가치가 있다는 견해가 널리 받아들여지게 되었지만 지식, 정보, 창조성과 같은 무형의 재산을 정확히 계량화할 수 있는 경제모델은 아직 없을 뿐 아니라 과거를 바탕으로 미래를 예측하는 데 주안점을 둔 경제모델로는 정보의 가치를 표준화시킬 수 없을 것이다.

글로벌한 경제가 보여주고 있는 수백만 개의 변수를 생각하면, 수백 개의 변수를 사용하여 컴퓨터 모델을 만드는 등 현재까지의 자료를 바탕으로 미래의 경제예측을 정확하게 하려는 시도는 어떤 방법이나 모델을 도입하든지 우수꽝스러운 시도다. 그래서 과학(science)과 상황적합적 의사결정의 영역 즉 기예(art)의 영역을 포괄하고 있는 경영학적 접근방식인 가치경영의 연구가 필요하게 된다. 정녕 미래는 경영학적 사고가 필요 되는 시대다.

3 국제환경의 변화

1970년대 이전까지는 다른 나라의 상품을 모방하여 자국의 소비자에게 공급하거나 해외시장에 출품하는 수준으로 만족하였으나 세계경제가 블록화 되고, 선진각국이 자국 내로 유입되는 상품이나 기술에 대해 자국수준의 규격을 요구하게 됨으로써 국제표준화에 대한 높은 관심을 갖게 된 것이다.

1970년대는 소비자의 상품선택 기준이 '새로운 것으로서 기능이나 효과가 뛰어나면 좋은 상품'으로 평가되어 기능성을 추구한 상품이 주류를 이루었고 1980년대는 부가가치 상품지향이 되어 만족의 질적 변화가 나타나기 시작하였으며 1990년대에서는 미적 요소, 하이터치한 요소를 담은 문화성이 높은 산업이 경제의 견인차로 등장하면서 자원, 환경 등 인류의 생존권에 관한 문제가 부각됨과 동시에 사회성 평가가 중요시되고 있다. 따라서 국제표준화기구에 의한 표준화 규격의 마련도 기능성 평가위주의 품질규격에서 환경과의 친화성 정도를 평가하는 환경규격을 마련한데 이어 인간공학에 대한 국제표준화 작업이 진행되고 있다. 소비자로서의 인간뿐 아니라 생산요소로서의 인간보호를 주목적으로 한 인간공학에 대한 국제표준화 작업이 진행되고 있다.

국제환경협약과 개별국가의 환경규제 형태가 다양하므로, 이에 따른 영향은 우리경제의 발전단계와 산업구조, 환경용량 등과 밀접한 관계가 있는데 단기적으로는 환경규제 강화에 따른 원가부담의 증대, 환경오염자 부담원칙에 따른 환경비용의 내부화, 원료조달의 애로, 대외무역의 차질, 인증 과정에서의 기업정보의 대외유출 등 단기적으로는 부정적인 영향이 있으나 장기적으로는 환경규제의 강화가 기업의 신임도 증가 ,산업재해의 감소, 환경보전관련 기술에 대한 수요증대를 통하여 환경기술의 개발은 새로운 사업영역 창출의 기회가 되어 경제발전을 촉진시킬 긍정적인 효과도 기대되므로 이를 위한 비용부담을 비용의 개념에서 탈피하여 새로운 투자라는 개념을 갖고 새로운 환경에 적응해 가야할 필요성이 대두된다.

기업이 환경경영체제를 구축할 경우 기업의 자율적 의사에 의한 관리로 환경관리 성과가 개선되어 법적 규제의 필요성이 감소되고, 효율적 경영체제구축에 의해 생산비용의 감소와 경쟁력을 제고할 수 있으며, 제3자 인증에 의한 기업의 투명한 환경이미지를 구축하여 무역시장 확대가 가능하며, 체계적인 관리를 통해 자원, 에너지 절약 및 자연환경보호에 기여할 수 있고, 환경관리 기술의 개선을 촉진하고 종업원의 환경도덕성 회복도 기할 수 있게 될 것이다.

환경오염방지 산업은 국내외적으로 환경오염규제가 본격적으로 강화되는 현실로 볼 때 그 성장 잠재력이 막대할 것으로 예상된다. 따라서 이제는 제품기획단계에서부터 환경요인을 충분히 반영하며 환경비용이 부대경비가 아니라 생산필수경비라는 인식 하에 미래지향적 기업존립을 위한 품질경영차원에서 환경문제에 접근해야 할 것이다.

4 분업과 자유경쟁시장

분업 시스템의 효율에서 나타나는 필연의 결과인 임금의 차별화 현상이 자본주의 시스템의 원동력이자 동시에 문제점으로 제기된다. 스미스는 왜 분업이라는 시스템의 원조가 생산성 증대에 크나큰 기여를 할 수 있는지 그 이유에 대해서 일목요연하게 밝히고 있다.

첫째, 노동자들은 맡은 일을 더 숙달할 수 있다. 둘째, 노동자들의 작업전환 시 소요되는 시간을 없앨 수 있다. 특히 작업전환이 작업복, 공구 등의 교체나 위치전환을 요할 경우 분업의 우열성은 확연해진다. 셋째, 전문화된 노동자들이 매일 같은 작업을 되풀이하다 보면 작업능률을 엄청나게 향상시킬 수 있는 공구나 기계를 고안해 낼 가능성이 높다. 스미스는 공학자들 보다는 오히려 노동자들이 작업개선과 신발명을 해낼 수 있다고 믿었다.

분업은 확실히 능률적이긴 하나 직종간의 임금격차 발생의 주원인이 될 수 있다고 덧붙였다. 임금수준에 관한 스미스의 난해한 가설에는 사실 스미스의 명쾌한 맛이 난다. 스미스는 직종간에 임금간의 격차가 발생하는 이유를 다음과 같이 설명한다.

① 어떤 직종은 불유쾌하거나 위험한 작업환경을 전제로 한다. 따라서 임금을 높게 책정, 그 작업환경에 대한 보상을 해 주지 않으면 아무도 그 직업에 종사하려 들지 않을 것이다. 63빌딩 꼭대기의 유리창 청소부는 길거리 청소부보다 시간당 임금을 더 많이 받는다. 물론 더 나은 전망도 즐기지만.

② 특수한 교육을 요하는 직종은 임금수준이 높다. 특수장비 기사가 택시기사보다 돈을 더 번다.

③ 불규칙적이거나 불안정한 직종은 임금수준이 높다. 선박의 일꾼이 다른 비슷한 교육수준의 노무자들 보다 돈을 더 받는데, 그 이유는 기후, 날씨 등의 영향을 받아 조업일이 적어질 수 있기 때문이다.

④ 높은 신용 수준이 요구될 때 임금은 올라간다. 만은 사람들은 다이아몬드를 도매상에서 사지 않고 좀 비싸더라도 믿을만한 티파니 같은 고급보석상에서 산다.

⑤ 성공률이 낮은 일일수록 성공했을 때 그 보상은 커진다. 변호사는 민사변론을 조건부로 수락하는 경우가 많다. 즉 승소할 경우에만 수임료를 받겠다는 것이다. 물론 승소할 경우 받게 되는 수임료는 엄청나다.

생각의 포인트

능률급제

두 동갑내기가 같은 가게에서 똑같은 월급을 받고 점원으로 일하고 있었다. 얼마 지나지 않아 둘 중 소솔이라는 젊은이는 승진을 거듭한 반면, 도래미라는 젊은이는 제자리걸음이었다. 도래미가 사장에게 불만을 토로했다. 불만을 들은 사장은 어떻게 하면 그에게 소솔이와의 차이를 설명할 수 있을까 고민하기 시작했다.

사장이 다음과 같이 지시했다. "도래미 군, 지금 당장 시장입구에 가서 오늘은 누가 무엇을 파는지 알아오게." 시장에서 돌아온 도래미는 사장에게 한 농민이 감자를 팔고 있더라고 했다. 이에 사장은 양이 얼마나 되던가?라고 물었다.

도래미는 다시 시장으로 달려갔다 온 후 감자가 모두 40자루라고 알려 주었다. "가격은 얼마던가?" 도래미는 또 다시 시장으로 달려가 가격을 알아왔다. "그만하면 됐네." 사장은 도래미에게 소솔이 군이 어떻게 하는지 지켜보라고 했다.

똑같은 사장의 지시로 시장조사를 하고 돌아온 소솔이는 지금 한 농민이 40자루의 감자를 팔고 있는데 가격은 이러이러하고, 품질이 꽤 쓸만해 샘플을 한 개 가져왔으니 사장님이 직접 보시라고 했다. 가격이 그렇게 싸고 질 좋은 감자라 사장님이 아무래도 들여놓으실 것 같아서 그 농민을 가게 앞에서 기다려 보라고 했다는 것을 보고했다.

사장은 도래미를 돌아보고 말했다. "이제 그만하면 소솔이의 월급이 왜 자네보다 많은지 알겠는가?"

이것이 21세기 연봉제에서 다시 부활되고 있는 능률급제이다. 진리에는 고금의 차이가 없다. 민주주의가 이유 없이 나누어 갖는 평등주의가 아님을 알게 하는 대목이다. 차별은 생산성의 원동력이며 민주주의의 엔진이다.

5 성공 기업의 기초

우리나라는 1960년이래 급격한 산업화 과정을 겪으면서 전통 사회적 가치관이 붕괴되고 이를 대체할 만한 사회윤리가 형성되지 않은 가운데 사회적 부의 축적이라는 국가목표가 모든 수단을 정당화하게 되었다. 이러한 사회윤리의 부재 속에서 기업윤리가 올바로 정착될 수 없었던 것이다. 경영자는 기업의 의사결정에 있어서 경제적 성과위주로 능력개발이 되어 왔기 때문에, 기업의 사회적 성과나 윤리성에 대한 이해와 대안이 빈약할 수밖에 없었다.

이제 우리나라의 기업은 국제화 시대에 있어 이러한 윤리문제를 시급히 해결하지 않으면 안될 단계에 놓였다. 이러한 윤리문제는 비교적 고정적인 기업문화와 관련되어 있어 단기간 내에 해결될 성질의 것은 아니며 올바른 기업윤리의 정착을 위해서는 장기적이고도 전사적인 노력이 필요하다.

경제적으로 성공한 국가의 사회 윤리적. 사상적 성공요인을 살펴보면 그 시대를 이끌어갈 보편사상이 존재했기 때문임을 알 수 있다. 비판과 다양성을 창조적 원동력의 구성인자로 흡수해 버릴 수 있는 데모크라시즘에 바탕한 고객사랑의 미국의 청교도 정신과 관료를 무역활동의 경비집사(警備執事)로 인식한 사까이 상인정신과 조직 응집력을 유지할 수 있는 사무라이 정신의 결합으로 이룩된 일본의 和의 정신들이 미·일을 세계 최강국으로 만들었다면 원로정치의 바탕이 되고 있는 중국의 경노사상이 정치적 안정과 안정적 경제발전에 긍정적 영향을 미쳐 중국을 경제강국으로 만드는 성장촉진제 역할을 할 것이다.

경노사상에 바탕한 중화사상(中華思想)에 나타나고 있는 기업윤리를 보면, 군자애재(君子愛財 : 군자는 재물을 좋아하는 데 : 경제인의 논리), 취지유도(取之有道 : 그것을 취하는 데는 도가 있느니라 : 기업윤리의 강조), 경업낙군(敬業樂群 : 자기 업을 공경하고 무리를 즐겁게 하라: 행동시스템적 고객만족)으로 정리된다.

우리나라는 유교사상에 바탕을 둔 가족공동체정신을 이 시대의 사회윤리로 강조함이 어떨까한다. 이는 우리나라의 산업민주화 과정에서의 노사갈등기를 원만히 해결한 기업들의 결정적 성공사례에서 보면 기업조직을 가족공통체로 인식한 데서 그 파고를 원만히 극복해 왔음을 볼 수 있기 때문이다.

기업철학, 경영이념, 사원정신 및 행동지침 등에 사회윤리에 바탕을 둔 기업윤리가 제시되어야, 급변하는 환경 속에서도 기업구성원들의 전략수행과정에 하나의 확고한 윤리적 행동기준이 나타날 것이다. 이러한 인식을 바탕으로 조직전체 구성원을 대상으로 새로운 비전 및 가치관의 설정을 위한 리오리엔테이션, 새로운 사업구조 및 조직형성을 위한 리스트럭처링, 업무절차의 혁신을 위한 리엔지니어링의 실시가 필요하며 직접경비의 절감효과보다는 품질개선 및 조직원의 의식변화와 내부고객개념인식 등 간접효익을 도모할 때 기업내부환경의 강점을 바탕으로 기업외부환경 변화에 적절히 대처할 수 있게 되므로 환경적합적 기업이 될 수 있을 것이다. 영업소기(榮業所基)다. 영업의 번성은 기본의 충실에서 기인된다는 것이다.

도표 14-1 근대경제에 기여한 사회 윤리적·사상적 성공요인

국 가	성공요인으로 작용한 보편사상
미 국	청교도 정신의 데모크라시즘에 바탕을 둔 고객사랑
일 본	상인정신과 무사도 정신의 결합으로 이룩된 和의 정신
중 국	경노사상에 바탕을 둔 中華思想의 행동시스템적 고객만족
한 국	유교사상에 바탕을 둔 가족공통체정신

국가문화에 바탕을 둔 기업문화의 창조가 있어야하며 기업문화에 바탕을 둔 자아실현의 성취가 있도록 조직문화의 관리가 필요된다. 단일조직 내에서도 규모, 과업의 분화, 지리적 분산, 다각화 등으로 하위문화가 존재한다. 따라서 조직문화를 관리해 나갈 때 역설적 관점(paradox view)에서 다양한 하위문화를 관리해 나가는 것이 바람직하다 하겠다. 급격한 환경변화 하에서는 특수성에 따라 형성되는 하위문화를 이해한 관리가 이루어져야 한다. 조직의 핵심적인 정체성(identity)을 형성하는 사고의 프로세서 품질 일원화를 위한, 일련의 기업문화 창조를 위해 조직구성원들 관리 과정이 필요된다.

아놀드 사샤(Arunoday Sahas)는 일본의 제품 뒤에 있는 인간적 요인에 관한 연구라는 논문에서 세계 속에서 일본제품의 명성을 인정받고 있는 요인을 기업 특유의 기술 위에 각 계층 조직원의 능력과 기능을 합리적으로 조화하여 창조적 기업문화를 도출하기 위해 과도할 정도의 인적자원 개발훈련을 실시한 데서 기인되고 있다고 하였다. 최고경영자로부터 하위조직에 이르기까지 각 직급별로 이종(異種)부서의 교차훈련을 통하여 조직전체관리 안목을 갖게 만들었으며 특히 최고경영층에서 대차대조표. 손익계산서 등에 대한 관심보다도 행동시스템에 관한 관심을 갖는 훈련을 통하여 경쟁력 제고에 기여토록 하였다. 국가문화에 바탕을 둔 기업문화와 기업문화에 바탕을 둔 종업원 각자의 작업행태가 가치확장이라는 한 단어로 응집시키기 위해 조직 내 가치확장훈련(value enlargement training)에 주력하였다. 조직목표달성을 "수용 가능한 품질수준"이 아니라 "무결점을 향한 정신적 가치"의 확보로 평가하였다. 즉, 제품불량의 수준을 도덕성 결여의 수준으로 조직원을 평가하므로 구성원 전체가 제품가치 나아가 기업가치 속에서 존재의미를 부여받을 수 있다는 개념을 심었으며 인간중심의 가치경영으로 오늘의 일본경영학의 명성을 얻게 되었다는 것이다.

도표 14-2 한국·미국·일본 기업문화의 비교

	한 국	미 국	일 본
기업문화	• 기업주, 경영주 중심의 집권적 경향과 일방적 의사소통 • 연공 위주의 인사 행정 • 연장자와 상급지위에 대한 복종심 • 인화지향적 리더십 행동	• 행동지향성 • 고객최우선 서비스 • 방임과 통제의 양면성 • 실력이나 능력중시 • 자율성과 사업개발 행동 • 인간에 의한 생산성 향상	• 하위자의 충성심과 상위자의 온정 • 인화와 집단주의 • 개방성과 공동의식

	한 국	미 국	일 본
경영 철학	• 영웅적 역할 수행 • 비합리주의 • 정신주의 • 파벌주의(집단주의)	• 이윤의 극대화 • 합리주의 • 물질주의 • 개인주의	• 조직의 성장 • 개작주의 • 도덕성 중시 • 집단주의
경영 개발	• 조직의 확산	• 조직의 효율성	• 조직의 개발
기업 목표	• 단기목표 (생존을 위해서)	• 단기경영목표 (승리를 위해서)	• 장기경영목표 (존립 지속을 위해)
경영 전략	• 원가절감과 품질 향상 중시 • 판매부문강화 • 기업간의 제휴 등 그룹간 촉징	• 투하자본 수익률이나 주주 이익 중시 • 첨단분야 중시 • 인간에 의한 생산성 향상 • 마케팅 중점	• 성장지향(신제품) 중시 • 생산기술 중시 • 급격한 변화에 대한 씨뿌리기 • 인적자원에의 관심 • 간접금융 중시의 재무전략
조직 구조	• 기업주 중심의 집권적 경향 • 구조화된 직무체계 • 권위적 권한	• 분권적 경향 • task force project team • 간소한 조직	• 본사 집권적 조직 • task force project team • 소집단활동
인사 정책	• 장기계약고용 • 급속한 평가 • 비체계화 • 지역 및 지연적	• 단기계약 고용 • 급속한 평가-승진 • 전문경력 계획제도 • 개인능력 중시	• 종신계약고용 • 완만한 평가-승진 • 비전문적 일반경력 계획제도 • 연공서열주의
의사 결정	• 위에서 아래로 • 신속 • 합의적(핵심인물중심)	• 위에서 아래로 • 신속 • 개인적(개인의사결정)	• 밑에서 위로 • 지연 • 합의적(공동의사결정)
책임	• 개인책임	• 개인책임	• 집단책임
인간 관계	• 감정적, 공격적	• 기능적, 적극적	• 온정적
기본 가치	• 창의, 창조, 인화, 성실, 근면	• 능률, 경쟁합리성	• 안정, 협조, 온정적 분위기

일본에서 종종 볼 수 있는 벽걸이 무사도 그려져 있는 인물이 일본의 검성(劍聖) 미야모도 무사시(宮本武藏: 1584-1645)이다. 무사시는 젊어서 마음의 검법을 익히기 위해 전국을 유랑하며 실전을 수없이 경험하며 무술의 경지를 높이게 된다. 눈발 속에서의 대결, 칼 위에 쌓이는 눈, 미동도 않으면서 느끼는 칼날 위

에 떨어지는 눈발의 작은 소리까지도 감지하는 본능적 반응훈련을 통해 일본 제일의 무사를 꿈꾼다.

무사시와는 반대로 기술의 검법을 익히는 사사끼 고오지로는 고향 마을 개천가에서 두 눈을 가리고 날아가는 제비를 순식간에 가르는 버들검법을 익힌, 장검을 사용하는 무사다.

어느 날 이두사람이 조그마한 섬에서 일본 제일을 가리는 대결을 하는 데 평소 이두사람은 서로를 많이 알고 두려워하고 있었다. 먼저 도착한 사사끼가 뭍에서 무릎까지 차 오른 물에서 올라오고 있는 무사시를 맞아 대적하게 된다. 이 때 무사시가 들고 있는 검이 평소에 무사시가 사용하는 진검이 아니고 목검이었었다.

도표 14-3 세계 우수기업의 기업 행동

GE	진보만이 우리 회사의 최중요제품
Dupont	보다 나은 생활을 위한 보다 나은 상품
Catapillar	세계 어디든지 24시간 내 부품제공
레오파넷광고 대리점	훌륭한 광고를 만든다.
AT&T	보편적 서비스
Sears, Roebusk	좋은 상품을 염가로
Continental은행	우리는 방법을 찾아낸다.
Dana Corp	사람이 높이는 생산성
Price Waterhouse & Co	(회계기술) 기술적 완성의 극치를 지향
P & G	소비자우선주의 ; 고객요망에의 대응
Toyota	연구와 창조에 전념하고 항상 시류에서 앞서라
HONDA	모방하지 않는 경영
松下	소비자 지향에 철저한 商人道를 관철한다
日立	和와 誠과 개척자 정신
NEC	Computer & Communication
TDK	창조에 의해 세계의 문화사업에 공헌한다

기합과 동시에 일격의 대결을 마치는 순간 사사끼는 칼끝에 감지되는 촉감으로 상대를 베었다는 느낌을 받으며 웃는다. 그러나 그것은 무사시의 머리에 메고 있던 머리띠이었었다. 빛의 골절로 물에 꺾인 무사시의 목검의 길이를 정확히 읽지 못한 사사끼가 되어 쓰러진다. 한치의 차이로 사사끼가 패하고 무사시

는 일본 제일의 검성이 되어 오늘날까지 사무라이의 상징이 된다. 태양의 위치를 싸움에 이용하는 무사시 특유의 동물적인 싸움감각을 본다. 여기서 일본인들의 상황적합적(contingency) 의사결정의 가치관을 느낀다. 생각의 여운을 남기는 이야기다.

6 지식재산권

1) 기술변화의 방향과 특색

21세기의 초를 경제활동에 참여하는 모두가 느끼게 되는 불확실성의 시대 즉, 메가첼린지(mega–challenges)의 시대라 부른다. 그러나 자세히 들여다보면 거기에도 분명 메가트랜드(mega–trend)가 존재함을 인지할 수 있다.

► 메가첼린지(mega–challenges): technical fusion
information network
P·C generation

► 메가트랜드(mega–trend): transparent(투명화)
paradox(위험과 기회의 공존)
dualism(이원주의)
auto–poiesis(개성적 자기조직화)

쉽게 外在, 객관화시킬 수 없는 암묵적인 지식을 공유, 승화시켜 형식화하고 이를 통해 새롭게 창조된 형식적이며 외재화된 지식을 다시 암묵적인 지식으로 순환시킴으로써 조직적 경쟁력을 확보하는 그룹웨어시대다.

그룹웨어란 부문이 가진 정보를 다양한 상호교류와 제공을 통하여 분편적이며 암묵적인 애매한 지식을 과학적으로 체계화하고 분류하여 명료한 지식으로 전환하도록 하는 것이다. 선행기술의 명확화를 도모하여 자사 지식재산의 산업상 이용성, 신규성, 진보창의성 등을 기술(記述 : description))가능케 하여 지식이 가치를 가지게 하는 것으로 지식가치 인정시스템(knowledge of value recognition system)을 포괄하는 조직구조며 문화다.

2) 산업재산권과 지적재산권의 내용

(1) 산업재산권과 지적재산권의 개념

산업재산권이라 함은 인간의 정신적 창작물에 대하여 보호되는 권리 중 산업과 관련한 권리를 지칭하는 것으로 이해되고 있다.(무체재산권)

지적재산권은 산업재산권보다 넓은 개념으로 저작권, 신지식재산권을 추가하는 경향이다.

지적 재산권
- 산업재산권(특허권, 실용신안권, 의장권, 상표권)
  - 실용신안 : 소발명정도인 실용적인 창작
  - 의　　장 : 시각을 통하여 마감을 일으키는 것 (디자인)
  - 상　　표 : 상품의 타인 식별성
- 저작권
- 신지식재산권(영업비밀, 컴퓨터 프로그램, 데이터베이스 등)

3) 존속기간

- 특허권 : 설정등록이 있는 날로부터 20년이 되는 날까지 의약품, 농약 또는 원제의 발명은 5년 이내에서 존속기간 연장이 가능
- 의장권 : 의장권의 등록설정이 있는 날부터 15년
- 실용신안 : 출원일 후 10년이 되는 날까지

4) 침해에 대한 구제

민형사상 구제(형사상: 5년 이하의 징역 또는 5,000만 원 이하의 벌금) 친고죄(상표권은 비 친고죄)

5) 기술개발 및 산업재산권의 정보검색

(1) 특허청 특허도서관 : (042)481－5127~30

(2) 서울사무소 : (02)568－6221

(3) 한국발명진흥회 : (02)553－9546

(4) 인터넷 국내 정보검색 : http://www.kipris.or.kr

국외 정보검색 : http://www.uspto.gov

(5) 특허청홈페이지 : http://www.kipo.go.kr

7 특허권과 벤처기업

특허권, 실용신안권 또는 의장권을 주된 부분으로 하여 사업화 하거나, 특허출원, 실용신안등록출원 중인 기술로 심사청구 및 출원 공개된 기술과 의장등록출원 중인 기술 중 출원 공개된 기술로서 특허청장이 우수하다고 인정하는 기술을 주된 부분으로 하여 사업화 하는 중소기업 및 예비창업자를 말한다.

(해당권리를 이용한 제품의 매출액이 당해 기업의 직전 사업년도 총매출액의 50%이상이거나, 수출액의 25%이상임이 증명 가)

8 가치경영

1) 가치경영(value management)

기업활동에 있어서의 가치란 의사결정 각 개체의 주관적 판단에 의한 가치보다도 관계성 속에서의 객관적 가치의 의미를 강하게 갖는다. 가치경영(value management)이란 제품을 구성하는 병렬시스템의 용장성(冗長性: redundancy) 향상과 직렬시스템의 단순성(單純性)을 추구하는 가치분석(value analysis)에서부터 조직구성원 사고의 프로세서質까지도 소비자 인지가치에 영향을 미쳐 생존부등식 형성에 영향 된다는 개념 아래 이의 전 과정 관리를 의미한다. 가치확장을 통해 경영혁신을 이룩하는 가치경영의 특성이 전통적 품질경영과 다른 것은 문화적·환경적, 윤리적 영향요인의 강조에 있으며 제품가치의 개념이

$$\text{가치} = \frac{\text{기능}\left[\begin{array}{l}\text{시방서 및 표준과 합치된}\\ \text{제품특성 또는 사용적합성}\end{array}\right]}{\text{원가[재료비, 노무비, 경비]}}$$

시방서 및 표준과 합치된 제품특성인 기능에 환경 좀영향 극소화기능과 윤리적 건전성의 포함이 요구되며 4가지 고객요구의 원천에 환경적 요구(environmental needs)와 윤리적 요구(proper ethics)가 포함되며 또한 원가의

$$\text{가치}\left\{\begin{array}{l}\text{제품특성에 대한 고객의}\\ \text{진술된 요구, 지각된 요}\\ \text{구, 문화적 요구, 환경적}\\ \text{요구, 의도되지 않은 사}\\ \text{용을 고려한 요구가 수}\\ \text{용된 가치}\end{array}\right\} = \frac{\text{기능}\left[\begin{array}{l}\text{시방서 및 표준과 합치된}\\ \text{사용적합성, 윤리적 건전성}\\ \text{환경 좀영향 극소화 기능}\end{array}\right]}{\text{원가[재료비, 노무비, 경비, 환경영향 비용]}} + \text{속도}$$

구성항목에 환경영향비용이 포함되어 생존부등식의 형태는 동일하나 그 내용적으로 경영에 부과되는 과제의 증대를 의미하고 있다.

기업의 모든 활동은 환경 및 윤리적 경영방침과 연계되어져야하고 최종결정사항은 방침에 반영되어져야한다. 특히 국제경쟁력 강화를 위해서는 해외 수요자의 욕구추세와 환경 및 윤리강화 정책의 추세를 경영에 반영하고 이의 달성을 위한 경영전략을 수립하여야 한다.

지금까지 우리는 생존부등식 형성을 위해 품질경영에 대하여 많은 연구를 기울여 왔으나 미래에는 소비자 인지가치 확장을 위한 가치경영(value management)에 관심을 기울여야 하리라 본다. 품질경영이 소비자 인식을 중심으로 한 경영을 강조한다면 가치경영은 소비자적 입장에서의 경영을 강조하는 차이가 있다. 이는 소비자 평가를 인식한 품질경영에서 역소비자적 평가를 통하여 가치확장의 방안을 창조해 가는 융통경영 시스템(flexible management system)이다.

이는 가치의 개념이 절대적인 것이 아니라 상황적합적 인식에 바탕 되어 척도된 가치의 개념이기 때문에 '소비자적 평가'가 잘못되고 있다고 인식될 때 '역소비자적 평가'를 통하여 인지가치를 확장하여야 한다는 개념이다. 가치에 대한 소비자 인식이 역동적으로 변화하기 때문에 상황적합적 대처방안의 마련이 요구된다.

최근 들어 급격한 경제성장과 더불어 소비자 의식이 점증되어 경쟁력 있는 우수한 기업(excellent company)의 상품에서, 종업원 정신건강에서 미래환경에 미치는 영향까지를 고려한 제품을 생산하는 좋은 기업(good company)의 상품을 선호하는 방향으로 변화되어 단순히 소비자 기대부응도를 만족시키는 품질의 수준이 아니라 공해. 환경영향이 고려된 사회기대부응도에 적합한 품질을 지닌 제품의 생산을 요구하고 있다. 소비자의 욕구가 분화하여 기능성 평가는 물론 만

족감을 충족시키는 감성 평가가 추가되었으며, 또한 자원, 환경, 에너지 등 인류의 생존권에 관한 문제와 윤리적 문제가 부각되면서 사회성 평가와 도덕성 평가가 부각되는 등 상품평가의 기준이 다양해지고 있다.

제품 평가기준의 발전과정에서의 내용과 같이 기능성평가에서 감성평가 까지를 품질경영(QM)의 단계로 보고 사회성 평가에서부터는 가치경영(VM)의 단계로 분류함이 인지가치를 중심으로 평가되고 있는 기업환경에 대한 이해가 빠를 뿐만 아니라 품질경영에 대한 개념 정립도 오히려 명확히 될 것이다.

세계화되는 과정에서의 구매자들의 인식이 기업내부 구성원에 대한 경영자의 식이 조직원을 한 체제의 부속품으로 위치시키는 사고방식에서 탈피해 복합적 관계의 시스템 속에서 자율성을 보장하도록 하여 환경변화에 대한 적응력을 갖도록 하며 산업생태학적 사고를 포함한 건전한 기업철학 즉, 환경적합적 기업문화를 가진 좋은 기업의 제품을 구매요소로 인식하는 경향이 나타날 것이라 하였다.

도표 14-4 제품 평가기준의 발전

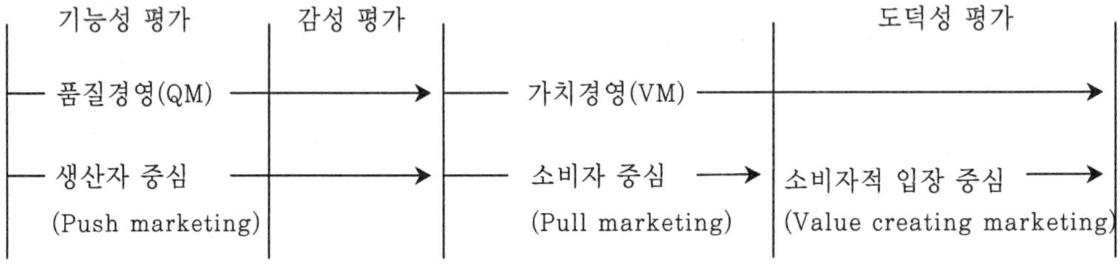

소비자로서의 인간뿐 아니라 생산요소로서의 인간보호를 주목적으로 한 인간공학과 기업윤리에 대한 국제표준화 작업이 진행되고 있다.

그래서 기업 경쟁력 향상 요인을 무형적 영역에서 발견하여야 할 것이다. 경제적으로 성공한 동시에 우리와 경쟁적 관계에 있는 국가의 사회 윤리적. 사상적 성공요인을 살펴본 후 우리의 기업들이 정신적 지표로 삼을 수 있는 보편사상을 정리하고 국가문화의 성공적 보편사상에 바탕을 둔 기업문화 창조의 필요성을 제시하였다. 기업철학, 경영이념, 업무수행지침 등에 사회윤리에 바탕을 둔 기업윤리가 제시되어야 급변하는 환경 속에서도 기업구성원들의 조직목표수행과정에 확고한 윤리적 행동기준이 나타나게 될 것이며 창조적 파괴를 위한 의식변화로 간접효익을 도모할 수 있을 것이다.

2) 환경적합을 위한 가치경영

기업이 국제적 경쟁환경 변화에 대처하기 위해서는 국제표준화기구가 요구하는 품질보증과 제품이 미치는 물리적 환경영향뿐 아니라 기업이 사회세포로써 사회환경에 미치는 무형적 영향요인인 기업윤리까지를 포괄한 총체적인 경영기법으로 단순히 제도나 기법을 도입하고 적용하는 방식이 아니라 전 조직구성원의 가치와 신념의 변화를 전제로 하고 이를 통하여 업무를 수행하는 행동을 변화시켜 나가는 기업문화의 새로운 창달이 필요하다.

이는 국제적 경쟁환경의 변화가 '90년대 중반제품의 품질이 좋으면 팔리는 시대(우루과이 라운드: UR, ISO 9000)에서 제품 + 환경을 팔아야 하는 시대(그린라운드:GR, ISO 14000)를 거쳐 이제 제품 + 환경 + 윤리를 팔아야 하는 시대(부패라운드, 윤리라운드: ER)를 맞이하고 있기 때문이다.

사회 문화적 특성을 고려한 기업문화의 창달과 전 조직구성원의 정신적 역량의 최적화를 도모키 위한 새로운 기업경영철학, 기본원칙, 기본방침의 마련을 통한 환경적합적 기업경영을 의미한다. 이는 단순히 제도나 기법을 도입하고 적용하는 것이 아니라 기업구성원의 의식개혁을 통해 기업사명에 대한 인식을 바꾸고 모든 경영활동을 미래지향적으로 전개해 나가는 기업문화를 형성해 가는 활동이라 할 수 있다.

가치확장을 통한 경쟁우위의 확보에 중점을 두고 고객만족, 인간성 존중, 사회에의 공헌을 중시하며 최고경영자의 리더십아래 전 종업원이 총체적 수단을 활용하여 끊임없는 개선과 혁신에 참여하는 기업문화의 창달과 기술개발을 통해 기업의 경쟁력을 키워감으로써 기업의 장기적 성장을 추구하는 경영체제이기 때문이다.

3) 가치경영 시대의 특징

가치경영에서의 특성은 철저한 고객만족경영, 인간성 존중, 구성원의 행동의식개혁, 품질문화의 확립, 정보기술의 교차기능적 활용, 혁신과 지속적인 개선, ISO 표준의 적용, 벤치마킹, 국제화 시대의 새로운 경쟁요인으로 인식되는 기업윤리의 수월성을 확보한 초우량기업으로 정리할 수 있으며 좋은 기업으로의 변화를 요구하는 시대라 할 수 있겠다.

좋은 기업(good company)의 경영에서 보이는 특질은 인간존중의 경영, 환경에 대한 새로운 인식, 기본에 충실한 기업이념의 실천, 고객만족을 위한 지속적 거듭나기 경영이다.

종업원의 삶의 질(quality of working life)을 향상시킬 수 있도록 노력하여 기업생존의 터전 즉, 환경에 대한 인식은 기업시민(corporate citizen-ship)적 사고로 기업의 성장은 기업을 둘러싸고 있는 지역사회 등과는 동전의 양면과 같은 불가분의 인식에 바탕 하여 기업가치를 높이기 위한 부단한 노력을 해야 하며 기업가치 향상 영역이 제품의 생산과정 뿐 아니라 생산과 관련이 없는 비 제조부문까지 확대되어야 한다는 것이다.

이를 위해 기본에 충실한 기업이념의 실천이 필요하다. 문화가 다르고 기업운용의 기본철학과 종업원의 가치관이 다를 때 기업운영의 방식이 달라져야만 성공할 수 있다. 지난 '70년대 이후 미국의 기업들이 2차 세계대전에서의 패전으로 인한 절망과 굴욕을 극복하고 세계시장의 맹주로 등장한 일본기업의 눈부신 성장을 모델로 한 일본식 경영방식을 도입한 후 어려움을 당한 사례들에서 교훈을 얻어야한다. 문화적 진실은 무리가 갖는 직감일 수도 있다.

동시에 환경변화에 따른 기업의 변신은 상황에 따라 회사의 경영이념조차도 과감하고 신속하게 그 내용을 변화시켜 조직구성원에게 새로운 방향을 제시하는 살아있는 가치(hands on value)로서의 역할도 수행해야한다.

생각의 포인트

고정관념의 변화

고정관념 : 어느 시골에 도끼를 잃어버린 노인이 옆집 청년을 의심했다. 그때부터 그 청년은 도둑같이 말하고 도둑같이 행동했다. 얼마 뒤 노인은 우연히 도끼를 찾았다. 그때부터 옆집 청년은 보통 사람같이 말하고 행동했다.

관념과 실사 : 사막에서 물을 조심하라. 흔히 사막에서는 물이 부족하기 때문에 탈수로 죽는 경우가 많을 거라 생각하지만 익사하는 경우가 더 많다. 사막에서는 비가 드물게 오지만 한번 내리면 폭우가 쏟아져 갑자기 물이 불어나기 때문이다. 단 한번의 폭우로 사하라 사막에서 300명 이상이 익사하는 경우도 있다.

러시아에서는 에어컨을 팔고 중동에서는 난로를 팔면 성공한다. 러시아인은 더위를, 중동인은 추위를 참지 못하기 때문이다. 러시아의 짧은 여름도 여름이며 중동에서의 짧은 겨울도 겨울이다.

읽을거리

KFC 창업주의 이야기(성공마인드)

지금부터 60년전, 미국 산골 마을에 [하산더 샌더스]라는 65살 된 노인이 살고 있었다. 그는 대령 출신으로 레스토랑을 했었는데 집 앞에 고속도로가 생겨 손님이 줄어들어 식당은 도산했고 그는 무일푼이 되었다.

65살 되던 생일 날 정부로부터 125달러의 연금을 받았다. 그는 앞으로 125달러의 연금으로 매달 살아야한다고 생각하자 괴로워 잠을 이룰 수가 없었으며 며칠을 생각하다 마침내 어릴 때부터 꿈이었던 어머니가 만들어주신 잊을 수 없는 맛인 후라이드치킨의 맛을 전 미국인에게 알려야겠다고 생각했다.

부인을 설득하고 난 후 그는 전 재산을 처분하여 중고 밴을 구입하고 그 차에서 생활하면서 조리 기구를 싣고 부인과 함께 식당을 찾아 나섰다. 그가 생각해낸 사업 방법은 그는 돈이 없었기에 식당에 요리법과 재료를 공급하고 판매액의 몇%만을 받는 요즈음 말로는 프랜차이즈업을 창안하였다.

할아버지의 말에 깜짝 놀란 식당 주인들은 말 같지도 않는 얘기를 하는 미친 영감쟁이로 치부하고 문전 박대를 했다. 캔터키주 곳곳을 돌아다녀 보았지만 허사였고 테네시주, 미조리주에도 가보았지만 결과는 항상 거절이었다.

결국은 유타주 소트랙스키 까지 가게 되었고, 그곳에서 젊은 가게 주인을 만나게 되는데 [이거 맛있군요. 한 번 해봅시다] 라는 승낙을 받았다. 여기에서 그 유명한 캔터키 후라이드치킨 제1호 점이 탄생하였으며, 이곳이 할아버지가 무려 1023번 째 방문하여 최초로 성공을 거둔 집이었다.

그 후 순식간에 미국 어디를 가나 빨간색과 흰색 무늬의 점포를 볼 수 있을 정도로 전 미국을 휩쓸게 되었습니다. 5년 후 샌더스 할아버지는 70살이 되었을 때 미국에서 가장 성공한 비즈니스맨으로 미국 상공회의소 표창을 받았고, 비즈니스맨 중의 비즈니스맨으로 선정되어 백악관에 초대 되었다.

75세 때 그는 모든 권리를 유브라인트 대주주에게 넘기고, 자신은 그 후라이드치킨 점포 앞에 서 있는 흰 양복을 입은 할아버지 인형의 사용료만 받고 여생을 즐기다 돌아가셨습니다.

[http://kr.fun.yahoo.com/]

참고문헌

김규태, 정 상모, 2001, “창업경영과 실무”, 형설출판사.
김득순, 1993, “이야기 속의 철학”, 새날.
김성기, 안 숙찬, 1995, “원가·관리회계”, 다산출판사.
김용옥, 2000, “노자와 21세기”, 통나무.
김정우 역, 1991, “파라독스 이솝 우화”, 정신세계사.
김철교, 2001, “벤처기업창업과 경영”, 삼영사.
류태모 외 공저, 2001, “창업과 취업전략”, 도서출판 대명.
반성식, 2007, “창업경영론”, 도서출판 대명.
오은숙 역 2002, “그리스·로마 인간경영학”, 생각의 나무.
오진탁 역, 1999, “티베트의 지혜”, 민음사.
이은정, 1996, “리더십”, 매일경제신문사.
이창희 역, 1992, “피자의 열역학”, 고려원미디어.
정갑영, 2002, “열보다 더 큰 아홉”, 매일경제신문사.
황만순, 1997, “창업실무”, 세경북스.
홍동선 역, 1993, “마음과 물질의 대화”, 고려원미디어.

Ames, Roger. T., 1993, Sun－tzu : The art of warfare, Ballantine Books, 151－164.
Attard, Janet, Business Know－How, Adams Media, MA, USA, 1999.
Gates, William, Business@The Speed of Thought, Warner Books, NY, USA, 1999.
Kramer, Marc, Small Business Turnaround, Adams Media, MA, USA, 1999.
Heskett, James L., W. Earl Sasser, Jr., and Leonard A. Schlesinger, The Service Profit Chain, The Free Press, NY, USA, 1997.
Muckian, Michael and John Woods, The Business Letter Handbook, Adams Media, MA, USA, 1996.
Waldrop, M. Michell, The Dream Machine, Viking Publication, NY, USA, 2001.
Zuboff, Shoshana and James Maxmin, The Support Economy, Viking Publication, NY, USA, 2002.

찾아보기

[저자소개]

김 희 오

경일대학교 경영학부 교수이며, 경북대학교, 경남대학교(재무론 전공) 경영학박사, 경영지도사, 현대그룹 임원, 지엠티경영컨설팅(주)대표이사, 한국산업경영학회 대외협력 위원장, 대구광역시 지방세과세표준 심의위원회 위원장, 중소기업청 정책자문위원

윤 상 환

경주대학교 경영학부 교수이며, 일본동경 탁쇼꾸대학교 경영학과(MIS 전공) 경영학사, 일본동경 탁쇼꾸대학교 대학원 상학연구과(MIS 전공) 상학석사, 일본 동경 탁쇼꾸대학교 대학원 상학연구과(MIS 전공) 상학박사

김 정 수

구미대학교 세무회계학과 겸임교수이며, 경북대학교 경영학석사, 서울벤처정보대학원 대학교(경영학 전공) 경영학박사, 경영지도사, 기술지도사, 대구광역시 지방세 심의위원, 신용보증기금 자문위원, 김정수경영회계사무소 대표

정 용 태

위덕대학교 경영학부 겸임교수이며, 위덕대학교 경영학전공 경영학박사, 경영지도사, 지엠티경영컨설팅(주) 이사, 중소기업청 상담위원, 선창세무회계 경영컨설팅 대표

신 현 우

경일대학교 경영학부 명예교수이며, 미국 플로리다대학교(UF) 객원교수, 영남대학교 상경대학 졸업, 경영학박사, 한국경영학회 운영위원, 한국산업경영학회 상임이사, 대한경영학회 이사, 대구상공회의소 연구위원

제3판

창업과 경영

초판발행 2013년 3월 5일
증보판발행 2013년 8월 30일
제3판인쇄 2014년 8월 25일
제3판발행 2014년 8월 30일

지은이 김희오 · 윤상환 · 김정수 · 정용태 · 신현우
펴낸이 박노일

총괄기획 김중용
편 집 심성보 · 김인숙

펴낸곳 pnc publishing and culture 피앤씨미디어
경기도 고양시 일산동구 강송로 153 310-1501
등록 제396-2012-000203호
전 화 070)7550-3758 팩 스 02)718-8554
홈페이지 www.pncmedia.co.kr 이메일 pnc@pncmedia.co.kr
ISBN 979-11-5730-022-8 93320

정 가 20,000원